La mundialización financiera
Génesis, costo y desafíos

Colección: Economía y sociedad
Directores: León Rozitchner
 Eduardo Grüner

La mundialización financiera
Génesis, costo y desafíos

Bajo la coordinación de
François Chesnais

Suzanne de Brunhoff, Dominique Plihon, Richard Farnetti,
Pierre Salama, Robert Guttmann, Claude Serfati

Traducción
Mabel Campagnoli y Lucía Vera

Título de la edición francesa:
La mondialisation financière
Genèse, coût et enjeux

1ª edición: agosto 2001

© La Découverte & Syros, 1996

© Editorial Losada, S. A.
Moreno 3362,
Buenos Aires, 1999

Traducción: Mabel Campagnoli y Lucía Vera
Tapa: Producción editorial

ISBN: 950-03-7849-3
Queda hecho el depósito que marca la ley 11.723
Marca y características gráficas registradas en la
Oficina de Patentes y Marcas de la Nación
Impreso en Argentina
Printed in Argentina

Prólogo para la edición argentina
François Chesnais

Este libro termina con el análisis de la crisis mexicana de 1995 y de las razones que permitieron que el "efecto Tequila", tan temido por algunos, pudiera ser contenido. Por eso nos parece útil explicar a los lectores cómo interpretamos nosotros eso que frecuentemente se denomina, de manera muy insuficiente, "crisis asiática". Tres aspectos parecen importantes. El primero se refiere a las lecciones que el desarrollo de las crisis en Asia brindó a los países con plazas financieras llamadas "mercados emergentes" y con anclaje de la moneda nacional en el dólar. El segundo aspecto se refiere a la naturaleza de los mecanismos de propagación internacional, que hacen de la crisis "asiática" el comienzo de una crisis mundial, una crisis que no es simplemente financiera, sino económica en el sentido más pleno del término. El último aspecto se refiere a lo que la situación "coyuntural" nos revela en cuanto a los límites de lo que se ha dado en llamar "régimen de acumulación predominantemente financiero".

1. En 1997, un poco más de dos años después de que la crisis mexicana fuera contenida, asistimos al desarrollo de una sucesión rápida de crisis financieras y de cracks bursátiles nacionales en Indonesia, Malasia y las Filipinas, a partir de un incendio inicial en Tailandia. Las crisis que se produjeron en esos países, a intervalos muy breves y con diferentes grados de gravedad, fueron todas bastante similares a la crisis mexicana. Son crisis que nos colocan en un tipo de situación potencialmente amenazadora para muchas otras economías, incluso la Argentina.

En cada uno de los países involucrados, entre julio y setiembre de

1998, las crisis se desarrollaron de acuerdo con un guión casi idéntico. Comenzaron con una devaluación de la moneda local, que se había tornado inevitable a causa del déficit comercial cada vez más elevado, pero cuya gravedad se debe al hecho de que supone una ruptura de su anclaje con el dólar. Esta decisión, inevitable por la amplitud del déficit externo, provocó, como elemento de un solo y único proceso, la caída libre del tipo de cambio, la huida de los capitales a corto plazo y el derrumbe del muy débil mercado financiero (tanto de la sección de obligaciones como de los títulos industriales). La prensa internacional informó principalmente sobre el crakc bursátil que acompañó al derrumbe del tipo de cambio. Pero los verdaderos desafíos se ubican en el plano del derrumbe del sistema bancario, que lleva a una contracción brutal del crédito, seguida rápidamente por la contracción de la producción. El derrumbe del tipo de cambio tiene, como primera consecuencia inmediata, un aumento astronómico del costo de todos los préstamos emitidos en dólares por los bancos y las empresas locales. Así se comienza, prácticamente de un día para otro, con la insolvencia de los bancos locales, con el agotamiento inmediato del crédito para las empresas y el inicio de quiebras bancarias en serie. El agotamiento del crédito es muy brutal porque los bancos internacionales pierden la cabeza. Suspenden el refinanciamiento de los bancos locales mediante el retiro de sus depósitos interbancarios y la ruptura de las líneas de crédito aprobadas hasta ese momento. Ahora bien, eran los bancos internacionales, y no los raquíticos "bancos centrales" nacionales, quienes garantizaban antes la liquidez bancaria. Ni los bancos, ni las empresas locales, ni el gobierno en el caso de Indonesia, pudieron entonces continuar asegurando el servicio de su deuda privada o pública y todavía menos el reembolso de los préstamos a su vencimiento. Entonces el FMI, ante la catástrofe, debe intervenir simplemente para evitar que esos países se declaren insolventes. Pero no lo hace a la manera de un verdadero prestamista en última instancia (como lo hace la Reserva Federal del gobierno de los Estados Unidos [la Fed]), que crea liquidez sin plantear, en ese momento, la menor pregunta o la menor condición. El FMI interviene acompañando su oferta de préstamo (que generalmente concreta con bastante o mucha lentitud) de condiciones draconianas, cuyos efectos son fuertemente "procíclicos" y no hacen más que agravar la recesión.

El contagio, que tanto temió América Latina en 1995, tuvo lugar plenamente en el caso de Asia. Varias razones lo explican. La primera es la intensidad de las interconexiones comerciales entre las economías afectadas. Luego jugó el hecho de que el Japón no sólo fue incapaz de amortiguar los efectos externos de las crisis de los países vecinos, como sí estuvieron en condiciones de hacer los Estados Unidos en 1995, sino que él mismo fue llevado a la recesión. La tercera causa fue el carácter principalmente privado y muy fragmentado de la deuda externa, lo que hizo muy difícil la negociación sobre la reprogramación de la deuda con los bancos internacionales, y facilitó incluso la quiebra deliberada de algunos deudores: la "moratoria salvaje de las deudas" utilizando una expresión del *Business Week*. Los mecanismos de contagio regionales encontraron su base más sólida en el nivel de la producción y del comercio. Todas las economías asiáticas fueron construidas con el modelo del "crecimiento impulsado por las exportaciones"; todas tienen, entonces, necesidad de los otros como mercados. En el caso de Tailandia, de Indonesia, de Malasia y de las Filipinas, así como también de China en 1997, más del 50% del comercio era regional, y alrededor de la mitad de ese comercio regional era con Japón. El derrumbe simultáneo de los tipos de cambio en todos los países afectados y la contracción de los mercados en cada uno de ellos significó que el efecto clásico de reactivación que se espera de las devaluaciones no ocurriera, dejando su lugar a un proceso de deflación que ha tomado proporciones importantes. Y así resultó imposible para los dos principales países industriales de la región –Japón y Corea– protegerse de los efectos de la crisis de sus vecinos. El primero que resultó golpeado con gran fuerza fue Corea, y con su entrada en recesión se franqueó un paso cualitativo hacia el crecimiento de la crisis internacional.

Corea posee la duodécima base industrial del mundo; los otros países de la región más gravemente afectados hasta hoy tienen sistemas financieros hipertrofiados, pero una base industrial débil, dominada todavía por producciones tradicionales con muy bajo costo salarial. Siguen siendo exportadores de productos básicos, mineros o agro-forestales. Corea es uno de los más importantes países exportadores de productos industriales, no solamente en Asia, sino en el mundo. La proporción de exportaciones regionales de Corea es algo inferior a la de los países mencionados más arriba, pero se trata de volúmenes cualitativamente más importantes. La capacidad de producción de los grupos industriales coreanos, los *chaebols*, fue implementada con una perspectiva de crecimiento regional que se esperaba continuara al mismo ritmo que el que existía a comienzos de la década. Fue la incapacidad de estos grupos para hacer frente a sus compromisos cuando vencían, lo que precipitó la crisis de los bancos y desencadenó el ciclo acumulativo de contracción del crédito, de la producción y del empleo. En el momento en que sufrió el derrumbe de su mercado financiero y una caída brutal de su moneda, Corea no era un país con déficit sino con excedentes comerciales, elevados incluso. Su vulnerabilidad es la de una economía cuya actividad industrial depende en un grado tan elevado de las exportaciones que la menor disminución de la demanda externa, especialmente de su región, la afecta brutalmente.

En el marco de una economía mundializada, una situación de crisis de superproducción de semejante dimensión no puede quedar encerrada dentro de los límites de un solo país. Y menos todavía cuando se combina con cadenas internacionales de créditos y de deudas bancarias complicadas y muy frágiles. La entrada en recesión de Corea fue así rápidamente seguida por el anuncio que hicieron en diciembre de 1997 las autoridades japonesas, de que su economía también había comenzado a entrar nuevamente en recesión.

2. El desarrollo, que todavía no ha terminado en la región (véanse los artículos del *Economist* de Londres sobre China, del 24 de octubre de 1998), de una crisis importante en uno de los tres grandes polos mundiales –una crisis que no es simplemente financiera sino propiamente económica– es un acontecimiento que no puede ser contenido en ese único polo. Durante el año 1998 los apologistas de la mundialización neoliberal hicieron de todo para tratar de negar que la economía capitalista mundial liberalizada se encontraba (y se encuentra ahora más que nunca) enfrentada lisa y llanamente a una amenaza de crisis financiera y de recesión mundial. La posición ha podido ser mantenida, mal que bien, por el Fondo Monetario Internacional (FMI) y los portavoces del Grupo de los 7 (G7), hasta el anuncio del 17 de agosto sobre la situación de bancarrota externa de Rusia, el retiro de los bancos internacionales (con fuertes pérdidas), y el consecutivo derrumbe inmediato del sistema financiero, que terminó en una nueva recesión profunda en el conjunto de los estados que surgieron de la ex URSS. La onda del *shock* mundial que siguió a este anuncio, en primer lugar en los grandes mercados bursátiles, fue de tal amplitud que se hizo necesario que Alan Greenspan advirtiera a los Estados Unidos, a mediados del mes de setiembre de 1998, que el país no podría mantenerse al abrigo de los mecanismos de propagación internacional de la crisis que se ha-

bía iniciado en Asia un año antes. En Europa los responsables políticos continuaron, hasta las repetidas caídas de los mercados bursátiles a comienzos de octubre, pretendiendo que "Europa estaba fuera de la crisis". También en setiembre de 1998 se hizo todo lo posible para ocultar a los electores brasileños tanto la naturaleza de la crisis mundial como los vínculos entre la recesión impuesta por el gobierno de Cardoso y la política seguida anteriormente, de liberalización, desregulación y sumisión del Brasil a los imperativos de la mundialización financiera. No es necesario explicar al lector argentino los esfuerzos desplegados en su país en el mismo sentido.

Una cosa es reconocer que la coyuntura económica en los tres polos de la Tríada y en los subconjuntos que conforman cada uno de ellos está comandada por factores propios, que vienen a agregarse a los factores mundiales, y que se desarrolla según ritmos específicos. Otra es anunciar que tal región-continente o tal país va a quedar "fuera de la crisis". Aun cuando no sea posible prever con precisión los *plazos* en los cuales los mecanismos de propagación internacional ejercerán sus efectos, esos mecanismos son perfectamente definibles.

La extensión internacional de una situación de recesión profunda desde un polo hacia el resto del mundo, y la transformación progresiva de una crisis regional en crisis mundial, proceden de los tres grandes mecanismos de propagación internacional. Estos mecanismos son clásicos. Actuaron en condiciones diferentes y con una articulación distinta durante la crisis de los años 1930. Era inevitable que con la liberalización y la desregulación generalizada de las dos últimas décadas se reconstituyeran las condiciones para su reaparición y reactivación. El *primer* mecanismo se sitúa en el nivel de la caída de la producción y de los intercambios, y la caída del nivel de actividad industrial y comercial. Es el nivel más básico, donde sólo intervenciones decididas de apoyo de la demanda en un conjunto unido de países podría detener la propagación. Ésta se efectúa por el efecto conjugado y acumulativo de la recesión doméstica y de los mercados de exportación. Este proceso, cuando ha comenzado a devastar un polo comercial mundial por entero, se extiende internacionalmente porque desencadena, por un lado, una competencia encarnizada a la que se entregan todos los exportadores de los mercados mundiales y, por otro, una contracción rápida y fuerte de las importaciones que realiza la región desde otras partes del mundo. Asia representa un tercio del comercio mundial y ha constituido, a lo largo de los años 1990, la única zona de crecimiento industrial sostenido, con la excepción de los Estados Unidos. Precisamente es hacia esta región adonde se dirige la mayor parte de las exportaciones industriales norteamericanas. Su contracción es uno de los más importantes canales de contagio hacia América del Norte. En 1998, la contracción de la producción y del comercio se ha propagado fuertemente, sobre todo hacia los países productores de materias primas, duramente afectados por el derrumbe de la demanda asiática. La consiguiente caída de los precios de las materias primas, incluido el petróleo, en mercados en situación endémica de superproducción relativa, ha afectado muy duramente a los países productores, haciendo de ellos postas para la propagación internacional. El ejemplo de Rusia, así como también el de un país como Venezuela, dan prueba de ello.

El *segundo* mecanismo de contagio mundial pasa por las largas y complicadas cadenas de créditos y deudas bancarias, resultantes de préstamos otorgados por los *bancos internacionales* a agentes privados y públicos de los países en crisis. Estos préstamos incluían en particular las facilidades de refinanciación acordadas a los bancos nacionales. Las finanzas de mercado no han suprimido la "economía de endeudamiento", interna o internacional. Se han superpuesto a ella y la han englobado en un conjunto difuso y opaco hecho de miles de decisiones financieras microeconómicas. La ingobernabilidad de este conjunto se mide a partir de que la producción, el comercio y el empleo se contraen, y a partir de que los deudores no pueden pagar en los plazos convenidos o, muchas veces, no pueden pagar en absoluto. La liberalización y la desregulación financiera, las incesantes innovaciones financieras y el crecimiento de la todopoderosa ideología del "mercado que siempre tiene razón", le han dado a la "economía del endeudamiento" un auge sin igual, al mismo tiempo que hacen prácticamente imposible el seguimiento y evaluación de las autoridades monetarias. Hemos asistido así al desarrollo a muy gran escala, por parte de instituciones financieras, bancarias y no bancarias, de la práctica llamada "fuera de balance". Los compromisos en los mercados de "productos derivados" (los que llevaron a la banca Barings a la quiebra) forman parte de ello, así como también todos los préstamos de alto riesgo que los bancos no hacen aparecer en sus balances, pero que pesan sobre sus pasivos a partir del momento en que demuestran ser incobrables. Estos préstamos no son sólo los del tipo otorgado a los bancos indonesios o rusos, sino también los concedidos a los más poderosos mediáticamente y a los menos escrupulosos entre los fondos especulativos especializados (los *hedge funds*), como LTCM (*Long Term capital Mangement*[1]). Recordemos que los compromisos de estos fondos han alcanzado los 200.000 millones de dólares, es decir, el equivalente de la deuda externa conjunta de Tailandia, Indonesia, Corea, las Filipinas y Malasia.

La quiebra, incluso "momentánea", de los grandes deudores en el centro del sistema financiero mundial, así como en los "mercados emergentes", se traduce en el aumento del peso de los malos créditos en los balances de los bancos internacionales. Pone en peligro la cadena de créditos y deudas en su conjunto. La amplitud de algunos créditos que se han tornado irrecuperables o casi irrecuperables, y la gravedad de la repercusión de la situación de insolvencia en los bancos internacionales tenedores, es lo que ha venido rápidamente a dominar los episodios que marcaron el crecimiento mundial de la crisis en 1998. En el caso de Japón, este mecanismo de propagación está inextricablemente ligado a la contracción del comercio y a la deflación en la región-continente. En cambio, la vulnerabilidad bancaria nacida de las cadenas de créditos es, por el momento, el mecanismo que alcanza de manera predominante a los miembros europeos del G7, poco afectados al principio por la deflación asiática considerada aisladamente. Fue este mecanismo el que actuó, sobre todo en el caso de Rusia. El peso relativo de este país en el comercio mundial es muy bajo (apenas el uno por ciento), pero su quiebra financiera y el derrumbe de su sistema financiero vinieron a debilitar repentinamente algunos componentes de sistemas financieros tan "seguros" como el de Alemania.

El *tercer* mecanismo de propagación internacional es *bursátil*. Se refiere al contagio de una plaza financiera a otra, a los miedos de los inversores financieros relativos al valor real del capital ficticio que poseen en forma de activos financieros, especialmente en acciones, aunque también en obligaciones. Las evoluciones de este mecanismo son las más difíciles de prever, a causa de lo repentino –y con carácter irracional– de los cambios que se producen en la opinión promedio de los operadores bursátiles, así como de la rapidez con que se produce la difusión de una plaza financiera a otra, de sus miedos y del anuncio de sus pérdidas. Las formas de sincronización con los otros dos mecanismos son complejas. Las caídas bursátiles aparecen después de fases de calma y de recuperación, en el momento en que una acumulación sub-

---

[1] N. del T.: el fondo LTCM atravesó una situación muy grave entre agosto y octubre de 1998.

terránea de elementos anunciadores de posibilidades de pérdida aparece repentinamente con claridad.

Este mecanismo de propagación se ejerce en dos niveles. En el caso más "benigno", que no por eso ha dejado de devastar ya a Asia, el contagio está circunscripto a los mercados financieros de los países "emergentes". Se limita a la propagación de la sospecha de los inversores financieros, a partir de una situación de riesgo creciente en un mercado perteneciente a esta categoría, hacia todos los países que se encuentran potencialmente en la misma situación. Este es el caso, ciertamente, de los países de América Latina, con Brasil a la cabeza. Los mercados de estos países fueron sacudidos en noviembre de 1997 por los contragolpes de la crisis asiática, y luego otra vez en setiembre de 1998 por la declaración de bancarrota de Rusia. En el futuro sufrirán nuevamente el efecto de propagación de olas de desconfianza externa, independientemente de los acontecimientos internos que pudieran provocar la huida de inversores. El otro nivel es propiamente mundial, y sus pivotes son los mercados bursátiles norteamericanos.

En este nivel la propagación puede adoptar dos formas. La primera es la de un movimiento de pánico que nace en algún otro lado, en otra plaza financiera de una cierta importancia, y que converge hacia Wall Street, que se ve entonces colocado en una situación en la cual o bien la plaza norteamericana logra contener el contagio, o bien le sirve de posta. Hemos asistido a un ejemplo de esta forma de propagación en ocasión del "mini-crack" del 27 y 28 de octubre de 1997, que había partido inicialmente de Hong Kong y de Singapur. En esa ocasión se pusieron en evidencia tanto la gravedad potencial del contagio bursátil como el papel de pivote de Wall Street. Mientras la velocidad y la amplitud del comienzo del contagio mundial superaron a las del crack neoyorquino de octubre de 1987, en 1997 lo que permitió estabilizar las cotizaciones y detener la caída que ya había afectado fuertemente a las plazas europeas fueron las compras que hicieron de sus propias acciones los más grandes grupos norteamericanos, especialmente IBM. Un segundo ejemplo es el caso en el cual el movimiento de caída de las cotizaciones tiene su origen, como ocurrió en 1987, en el propio Wall Street. Esta es la hipótesis más peligrosa por sus consecuencias. A causa del carácter altamente jerarquizado de las finanzas mundializadas, es en Nueva York o en Chicago donde está ubicado el cerrojo decisivo del contagio bursátil mundial. La cotización de las acciones en Wall Street es, en gran parte, función de la situación doméstica de la economía estadounidense, que adquiere la condición de componente central de la situación mundial tomada en su totalidad. Pero el grado de internacionalización de los bancos y de los grupos industriales norteamericanos ha hecho que sus posibilidades de ganancias dependan fuertemente de la situación coyuntural mundial, así como de acontecimientos que ocurren en otros lugares de la economía internacional. En setiembre de 1998, fue directamente de Wall Street de donde partió el movimiento internacional de caída de las bolsas. La fuerte baja de las cotizaciones se debió tanto al grado de exposición efectiva de los grandes bancos norteamericanos, que era claramente más elevado en Rusia que en Asia, como a la repentina toma de conciencia de la fuerte dependencia de las cotizaciones de Wall Street de las vicisitudes mundiales. La aprensión de que incluso los bancos deban sufrir fuertes pérdidas en Brasil y que la recesión alcance a América Latina, haciendo las exportaciones norteamericanas aún más difíciles, reforzaron el movimiento a la baja durante tres semanas antes de dar lugar, ya en octubre, a una fase de recuperación y de calma, a la espera de nuevas turbulencias.

3. Para terminar, veamos qué nos revelan los acontecimientos de 1997 y 1998 en cuanto a los límites del "régimen de acumulación predominantemente financiero". La mundialización del capital, que nació con la liberalización y la desregulación, ha traído consigo la implementación de una economía internacional de valorización del capital bajo su forma financiera. Este capital impone en todo momento su "preferencia por la liquidez" (Keynes). Trata de valorizarse tomando el "camino abreviado", A-A' (Marx) "invirtiendo" en forma de colocaciones en obligaciones y en acciones, pero también en forma de préstamos internacionales a gobiernos (o, como en Asia, a bancos y empresas). La economía internacional que han construido los neoliberales es una economía ordenada hacia la transferencia de recursos de algunas clases o capas sociales, y de algunos países, hacia otros. Está dominada por los grandes fondos de inversión (*pension funds* y *mutual funds*), así como por las sociedades transnacionales y los grandes bancos internacionales. Le ha dado a la noción de "países rentistas", desarrollada por los teóricos del imperialismo a comienzos del siglo (Lenin ciertamente, pero también Hobson y Veblen), su sentido original pleno y toda su actualidad.

El hecho de que una de las instituciones básicas de esta economía internacional de valorización del capital-dinero sea el mercado secundario de títulos, liberalizado y desregulado, le da una volatilidad y una inestabilidad elevadas. En el mercado secundario de títulos se constituyen los mecanismos de formación y de crecimiento del capital ficticio. La naturaleza ficticia de la inmensa acumulación de activos financieros, cuyo teatro son los mercados financieros, se pone en evidencia desde el momento en que el cambio de la coyuntura hace imposible la validación del conjunto de los activos y de los créditos, que son otras tantas pretensiones de apropiación de fracciones del valor y de la plusvalía producidos anteriormente en la industria, la agricultura y los servicios. *Esto, sin embargo, no constituye una "economía de casino"*. Por detrás de las decisiones de colocar o de liquidar las tenencias en poder de una u otra plaza financiera, debajo de una u otra forma de activos (divisas, obligaciones públicas o privadas, acciones), se encuentran evaluaciones en cuanto a la permanencia de los flujos de ingresos en los niveles de rendimiento que el capital financiero se fija. Existe seguramente una dimensión especulativa en las decisiones de colocación o de retiro de las tenencias. Pero esto no es lo esencial y no debe de ninguna manera hacernos perder de vista los mecanismos, de importancia muy distinta, de transferencia de recursos reales que se esconden tras la tenencia de títulos. Son estos mecanismos los que afectan el ritmo de acumulación así como el nivel de la demanda, de la producción y del empleo.

El informe más reciente de la Conferencia de las Naciones Unidas sobre Comercio y Desarrollo (UNCTAD), *Trade and Development 1998*, nos recuerda que la tasa de crecimiento anual promedio de la economía mundial no ha sobrepasado el dos por ciento durante la última década. De esta manera, el ingreso promedio per cápita ha bajado, justo en un momento en que las desigualdades en la distribución, que eran ya muy fuertes, aumentan todavía. Las crisis financieras repetidas, con episodios múltiples y variados, deben situarse en este contexto. Estas crisis no son sólo consecuencia de la inestabilidad inherente a los mercados financieros, sino también una manifestación de esta situación de crecimiento muy lento y de superproducción endémica que ha persistido todo a lo largo de los años 1990. Durante esta década los únicos países o regiones que pudieron escapar a esta caracterización fueron los Estados Unidos, por un lado, y los países asiáticos, por otro. Después de que la recesión generalizada invadiera Asia, Estados Unidos es el único país que sigue en una situación de excepción, más exactamente en posición de país dominante hacia el cual se vuelve el conjunto de contradicciones financieras y comerciales del sistema.

Por más importante que sea el análisis de la fragilidad financiera sistémica, es fundamental comprender que estamos ante al progreso de una gran crisis económica, que expresa los límites del régimen de acumulación predominantemente financiero. Marx trabajó mucho sobre la paradoja de la sobreproducción, de la cual señalaba su carácter relativo y decía que lejos de manifestar un excedente de riqueza es la marca de un sistema cuyos fundamentos plantean límites a la acumulación, a causa de los mecanismos de distribución que le son endógenos. Keynes trató de dar una respuesta sin salirse del marco de la propiedad privada de los medios de producción, y fue puesto en la picota. Durante veinte años hemos asistido en los países del Tercer Mundo a la reaparición de las peores calamidades: malnutrición, incluso hambre, enfermedades, muchas veces pandemias, y en los países de la OCDE al aumento de los desempleados, los precarizados, los sin techo, los sin derechos. Estas calamidades no son "naturales". Golpean a las poblaciones que han sido marginadas y excluidas del círculo de satisfacción de las necesidades elementales y, por lo tanto, de las bases de la civilización, por su incapacidad para transformar esas necesidades apremiantes en demanda solvente, en demanda monetaria. Esta exclusión es, pues, de naturaleza económica. En algunos casos es reciente, pero en todos los países se ha agravado fuertemente con relación a la situación de los años 1970. Es producto directo del régimen de acumulación que nació de la desregulación y la liberalización. Supone la destrucción no sólo de millones de empleos, sino de sistemas sociales de producción enteros. Destrucción permitida por la sumisión del progreso técnico a las señales más acotadas de la ganancia, por la total libertad de movimiento otorgada al capital y por la puesta en competencia de formas de producción social que no tienen la misma finalidad: maximizar la ganancia, por un lado; asegurar las condiciones de la reproducción social de comunidades de campesinos, de pescadores o de artesanos, por otro.

Entre los apologistas de la "mundialización feliz" ha sido de buen tono celebrar la "victoria del consumidor sobre el productor", así como la "revancha de los prestamistas". Se ha simulado olvidar que los "productores", es decir los asalariados, son también consumidores, y que a fuerza de despedir a los obreros en los países capitalistas avanzados y de quitar, por la liberalización, sus medios de vida a los campesinos en los países del Tercer Mundo, el círculo de los consumidores se achica. El consumo de las capas rentistas, las que viven completa o parcialmente de ingresos financieros (intereses de las obligaciones o dividendos de las acciones) puede sostener la demanda y la actividad en los Estados Unidos y en algunos otros países que son fuente de flujos masivos de capitales de colocación. Pero en el plano de la macroeconomía del sistema mundial, ningún consumo rentista podrá jamás compensar los mercados destruidos por el desempleo masivo o la pauperización absoluta impuesta a comunidades que antes podían asegurar su reproducción y expresar una cierta demanda solvente.

Entonces, lo que la crisis ha comenzado nuevamente a revelar son las contradicciones más esenciales del capitalismo. Las soluciones deben buscarse más allá de las finanzas, aun cuando la situación financiera exigirá ciertamente soluciones de defensa indispensables por parte de aquellos que no aceptan la subordinación de los países a los intereses del capital rentista. Ellos son muy numerosos en Argentina y es a ellos a quienes los autores de este libro dedican su trabajo.

Capítulo 1

Introducción general

François Chesnais*

El crecimiento espectacular de las transacciones financieras ha sido uno de los hechos más significativos de la década de los ochenta y ya ha marcado con su sello a la primera mitad de los años noventa.** En efecto, la esfera financiera representa la punta hacia adelante del movimiento de mundialización de la economía, en el cual las operaciones del capital se refieren a los montos más elevados, en el cual su movilidad es la más grande y en el cual los intereses privados parecen haber retomado totalmente la iniciativa frente a los Estados.

La intención de este libro es presentar hilos conductores y pistas para la reflexión sobre varios aspectos de esta mundialización financiera: las circunstancias de su génesis, cuya comprensión condiciona las apreciaciones que uno puede hacer tanto sobre su necesidad histórica como sobre la naturaleza y la factibilidad de las medidas correctivas requeridas por sus efectos; el papel de las instituciones financieras específicas, especialmente las no bancarias, que son los actores principales de esta mundialización y que modelan su funcionamiento de manera decisiva; los mecanismos que rigen la evolución de las características del dinero en este nuevo contexto; y, sobre todo, las consecuencias más importantes de la mundialización de las finanzas en el funcionamiento de la economía

---

* Economista principal de la OCDE hasta 1992. Actualmente profesor asociado en París XIII-Villetaneuse y miembro del Centro de Estudios de las Dinámicas Internacionales (CEDI).

** Debe recordarse que la versión francesa de este libro fue publicada en 1996, lo que explica la ausencia de menciones sobre la crisis asiática iniciada en 1997. Nota del editor de la versión española.

mundial. En este sentido, el trabajo que se presenta pretende suministrar elementos analíticos y fácticos que permitan establecer conexiones entre la mundialización financiera y los otros elementos esenciales constitutivos del sistema capitalista mundial de fines del siglo XX: el nuevo régimen salarial; la distribución del ingreso, tanto entre los países como dentro de ellos, con la reaparición de significativos ingresos rentísticos; la distribución del ahorro mundial entre la inversión y las colocaciones financieras; y las características de la acumulación.

Una mundialización intensa, pero muy particular

La expresión "mundialización financiera" designa las interconexiones muy estrechas entre los sistemas monetarios y los mercados financieros nacionales, que resultaron de medidas de liberalización y de desregulación adoptadas en un principio por los Estados Unidos y el Reino Unido entre 1979 y 1982 y, en los años siguientes, por el resto de los principales países industrializados. La liberalización externa e interna de los sistemas nacionales, anteriormente cerrados y compartimentados, permitió la aparición de un espacio financiero mundial. Sin embargo, la liberalización y la desregulación no *suprimieron* los sistemas financieros nacionales. No hicieron más que integrarlos, de manera "imperfecta" o "incompleta", en un conjunto que tiene tres particularidades. Primero, está *fuertemente jerarquizado*: el sistema financiero de los Estados Unidos domina a los demás tanto por el lugar que ocupa el dólar como por la dimensión de los mercados norteamericanos de obligaciones y bursátiles. El "desarrollo desigual" de los países (incluso dentro de la OCDE) y la competencia entre ellos, uno de cuyos instrumentos es la moneda y otro las finanzas, no han desaparecido. Fueron incluso reavivados por la liberalización y la desregulación financieras. Esto explica por qué, en segundo lugar, este conjunto "mundializado" está *marcado por una carencia de instancias de supervisión y de control*, sobre la que todos los especialistas concuerdan, incluso aunque tengan opiniones diferentes acerca del grado de esta carencia y acerca de las soluciones posibles. Finalmente, *la unidad de los mercados está asegurada por los operadores financieros*, en grados que difieren de un segmento a otro (cambios, obligaciones, acciones, etc.). Es erróneo atribuir la unidad de los mercados esencialmente a las tecnologías (telecomunicaciones e informática) que aseguran concretamente la interconexión de las plazas financieras [véase también Helleiner, en Boyer y Drache, 1996]. La unidad nace de las operaciones que transforman una virtualidad técnica en un hecho económico.

Este último punto merece ser destacado. La integración internacional de los mercados financieros nacionales ha sido posible gracias a la liberalización reglamentaria y a su interconexión en tiempo real. Pero el contenido efectivo de esta integración resulta, concretamente, de las decisiones tomadas y de las operaciones efectuadas por los administradores de carteras más importantes y más internacionalizados.[1] La "personificación" de los mercados (su antropomorfismo) no es trivial. Sin duda, expresa de manera simultánea por lo menos tres dimensiones del crecimiento del poder de las finanzas. La primera se refiere al movimiento de autonomización relativa de la esfera financiera en relación a la producción pero, sobre todo, en relación a la capacidad de intervención de las autoridades monetarias. La segunda trata del carácter de "fetiche" (señalado tanto por Marx como por Keynes) de las formas de valorización del capital de naturaleza específicamente financiera. La tercera remite al hecho de que son los operadores quienes delimitan los contornos de la mundialización financiera y quienes deciden de qué países serán los agentes económicos que participarán, y qué tipos de transacciones realizarán.

En este sentido, es importante recordar algunas diferencias notables entre la mundialización financiera del período que culminó en 1914 y la de la fase presente. En términos reales, las inversiones directas permanecen quizás en un nivel inferior al que habían alcanzado a principios del siglo [Dunning, 1993; Bairoch, 1996]. Pero están mucho más concentradas que entonces y también mucho más inclinadas a desha-

---

[1] Recordemos que la expresión "mundialización del capital" es la que corresponde más exactamente a lo que abarca el término inglés *globalisation* [Chesnais, 1994]. Al referirse a la producción y comercialización de mercancías materiales e inmateriales (los "bienes y servicios"), el término inglés *globalisation* traduce la capacidad estratégica del gran grupo oligopólico de adoptar un enfoque y una conducta "globales" referidos simultáneamente a los mercados de demanda solvente, a las fuentes de aprovisionamiento, a la colocación de la producción industrial y a las estrategias de los principales competidores. En la esfera financiera, lo mismo vale para las operaciones que efectúan los inversores financieros y para la composición de sus carteras de activos (divisas, obligaciones, acciones y productos derivados), así como para las decisiones que ellos toman, ya sea en materia de "arbitraje" entre diferentes instrumentos financieros o distintos segmentos de los mercados, como de la elección de los países cuyas monedas compran o cuyos títulos poseen.

cerse de los compromisos rápidamente. En inglés se dice que son *footloose*, que tienen los "pies ligeros". La naturaleza de los flujos financieros a corto plazo (cuya composición se encontrará más adelante, en el cuadro 2) y su volatilidad son también muy importantes. Los flujos que se dirigen a los mercados bursátiles extranjeros, en particular los de los "mercados emergentes", siguen siendo muy escasos respecto a las colocaciones de obligaciones [Epstein, 1996], aunque tuvieron un cierto crecimiento antes de la crisis mexicana [FMI, 1994 y 1995]. La parte esencial de las acciones emitidas por las firmas están en su propio mercado bursátil. La idea de una "irradiación de los capitales por el planeta" no corresponde a la realidad del mundo contemporáneo, donde hay una correlación estrecha entre la tasa de inversión y la tasa de ahorro nacional de cada país [Epstein, 1995]. Las finanzas de mercado, o finanzas desintermediadas, "mundializadas", resultan excluyentes en un grado todavía mayor que las formas de internacionalización anteriores. Castigan con particular severidad a los países en desarrollo en sentido estricto [Pisani-Ferry y Sgard, 1996]. Ya que esos países no tienen la suerte de poseer un mercado financiero "emergente" que pueda ser integrado, ni firmas capaces de dirigirse a los mercados de obligaciones o bursátiles de los grandes países industrializados.

Liberalización financiera y tasa de crecimiento de los activos

El dinamismo específico de la esfera financiera, su crecimiento a ritmos cualitativamente superiores a los de la inversión, del PIB o del comercio, es quizá el factor que más transformó, por sí solo, la situación económica de los últimos quince años. El empleo sólo puede nacer de la inversión; la inversión es la que contribuye a determinar el ritmo de creación de riquezas a largo plazo. De la misma manera, la comparación entre las tasas de crecimiento –muy modestas– de la formación bruta de capital fijo del sector privado en los países de la OCDE (que es un indicador importante de la inversión) y las del valor del stock de activos financieros (tal como puede observarse en el gráfico 1) es una invitación a comprender las razones de ser y las consecuencias de ritmos tan diferentes. Ahora bien, de 1980 a 1992, en los países de la OCDE, las tasas de crecimiento anual promedio del stock de los activos financieros fueron 2,6 veces superiores a las de la formación bruta de capital fijo.

Este crecimiento acelerado de la esfera financiera ha seguido muy de cerca la liberalización y la desregulación de los sistemas financieros

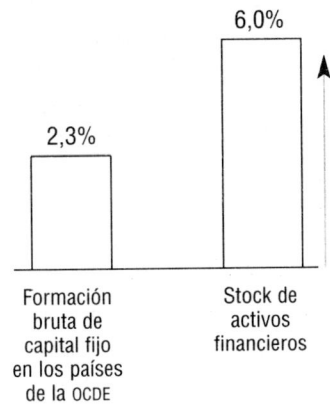

Gráfico 1
Formación bruta de capital fijo del sector privado
y del crecimiento del stock de activos financieros,
entre 1980 y 1992, en tasas promedio de crecimiento anual

Fuente: OCDE, Cuentas nacionales, diversos años.

nacionales así como la transición desde un régimen de finanzas administradas hacia un régimen de finanzas de mercado; es contemporáneo de la mundialización financiera y le da por sí solo la razón a este libro.

Las raíces "reales" del crecimiento de la esfera financiera

Los términos "autonomía", "autonomización", etc., deben ser utilizados con gran precaución. Es exacto que una fracción extremadamente elevada de las transacciones financieras se desarrolla en el campo cerrado conformado por las relaciones entre instituciones especializadas, y no tiene ninguna contrapartida a nivel de los intercambios de mercancías y de servicios, ni tampoco a nivel de la inversión. En particular, este es el caso de los casi 1,4 billones de dólares de transacciones cotidianas en el mercado de cambios, de los cuales apenas entre el 5% y el 8% correspondería a transacciones internacionales "reales" [BPI, 1994 y 1995]. Pero esto no quiere decir que no haya vínculos muy fuertes y, sobre todo, de un gran alcance económico y social, entre la esfera de la producción y el comercio y la de las finanzas. La esfera financiera se nutre de la riqueza creada por la inversión y la movilización de una fuerza de trabajo con niveles de calificación múltiples. Los capitales a los cuales los operadores financieros aseguran su valorización a través de sus colocaciones financieras y los arbitrajes que efectúan entre diferentes tipos de activos nacieron invariablemente en el sector productivo y comenzaron por tomar la forma de ingresos constituidos en ocasión de la producción y del intercambio de mercancías y de servicios. Una parte, hoy elevada, de estos ingresos es captada o canalizada en beneficio de la esfera financiera, y transferida hacia ella. Sólo después de que esta trasferencia ha tenido lugar pueden producirse muchos procesos de valorización fuertemente ficticios (véanse los capítulos 3 y 8), que inflan todavía más el monto nominal de los activos financieros, dentro del campo cerrado de la esfera financiera.

Los créditos suministrados a los países en desarrollo crearon el primer mecanismo de transferencia de riquezas en gran escala en el período contemporáneo. El reciclaje de los "petrodólares", operado por el mercado de los eurodólares, permitió a los países de la OCDE superar la recesión de 1974-1975 al aumentar muy rápidamente sus exportaciones. Pero este reciclaje también hizo nacer la aplastante deuda que muy numerosos países del Tercer Mundo llevan como un grillete desde hace veinte años. Las transferencias operadas hacia las instituciones financieras de los países capitalistas avanzados, a título de intereses de los créditos bancarios sindicados que les habían sido ofrecidos, le permitieron a la esfera financiera consolidarse aún más. Incluso si una cierta cantidad de grandes bancos resultó debilitado por el aumento de sus créditos dudosos [Davis, 1992] el proceso de transferencia de riquezas no cesó cuando estalló la crisis de la deuda en 1982. Al contrario, a partir de la mitad de los años 1980 asistimos a la inversión de los flujos netos de capitales entre el Sur y el Norte.

Pero en la misma época, sin que los flujos de transferencias Sur-Norte se detuvieran (y la formación de los mercados emergentes apunta a acrecentarlos), el centro de gravedad de los mecanismos de captación de ingresos en beneficio de la esfera financiera se desplazó hacia los países de la OCDE. La formación de los mercados de obligaciones, la "titularización" de la deuda pública y el crecimiento cada vez más rápido de la parte de los presupuestos de los países de la OCDE dedicada al servicio de la deuda significa que el mecanismo de captación y de transferencia más importante, por mucho, es desde entonces, en estos países, el que transita por los impuestos directos e indirectos. Una parte del crecimiento de la esfera financiera se debe a los flujos de riquezas que se forman primero como salarios y sueldos, o como ingresos rurales o artesanales, antes de ser absorbidos por el Estado mediante los impuestos, y después transferidos por él hacia la esfera financiera a título de pago de los intereses o de reembolso del capital de la deuda pública.

La génesis de la mundialización financiera...

Es importante comenzar por comprender cómo, mediante cuáles etapas, en un lapso de tiempo tan corto, se ha llegado a este dominio de la esfera financiera. Frente a fenómenos sociales complejos, puede ganarse mucho si se captan los procesos en su evolución, estudiando las circunstancias y las etapas de su génesis. Es lo que se hará más adelante en este capítulo, donde se propone una cronología de las etapas de la mundialización financiera, así como en varios de los capítulos siguientes. El acento se pondrá particularmente sobre el papel del régimen de los cambios flexibles adoptado después de la abrogación unilateral del sistema de Bretton Woods; también sobre la titularización de la deuda pública en los principales países industrializados, siguiendo el ejemplo de los Estados Unidos; finalmente sobre las políticas de desregulación y de liberalización financieras que han logrado el desmantelamiento de la mayoría de los mecanismos de supervisión y de control de la esfera financiera que habían sido creados durante los años 1930 después del crack de 1929 (principalmente en los Estados Unidos bajo el gobierno de Roosevelt), o después de la Segunda Guerra Mundial.

Aquí se trata de extender por un instante el marco de la reflexión. La mundialización financiera nació de un proceso de interacción durante una quincena de años entre el movimiento de refuerzo de las posiciones del capital privado –tanto industrial como bancario– y la situación crecientemente sin salida de las políticas gubernamentales. El contexto general es el del fin de "la edad de oro". Es decir, aunque haya comenzado a manifestarse desde fines de los años 1960, la mundialización financiera no se comprende fuera de lo que los regulacionistas llaman la "crisis del modo de regulación fordista" [Boyer, 1986], y que los marxistas describen como el resurgimiento, en un contexto determinado, de las contradicciones clásicas del modo de producción capitalista mundial fuertemente amortiguadas entre 1950 y la recesión de 1974. La reconstitución progresiva de una masa de capitales que buscan valorizarse de modo financiero, como capital de préstamos, no se comprende sino con relación a las dificultades crecientes de valorización del capital invertido en la producción (completamente perceptible en las estadísticas). En ayuda de los beneficios no repatriados, aunque tampoco invertidos en la producción, que las firmas transnacionales norteamericanas tenían depositados en Londres en el sector *off-shore*, fue como el mercado de los eurodólares logró su despegue a partir de mediados de los años 1960, mucho antes del "shock petrolero" y la recesión de 1974-1975. La experiencia adquirida en este marco y las trasferencias efectuadas a partir del servicio de la deuda del Tercer Mundo han permitido a las instituciones financieras aumentar su presión para obtener a la vez una política monetaria favorable a los intereses de los acreedores y una liberalización financiera acrecentada. En los Estados Unidos y en el Reino Unido, se dieron primero las condiciones políticas. El fracaso de las políticas de reactivación por medio de la demanda, la estanflación de fines de los años 1970 y la voluntad de quebrar las condiciones que permitían todavía a los asalariados defender su poder adquisitivo y sus conquistas sociales provocaron el giro monetarista dirigido por Paul Volcker (sobre el que volveremos más adelante) antes de desembocar en la "revolución conservadora" de Margaret Thatcher y de Ronald Reagan. Pero este giro correspondió también al momento en que los fondos de pensión y los organismos anglosajones de colocación colectiva de los valores mobiliarios (los *pension funds* y los *mutual funds*), que son los actores más poderosos del régimen de las finanzas de mercado mundializado, franquearon un umbral en el crecimiento del monto de ahorro que centralizan. Sus necesidades en términos de nuevas ocasiones de colocación fueron muy fácilmente satisfechas porque los gobiernos buscaban nuevas maneras de financiar sus déficit sin excesivo costo político.

Un informe reciente de la UNCTAD [1996] señala, felicitándose por ello [véase C. de Brie en *Le Monde Diplomatique*, julio de 1996], la manera en que la liberalización y la mundialización avanzaron paralelamente, de manera que cada avance de una de ellas reforzaba las condiciones favorables a un progreso de la otra. El proceso es particularmente claro en el ámbito de las finanzas. El movimiento de conjunto fue tomando progresivamente (en especial desde 1992), sin embargo, el aspecto de un proceso no controlado, con dimensiones evidentes de huida hacia adelante por parte de los gobiernos, cada vez más impotentes frente a las fuerzas que ellos mismos contribuyeron a desencadenar. Pero tiene, sobre todo, consecuencias para la acumulación y el empleo que requieren especialmente la ayuda de los partidarios de un "capitalismo virtuoso".

...su costo y sus desafíos

La mayoría de los interrogantes relativos a las consecuencias de la dominación actual de las finanzas de mercado liberalizadas y desreguladas sobre el funcionamiento de la economía mundial no son exclusivos de los autores de este libro. Los comparten todos aquellos que observan los hechos a partir de marcos conceptuales distintos de los del neoliberalismo. Aunque sin duda aquí se formulan con más insistencia que en otros lugares y están acompañados por la idea de que la sociedad mundial, regida actualmente sin resquicios por el capitalismo, se encuentra confrontada con un conjunto de relaciones constitutivas de un régimen de acumulación en ruptura radical con el de la posguerra, cuyas consecuencias se presentan como más graves. Mencionemos, entre estos interrogantes, los que se refieren más directamente a los países capitalistas avanzados que, sin embargo, siguen siendo los mejor protegidos de las consecuencias de la mundialización del capital.

¿No habrá alguna relación entre la mundialización financiera y la atonía pronunciada, cuando no estancamiento, de la producción industrial (tomando conjuntamente el sector manufacturero y el sector de los servicios) y de la inversión, así como con el aumento del desempleo en los países de la OCDE, Japón incluido?

¿El crecimiento de la inversión y del empleo a nivel mundial es compatible con el conjunto de fenómenos monetarios ocurridos luego de la adopción del régimen de tipos de cambio flexibles? Recordemos algunos: la inestabilidad monetaria permanente; la transformación del mercado cambiario en mercado especulativo, donde los capitales financieros buscan hacer ganancias financieras conservando el grado más alto posible de liquidez; la ausencia de una moneda internacional diferente del dólar, sumada desde hace veinte años a un déficit doble (el de los presupuestos públicos y de las cuentas externas), en el cual los Estados Unidos tienen el privilegio, pero cuyas consecuencias son mundiales.[2]

---

[2] El capítulo de Robert Guttmann plantea todavía otros interrogantes relativos a la moneda: la evolución de las características mismas de la moneda, en un contexto determinado tanto por una cierta modificación de relaciones entre las principales potencias industriales y financieras como por importantes cambios tecnológicos (la informática, la cibernética, la red Internet, etc.), parece comprometer cualquier intento tendiente a favorecer la estabilidad macroeconómica mínima exigida por la acumulación. La administración de la moneda según este objetivo ¿no se ha vuelto más difícil aún de lo que ha sido desde el paso a los cambios flexibles?

¿No es tiempo de romper la trampa en la que quedaron encerrados los gobiernos, en gran parte por sus propios actos, al transferir a los capitales financieros tenedores de la deuda pública y beneficiarios de un régimen de tasas de interés reales positivas convertido en permanente, una parte significativa del producto nacional (¡20% de los gastos presupuestarios, 3% a 5% del PIB!)? Este estado de las cosas ¿no conduce a los países de la OCDE, por no referirnos a otros, a dejarse atrapar en un engranaje infernal en el cual conseguir ahorros presupuestarios en nombre del equilibrio y de la austeridad, los hunde en la depresión por el efecto acumulativo interno y externo?

La prensa francesa se ocupa con frecuencia del buen desempeño norteamericano, especialmente en materia de empleo. Aun cuando esta euforia no sea compartida por numerosos economistas norteamericanos, admitamos que, en el marasmo general de los países de la OCDE, hay una "excepción norteamericana", pero aceptemos también que es necesario relacionarla con el carácter jerárquico de la economía mundial, en primer lugar en el ámbito monetario y financiero. El mejoramiento relativo de su déficit externo ¿no se debe a los márgenes de maniobra especiales de que disponen los Estados Unidos en materia de "devaluación competitiva", como consecuencia del papel que tiene todavía el dólar en la economía mundial? La prosperidad de la que disfrutan ciertos sectores de la economía y de la sociedad norteamericanas ¿no se deberá demasiado a la fuerza y a la dimensión del sector financiero norteamericano y a los efectos en cascada únicos, de los que ciertas empresas y ciertos grupos sociales norteamericanos son los beneficiarios principales, si no exclusivos? Estamos pensando, por supuesto, en las empresas que han emprendido actividades en las telecomunicaciones y los medios masivos de difusión, así como en los grupos sociales que se benefician directa o indirectamente del papel que desempeñan los Estados Unidos como centro financiero mundial.

Las transformaciones que se llevan a cabo desde hace quince años en las condiciones de remuneración, de contratación y de trabajo de los trabajadores (*la relación salarial* de la teoría de la regulación), con la generalización de los contratos precarios, la subordinación a la necesidad de flexibilidad de las firmas, la caída relativa de los salarios, todo esto apoyado en un desempleo que, o bien es alto, o bien está en crecimiento después de haber sido inexistente (Japón), ¿pueden atribuirse solamente a los efectos del cambio tecnológico, o tendrán también un vínculo con el peso creciente de las finanzas y las exigencias de las nuevas instituciones financieras no bancarias?

En relación a tales cuestiones este libro quisiera presentar tantos elementos fácticos como sea posible pero también y, principalmente, hilos conductores analíticos y pistas para la reflexión. Éstos últimos organizados por la idea de que no estamos en presencia de elementos y problemas dispersos, sino de datos que *"forman un sistema"* y que traducen un nuevo conjunto de relaciones económicas y políticas.

Cómo se articulan las siete contribuciones

En el resto de este capítulo introductorio se establece el marco cronológico de la implementación del sistema de finanzas de mercado mundializado. Luego viene la contribución de Suzanne de Brunhoff, que apunta a la inestabilidad monetaria internacional existente desde el fin del sistema de Bretton Woods, en 1971, y la adopción de los cambios flexibles en 1973. Después de una reflexión teórica sobre los tipos de cambio y la moneda internacional, la autora examina el papel respectivo de los factores financieros y políticos en el establecimiento de las relaciones entre las monedas desde la época del patrón oro hasta el período actual. En este capítulo se acuerda una atención especial al lugar que mantiene el dólar como moneda internacional, a pesar de los cambios ocurridos desde hace treinta años en las relaciones entre las economías capitalistas más grandes. El capítulo termina con un análisis de los obstáculos a los que se enfrentan los diferentes proyectos de reforma del sistema cambiario.

Las causas y las consecuencias del giro neoliberal y monetarista producido en 1979-1980, del que resultan la liberalización, la desregulación y la mundialización financieras constituyen el objeto de los dos capítulos siguientes. El trabajo de Robert Guttmann está centrado principalmente en los Estados Unidos, cuyo lugar en la jerarquía de los sistemas financieros ya se ha explicado. El de Dominique Plihon apunta sobre todo a Francia y a Europa. La hipótesis expuesta por este último es que "las políticas públicas tienen una responsabilidad de primer nivel en los cambios recientes que han desestabilizado a la economía mundial". Robert Guttmann es menos severo con los gobiernos y pone el acento sobre todo en los callejones sin salida a los que había llegado el modo de regulación fordista en la segunda mitad de los años 1970. Él se interesa, por otro lado, en las propias formas de la moneda y se interroga largamente sobre la naturaleza de las mutaciones que sufrió hace treinta años. Ambos autores esbozan los contornos de un nuevo régimen de acumulación, cuyo funcionamiento está fuertemente dominado por el nivel de endeudamiento de los países en relación al capital financiero y la permanencia de tasas de interés reales positivas que de él resultan, y por los medios de los que disponen los grandes operadores –a través de los mercados financieros– para tener influencia sobre las políticas económicas. Los autores defienden la necesidad de políticas públicas y, por lo tanto, ambos le acuerdan una gran atención a las modalidades de intervención de que siempre disponen los Estados (en particular los Estados Unidos) para intentar controlar los efectos de la mundialización de los mercados y de la dominación de las finanzas.

Las instituciones financieras que más se han beneficiado con el paso a las finanzas de mercado, con la liberalización y la desregulación, han sido los fondos de pensión y las sociedades de inversiones colectivas (los *mutual funds*), cuyo monto de activos sobrepasa desde entonces, por mucho, al de todos los otros intervinientes en el sistema financiero mundial. Richard Farnetti dedicó el capítulo 5 a estos fondos. Tomados globalmente, los papeles de la deuda pública representan cerca de un tercio del stock de los activos de los fondos y otro tercio tiene la forma de acciones que cotizan en Bolsa. Estos dos modos de colocación aseguran a los fondos la captación de un flujo de ingresos elevados. La situación jurídica de los *mutual funds* los autoriza a una diversidad todavía más grande en las colocaciones (en particular fuera de su país de origen), así como a un ejercicio casi sin restricciones de la "preferencia por la liquidez" en el sentido de Keynes, con todas las consecuencias que ésta trae consigo. Por otra parte, la presencia de los fondos como "accionistas de referencia" tiene también el efecto de cambiar drásticamente las relaciones en el seno de las empresas, por medio de la puesta en práctica de los nuevos principios del *corporate governance*.

En el sexto capítulo Claude Serfati describe el comportamiento de los grandes grupos industriales en el nuevo contexto de mundialización financiera. La constitución de los mercados de obligaciones y la desregulación les permitieron acceder directamente a los mercados financieros para colocar allí sus títulos a corto y mediano plazo sin intermediarios bancarios. Pero también disponen de capitales líquidos y de una experiencia que les permiten transformarse en operadores financieros de pleno derecho y de primer nivel, aprovechando así las oportunidades ofrecidas de lograr ganancias puramente financieras (pero también, a veces, pérdidas resonantes) en los mercados cambiarios o de productos derivados. Resultan de esto múltiples consecuencias sobre la organización interna y la gestión de los grandes grupos (influencia creciente de las direcciones financieras) y sobre sus opciones de inversión. El análisis del autor se refiere esencialmente a los grupos franceses, pero tiene un alcance general que viene a completar y a reforzar los importantes elementos suministrados por Robert Guttmann en su capítulo sobre la financiarización de los grupos industriales norteamericanos.

En el séptimo capítulo, se pasa con Pierre Salama al análisis de los impactos crecientes de la financiarización sobre las economías más importantes de América Latina, luego de la adhesión, al principio de los años 1990, de Argentina y México, y después de Brasil, al nuevo régimen de finanzas de mercado internacionalizado. Algunas de las teorías neoliberales más influyentes son examinadas cuidadosamente en su justificación del régimen de tasas de interés reales fuertemente positivas. La crisis mexicana vino a ilustrar adónde conducen, en el caso de una economía vulnerable y dependiente, la liberalización del mercado financiero así como la titularización de la deuda pública según el modelo norteamericano. Pero Pierre Salama muestra que los efectos económicos y sociales del nuevo régimen de finanzas de mercado se extienden mucho más allá de la esfera financiera. Ellos afectan al conjunto de los mecanismos que gobiernan la explotación de la mano de obra (flexibilidad salarial, y duración e intensidad del trabajo) así como a la distribución de los ingresos. Al examinar las economías semiindustrializadas latinoamericanas se puede ver, dice el autor, "lo que se está bosquejando en numerosos países desarrollados".

En el último capítulo François Chesnais se interesa por los shocks y los sobresaltos financieros así como por las crisis financieras auténticas que han seguido a los procesos de liberalización y de mundialización financieros. Según el autor, se trataría de shocks financieros propios de una configuración dada del capitalismo, cuyos rasgos originales estarían explicados por las nuevas nociones de "fragilidad financiera" y de "riesgo sistémico" empleadas ahora por los especialistas de las finanzas. El examen de los rasgos particulares de este "modo de acumulación financiarizado mundial", al que se agregan los efectos del carácter "desigual" e "imperfecto" de la mundialización financiera, permite formular una serie de hipótesis en cuanto a las fuentes y las formas de fragilidad sistémica que podrían ser las más típicas de la economía liberal mundializada.

Seguidamente se analizan tres crisis –o episodios de fragilidad acentuados– que ilustran los riesgos propios de las finanzas de mercado mundializadas: el crack de 1987 en Wall Street, su administración por la Fed y sus prolongaciones; la fragilización de los bancos, la crisis inmobiliaria y los rasgos específicos de la recesión de 1990-1991; finalmente, la crisis mexicana de 1994-1995. El autor recuerda la amplitud de los medios aplicados para contener los efectos de los shocks más severos de la última década, especialmente en Estados Unidos. Gracias a los mecanismos de intervención federales construidos sobre la base de las instituciones legadas por las reformas de los años 1930 y de los años 1940-1950, y todavía reforzados en años recientes, la fragilidad sistémica creciente no desembocó en una crisis muy grande. A la luz de los capítulos 3 y 8 es posible, sin embargo, formular la hipótesis de una acumulación de factores de vulnerabilidad sistémica. Estos factores incluirían el conjunto de efectos que resultan de la formación de una masa elevada de capital ficticio en el sentido de Marx;[3] los remanentes de los shocks sucesivos que los sistemas financieros vienen absorbiendo desde hace quince años; y, finalmente, las consecuencias que se originan en el debilitamiento de los medios de intervención pública en el plano nacional, sin un desarrollo correspondiente de instrumentos en el plano internacional.

Etapas de la liberalización y de la mundialización financieras

Todas las contribuciones evocan una u otra fase de la mundialización financiera, o varias de ellas, sin que ninguna proponga una cronología sistemática. A fin de facilitar el trabajo del lector, parece útil presentar aquí una periodización de conjunto. Sobre la base de los elementos disponibles, se pueden distinguir ya tres grandes fases de un proceso que está en evolución continua. Ese es el sentido del cuadro 1, que propone una caracterización general de cada etapa y una presentación de las medidas más notables.

---

[3] Véanse más adelante los capítulos de Guttmann y de Chesnais para una discusión de esta noción. Digamos simplemente que el término bastante poco habitual que se utiliza para estimar el monto de las operaciones con "productos derivados", a saber su monto (o valor) "teórico (o ficticio, o de referencia) (*notionnel*)", traduce bien el hecho de que se trata de operaciones de capital ficticio, en cadenas de créditos y de deudas que no tienen ninguna realidad fuera de la esfera financiera.

Cuadro 1
Las tres etapas del surgimiento de las finanzas de mercado mundializadas: caracterización general y medidas más relevantes

1960-1979	1980-1985	1986-1995
Internacionalización financiera "indirecta" de sistemas nacionales compartimentados. Evolución de EE.UU. hacia las finanzas de mercado.	Paso simultáneo a las finanzas de mercado y a la interconexión de los sistemas nacionales por la liberalización financiera.	Acentuación de la interconexión, extensión del arbitraje e incorporación de los "mercados emergentes" del Tercer Mundo.
Formación en los EE.UU. de mercados de títulos de créditos (obligaciones negociables) utilizados principalmente por los bancos. Formación de mercados de eurodólares como en *off-shore*. Disgregación y liquidación del sistema de Bretton-Woods (1966-1971). Fin de la reglamentación del crédito en el Reino Unido (1971). Paso hacia los cambios flexibles (1973) y primer auge de los mercados cambiarios. Quiebra del banco Herstatt, inicio de los trabajos sobre normas prudenciales en el BPI. Expansión acelerada del mercado de eurodólares, reciclaje de los petrodólares, préstamos bancarios sindicados. Internacionalización acelerada de los bancos norteamericanos (incluso bajo la forma de préstamos no sindicados y de créditos internacionales). Inicio del endeudamiento del Tercer Mundo. Aparición de mercados derivados (futuros y opciones) de las monedas y de las tasas de interés.	Inicio del monetarismo en los EE.UU. y en el Reino Unido. Liberalización de los movimientos de capitales. Liberalización de las tasas de interés. Titularización de la deuda pública. Expansión rápida de los mercados de obligaciones. Políticas monetarias de atracción de los prestamistas extranjeros. Arbitraje internacional de los mercados de obligaciones. Inicio de la desintermediación de la demanda privada de liquidez de los grupos industriales y de las instituciones financieras. Crecimiento muy rápido de los activos de los fondos de pensión y de los *mutual funds*. Crecimiento muy rápido de los productos derivados. Expansión internacional de las operaciones de los fondos de pensión y de los *mutual funds*. *Junk bonds* e instrumentos que hacen de palanca en los mercados de títulos de las propiedades de las empresas en Nueva York y en Londres.	"Big-bang" en la City. Liberalización y desregulación de los mercados de acciones. Explosión de las transacciones en los mercados cambiarios. Liberalización y desregulación de los mercados de materias primas. Crecimiento rápido de los mercados derivados de materias primas. Explosión de los productos derivados. Aceleración del crecimiento de los mercados de obligaciones. A partir de 1990, inicio de la liberalización y de la desregulación de los mercados de obligaciones y bursátiles de los NPI y países del Tercer Mundo. Extensión fuera de la zona OCDE del régimen de finanzas directas y de la titularización de la deuda pública. Discusiones sobre la extensión del papel del FMI (1995) luego de la crisis mexicana.

Fuente: elaboración propia del autor.

La etapa de la internacionalización financiera "indirecta"

La primera etapa del camino hacia la mundialización financiera actual se remonta a los años 1960. En ella puede verse la coexistencia de sistemas monetarios y financieros compartimentados, caracterizados todavía de manera dominante (aunque no exclusiva, especialmente en el caso de los Estados Unidos) por el sistema de las finanzas administradas, y de una internacionalización financiera limitada. Este sistema estaba asegurado por el mercado de los eurodólares, que se formó de modo paralelo –y por así decir "externo"– a los sistemas financieros nacionales. Este nuevo mercado se constituyó con el acuerdo de las autoridades financieras británicas, ya que su base fue la plaza de Londres, pero todos los gobiernos sacaron provecho, bajo la forma de una reserva de liquidez suplementaria. Por entonces, los bancos seguían siendo las instituciones financieras dominantes, tanto en el plano nacional como internacional, ya que el mercado de los eurodólares es un mercado interbancario referido a montos elevados [Bourguinat, 1992].

Fue también a fines de los años 1960 cuando las grandes crisis cambiarias (contra la libra esterlina, después contra el dólar "sobrevaluado") marcaron el retorno con toda potencia de las finanzas especulativas (en parte con el favor del mercado de los eurodólares) y se anunció el fin del régimen de cambios fijos. El conjunto de estos elementos marca el fin de la larga fase de acumulación ininterrumpida de los "treinta años gloriosos", el momento en que las contradicciones nacidas durante esta fase llegan a su madurez.

La abrogación del sistema de Bretton Woods, decretada unilateralmente por los Estados Unidos en agosto de 1971, fue decidida en respuesta a problemas que le eran propios, en cuyo centro se situaba el nivel de su doble déficit: presupuestario y comercial. Las causas son examinadas tanto por Suzanne de Brunhoff como por Robert Guttmann. Este último aborda el análisis no sólo desde el punto de vista internacional, sino también a partir de los problemas internos propios de los Estados Unidos. La abrogación del sistema de Bretton Woods puso fin a la unión del dólar con el oro y abrió inmediatamente el camino al sistema llamado de "tipos de cambio flexibles", estudiado por Suzanne de Brunhoff en su capítulo. La adopción de los tipos de cambio flexibles fue el punto de partida de una inestabilidad monetaria crónica, que hizo del mercado de cambios el primer segmento de los mercados financieros que entró en la mundialización financiera contemporánea, y uno de aquellos (véase cuadro 2) en los cuales una parte particularmente elevada de los activos financieros busca valorizarse preservando un grado máximo de liquidez.

Cuadro 2
El crecimiento del stock de activos financieros de 1980 a 1992,
en miles de millones de dólares estadounidenses y en porcentajes

Segmentos	1980 (1)		1991/1992		Tasa de crecimiento anual promedio en plazos reales
Divisas	4,839	43%	11,288	32%	1
Títulos internacionales	0,207	2%	1,465	4%	13
Títulos públicos	1,934	18%	8,707	25%	9
Títulos de empresas					
bancarias	0,487	9%	1,856	10%	7
No bancarias	0,489		1,844		7
Acciones	2,750	28%	10,323	29%	6
Total 10,706	100%	35,483	100%	5	

(1) Montos nominales reactualizados con los tipos de cambio de 1992.
Fuente: McKinsey, 1994.

La etapa de la desregulación y liberalización financieras

La segunda fase del proceso de mundialización data de las decisiones tomadas en 1979 y 1981, después del nombramiento de Paul Volker a la cabeza de la Reserva Federal y de la llegada de Margaret Thatcher al poder. Las medidas decididas por los gobiernos norteamericano y británico dieron nacimiento al sistema contemporáneo de finanzas liberalizadas y mundializadas. Las medidas tomadas a partir de 1979 pusieron fin al control de los movimientos de capitales con el extranjero (salientes y entrantes), es decir que ellas liberalizaron, o mejor dicho, "liberalizaron hacia el exterior", los sistemas financieros nacionales. También incluyeron las primeras fases de un vasto movimiento de desregulación monetaria y financiera (que todavía no ha finalizado), cuya primera consecuencia fue conducir, desde comienzos de los años 1980, a una expansión muy rápida de los mercados de obligaciones interconectados internacionalmente. Es aquí donde se sitúa el punto de partida de los capítulos de Robert Guttmann y de Dominique Plihon, en los cuales se analizan las causas del giro neoliberal y monetarista, así como las etapas de su difusión a partir del foco norteamericano en los años 1980.

La formación de los mercados de obligaciones liberalizados respondió a las necesidades, o satisfizo los intereses, de dos grupos de actores importantes: los gobiernos y los grandes fondos de centralización del ahorro. Respondió, en primer lugar, a las necesidades de financiamiento de los déficits presupuestarios de los gobiernos de los países industrializados. La implementación de un mercado de obligaciones, fuertemente abierto a los inversores financieros extranjeros (o, en el caso de los Estados Unidos, la extensión de este mercado por la creación de mercados secundarios y su liberalización hacia el extranjero), permitió el financiamiento de los déficits presupuestarios por medio de la colocación de los bonos del Tesoro y otros papeles de la deuda en los mercados financieros. Algunos economistas norteamericanos se niegan a reconocer el papel clave de los Estados Unidos en el surgimiento del régimen de "dictadura de los acreedores" en tanto régimen de carácter mundial, afectando en uno u otro grado, directa o indirectamente, al conjunto de los países. En un debate público reciente (mayo de 1996) en San Pablo, Jeffrey Sachs, por ejemplo, prestó gran atención al hecho de que los Estados Unidos estén más próximos a los "criterios de Maastricht" en términos de relación de la deuda pública con el PIB que la mayoría de los países europeos. Presentar tal argumento equivale, por supuesto, a enterrar las condiciones de la génesis de la dictadura de los acreedores, pero equivale también a ocultar los efectos de dimensión (en términos absolutos) de la deuda norteamericana, con todas las consecuencias que tienen sobre la estructura de los flujos internacionales de capitales y los niveles de las tasas de interés. Según los datos del FMI, la deuda pública norteamericana representa por sí sola el 39% del total de la deuda pública de los países de la OCDE. El estudio McKinsey (1994, cuadro 4 del capítulo 5) llega a una cifra sensiblemente más elevada, estimando que la deuda norteamericana alcanzaría prácticamente el 50% del total de la deuda pública de la OCDE.

Los mercados públicos de obligaciones han llegado así a ser la "espina dorsal" de los mercados internacionales de obligaciones –retomando la expresión del FMI [1994]–, el lugar donde se encuentra, como lo muestra el cuadro 2, alrededor del 30% de los activos financieros mundiales en busca de rendimientos estables y líquidos (la liquidez está asegurada por los mercados secundarios, donde los títulos son siempre negociables). Pero el cuadro 2 muestra también la parte elevada de los activos financieros representados por divisas, a las cuales están referidas las operaciones de arbitraje y de especulación, cuyo teatro son los mercados cambiarios.

En el régimen de las finanzas de mercado (o finanzas "desintermediadas"), las instituciones dominantes ya no son más los bancos sino los mercados financieros y las organizaciones financieras no bancarias. Los bancos sufren precisamente la competencia de estas formas recientes de centralización y de concentración de un capital que opera casi exclusivamente en la esfera financiera: los fondos de pensión y los fondos comunes de inversión (los *mutual funds* y los organismos de colocación colectiva en valores mobiliarios u OPCVM), al lado de los cuales incluso los más grandes bancos parecen enanos. Son estos fondos los que se han beneficiado más directamente de las reformas constitutivas de la mundialización financiera y del paso a un financiamiento de los déficits presupuestarios de los países de la OCDE por medio de la colocación de títulos en los mercados financieros. No es por azar que el movimiento de liberalización y de desregulación financiera haya partido de los Estados Unidos, así como también del Reino Unido. Este último alberga a la City, que sigue siendo la segunda plaza financiera del mundo después de Wall Street, no tanto por su tamaño (Tokio es más importante) como por la variedad y sofisticación de los instrumentos de colocación de capitales. Pero el Reino Unido es también, inmediatamente después de los Estados Unidos, el país de origen de los más importantes fondos de pensión privados del mundo, como lo recuerda Richard Farnetti en el capítulo 5. En efecto, el crecimiento de la esfera financiera después de la liberalización y de la desregulación, tuvo también múltiples consecuencias en el comportamiento de los grandes grupos industriales, cuya financiarización comienza en esta fase, como lo muestra el sexto capítulo de Claude Serfati.

La doble naturaleza de los fondos de pensión por capitalización

La dimensión alcanzada por los activos financieros de los fondos, en relación a los montos en poder de las instituciones (grandes bancos y grandes sociedades de seguros) que nos habíamos habituado a considerar como las instituciones financieras más típicas y más poderosas, está bien ilustrada en el gráfico 2.

La caracterización económica de los fondos de pensión es compleja. Por un lado, son el resultado acumulado de cotizaciones sobre salarios y sueldos percibidas, y su objetivo declarado es asegurar a estos asalariados,

Gráfico 2
Evolución de los activos financieros por tipo de inversor de 1980 a 1994

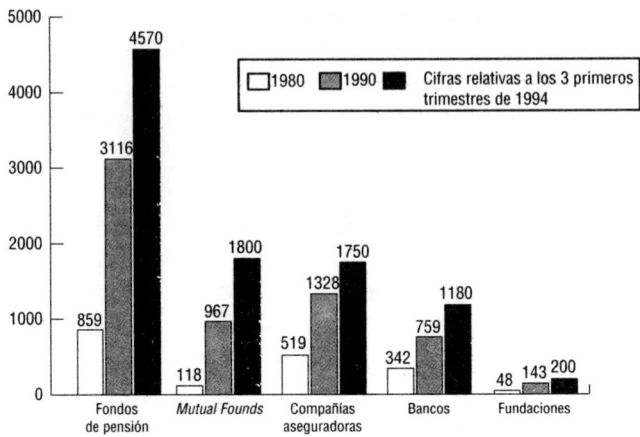

Fuente: Mérieux y Marchand [1996, p. 269].

una vez jubilados, una pensión regular y estable. Se trata, entonces, de formas institucionales que centralizan un ahorro, nacidas con frecuencia de regímenes privados obligatorios de empresa, cuya fuente inicial proviene de ingresos salariales (en sentido amplio). Por otro lado, a partir del momento en que el monto del ahorro acumulado sobrepasa un determinado umbral, los fondos se ubican en la categoría de instituciones financieras no bancarias, cuya función es la de hacer fructificar un monto elevado de capital-dinero conservando su liquidez y maximizando su rendimiento. Al hacer esto se produce un cambio en la naturaleza económica de los fondos, cuyo alcance y consecuencias no pueden ya esquivarse. Los fondos dejan de ser la expresión de un ahorro modesto. Se convierten, como lo muestran los elementos reunidos por Richard Farnetti, en instituciones centrales del capital financiero, y ocupan los primeros lugares en las "finanzas especulativas", cuyo comportamiento analiza Dominique Plihon en la extensión del capítulo 12 de la *Teoría general* de Keynes.

La generalización del arbitraje y la incorporación de los "mercados emergentes"

La liberalización y la desregulación de los mercados de acciones (los *stock exchanges*) siguieron a la de los mercados de obligaciones con un tiempo de retraso. Recién en 1986 tuvo lugar en la City el "bing-bang", forzando a las demás plazas a acelerar sus procesos de liberalización. Este evento marca el comienzo de la tercera fase del proceso de mundialización financiera. La interconexión de los mercados de acciones sigue siendo, todavía hoy, menos importante que la de los mercados cambiarios y de obligaciones. Las caídas más o menos espectaculares de la cotización de las acciones que se producen en el conjunto de los mercados de acciones mundiales, cada vez que Wall Street se debilita o trastabilla, no traducen tanto una interconexión directa de las plazas como el mimetismo de las reacciones de los inversores. Los movimientos de contagio de una plaza financiera a otra expresan el extremo nerviosismo de los tenedores de los títulos, títulos de los cuales todos conocen, si no el carácter ficticio, por lo menos los niveles de capitalización totalmente irreales, anunciadores de cracks más o menos graves. En el caso de estos últimos mercados, la integración profunda resulta, por supuesto, de su liberalización, pero principalmente de las operaciones efectuadas día a día, incluso de hora en hora, en los departamentos de gestión financiera de los grandes operadores financieros. Varios capítulos muestran la especial importancia de los procedimientos de cruce del "precio" de las monedas y del nivel de las tasas de interés, así como de las decisiones de arbitraje y de especulación tomadas por los administradores de las más importantes carteras de activos. Todas estas decisiones tienen consecuencias considerables para las políticas macroeconómicas. En el caso de los países de industrialización reciente (los NPI) que poseen los mercados financieros llamados "emergentes", las consecuencias pueden ser de una amplitud particular.

La incorporación de los mercados emergentes, a partir del comienzo de los años 1990, representa la etapa más reciente de la mundialización financiera. Estos mercados deben distinguirse de las plazas financieras más viejas, como Hong Kong y Singapur. Estas últimas nacieron como proyecciones de la City londinense en el marco de la vieja zona de la esterlina. Han contribuido a la expansión e internacionalización de los mercados de eurodivisas en la fase inicial del proceso. Forman parte de la base institucional propiamente dicha de la mundialización financiera. Los mercados emergentes propiamente dichos pueden ser mercados financieros verdaderamente nuevos, como ocurre en algunos países de Asia y pronto en China. Pero en otros casos se trata de mercados financieros que tienen ya varias décadas de vida o, incluso, hasta cerca de un siglo (como en Argentina) que, desde la crisis de 1929, han tenido un régimen de control estricto de los movimientos de capitales, sin titularización de su deuda pública, por supuesto. Los Estados Unidos, el FMI y sus aliados y representantes locales, formados en las universidades norteamericanas con el credo y las recetas neoliberales, actuaron todos para lograr la liberalización de los mercados financieros de los NPI (sólo Corea supo resistir, pero pronto será forzada a ceder), el paso a la titularización de la deuda pública y la formación en estos países de mercados de obligaciones domésticos interconectados con los mercados financieros de los países del centro del sistema. Por el momento, los mercados "emergentes" no han recibido, incluso antes de la crisis mexicana, más del 15% de los capitales mundiales en busca de colocación manteniendo un alto grado de liquidez [FMI, 1995]. Las colocaciones en obligaciones superan por mucho, desde hace tiempo, a las colocaciones en la Bolsa, en la mayor parte de esos países nuevos. Estas son las consecuencias de la creación de tales mercados que son examinadas por Pierre Salama en el capítulo séptimo.

También de la tercera fase data la sucesión de shocks y de sobresaltos financieros que se presentan como una componente profunda del modo de funcionamiento del sistema mundializado de finanzas directas, en el cual los mercados son la institución principal y las burbujas especulativas una componente más de la vida económica. La enumeración de los sucesivos shocks, a los cuales está dedicado el último capítulo de François Chesnais, es impresionante. La lista comienza con el crack bursátil de Wall Street en 1987, que pudo ser contenido a último momento. Dos años más tarde fue seguido por el hundimiento del mercado de los *junk bonds* ("bonos basura"), anunciador del derrumbe de la burbuja especulativa en el sector inmobiliario. Éste provocó, a su vez, la quiebra o casi quiebra en 1990-1991 de numerosos bancos o instituciones financieras en varios países, especialmente en Japón, luego de la quiebra de las cajas de ahorro privadas en los Estados Unidos. El episodio siguiente, en agosto y septiembre de 1992, permitió ver la especulación masiva contra la mayoría de las monedas integradas en el seno del sistema monetario europeo, con pérdidas muy importantes de reservas por parte de los bancos centrales y, para varias monedas, la obligación de devaluar fuertemente y dejar el SME. La especulación contra algunas monedas volvió a producirse en 1993. Se asistió luego, en febrero y marzo de 1994, a turbulencias importantes en el mercado norteamericano de obligaciones. Después se produjo la crisis mexicana de fines de 1994 y comienzos de 1995, seguida de la amenaza de contagio hacia los "mercados emergentes" de Argentina y Brasil; la quiebra a fines de febrero de 1995 del banco Barings, después de operaciones en los mercados de productos derivados; y finalmente, como consecuencia de la crisis mexicana, la caída particularmente fuerte del tipo de cambio del dólar entre marzo, abril y mayo de 1995.

¿Serán irreversibles los engranajes actuales?

Uno oye decir corrientemente, en especial por personas que no pueden tener su opinión sino de segunda mano, que la mundialización financiera tendría un carácter "irreversible", que muchos de sus efectos serían "ineluctables", y que no habría ninguna otra alternativa más que adaptarse, tanto para lo mejor como para lo peor. Muchos de los encadenamientos entre las finanzas, las políticas económicas actuales y el nivel de la producción y del empleo, que se analizan en diferentes capítulos de este libro, tienen ciertamente un carácter *mecánico*, en el sentido de que algunos dispositivos clave (por ejemplo, la tasa de crecimiento de las tasas de interés reales es superior a la del PIB) producen efectos acumulativos y retroactivos previsibles y difíciles de evitar cuando nos rehusamos a cuestionar ciertos postulados. Pero el empleo de los términos "irreversible" o "ineluctable" puede ser interpretado de otro modo. Decir que el dominio de las finanzas, bajo la forma de la mundialización financiera, sería "irreversible" ¿no equivale a sostener que hay que aceptar como natural la "dictadura de los acreedores" [Fitoussi, 1995]? ¿Y un régimen de tasas de interés reales positivas con transferencia de riquezas en detrimento de los salarios, e incluso de las ganancias no financieras, como algo que debe durar toda la eternidad?

Declarar que la hipertrofia financiera y su cortejo de males serían "irreversibles" es caer en una forma bien sospechosa de determinismo histórico. En el sentido más fuerte, se trataría de atribuir a procesos sociales, productos de la actividad humana, un *status* análogo al de las evoluciones biológicas. Para algunos, recurrir a la idea de "irreversibilidad", con frecuencia acompañada de un llamado al "realismo", siempre ha equivalido a una posición de justificación del orden establecido ("el orden natural de las cosas"). Para otros, esta idea ha traducido una sumisión resignada frente a las relaciones económicas y políticas de las que no parecería fácil liberarse en un momento en que no hay salidas o alternativas claras.

En el dominio financiero, recurrir a la idea de "irreversibilidad" tiene un carácter incongruente. Una mirada rápida sobre la historia financiera del siglo XX permite convencerse de ello. Hacia 1913, el grado de mundialización financiera alcanzado en el marco de la internacionalización de la época, gracias a la libertad de movimiento de los capitales que aseguraba el patrón oro, y a la libertad de los intercambios, en un sistema garantizado por un conjunto de tratados sobre el comercio y la inversión, parecía un hecho "irreversible". Pero sabemos en qué se ha transformado. En los años 1920, la omnipotencia de los mercados financieros, especialmente bursátiles, y su pretensión de orientar la economía parecían igualmente "irreversibles". En los Estados Unidos, a fines de 1928 y comienzos de 1929, el presidente Coolidge no dejaba de reprender a todos los que expresaban algunas preocupaciones tanto en relación al nivel alcanzado por la burbuja especulativa en Wall Street como en relación a las consecuencias de esta dominación de las finanzas sobre la distribución y la orientación de la inversión. Sin embargo, en sólo algunos años, luego de una tormenta económica, política y militar mundial, a la cual las consecuencias de las finanzas de mercado no eran ajenas, nació un sistema de finanzas administradas, en el que las actividades bancarias y financieras eran supervisadas con mucho celo por los gobiernos.

"El proceso de dominación de los mercados financieros puede y debe ser invertido": el vigor de la expresión utilizada por Robert Boyer y Daniel Drache [1996, p. 15] es lo suficientemente raro hoy como para merecer ser resaltado. Los diferentes autores de este libro comparten una convicción análoga, así como una actitud crítica respecto de las certidumbres teóricas neoliberales y de sus consecuencias en el plano económico, social y político. Todos piensan que no hay ni fatalidad económica ni situación que sea independiente de modificaciones en las relaciones sociales y que no pueda ser resuelta por políticas correctivas más o menos drásticas. A partir de un esfuerzo común de caracterización de las relaciones sistémicas que parecen desprenderse de los datos que se han reunido, algunos capítulos (especialmente el 3 y el 4) examinan los márgenes de maniobra que se ofrecen actualmente para la definición y la puesta en práctica de tales políticas. Al final de su capítulo, Robert Guttmann se pregunta, sin embargo, si una crisis financiera de gran amplitud (cuyas posibles variantes se estudian en el capítulo 8) no es la condición previa. Si el movimiento social preparara el terreno más clara y profundamente de lo que había comenzado a hacerlo en Francia en diciembre de 1995, "lo impensable" podría ser también pensado en el ámbito económico –un cuestionamiento del carácter sacrosanto de la deuda pública, por ejemplo, cuya aceptación es la piedra angular del dominio de las finanzas– a igual título que en todas las otras esferas de la vida social.

Capítulo 2

La inestabilidad monetaria internacional

Suzanne de Brunhoff*

La mundialización financiera parece hoy evidente, en razón de la libre circulación de los capitales y de la centralización de éstos en poderosos mercados financieros interdependientes. Por el contrario, el fraccionamiento monetario, en monedas nacionales diferentes (*currencies*), se mantiene; no hay una moneda mundial única, e incluso una moneda regional como el euro tiene problemas en su implementación. Las divisas fuertes que hoy dominan en las transacciones internacionales, como el dólar estodounidense, el marco alemán, el yen, tienen entre sí relaciones de cambio inestables. Esto plantea el problema de las modalidades de intercambio mercantil de las monedas: precio, o tipo de cambio, actores principales, condiciones económicas y políticas. Es decir, el problema de la significación del régimen[1] cambiario vigente.

Desde 1971-1973, este régimen es el de la flotación de las divisas fuertes, régimen según el cual el precio de las monedas intercambiadas dos a dos está fijado por el mercado, sin referencia a una paridad oficial en algún patrón común (oro, o dólar). Periódicamente se suscitan fuertes inquietudes por la volatilidad de los tipos de cambio, en comparación con

---

* Directora honoraria de investigación en el CNRS, docente en París VII, después en París X-Nanterre hasta 1991.

[1] Un régimen de cambio se define en general como un conjunto particular de reglas y de convenciones que gobiernan las relaciones entre las monedas de diferentes países. No es ni un "orden", ni un "sistema monetario" internacional. Como se verá, todo régimen cambiario existente está caracterizado por las relaciones entre las monedas dominantes del período.

su relativa estabilidad durante el régimen de tipos fijos de Bretton Woods, e inexplicable por los cambios económicos tomados como referencia. Es especialmente el caso de las subas y bajas del dólar con relación al marco y al yen desde el inicio de los años 1980.

Sin embargo, de manera paradójica, la mayoría de los economistas consideran a este fenómeno no explicado como una consecuencia inevitable de la libre circulación de los capitales, que a su vez es considerada como un hecho natural. La misma idea nutre a la mayor parte de las políticas neoliberales. Sólo los riesgos llamados sistémicos, que se refieren al sistema bancario y financiero, son objeto de propuestas reguladoras. Las medidas concertadas de estabilización de las operaciones cambiarias, propuestas por algunos economistas, son rechazadas tanto por indeseables como por imposibles.

Antes de examinar estos puntos, es necesario tratar de comprender lo que significa la inestabilidad monetaria internacional, que expresa la volatilidad de los tipos de cambio. Las interpretaciones difieren profundamente según el marco de referencia teórica: sea ortodoxo, monetarista y en relación con la noción de equilibrio de los precios de carácter neoclásico; sea heterodoxa, según la corriente que va de Tooke (la *Banking School* inglesa del siglo XIX) a Keynes, interpretado aquí en una perspectiva marxista. Se concibe a esta oposición como radical, la exposición de concepciones está simplificada y no toma en cuenta numerosos entrecruzamientos teóricos. Sin embargo, como veremos, las medidas propuestas para reducir la inestabilidad cambiaria se apoyan en compromisos que ponen más o menos en juego relaciones de fuerza económicas y sociales.

Problemas teóricos de los tipos de cambio

Los tipos de cambio de mercado, lo mismo que las cotizaciones de la Bolsa, fluctúan constantemente. Cuando son relativamente estables (en el caso de cambios fijos), el intervalo es muy estrecho, y la variación es de algunos centavos. La volatilidad de las cotizaciones cambiarias, que se ha constatado en el régimen de cambios flotantes, designa las importantes variaciones, de hasta más o menos el 15% del precio relativo, como las del dólar en marcos, medidas por trimestre, entre 1975 y 1990 [D. Plihon, p. 41]. O incluso las del dólar en francos franceses: en 1979, 1 dólar se cambiaba por 4 F; en 1985, por más de 10 F, y en 1995 por 5 F. Estas variaciones no corresponden a cambios de igual amplitud en el nivel de lo que corrientemente se considera como los *"fundamentals"* económicos: la brecha entre las tasas de interés practicadas en los diferentes países, el desequilibrio de los balances de pago o las diferencias entre las tasas de crecimiento de los precios de los productos nacionales en Estados Unidos en relación a Alemania o Francia.

La volatilidad de las cotizaciones estuvo acompañada por un desarrollo considerable del volumen de las transacciones cambiarias, mucho más allá del aumento de las transacciones comerciales y de las inversiones directas en el extranjero. Una indicación de ello la da el volumen de las transacciones cotidianas de mercado, evaluadas en 1,3 billones de dólares en 1995. Se trata de flujos brutos: se estima que entre el 15 y el 25% serían flujos netos, correspondientes a operaciones por cuenta de clientes (importadores/exportadores e inversores no bancarios); y entre el 70 y el 80% serían operaciones entre los bancos, que son los agentes especializados del mercado de cambios. Sin embargo, a nivel contable es difícil establecer qué parte le corresponde a cada uno. Además, si bien es corriente considerar que, para un volumen dado de transacciones comerciales, por ejemplo, hay un múltiplo de operaciones financieras, ésta es una constatación empírica que no permite fijar una regla general.

Ahora bien, la cuestión que está en el centro de la relación entre el enorme crecimiento de los flujos y la volatilidad de los tipos de cambio es la de las modalidades de fijación de los precios relativos de las divisas en el mercado. Con frecuencia se ha indicado que las operaciones interbancarias establecen "los precios al por mayor" de las divisas, sobre la base de las ofertas y demandas de sus clientes, lo que incita a considerar los flujos brutos. Pero esto plantea serios problemas para el análisis de los tipos de cambio flotantes, especialmente los que hacen los monetaristas en el marco de una concepción neoclásica de precios de equilibrio.

La interpretación monetarista de la formación
de los tipos de cambio

El monetarismo de M. Friedman, aunque discutido o abandonado en parte, inspira la mayor parte de los análisis concernientes a las monedas nacionales y sus relaciones. Ya en 1953 M. Friedman preconizaba la adopción de un régimen de cambios flotantes que, según él, garantizaría los grandes equilibrios económicos mucho mejor que cualquier sistema de cambios fijos implementado por los Estados. El fraccionamiento de los espacios monetarios permitiría a cada país ocuparse de su moneda (de su inflación), estando la confrontación de las monedas regulada por el juego de las magnitudes "reales". Esto supone que, en el mercado de cambios flotantes, los precios relativos de las monedas se fijan en el punto de equilibrio de la oferta y la demanda de los agentes económicos, sin una referencia oficial impuesta por los Estados. La especulación sobre la evolución futura del precio relativo de las divisas se considera como estabilizadora, en "un mercado libre con previsiones correctas" [M. Friedman, 1953]. Esta concepción plantea dos problemas vinculados: el de la relación entre dinero, finanzas y economía "real"; y el de la formación de un precio (en este caso el tipo de cambio) de equilibrio de carácter neoclásico.

• *Tipo de cambio y poder adquisitivo de las monedas*

El economista Cassel había planteado en 1922 el problema de la fijación de los tipos de cambio en relación con la economía "real", luego de la desaparición, después de 1918, del sistema de patrón oro. ¿Cómo concebir una referencia común que permitiera establecer un tipo de cambio de equilibrio entre monedas nacionales, si éstas ya no estaban definidas en oro ni eran convertibles en oro? Cada una tendría un poder de compra definido solamente para la esfera doméstica, de suerte que las relaciones entre ellas estarían desprovistas de una referencia "real" que permitiera la comparación de sus respectivos poderes de compra en mercancías.

La solución preconizada consistía en definir los tipos de cambio "reales", que servirían de anclaje para las tipos monetarios o nominales. Esto es lo que significa la "paridad del poder adquisitivo"[2] (PPA) de las monedas (*Purchasing Power Parity*, o PPP). A pesar de las críticas teóricas y las desmentidas de la experiencia, este método permaneció como la única posibilidad para comparar los tipos de cambio "nominales" y "reales" de las diferentes monedas. Así, el semanario británico

---

[2] La hipótesis de la paridad de los poderes adquisitivos sostiene también la de la paridad de las tasas de interés en el mercado cambiario, como se indica más adelante, a pesar de las tensiones entre ambas señaladas por Dornbusch, que decía que el mercado de bienes se ajusta más lentamente que el de los activos.

The Economist utiliza periódicamente la referencia a la PPA para definir los tipos de cambio "reales" entre monedas nacionales.

Su método es simple. La mercancía internacional de referencia es el "Big Mac" (hamburguesa) de McDonald producido y consumido en todos los países. Es una mercancía homogénea, un bien de consumo casi idéntico en todas partes. Se supone que es representativo de la canasta básica internacional de bienes de consumo doméstico. Su precio local, en moneda nacional, representa entonces el precio global, en la misma moneda, de estos bienes. Supongamos que el precio en dólares de un Big Mac, en Estados Unidos, es igual a 2,20 dólares. Supongamos que el precio en francos del Big Mac, en Francia, es igual a 15 F. La relación entre ambos, 15/2,20, indica que el tipo de cambio "real" entre el franco y el dólar es de 6,8 F contra 1 dólar. Con este tipo de cambio, de un año X tomado como referencia, la paridad de los poderes adquisitivos en Big Mac del franco y del dólar es respetada, y la diferencia nominal de las dos monedas importa poco. Esto supone que bienes idénticos deberían tener el mismo costo y el mismo precio si no hubiera más que una única unidad de cuenta. Y si los mercados fueran perfectos... [H. Visser, 1991].

En el caso del índice "Big Mac", el tipo real de equilibrio del año es de 6,8 F por 1 dólar. Si el tipo de cambio nominal corriente se modifica durante el año Y, y se fija en 5 F por dólar, se dice que el franco está "sobrevaluado" (o el dólar "subvaluado"), en relación al tipo de cambio "real" del año X. En principio, el juego de la oferta y la demanda de francos y de dólares en el mercado de cambios, combinado con los ajustes de los precio internos, debería asegurar un equilibrio "real" de las transacciones comerciales entre los países. Esto supondría, en régimen de cambios flotantes, la existencia de un tipo de cambio "real" de equilibrio, es decir, relativamente estable, que sirva de referencia; pero de acuerdo con los estudios empíricos, éste no es el caso [Taylor, 1995].

• *Una representación inadecuada de la moneda*

Esta concepción ortodoxa plantea los dos problemas vinculados indicados más arriba: el de la ubicación de la moneda (de los precios monetarios) y el de la formación de un precio de equilibrio, o precio único estable, para una mercancía o un activo financiero de carácter homogéneo. Según la teoría monetarista, como forma contemporánea de la teoría cuantitativa de la moneda, las variaciones de los precios corrientes de los bienes de consumo se deben a la política de oferta monetaria del Estado, en relación a la demanda de moneda de los agentes económicos privados que depende, a su vez, de variables "reales": el ingreso, la riqueza, la tasa de interés. Siendo esta demanda estable, la inestabilidad de los precios se origina en la inestabilidad de la oferta estatal de moneda: sea porque el Estado financie sus gastos con creación monetaria, sea porque valide un aumento nominal de los salarios estimulando provisoriamente una demanda de empleos superior a la "tasa de desempleo natural", que es una tasa "de equilibrio". Por hipótesis, la propia acción de los bancos se pone entre paréntesis. Esto excluye el análisis de la articulación entre moneda y crédito y la del papel financiero de los bancos. Por otro lado, la hipótesis de la tasa de desempleo natural coexiste con estimaciones puramente empíricas, y variables según los períodos, de la tasa "no inflacionaria" de empleo, que sirven de justificación para el abandono de las políticas llamadas de "pleno empleo".

El cálculo del tipo de cambio "real" se identifica con el de la competitividad relativa de los diferentes países, lo que supone un mundo de competencia perfecta para los intercambios "reales" de mercancías. Da lugar a varias mediciones, cuyos resultados difieren. Así, en el caso del yen japonés, el tipo de cambio real "efectivo" de esta moneda, calculado por un promedio ponderado de los tipos de cambio bilaterales con las monedas correspondientes al comercio exterior, es evaluado de varias maneras. Por la relación de los precios al consumidor en Japón y el extranjero (P/P), o por la relación de los costos unitarios del trabajo (relación entre el salario y la productividad del trabajo), o incluso por la relación de los precios de los productos manufacturados para la exportación. Las dos primeras mediciones indican que el tipo de cambio nominal del yen fue constantemente inferior a la tasa real, es decir, que estuvo "subvaluada" hasta fines de los años 1980. La tercera medición indica que el tipo de cambio estuvo mucho más subvaluado y que siguió estándolo después de 1990. *The Economist* (20 de enero de 1996), al presentar estos diferentes resultados, propone la segunda medición (los costos unitarios del trabajo) como la más confiable, a pesar de que es tan discutible como las otras dos, ya que supone la existencia de un "factor trabajo" tendencialmente homogéneo en el plano internacional.

• *¿Imperfección de los mercados?*

La concepción monetarista ha sido discutida por autores ortodoxos, que tienen en cuenta la imperfección de los mercados, la rigidez de ciertos precios, etc. Sin embargo, ha seguido siendo dominante, porque algunas de sus ideas básicas no fueron cuestionadas. En el plano interno, la idea de una oferta de moneda exógena, que corresponde al Estado, permanece en el centro de la mayoría de los análisis, y alimenta las discusiones sobre el "derecho de acuñar moneda". Se hace abstracción del papel monetario de los bancos, cuyo dinero crediticio se supone entonces que depende mecánicamente de la moneda estatal (banco central).[3] Se establece una confusión entre el carácter forzosamente "nominal" de la moneda como unidad de cuenta nacional (1 F, 1 dólar) y el carácter estatal de una oferta de moneda conformada por una u otra categoría estadística de billetes y depósitos.

En el plano internacional esto se combina con la referencia a la paridad de los poderes de compra de las monedas nacionales, que mantiene una influencia preponderante en la búsqueda de tipos de cambio de equilibrio. Y esto, en los modelos macroeconómicos de tipos de cambio, se traduce en la idea de que las variaciones de las ofertas nacionales de moneda son, junto con el ingreso real global, un *"fundamental"* económico de referencia para comprender la relación entre las variaciones de precios y las fluctuaciones de los tipos de cambio nominales.

La teoría dominante también privilegia otro precio de equilibrio de referencia para las monedas: el de las tasas de interés de los activos financieros. En principio, la diferencia entre la tasa de interés local y la tasa de interés extranjera debe ser igual a la variación esperada del tipo de cambio entre la moneda nacional y la moneda extranjera, variación que refleja por sí misma la variación de los precios locales en relación a los extranjeros (el "diferencial de inflación").[4] Si esta igualdad no es respetada, es porque las dos monedas no son realmente equivalentes como activos financieros. Se introduce entonces la noción de "prima de riesgo", que afectaría en particular a las monedas duraderamente "débiles" en re-

---

[3] La concepción cuantitativa de la relación entre el dinero emitido por el banco central (reservas de los bancos y billetes) y el dinero bancario es la del "multiplicador de crédito": el sistema bancario prestaría un múltiplo del dinero central.

[4] El equilibrio se alcanzaría cuando la tasa de interés nacional, i, y la tasa de interés extranjera, i', tienen una diferencia igual a la variación esperada del tipo de cambio entre la moneda nacional y la moneda extranjera, variación que refleja por sí misma la de los precios locales en relación a los extranjeros (o "diferencial de inflación"). La paridad de las tasas de interés nominales i e i' remite a la idea de una tasa de interés real que, cuando los mercados financieros internacionales están integrados, sería uniforme en todos los países.

lación a las duraderamente "fuertes" (como el franco francés en relación al marco). Esto introduce la idea de una imperfección del mercado de cambios en relación a la noción de "precio único" de dos activos que tienen un rendimiento igual, y en relación al diferencial de inflación, ya que la prima de riesgo subsiste incluso cuando este diferencial es nulo.

La imperfección del mercado cambiario es admitida por la mayor parte de los economistas ortodoxos. Los estudios estadísticos indican que, a corto plazo, y en un régimen de cambios flotantes, los tipos de cambio "reales", que habrían debido ser estables en el marco de las hipótesis de paridad, también han fluctuado, sin relación con los cambios económicos "reales". La decepción fue grande. Pero no condujo a un cuestionamiento del marco de análisis, que es la referencia a un precio de equilibrio internacional de los bienes; ni al rechazo de las nociones básicas de lo monetario y de lo real, influenciadas por la concepción monetarista. Las corrientes dominantes se mueven más bien hacia el escepticismo respecto de los modelos macroeconómicos de los tipos de cambio, y se repliegan hacia una investigación microeconómica sobre el comportamiento especulativo en los mercados cambiarios. Los efectos económicos de la volatilidad de los tipos de cambio se analizan poco, lo que no impide que, en la práctica, los mercados sean tomados frecuentemente como ¡los "buenos jueces" de las políticas nacionales!

Concepciones heterodoxas de las relaciones monetarias

Las concepciones heterodoxas rompen con dos postulados teóricos: el de un mercado perfecto al que se agregarían las imperfecciones del mercado de las monedas, y el de una oferta de moneda exógena, es decir, determinada por el estado y vinculada de manera más o menos mecánica a las variaciones de los tipos de cambio. De modo diferente según los autores, todos incitan a examinar las particularidades de las monedas nacionales, y las de la articulación entre "circulación industrial" y "circulación financiera", según las expresiones de Keynes, con la fijación de los tipos de cambio dependiente de la circulación financiera llevada a cabo a nivel internacional.

La idea inicial es, en este caso, la de una diferencia cualitativa entre moneda(s) nacional(es) y moneda internacional. Es la idea de la *Banking School* (Tooke, en el siglo XIX) y de Keynes. Es también la de Marx, que la tomó de Tooke y la integró en su análisis de la moneda como "forma" del valor de las mercancías producidas por el trabajo. En el nivel internacional, una ley del valor al estilo de Marx[5] no puede tener más que una manifestación indirecta, a través de la competencia entre países de desarrollo más o menos desigual. Veremos más adelante que todo régimen de cambio que exista en estas condiciones tiene forzosamente un carácter desigual.

- *Moneda nacional y moneda internacional*

En un territorio nacional de producción, la moneda tiene diferentes formas y está ligada al crédito y a las finanzas. Pero es ante todo la unidad de cuenta y el medio de circulación de los valores mercantiles producidos localmente por los asalariados, cualquiera sea la manera en que los flujos de "la economía-mundo" circulen en el país. La moneda asegura una evaluación común y el circuito de transacciones y de ingresos; y, al mismo tiempo, refleja las tensiones entre venta y compra, crédito y pago, salarios y ganancias, economía local e internacional. De esta manera tiene una significación tanto política como económica.

De esto resulta que, en ausencia de una producción mundial y de asalariados sin territorio, no puede haber una moneda internacional que tenga todas las características y las funciones de una moneda nacional. Éste fue el caso incluso en la época del patrón oro. Sin embargo, el oro era el patrón común de referencia de las grandes monedas internacionales como la libra esterlina o el franco francés. Además, en la circulación interna de los países había piezas de oro, ya que uno de los principios de funcionamiento del patrón oro era la libertad de los agentes privados de monetizar los lingotes en las instituciones oficiales. Y los pagos entre países podían hacerse por transferencias de oro. Pero el patrón oro no era, sin embargo, una moneda única, común a Gran Bretaña y Francia: las unidades de cuenta nacionales, la libra esterlina y el franco francés, tenían cada una un precio en oro oficial, según el cual eran acuñadas las piezas de moneda y denominados los billetes o los créditos bancarios que circulaban en el país. Con lo cual

---

[5] Una ley del valor se manifiesta por la validación monetaria del producto del trabajo "socialmente necesario" gastado en la producción de una mercancía. Es decir, en el intercambio efectivo de la mercancía por dinero. Las transacciones a crédito anticipan y difieren el pago monetario que ellas suponen. Según Marx, la moneda es la forma del valor. No existe ni "moneda-trabajo" ni "moneda-salario".

había dos territorios diferenciados de producción de valores y de distribución de los ingresos.

Lo mismo ocurre actualmente, a pesar del desarrollo de la "producción internacional". La internacionalización del capital no supone la de los asalariados, que operan en territorios determinados, desde el punto de vista social y político. También se habla de "deslocalización" de empleos. Cualesquiera sean las modalidades de inserción local del capital, y cualesquiera sean sus efectos, siempre considerables, sobre los asalariados, no hacen desaparecer los procesos locales de producción y de distribución de los ingresos expresados en monedas nacionales. Ninguna moneda internacional puede tener las mismas características que estas monedas ligadas a las relaciones de producción y de distribución locales.

Un estudio de carácter heterodoxo referido a la volatilidad de los tipos de cambio en un régimen de cambios flotantes tiene, entonces, el objetivo de clarificar la naturaleza de las monedas nacionales en relación a las operaciones financieras internacionales de que son objeto. O, en otros términos, tomados de Marx, de buscar cómo la moneda, "equivalente general" que expresa los precios de las mercancías, se transforma en una mercancía que tiene un precio de mercado, tanto en una economía "cerrada" como en una "abierta". Este proceso es analizado por Marx con la distinción de las formas y los modos de circulación del capital, que puede ser "industrial" o "financiero" (capital-dinero). Es una de las vías abiertas para articular la circulación interna de las monedas y la circulación internacional de éstas de una manera completamente diferente a la concepción monetarista ortodoxa, y para plantear de otro modo la cuestión de la estabilidad monetaria internacional y de la regulación de los tipos de cambio.

La idea de la diferencia entre estas circulaciones está expresada en la distinción que hace Tooke, de la Banking School (siglo XIX), entre circulación de la moneda nacional (*currency*) y circulación del "capital" (incluyendo el oro en lingotes) en las transacciones internacionales. Keynes [1930] define la moneda como unidad de cuenta del estado en un espacio nacional donde vale para todos los agentes económicos, incluidos los bancos emisores del dinero crediticio convertido en la forma principal del dinero contemporáneo. Cuando trata de definir el valor de esta moneda, adopta las concepciones de un *patrón tabla* (donde el poder adquisitivo de la moneda es evaluado a partir de una canasta de bienes), concepciones que se vuelven dominantes desde el final del régimen clásico del patrón oro. Pero juzga imposible construir de la misma manera un patrón monetario internacional, que tendría para el mundo económico el mismo sentido que el sistema métrico aplicado a las magnitudes físicas. En razón de la desigualdad del desarrollo de los países, "el poder de compra no quiere decir la misma cosa" en Estados Unidos que en la India, para el dólar o para la rupia. Si se adoptara un patrón internacional, sería como efecto de una relación de fuerzas entre las naciones. Keynes recuerda el caso del dólar después de la Primera Guerra mundial, y el hecho de que sólo "los Estados Unidos son capaces de obtener, en gran medida, las ventajas combinadas de un patrón local y de un patrón internacional".

• *Circulación monetaria nacional e internacional*

Una primera consecuencia de la distinción entre monedas nacionales y moneda internacional es que no existe una regulación cuantitativa de la circulación monetaria interna por la circulación internacional, cualesquiera sean los flujos en cuestión. Este era uno de los aspectos esenciales de la crítica que hacía la Banking School, retomada por Marx, de la Currency School (teoría cuantitativa del dinero). El problema se desplaza hacia el de la articulación de las dos circulaciones y su influencia recíproca. Si bien la circulación monetaria internacional consiste en flujos financieros y en pagos de los saldos de las transacciones entre estados-naciones, supone, sin embargo, la organización de relaciones de cambio relativamente coherentes y estables entre monedas nacionales: sin ello ningún contrato podría celebrarse o respetarse, y ninguna transferencia internacional de fondos tendría sentido.

Antes de continuar con este punto, conviene precisar las nociones de estabilidad monetaria y financiera, tanto se trate de la circulación interna o internacional como de la articulación de ambas. Aun cuando no hubiera más que una economía "cerrada", un solo territorio de producción, y una sola moneda, la acumulación capitalista tendría un carácter inestable, que se manifiesta especialmente por el papel de las finanzas. No hay una "economía productiva" relativamente estable "detrás" de unas finanzas inestables, a pesar de las particularidades de las segundas. La acumulación de capital productivo implica no solamente flujos de gastos, sino también de adelantos (créditos) y de colocaciones de fondos privados. Según Marx, el sistema del crédito y de las finanzas, movido por las expectativas de ganancias futuras en dinero, se despega del financiamiento de la producción de valores y se infla y se contrae más allá de su relación con los ciclos del capital productivo. La desconexión entre los movimientos de las finanzas y los del capital productivo es constante, pero no puede nunca ser completa, ni las finanzas reinar de modo exclusivo, si el capital se nutre, en último análisis, de ganancias a partir de la plusvalía de los valores producidos.

La inestabilidad particular de las finanzas se traduce en inestabilidad de los precios de mercado de los activos financieros. Y en inestabilidad de los tipos de cambio, cuando las monedas son objeto de transacciones financieras. En el nivel teórico esto significa que la variación de los precios no asegura el equilibrio de mercado tal como es definido por los neoclásicos ("demanda excedente nula"). En el nivel práctico esto plantea el problema de una regulación monetaria y política propia del mercado cambiario, como mercado singular, ya que él indica los precios cotidianos de las monedas nacionales tomadas dos a dos. En la perspectiva heterodoxa, todo precio es forzosamente monetario (sin trueque), pero sólo la moneda nacional es al mismo tiempo unidad de cuenta y medio de circulación (circuito de los ingresos). El modo de funcionamiento de los regímenes de cambio debe examinarse teniendo en cuenta la ausencia de una moneda internacional que tenga esta doble función. La necesidad de una unidad de cuenta de referencia propia de la circulación internacional queda más o menos satisfecha por los diferentes regímenes cambiarios.

• *Ambivalencia de la moneda*

La dificultad teórica más importante proviene de las modalidades de articulación en el mercado cambiario entre el precio (monetario) de las monedas nacionales en cuanto tales y su carácter de activos financieros. La concepción monetarista discutida más arriba no puede efectuar esta conexión sin hacer desaparecer al problema monetario mismo. El análisis denominado de cartera tiene el mismo tipo de impotencia. Ahora bien, el carácter central de esta cuestión resulta de que es una de las claves de la noción de cambio de las monedas entre sí. La determinación de un precio de mercado de las monedas supone la referencia a una unidad de cuenta internacional, de derecho (régimen de cambios fijos) o de hecho (régimen de cambios flotantes). En el primer caso se plantea el problema de la relación entre unidad de cuenta y patrón monetario, problema que en el segundo caso ha desaparecido. Así, el estatuto de la unidad de cuenta se modifica, igual que su papel en relación al cambio; este papel parece ser nulo en el caso de los cambios flotantes, como lo pretende la concepción monetarista, que no hace sin embargo más que sustituirlo por la noción de precio "real" de equilibrio internacional de los bienes.

En realidad, necesariamente hay una unidad de cuenta monetaria internacional que, de derecho o de hecho, sostiene el cambio de las monedas. Pero el estatuto de esta unidad de cuenta difiere profundamente según los períodos y los ciclos capitalistas, las modalidades de articulación entre la esfera de la producción y la esfera financiera, y las relaciones de rivalidad y de compromiso entre los estados capitalistas. Es así como se manifiesta en el plano internacional, de manera forzosamente indirecta, una ley del valor a través de la diversidad histórica de los regímenes de cambio.

Relaciones monetarias internacionales: finanzas y política

A pesar de la diversidad de regímenes de cambio, las soluciones prácticas tienen características comunes. Periódicamente se establece un "compromiso jerárquico", según la expresión de J. Léonard, entre la necesidad de una unidad de cuenta internacional y el mantenimiento de la especificidad de las monedas nacionales. Una divisa clave, la moneda que es el vehículo privilegiado de las transacciones financieras, sirve en general de unidad de cuenta de referencia. Y las modalidades de su cambio con las monedas de los países capitalistas más poderosos caracterizan, como se verá más adelante, al régimen de cambio vigente.

Sin embargo, el compromiso jerárquico tiene un carácter ambiguo, ya que la divisa clave, en la cima de la pirámide, es también un activo financiero, en competencia con otras divisas. Las tensiones entre estos dos aspectos son mucho más fuertes cuando los países rivales ganan poder; cuando no hay patrón supranacional de referencia; y cuando la rivalidad entre países pasa también por la de sus monedas. De esto resulta una mayor o menor inestabilidad monetaria internacional.

• *El marco del régimen del patrón oro*

El régimen monetario internacional más estable, en materia de tipos de cambio, fue el del patrón oro, adoptado entre 1880 y 1914 por las grandes potencias capitalistas de la época y por la mayoría de los países que dependían financieramente de ellas. No se trataba de un "patrón esterlina" propiamente dicho, a pesar del dominio internacional de la moneda inglesa, que estaba basado en el papel financiero primordial de la plaza de Londres. Entre 1880 y 1914 la libra esterlina podía ser unidad de cuenta internacional en el "mercado del mundo", sin ser ella misma un patrón monetario de otras monedas nacionales. Su paridad con el oro estaba fijada oficialmente por el estado inglés, al igual que la de otras grandes monedas también estaba fijada por el estado, como en Francia, Alemania o los Estados Unidos. Las fluctuaciones del cambio entre estas monedas, tomadas dos a dos, estaban limitadas por los "puntos de oro" que delimitaban la zona de arbitraje. Si los operadores de la conexión entre circulación monetaria interna y externa constituían "esa categoría particular de agentes que son los comerciantes de oro especializados tanto en el cambio internacional como en el comercio de metales", según la hipótesis de L. Gillard [1995], también debe tomarse en cuenta la centralización interna de los sistemas bancarios.

El Banco de Inglaterra, que centralizaba las reservas bancarias de oro, fue en esto un precursor,[6] ya que, según las reglas formuladas por Bagehot en 1873, debía intervenir de dos maneras diferentes en el crédito, en caso de drenaje de sus reservas: prestar liberalmente si el drenaje era de origen interno; y aumentar sus tasas de descuento en caso de drenaje externo. La conexión de las dos circulaciones, la local y la internacional, sobre la base de la cobertura en oro de las monedas, sólo podía hacerse por la actividad conjunta de los financistas y de los bancos centrales de los grandes países capitalistas.

Según K. Polanyi, el mercado cambiario, en la época del patrón oro, estaba cogestionado por las "altas finanzas internacionales" y los bancos centrales de los grandes países capitalistas (en Europa, porque en Estados Unidos los grandes bancos de Nueva York y el Tesoro hacían las veces de banco central). El sistema internacional estaba fuertemente jerarquizado. En el centro del "mercado mundial del capital-dinero", así denominado por N. Boukharine, funcionaban las plazas financieras de Londres (la más importante), de París y de Nueva York. Los países periféricos que habían adoptado el patrón oro (Argentina, Chile, México), y que

---

[6] Gran Bretaña fue el primer país en adoptar el patrón oro, en tener un sistema bancario centralizado y en promover el librecambio.

eran prestatarios de fondos en estas plazas, se veían a veces obligados a devaluar sus monedas. Por otra parte, incluso en los grandes países la inestabilidad financiera se manifestaba por crisis bancarias (1880, 1884, 1890, 1893, 1907), que contrastaban con el mantenimiento de la estabilidad de la paridad oro de las monedas. La competencia económica y comercial entre estos países, donde se concentraba entonces la gran producción industrial, no pasaba, en esta época de la "Internacional dorada", por un enfrentamiento de sus monedas.

"Los cambios fijos podían mantenerse, bajo el patrón oro clásico, porque los gobiernos operaban en un ambiente político muy diferente [al de la época actual]. Los intereses financieros eran los dominantes, el trabajo tenía poca influencia política, y los hombres políticos no eran considerados responsables de las recesiones económicas como lo son ahora" [Obstfeld, 1995].

Sin embargo, la conjunción de intereses de los miembros de la "Internacional dorada" no suprimía la aspereza de la competencia entre los grandes países capitalistas. Durante este período de 1880 a 1914, la paradoja se debe al contraste entre el pacifismo monetario del patrón oro y las tensiones entre los estados bajo diversas formas: proteccionismo comercial (con excepción de Gran Bretaña), rivalidades imperialistas por la extensión de los territorios económicos nacionales (el "reparto del mundo"). El régimen de cambios fijos con patrón oro internacional no sobrevivió a los desgarramientos de la Primera Guerra Mundial,[7] a pesar de las diversas tentativas de restaurarlo bajo formas reordenadas. Las condiciones monetarias y financieras para su funcionamiento desaparecieron conjuntamente con sus condiciones económicas y políticas entre las dos guerras y después de la Segunda Guerra Mundial.

• *El compromiso de Bretton Woods y su disgregación*

En ausencia de un patrón monetario internacional de referencia, la transformación en la gestión del cambio de las monedas nacionales, se debe a la conjunción de numerosos cambios. El de las formas monetarias, a veces designado como "desmaterialización" del dinero, es bien

---

[7] Después de la guerra de 1914-1918, y de la revolución rusa de 1917, hubo profundos cambios internacionales e internos en las relaciones de fuerza entre países capitalistas desarrollados, especialmente con el nuevo papel de los Estados Unidos. En estos países, las reivindicaciones obreras tuvieron resultados profundamente diferentes antes y durante los años 1930.

conocido. Antes de desaparecer de la circulación interna, las piezas de oro fueron reemplazadas de a poco, desde el siglo XIX en Gran Bretaña, por billetes del Banco de Inglaterra y por el dinero crediticio bancario. Mañana, quizás, estará en uso una moneda electrónica [R. Guttmann, 1994]. La fluidez creciente de los flujos monetarios y financieros en el espacio y en el tiempo es un aspecto importante de la modificación en los problemas de cobertura de las monedas, y de la disociación entre patrón y unidad de cuenta internacional.

Lo que importa aquí es el cambio en las formas de la centralización monetaria internacional, o de las modalidades de compromiso jerárquico, en ausencia de un patrón supranacional de las grandes monedas capitalistas, desaparecido en el curso de los años 1930.

Después de la Segunda Guerra Mundial, una política monetaria nacional estuvo imbricada con una política interna de financiamiento. Y las prácticas de cambio estuvieron en principio dominadas por la renovación del comercio internacional, y por la utilización del dólar como vehículo de las transacciones entre países. El recuerdo de los desórdenes monetarios del período entre las dos guerras, en los que había participado la *hot money* de la especulación, estaba todavía vivo en 1944, en el momento de la conferencia de Bretton Woods. Esta conferencia, dominada por los Estados Unidos, organizó un régimen de cambios relativamente fijos, en cuyo centro estaba el dólar, a la vez unidad de cuenta y patrón monetario, con una paridad oro fijada en 35 dólares la onza. Una de las reglas de juego permitía a los estados miembros controlar los movimientos de capitales, a fin de proteger la estabilidad cambiaria de sus monedas.

El régimen de Bretton Woods conciliaba un principio de regulación monetaria internacional con las políticas nacionales sobre el dinero. Sin embargo, estaba cargado de contradicciones: el papel de patrón internacional del dólar, una moneda nacional; la restauración de los mercados capitalistas sin libertad de movimiento de capitales; rivalidades entre los grandes países capitalistas y también de sus monedas. Estas contradicciones, al principio contenidas, después de haber suscitado la erosión del régimen, durante la "edad de oro" del crecimiento de posguerra, lo hicieron explotar.

El aumento de la rivalidad entre las grandes potencias capitalistas así como el desarrollo de las dificultades de acumulación interna después de 1965, han sido descriptas con frecuencia, lo mismo que el cuestionamiento del dominio económico y monetario de los Estados Unidos. Menos conocidas son las peripecias para la recuperación de los movimientos internacionales de capitales, bajo diversas formas: inversiones de empresas multinacionales en el extranjero (a fines de los años 1960 los sindicatos norteamericanos se inquietaban por "la exportación de empleos" [Bluestone y Harrison, 1982]); auge del mercado financiero de los eurodólares durante los años 1960. Las transacciones financieras internacionales se desconectaban cada vez más del financiamiento de los flujos comerciales.

Desde el comienzo de los años 1960, con la especulación en el mercado del oro, reabierto en Londres en 1954, comenzó a manifestarse una crítica al régimen de Bretton Woods. Ante cualquier presión hacia el alza del precio de mercado del oro, por encima del precio oficial de 35 dólares la onza, se corría el riesgo de poner en crisis el papel del patrón dólar y la grilla de las paridades monetarias que de él dependían. Un "*pool* del oro", constituido en 1960-1961 por los Estados Unidos y siete países europeos para aprovisionar al mercado libre, se deshizo luego de los desacuerdos entre los países miembros (el desacuerdo de la Francia gaullista fue espectacular). La prioridad que se dio a las políticas nacionales, la especulación contra el dólar, alentada por las divergencias entre estados y por las tensiones internas de los Estados Unidos, convergieron para poner fin al régimen de cambios fijos basado en el patrón dólar. Las diversas tentativas de reforma de este régimen, o de reordenamiento del régimen de cambios flotantes que lo sucedió, fracasaron. En cuanto al oro, fue desmonetizado en el curso de los años 1970, aun cuando todavía siga siendo contabilizado en los activos de los bancos centrales.

Ningún arreglo internacional reemplazó oficialmente al patrón dólar, de lo que resultó una dispersión de los regímenes cambiarios adoptados por los estados. La mayoría de los países periféricos de América Latina o de Asia, acoplaron su moneda a la de una gran potencia, como el dólar estadounidense o un conjunto compuesto (una "canasta") de monedas que incluye el dólar. Alrededor del marco se constituyó, en 1979, el sistema monetario europeo de cambios fijos en el cual, sin embargo, cada moneda flotaba en relación al dólar. A pesar de la diversidad de regímenes cambiarios, es la flotación de las tres monedas de los países capitalistas más poderosos, unas en relación con otras, dólar, marco y yen, lo que permite caracterizar al régimen actual como de cambios flotantes. Esta jerarquía de hecho, que es paralela a la dispersión de las prácticas cambiarias de los estados, ha sido confirmada por las cumbres del Grupo de los "5", o de los "7", desde 1985.

• *El mercado cambiario bajo el dominio de las finanzas*

Según el régimen actual de cambios flotantes no hay oficialmente ni patrón monetario internacional ni paridades oficiales de las tres monedas que están en la cima de la jerarquía monetaria. En ausencia de una norma monetaria internacional obligatoria, el tipo de cambio de las monedas depende de las relaciones entre las políticas monetarias nacionales y los arbitrajes de los mercados financieros. Ahora bien, el cambio de régimen monetario internacional en los años 1970, ligado a los movimientos de las finanzas internacionales, fue seguido a fines de los años 1970 por un cambio de régimen financiero, iniciado en los Estados Unidos y el Reino Unido. El enorme impulso de las finanzas desreguladas se combinó entonces con las políticas internas de desinflación monetaria.

La inflación, como una forma de la crisis de acumulación, se había tornado intolerable en los años 1970 para las finanzas internacionales. Durante los años 1970 las tasas de interés de los créditos, deflactadas de la suba de los precios, eran negativas, en detrimento de los acreedores. En 1979 se frenó políticamente la inflación en los Estados Unidos (con las medidas de Volcker) y en el Reino Unido (con las medidas de Thatcher): en el país que era la mayor potencia financiera y en el del más importante mercado internacional de cambios. La fuerte suba de las tasas de interés, difundida en todas partes por la movilidad de los capitales y por las políticas neoliberales de los grandes estados capitalistas, modificó las condiciones del financiamiento interno y externo de las economías nacionales.

Los mercados financieros impusieron una norma de rentabilidad financiera elevada, con variaciones locales que dependían de la influencia de los arbitrajes financieros privados en las políticas monetarias locales. La evaluación de las monedas nacionales en el mercado cambiario fue sometida a este nuevo régimen financiero, así como las prácticas de los bancos centrales.

Este cambio de régimen financiero afectó en los estados capitalistas desarrollados a los deudores más vulnerables ("crisis de la deuda" de los países periféricos en los años 1980), así como al empleo, a los salarios, a la protección social, al mismo tiempo que al endeudamiento público. La "globalización de las finanzas" –cuya compleja relación con la "internacionalización del capital" no se examina aquí– modificó las políticas monetarias nacionales. Ciertamente, el estado continúa administrando el sistema interno de pagos: papel de la banca central como "prestamista en última instancia", salvataje de los grandes bancos "*too big to fail*", garantía de los depósitos bancarios, a pesar de que el banco central tiene influencia sobre el costo del crédito interno por la variación de sus tasas de intervención. Pero el nivel de estas tasas depende también del comportamiento de la moneda nacional en el mercado de cambios y de las nuevas normas de las finanzas internacionales: remuneración elevada, inflación escasa.

Desde los años 1980 algunos economistas admiten como postulado la "incompatibilidad" de tres situaciones: un país "abierto" no puede tener al mismo tiempo un mercado libre de capitales, un tipo de cambio fijo, y una política monetaria autónoma; sólo dos de estas situaciones son compatibles entre sí. Así Francia, que eligió la libertad de las finanzas y un tipo de cambio fijo del franco en relación al marco, no puede tener una política monetaria autónoma respecto de la del *Bundesbank*.

Sin embargo, si se admite este postulado de las "incompatibilidades" ¿cuál sería la solución en el caso de Francia? Las respuestas más corrientes consisten en preconizar el abandono de la fijación del tipo de cambio, como lo hicieron Gran Bretaña e Italia en 1992, a la espera de la moneda única europea que suprimiría el problema cambiario entre los países europeos. Se constató un efecto positivo de la baja relativa de la lira sobre el comercio exterior italiano. Pero en todos los casos se admite el no tocar la libertad de movimiento de los capitales, ni sus efectos sobre las normas de financiamiento interno; esto supone que se reduzcan los gastos públicos internos de los países, y que se compriman los costos salariales, tanto en Italia como en Francia. La autonomía de la política monetaria interna en relación a las restricciones que imponen las finanzas internacionales es limitada, cualquiera sea la política cambiaria seguida por los países miembros del sistema monetario europeo desde su derrumbe en 1992-1993.

• *La particular plaza de los Estados Unidos*

Los Estados Unidos parecen ser el único país que pudiera llevar a cabo una política monetaria nacional teniendo en cuenta objetivos internos (empleo, ventas comerciales al exterior) cualesquiera sean las fluctuaciones del tipo de cambio del dólar.

Esto se debe a que el dólar ha seguido siendo la principal moneda de cuenta internacional de los mercados. En 1993, las dos terceras partes del comercio mundial estaban expresadas en dólares, así como las tres cuartas partes de los créditos bancarios internacionales. En el mercado cambiario, donde alrededor del 80% de las transacciones se hacen entre bancos (lo que explica sólo en parte el enorme aumento de los flujos brutos),[8] el dólar es la moneda principal de las contrapartidas. A pesar de la debilidad del tipo de cambio del dólar en relación con el marco y el yen, y de las inquietudes que esto suscita periódicamente, la moneda estadounidense sigue por el momento en el centro de las transacciones internacionales. Su caída tendencial con respecto al marco y al yen, desde 1985, no bloqueó el financiamiento del déficit externo norteamericano con préstamos japoneses y alemanes; tampoco frenó las inversiones extranjeras de los grandes fondos de pensión y de otras instituciones financieras norteamericanas. Y tuvo un importante efecto proteccionista sobre el comercio exterior de los Estados Unidos.

El mantenimiento del papel del dólar en la cima de la pirámide de las monedas resulta especialmente de la potencia financiera de los Estados Unidos, cuyos mercados financieros y grandes bancos multinacionales son los primeros del mundo. Sin embargo, las nuevas normas internacionales de las finanzas, inflación escasa y remuneración elevada del dinero, también se manifiestan en el país: fuerte aumento de la desigualdad de los ingresos, estancamiento o baja de los salarios reales, e inseguridad del empleo. La difusión internacional de las normas de las finanzas, por las políticas neoliberales de libre circulación de los capitales, suscita fuertes tensiones internas, que se mantienen por la inestabilidad del tipo de cambio.

Los acuerdos monetarios de 1985 y 1987 entre las tres grandes potencias emisoras de las divisas claves, Estados Unidos, Alemania y Japón, apuntaban a limitar la inestabilidad de los cambios flotantes, por la reducción concertada de los márgenes de fluctuación entre el dólar, el yen y el marco. Estos acuerdos suscitaron grandes esperanzas entre los economistas poskeynesianos, que pensaban que una cooperación

---

[8] El enorme volumen de las operaciones interbancarias de cambio se refiere a lo que se llaman los flujos "brutos", mientras que los flujos "netos" se refieren a las operaciones a pedido de los clientes. Los primeros se estiman a veces en el 80% del total. Pero este porcentaje, así como la distinción entre flujos brutos y netos es, a veces, cuestionado. Es difícil entender el significado de las ganancias bancarias de cambio, por el hecho de que se trata de un juego de suma cero entre operadores, si unos ganan lo que otros pierden.

multilateral pública podría equilibrar la regulación privada de los tipos de cambio de las monedas por el mercado financiero, y de esa manera un nuevo compromiso jerárquico estabilizaría los arbitrajes. Pero esas esperanzas no se cumplieron. Los Estados Unidos retomaron la libertad de acción que el papel dominante del dólar todavía les permite, a pesar de la competencia del yen y del marco.

Ajustes y reformas recomendadas

Algunos economistas piensan que ninguna reforma del régimen de cambio es oportuna. Así, según Bordo [1995], la historia ha decidido. Cualesquiera sean las virtudes de los regímenes de cambios fijos, se deshacen rápidamente, ya se trate del sistema de Bretton Woods o del sistema monetario europeo. El régimen actual de cambios flotantes hace que cada país pueda y deba ocuparse de su propia política monetaria y financiera. Se vuelve a encontrar aquí una de las ideas de M. Friedman presentadas más arriba en este capítulo. Como hipótesis, cada estado debe respetar la libertad de movimiento de capitales. Pero, como hemos visto, esto en realidad quiere decir que cada uno debe adoptar las normas del nuevo régimen financiero de mercado ("inflación cero", tasas de interés elevadas). En un contexto de crecimiento moderado o nulo en los países capitalistas centrales, y de fuerte competencia internacional, esto pone en crisis los compromisos políticos y sociales internos. Estos efectos "reales" son vehiculizados por las nuevas políticas monetarias, lo que contradice la idea que de esto se hace Bordo.

• *Reglas prudenciales y cooperación de los bancos centrales*

Otros autores, sin cuestionar la libertad de movimiento de los capitales, se inquietan por los riesgos provenientes del exceso de inestabilidad de los tipos de cambio y del enorme aumento de las operaciones financieras correspondientes. Ellos piensan que los mercados financieros pueden ser "miopes", y que el sistema bancario internacional corre riesgos a veces excesivos. Recomiendan la instauración de reglas "micro-prudenciales" [Bryant, 1983] comunes. Como la regla propuesta por el Comité Cooke, del Banco de Pagos Internacionales (BPI),[9] según la cual los ban-

---

[9] El Banco de Pagos Internacionales (*Bank of International Settlements*) se fundó en

cos deberían respetar una relación (razón) del 8% entre su capital (acciones + reservas) y sus activos totales. Si esta regla fuera aplicada en todos lados, se limitaría quizás el efecto de la "*competition in laxity*" [Bryant, 1983], es decir de la carrera por la menor regulación y la menor presión fiscal, que forma parte de la competencia entre bancos, y que se refleja en la de los países preocupados por retener o por atraer capitales. La puesta en práctica de esta regla se decidió en 1988, exclusivamente en el plano de la regulación bancaria, por acuerdo de los bancos centrales participantes de la BPI.

Este modo de acción "micro-prudencial" de la "razón Cooke" apunta a incitar a los bancos a moderar los riesgos que toman, imponiéndose un nivel más elevado de capitalización y una mayor vigilancia respecto de los activos más riesgosos. Su puesta en práctica supone que los bancos centrales sean capaces de hacer aplicar la razón en sus respectivos países, mientras los grandes bancos que operan a nivel internacional, y la BPI y los bancos centrales se suscriben al principio de libertad de movimiento de los capitales. Incluso si se piensa que la razón Cooke puede ser aplicada, sus efectos eventuales están limitados por su carácter "microeconómico".

Algunos economistas piensan que una medida como esa necesitaría ser completada por diversas clases de intervenciones conjuntas de los bancos centrales, enviando señales monetarias a los mercados financieros. Esto podría contribuir a coordinar y estabilizar las expectativas de los operadores. Así, los bancos centrales pueden intervenir comprando una divisa amenazada en el mercado cambiario, sin modificar la cantidad de dinero primario que ellos emiten.[10] Esto afectaría la composición de las carteras financieras. Incluso si ese efecto no se verifica empíricamente [Obstfeld, 1995], al menos se comunicaría una señal a los operadores. Las intervenciones concertadas de los bancos centrales de Estados Unidos, de Alemania y del Japón pueden ac-

---

1930. Establecido en Basilea, administra una parte de las reservas en divisas de los bancos centrales. Los directores de los bancos centrales afiliados, principalmente del grupo de los 10, se reúnen regularmente. Hay pocos estudios del BPI, y especialmente de sus relaciones con el FMI.

[10] Un banco central puede proceder a una "esterilización" de los movimientos de divisas, es decir, a una neutralización de su efecto sobre la base monetaria como, por ejemplo, cuando la compra o venta de títulos expresados en monedas extranjeras son compensados por la venta o compra de títulos expresados en moneda local, lo que deja intacta la "base monetaria" (la cantidad de dinero primario).

tuar sobre las expectativas cambiarias. Este es el caso en operaciones puntuales como la compra en 1995 de dólares por el banco central japonés, al mismo tiempo que la venta de yens por el banco central norteamericano, para frenar una depreciación excesiva del dólar en relación al yen.

Sin embargo, ni la aplicación de nuevas reglas "micro-prudenciales", ni las intervenciones concertadas puntuales de los bancos centrales pueden, por sí solas, estabilizar el mercado cambiario. Las primeras, admitiendo que sean aplicadas en todas partes, limitarían los riesgos de las operaciones para los bancos, pero no el volumen de estas operaciones [Akyür y Cornfeld, 1995]. Las segundas pueden, según la ocasión, infligir pérdidas a algunos especuladores. Pero cuando tienen un efecto diferente del puntual es porque acompañan la tendencia del mercado, y no porque la revierten. No influyen sobre las causas de la inestabilidad de los cambios flotantes. En cuanto a una cooperación continuada, con vistas a limitar esta inestabilidad, requiere un acuerdo entre estados; y ya hemos visto más arriba que los compromisos de 1985 y 1987 entre Estados Unidos, Japón y Alemania no duraron.

Una crítica más profunda de la insuficiencia de estas medidas resulta de la situación de los bancos centrales como administradores de la moneda nacional, así como de la noción de moneda. Los que hacen de la moneda el vínculo social privilegiado, sin examinar de qué manera participa en los procesos complejos y conflictivos de socialización de los valores mercantiles y de distribución de los ingresos (mencionados más arriba en este capítulo), tienen tendencia a sobrestimar la capacidad reguladora de los bancos centrales. En relación a este punto, a veces se unen a los economistas ortodoxos que recomiendan la "independencia" de los bancos centrales como garantía de su "credibilidad" monetaria. La piedra de toque de esta credibilidad es su capacidad para evitar la inflación, cuyo origen sería la laxitud presupuestaria o salarial. Es una concepción que está emparentada con la de los monetaristas, discutida más arriba. Se han establecido numerosas clasificaciones del grado de independencia de los bancos centrales en relación a sus respectivos gobiernos, que siempre colocan a la cabeza al *Bundesbank* alemán y al banco central neozelandés. La reforma del Banco de Francia, que hace poco se ha vuelto independiente, apunta a consolidar la confianza de los mercados financieros en la estabilidad del franco en relación al marco, conjuntamente con la reducción del déficit público y del endeudamiento del estado.

Esta concepción de la estabilización de la moneda y del cambio atribuye a la política monetaria un contenido y un alcance que no puede tener, a partir del análisis propuesto más arriba. Admite la libre circulación de capitales sin establecer las condiciones para ello y sin ver sus contradicciones. J. Eatwell [1995] critica especialmente la noción de "credibilidad" aplicada a las políticas monetaristas y financieras: "La determinación de lo que es creíble, y de la manera en que los gobiernos pierden su credibilidad, es un producto del modo actual de funcionamiento de los mercados especulativos". De donde surge el considerable lugar otorgado a las "señales" que tienen la forma de "eslogan" como estos: "El déficit público lleva al alza de las tasas de interés; un aumento de la oferta de moneda tiene por efecto un aumento de la inflación..."

- *Policentrismo monetario y patrón internacional*

Ya se trate de la reglamentación microeconómica de los balances bancarios o, incluso, de las diversas señales que se envíen a los mercados financieros, estas intervenciones no conciernen sino a los bancos centrales. Ellas se distinguen de las modalidades de coordinación entre los gobiernos de las grandes potencias que forman parte del Grupo de los 5 o de los 7, que se reúnen cada año. Sin embargo, sobre el objeto mismo de esta coordinación, hay fuertes divergencias, especialmente entre los economistas. O bien se la considera un intercambio de información, del orden de las "señales", y entonces su eficacia estabilizadora es débil; o bien es el comienzo de una cooperación posible sobre objetivos definidos, incluyendo al empleo interno, de modo que su significación política se transformaría. Así, según J. Eatwell [1995], un "nuevo Bretton Woods", es decir, el retorno a un régimen de cambios fijos, debe ser un verdadero dispositivo multilateral, encargado de asegurar la estabilidad monetaria internacional, y debe estar dotado de un secretariado permanente con la competencia y la autoridad necesarias para cuidar el sistema internacional de pagos.[11] Este dispositivo multilateral no sería un regreso al antiguo Bretton Woods, dominado por el dólar.

Se trataría de una reforma institucional que implicaría una verdadera ruptura con la regulación financiera privada. Supone un cambio

---

[11] El FMI debería también ser transformado. Actualmente, es incapaz de asumir un papel de estabilizador del mercado de cambios. Desde el fin del régimen de Bretton Woods, ha participado en la implementación de la regulación financiera privada, y en la gestión de las crisis del crédito internacional por los estados occidentales y los grandes bancos internacionales.

profundo de las políticas en práctica desde 1979, y la ruptura con el neoliberalismo como ideología dominante. Lo mismo ocurre con las propuestas siguientes, por diversas que sean.

Varias de las propuestas que se refieren a la organización de un "policentrismo monetario" se apoyan en la conformación efectiva de regiones económicas alrededor de los polos dominantes. Es la idea de la "tríada", que se refleja, en el nivel monetario, en el dominio de las tres grandes monedas, dólar, marco (o una futura moneda europea única) y yen. La regulación política de las relaciones de cambio entre estas monedas, o la formación de un sistema *multicurrency* (véase el capítulo de R. Guttmann y el de D. Plihon), aseguraría de manera realista la estabilidad de un nuevo régimen de cambios relativamente fijos. El reemplazo del patrón dólar del sistema de Bretton Woods por un patrón compuesto, dólar-marco-yen, que ya existiría de manera informal, sería a la vez necesario y posible.

La discusión de esta propuesta no puede limitarse a la mención, hecha más arriba, de la persistencia del papel internacional del dólar como unidad de cuenta (y no ya como patrón monetario). Sino que debe partir de ella, en la medida en que este mantenimiento refleje las prácticas de los mercados internacionales, principalmente las de los mercados financieros. El proceso de integración mundial de éstos sigue dominado por el poderío financiero norteamericano, que sostiene el uso preponderante del dólar como moneda de cuenta y de transacciones internacionales. Esto explica en parte por qué en Asia, por ejemplo, la zona de influencia del yen no corresponde, actualmente, a la influencia económica dominante de las multinacionales japonesas. Así, Malasia, Tailandia, Corea del Sur y otros países administran el tipo de cambio de sus monedas en relación al dólar. Otro ejemplo: en Europa, el rublo ruso es valuado en relación al dólar. El "reparto monetario del mundo" no abarca verdaderamente las zonas de influencia económica y financiera de la "tríada".

Además, según lo que se ha expuesto más arriba, la relación entre monedas nacionales y "patrones monetarios" nacionales plantea el problema de las características particulares de un patrón monetario internacional. El dólar cumplió esa función en la época de Bretton Woods, pero ese sistema de cambios fijos no sobrevivió a la competencia de los grandes países capitalistas ni al nuevo régimen financiero internacional, aun cuando los Estados Unidos encarnan todavía (o de nuevo) la riqueza y el éxito. El dominio conjunto de las tres monedas principales, comparado a veces por los autores de la corriente "institucionalista" con la sustitución de un monopolio por un oligopolio, no resolvería el problema de la estabilidad cambiaria. Incluso admitiendo que los Estados Unidos pierdan su supremacía financiera, la rivalidad entre las tres monedas generaría la formación de un compromiso jerárquico y la adopción de una unidad de cuenta común.

Keynes había tenido en cuenta estos problemas en su proyecto de reforma de 1943. Proponía ubicar, en el centro de un sistema de crédito internacional organizado, una moneda de cuenta diferente de todas las monedas nacionales, el "bancor", emitido por una institución mundial, con referencia al oro. Esto debía permitir evitar el dominio internacional de una o de varias monedas nacionales, fuente de inestabilidad cambiaria y de desigualdad monetaria entre los países. Tal reforma suponía la limitación drástica de los movimientos de capitales, privados de la libertad de las operaciones cambiarias. Sabemos que el proyecto de Keynes fue rechazado en Bretton Woods, en beneficio del proyecto norteamericano de una organización monetaria jerárquica en torno al dólar. Lo que era un compromiso jerárquico realista, en el contexto de la época, pero que de a poco fue minado por las tensiones diagnosticadas por Keynes.

- *¿Poner impuestos a la especulación?*

Puesto que estas tensiones se difunden por la libre circulación de los capitales, con la imposición de restricciones a esa circulación se podría reducir la inestabilidad de los tipos de cambio. En 1978, J. Tobin recomendó una medida política que debía ser tomada simultáneamente por todos los estados. Se trataba de "tirar arena en los engranajes de la especulación internacional", poniendo impuestos moderados a todas las operaciones de cambio a corto plazo, de modo de desalentar aquellas que tienen por único objetivo la obtención de ganancias de cambio. Esto exigiría un acuerdo de todos los países, para evitar la competencia por la laxitud fiscal. Además del riesgo de confundir las operaciones "estabilizadoras" del cambio con las de los especuladores puros, casi todos los comentaristas señalaron la falta de realismo de la propuesta de Tobin. Ni los financistas afectados ni los estados hoy preocupados por atraer capitales aceptarían tal propuesta. Salvo algunos países periféricos, como Chile, que tienen necesidad de controlar los efectos internos de las inversiones extranjeras a corto plazo, que estarían espontáneamente de acuerdo en esta falta de respeto al neoliberalismo.

La propuesta de Tobin, aunque utópica, es sin embargo realista, en el sentido de que implica una modificación de la relación de fuerzas, hoy excesivamente favorable a los financistas de la nueva "Internacional dorada". Al recomendar una reforma fiscal, rompe con la ideología neoliberal dominante desde los años 1980 y con el mito de los beneficios de una "globalización financiera" sin límites institucionales. Toda reforma concertada que apunte a limitar la inestabilidad monetaria internacional poniendo impuestos a la especulación atenta contra los intereses de los que aprovechan esta inestabilidad; pero, en cambio, puede tener el apoyo de quienes se ven perjudicados por los excesos de las finanzas. Sin una modificación de la relación de fuerzas, ninguna propuesta relativa a las nuevas relaciones monetarias internacionales tiene posibilidad de éxito.

- *¿Cuáles son las condiciones que se requieren para las reformas?*

El régimen de cambios flotantes entre las divisas fuertes suscita hoy inquietudes entre economistas con análisis teóricos diferentes. Los tipos de cambio fluctúan a corto plazo sin reflejar las realidades económicas. Su volatilidad excesiva, que se alimenta de las ganancias especulativas que ella nutre, trae consigo riesgos acrecentados por el sistema financiero internacional y una inestabilidad que obstaculiza las decisiones de orden macroeconómico. Se propone toda una gama de modificaciones de las reglas de juego, desde las más técnicas a las más políticas. Sean cuales fueren las reformas encaradas, todas suponen un cambio del modo de coordinación entre los países en relación al estado actual.

El desafío es grande. Los problemas de la inestabilidad monetaria internacional afectan a una de las formas de la articulación entre finanzas sin fronteras y territorios de producción. Así como las relaciones de competencia y los compromisos entre países capitalistas. La situación interna de los asalariados está también profundamente afectada.

El futuro de las propuestas de reforma es actualmente imprevisible, ante las múltiples contradicciones indicadas más arriba. Pocos autores cuestionan directamente la libertad de movimiento de los capitales (salvo en el caso de las monedas periféricas) y su significación en relación al modo de funcionamiento del capitalismo. La tensión entre centralización financiera internacional y fraccionamiento monetario, el modo de articulación entre producción, finanzas y moneda, son raramente explicitados. Tan grandes son los desafíos de una reforma eventual del régimen cambiario que cambios "por arriba" son difícilmente concebibles sin movimientos "por abajo" de los asalariados perjudicados por las políticas monetarias actuales, o en ausencia de una grave crisis internacional, como aquellas que han puesto periódicamente fin a los diversos regímenes de cambio vigentes.

Capítulo 3

Las mutaciones del capital financiero

Robert Guttmann[*]

Este capítulo se refiere a los desarrollos recientes relativos al dinero y la actividad bancaria que, aunque generalmente sean poco apreciados, han llegado a dominar el contexto socioeconómico de nuestra existencia cotidiana. Estos desarrollos, que se manifiestan ya sea en las tasas de interés elevadas, en los tipos de cambio imprevisibles, o incluso en el carácter volátil de los mercados, están en vías de someter a fuertes tensiones nuestro sistema económico. A menos que se les ponga un freno, amenazan con crear las condiciones de crisis agudas, crisis que los gobiernos tendrían dificultades para enfrentar.

Uno de los principios básicos de este análisis es que las modalidades precisas de la regulación monetaria tienen un papel decisivo en la implementación de los senderos de crecimiento de las economías capitalistas avanzadas. Este punto fue bien puesto en evidencia en los primeros trabajos de los regulacionistas franceses [Aglietta, 1976; Lipietz, 1979], referidos a la introducción, en el período entre las dos guerras, de un nuevo orden monetario fundado en la moneda fiduciaria administrada por el estado (dinero crediticio), cuyo papel fue determinante en el boom de la posguerra. Al asegurar una oferta elástica de moneda con tasas de interés bajas, las autoridades monetarias de los principales estados-naciones permitieron el incremento de los gastos financiados por endeudamiento, que sostuvieron a su vez la inversión constitutiva

---

[*] Profesor en la Universidad Hofstra, Hemstead, Nueva York, y profesor invitado en París XIII-Villetaneuse.

El autor agradece a François Chesnais, Claude Serfati y Dominique Perrut por el tiempo dedicado a revisar la traducción del texto original inglés.

de la estructura industrial, las normas de consumo sociales y la estructura institucional de lo que los regulacionistas llamaron el régimen de "acumulación fordista".

Sin embargo, como explicaremos en la primera sección, este régimen monetario que favorecía el crecimiento terminó, durante los años 1970, en un nuevo tipo de crisis estructural, conocida con el nombre de "estanflación". Se asistió desde entonces a una mutación en la naturaleza del capital financiero, cuyas características principales constituyen el hilo conductor de este trabajo. En la segunda sección mostraremos cómo el papel de la moneda en la economía sufrió una revolución por la proliferación de nuevas formas de monedas "privadas" que las autoridades monetarias tienen grandes dificultades para controlar. Esta desregulación monetaria provocó también un cambio estructural en el sistema de crédito: las tasas de interés elevadas se transformaron en el nuevo mecanismo de regulación de las actividades de inversión (véase sección 3). La volatilidad de los mercados financieros, que fue paralela a esta evolución, estimuló el crecimiento extraordinario de lo que en la cuarta sección definimos como el "capital ficticio", una forma de capital que engendra ingresos financieros (el interés sobre los préstamos y colocaciones, las plusvalías sobre ventas y títulos, las comisiones, las tarifas, etc.) gracias al intercambio de carácter especulativo de activos-papel. Cuando se analizan los efectos acumulados de estos desarrollos, no se puede evitar concluir (sección 5) que ellos amenazan la estabilidad del sistema económico mundial, de donde surge la necesidad de oponérseles mediante una acción política coordinada. Aunque mi análisis esté esencialmente limitado a los Estados Unidos, pienso que los problemas planteados aquí tienen un carácter mundial y que también se plantean a las otras naciones industriales.

Dinero crediticio y estanflación

La moneda tiene un papel primordial en nuestro sistema económico. Todas las actividades orientadas hacia el crecimiento necesitan la presencia de agentes dispuestos a gastar dinero hoy con el objetivo de ganar aún más en el futuro. Estos inversores pueden ser productores en procura de recursos (mano de obra, instalaciones industriales y bienes de equipamiento) para producir bienes o servicios para venderlos con la realización de una ganancia: se trata de un circuito de inversión definido más precisamente como el circuito del capital industrial. Alternativamente los inversores pueden hacer préstamos con sus excedentes financieros y, en este proceso, obtener los derechos legales de repartir las ganancias futuras con otro agente (el prestamista). Este circuito de inversión, que tiene como base el crédito y los activos de cartera que dan lugar a la redistribución de los ingresos, en oposición a la producción y a los activos creadores de ingresos de tipo "productivo", puede ser designado como el circuito del capital financiero. Cualesquiera sean sus diferencias en términos de su capacidad para crear perturbaciones, en la naturaleza de los ingresos, en los tiempo de rotación, en la liquidez, estas dos formas de capital implican un gasto de dinero en lo inmediato con la esperanza de tener más como retorno en una fecha posterior, bajo la forma ya sea de ganancia (en el caso del capital industrial), ya sea de intereses, dividendos y ganancias de capital (en el caso del capital financiero).

Este breve recordatorio basta para demostrar que la moneda tiene un papel central en las sociedades capitalistas avanzadas, dominando así nuestra economía como única representante del ingreso y de la forma más pura del capital. También debe comprenderse que la moneda no es una cosa que nos cae del cielo (al estilo del "maná celestial", como nos quiere hacer creer Milton Friedman, el célebre economista conservador y premio Nobel), sino que se trata, por el contrario, de una institución social muy compleja sujeta a cambios históricos. De la misma manera, el curso de su evolución –en particular los períodos de transformación de la moneda y de su regulación institucional– tiene un papel importante en la determinación de las modalidades de crecimiento de nuestra economía.

Como la moneda posee una dualidad de cualidades y características intrínsecamente contradictorias, las modalidades precisas de su integración en nuestra economía no son nunca una cuestión simple. Por un lado, la moneda es sin duda un bien público cuya circulación sin obstáculos y su valor estable procuran importantes ventajas sociales de las que ninguna persona debería ser privada. Por otro, la moneda posee siempre las características inherentes a una mercancía privada. En este caso, la mayor parte de las formas bajo las cuales se manifiesta la moneda en nuestros días (por ejemplo, los cheques) están emitidas por bancos comerciales en ocasión de operaciones de préstamo y, por lo tanto, están sometidas a sus objetivos de ganancia. Los bancos se ven confrontados a un arbitraje entre la rentabilidad y la seguridad, al cual tienen decididamente tendencia a responder de manera procíclica. Un exceso de optimismo durante los períodos de boom trae consigo, de manera típica, préstamos excesivos, lo que provoca a su vez reducciones drásticas del crédito, nacidas del pánico, y conlleva períodos prolongados de prudencia.

De acuerdo con el punto de vista sostenido de modo muy convincente por Polanyi [1944], la naturaleza contradictoria de la moneda exige una gestión atenta de la misma. Durante el período del patrón oro, cuyas diferentes variantes dominaron nuestro sistema económico durante siglos, la relación de convertibilidad entre las diferentes manifestaciones de la moneda (piezas de moneda, billetes, cheques) y las reservas en oro a nivel mundial impusieron una disciplina monetaria automática a los agentes económicos e incluso a los países como tales. Por momentos, esta disciplina se hacía sentir de manera violenta bajo la forma de crisis bancarias masivas y de ajustes deflacionarios, pero siempre mantuvo, a pesar de crisis graves, un grado elevado de estabilidad de la economía mundial a lo largo del siglo XIX. Cuando el fuerte dominio de la moneda-mercancía llegó a su fin en 1931 con el derrumbe del patrón oro, los dirigentes políticos de la época, comenzando por Roosevelt y sus reformas del "*New Deal*" concernientes a la moneda y al sistema bancario, crearon un sistema monetario mucho más flexible, fundado en el dinero crediticio, sistema que muy rápidamente se transformó en uno de los pilares institucionales del naciente régimen de acumulación fordista.[1]

El objetivo principal de estas reformas era liberar a la moneda del "límite metálico" que representaba el oro. Así, la emisión de moneda, tanto provenga del estado, bajo la forma de billetes y de monedas, o bien de los bancos privados, bajo la forma de operaciones de depósitos con el privilegio de la utilización de chequeras, estuvo ligada en adelante a la extensión del crédito en el sistema bancario. Los bancos comerciales, según una práctica llamada "fraccionamiento de la reserva bancaria", atraían depósitos, poniendo a un lado una parte con el fin de hacer frente a los retiros (reservas obligatorias), y prestar el resto (reservas excedentes). Estas operaciones de préstamo creaban dinero

---

[1] La legislación sobre la reforma monetaria de Roosevelt incluye la "Emergency Banking Act" de 1933, la "Glass-Steagall Banking Act" de 1933, la "Securities Act" de 1933, la "Gold Reserve Act" de 1934, la "Securities Exchange Act" de 1934 y la "Banking Act" de 1935.

fresco procurando recursos a los prestatarios de esta moneda bajo la forma de depósitos nuevos. Además, el banco central alimentaba a los bancos comerciales con moneda fiduciaria garantizada por sus reservas con el fin de satisfacer la demanda pública de moneda. Tal tipo de vínculo entre la creación monetaria y la extensión del crédito transformó a la moneda misma en un tipo de capital financiero, más específicamente del capital de préstamo con un interés producido por los bancos comerciales. Esta transformación de la moneda, desde una mercancía (el oro), en una relación de crédito, garantizaba una oferta de moneda elástica capaz de responder en todo momento a las necesidades de liquidez y de fondos de los actores económicos.

El marco regulador relativo a la moneda y a la banca establecido por Roosevelt, que he analizado de modo más detallado en otro trabajo con el nombre de "régimen de dinero crediticio de posguerra" [Guttmann, 1994], comportaba un sabio equilibrio entre las dos características de la moneda: bien público y al mismo tiempo mercancía privada. La regulación endógena de la moneda, por medio de una mercancía determinada y el juego del mercado, dejó su lugar a una regulación controlada por el estado de modo discrecional. Los bancos centrales, como la Reserva Federal (la "Fed") en los Estados Unidos, podían actuar directamente sobre la oferta de moneda, modificando la cantidad de moneda en circulación, o indirectamente, regulando las actividades de creación monetaria de los bancos comerciales. Mientras el nuevo sistema monetario elevaba a un papel central la moneda privada de los bancos, también contrabalanceaba la naturaleza fundamentalmente inestable de la creación monetaria motivada por la ganancia de los bancos comerciales, por medio de un conjunto complejo de regulaciones que separaban a los bancos comerciales de otros intermediarios financieros y que, contrariamente a las prácticas de otros países industrializados (Francia, Alemania y Japón), les impedían fuertemente el acceso a los mercados de obligaciones del país. Los instrumentos de política monetaria, tales como las operaciones de mercado abierto (*open market*, la colocación en bonos del Tesoro) o la regulación por las remuneraciones de los depósitos y los intereses sobre los préstamos bancarios, bajo la forma de una tasa máxima acotada, le permitieron a la Fed mantener las tasas de interés generalmente bajas, garantizando al mismo tiempo a los bancos una brecha de rendimientos positivos entre la remuneración de los depósitos y la tasa de los préstamos. Cuando los bancos eran amenazados por la insolvencia, el gobierno ponía en práctica diversos mecanismos de prestamista en última instancia (seguro obligatorio alimentado por una comisión sobre los depósitos, fondos de urgencia de la Fed) y evitaba que los accidentes financieros se propagaran al punto de perturbar gravemente la actividad económica.

Una administración flexible del dinero crediticio por parte de las autoridades monetarias del estado engendró efectivamente un sistema bancario capaz de financiar de modo continuo los gastos de los prestatarios por encima de sus recursos propios, sosteniendo estos préstamos a través de inyecciones automáticas de liquidez. Esta monetización de las deudas fue uno de los pilares institucionales del boom sin precedentes de los años 1950 y 1960. Permitió tanto el financiamiento del déficit presupuestario crónico del Estado de Bienestar como el de las inversiones necesarias para la difusión de las tecnologías de producción de tipo fordista, e incluso la de las normas sociales del consumo masivo centrado en bienes tan caros como las casas y los automóviles. Varios mecanismos de regulación, incluidos los controles selectivos de créditos y las subvenciones del estado por canales de crédito socialmente beneficiosos (préstamos inmobiliarios, préstamos a los estudiantes), orientaron el crédito bancario de modo productivo hacia el financiamiento de la expansión de las capacidades productivas de la industria o hacia un crecimiento rápido de la capacidad de gasto de sus clientes.

Pero este conjunto favorable de equilibrios administrados por el estado comenzó a erosionarse hacia fines de los 1960, en el momento en que la rentabilidad de las empresas norteamericanas bajaba repentinamente de forma vertiginosa, mientras la lentitud en el crecimiento de la productividad conducía a un estancamiento prolongado de los salarios. Aunque la crisis estructural que siguió tuvo su fuente en el deterioro de las condiciones de acumulación en la industria [Bowles, Gordon, Weisskopf, 1983; Baslé, Mazier, Vidal, 1993], su avance tomó la forma de fases sucesivas de inestabilidad financiera intensa.[2] Se pudo constatar el efecto acumulativo de dos mecanismos principales de desestabilización.

---

[2] Las crisis estructurales, de manera opuesta a las recesiones que surgen en el curso normal de los ciclos económicos, implican el derrumbe de equilibrios socio-económicos esenciales, el debilitamiento de las instituciones, la reorganización de las relaciones sociales y la eventual transformación del aparato productivo. Las teorías heterodoxas de crisis estructural incluyen las teorías de las ondas largas de Kondratieff [1926] o de Schumpeter [1954] y, más recientemente, los trabajos de la teoría de la regulación francesa [Aglietta, 1976; Boyer y Mistral, 1979; Lipietz, 1979 y 1983].

– El estancamiento de los salarios y de las ganancias incitó a los productores y a los consumidores a compensar lo que no recibían como ingreso, recurriendo de manera más importante a la toma de préstamos. Los bancos norteamericanos fueron ellos mismos los responsables del crecimiento de la financiación por endeudamiento al crear, a principios de los años 1960, varios instrumentos monetarios a corto plazo (por ejemplo, los papeles comerciales, los contratos de venta con pacto de retroventa, los certificados de depósito negociables y los eurodólares) a fin de acrecentar su capacidad de otorgamiento de crédito más allá del nivel obligatorio de los depósitos controlado por el estado.[3] Pero la dependencia creciente de los industriales y de los consumidores respecto del financiamiento por préstamos en un período de desaceleración de las ganancias por ingresos debía necesariamente pesar sobre el balance de los bancos y traer consigo problemas vinculados al servicio de la deuda.

– En los años 1970, se experimentó progresivamente una inflación en crecimiento acelerado al mismo tiempo que un aumento del desempleo. La causa principal de esta *stagflation*, que representa una forma de crisis más moderada y más lenta, ha sido quizás el importante papel del gobierno en la economía, en particular su déficit presupuestario y su papel como prestamista en última instancia, ambas cosas vinculadas, por supuesto, al dinero crediticio [Minsky, 1982]. De manera más general, como lo ha mostrado S. de Brunhoff [1976], la creación monetaria continua bajo la forma de préstamos bancarios permitió la "socialización" de las pérdidas privadas y de los riesgos, haciéndoselos soportar a todos los que utilizan la moneda nacional. Tal "tapón" monetario volvió, por otro lado, más flexibles los ajustes violentos vinculados a la deflación del endeudamiento, evitando la destrucción masiva de capital que fue un hecho notable de las depresiones económicas anteriores, pero al precio de una depreciación más progresiva del valor de la moneda [Guttmann, 1984]. Por otra parte, al impedir una depresión, este proceso inflacionario creó tensiones en la relación entre el capital industrial y el capital financiero, lo que finalmente destruyó el régimen de dinero crediticio de la posguerra.

Durante la segunda mitad de los años 1960 y una gran parte de los

---

[3] En 1965, estas deudas contraídas por los bancos norteamericanos representaban el 2% del total del capital y del pasivo de los bancos. En 1978, esta razón había llegado al 21%.

1970, importantes ofertas de crédito a tasas relativamente bajas ayudaron al mantenimiento de los niveles de gasto, facilitando así la tarea de las empresas para compensar sus costos unitarios crecientes por medio de aumentos en los precios de los productos finales, de modo de proteger sus márgenes de ganancia. Las firmas, al encontrarse en una posición de mercado suficientemente fuerte como para imponer aumentos al precio de sus productos por encima del promedio, podían así acrecentar sus ganancias en ese proceso. Además de los efectos en términos de redistribución de ingresos, la inflación dio también nacimiento a un proceso de acumulación nominal basado en ganancias puramente contables, obtenidas gracias a evaluaciones de costos realizadas en una moneda de valor superior a la que prevalecía en el momento del cálculo de los ingresos.[4] Este "relajamiento de la restricción monetaria" basado en la inflación [de Brunhoff, 1979] benefició al capital industrial durante un buen tiempo, pero en detrimento del capital financiero. Los mercados de acciones y de obligaciones, por ejemplo, sufrieron una depreciación importante en los años 1970. La inflación, en todo caso, implicaba dos movimientos de precios opuestos: el aumento de los precios de los productos terminados industriales y, como consecuencia del alza de las tasas de interés nominales, una caída de los precios de los activos financieros.[5] Además, la inflación perjudicaba a los prestamistas, dado que los deudores podían reembolsar sus deudas con un dólar devaluado mientras que los acreedores no podían compensar estas pérdidas con aumentos sustanciales de las tasas de interés a causa de las políticas de "dinero fácil" de los bancos centrales.

[4] En 1979, estos beneficios contables ligados a la inflación llegaban a más de la mitad (52%) del total de los beneficios antes de pagar los impuestos del sector industrial norteamericano. Camuflando la declinación subyacente de las tasas de beneficio, las ganancias ficticias en capital debilitaban a las empresas inflando artificialmente sus remuneraciones a la gestión, las distribuciones de beneficios y los pagos de impuestos.

[5] Las tasas de interés y los precios de los títulos están, por múltiples razones, inversamente relacionados. Cuando las tasas de interés aumentan, los flujos de ingresos futuros son descontados más fuertemente, de modo que su valor actual, que determina el valor de mercado de los títulos, cae. Además, el alza de las tasas de interés aumenta el costo de los préstamos para aquellos que compran títulos mediante el recurso al crédito llamado "de margen", lo que disminuye entonces la demanda de acciones, de obligaciones y de otros instrumentos financieros. Los costos más elevados del servicio de la deuda tienen un efecto negativo sobre las previsiones de ganancia de las sociedades, trayendo consigo una caída de la cotización bursátil de los títulos de las sociedades que cotizan en bolsa. Finalmente, las acciones están afectadas de modo negativo por las tasas de interés en alza, pues aquellas vuelven más interesantes a las obligaciones en relación a las acciones.

Las pérdidas potenciales acusadas por los acreedores se veían acrecentadas por al agravamiento del estancamiento, ya que la carga de la deuda de una cantidad creciente de tomadores de préstamo endeudados comenzó a subir cada vez más rápido que sus ingresos. Estas tensiones se resolvieron bajo la forma de una sucesión de fases de compresión del crédito (*credit crunches*) cerca de los puntos cíclicos (1966, 1969, 1974, 1979-1980), provocadas por las restricciones bruscas de los préstamos bancarios toda vez que el tope máximo de la tasa de los depósitos bancarios y de los préstamos no se ajustaba a la suba al mismo ritmo que la inflación rápida.[6]

El debilitamiento del capital financiero entre 1966 y 1982, inducido por la estanflación, minó el marco de regulación relativo a la moneda y al sistema bancario creado en tiempos de Roosevelt. Se asistió en primer lugar al derrumbe del sistema de Bretton Woods, en tanto forma adoptada en la posguerra por la extensión internacional del régimen de dinero crediticio, cuando los desequilibrios estructurales profundos del sistema, causados por un dólar que era de hecho inconvertible y estaba sobrevaluado, provocaron desde 1968 una ola de ataques especulativos cada vez más fuertes contra el dólar. Esta situación obligó al gobierno de Nixon en agosto de 1971 a suspender la garantía de convertibilidad automática entre el oro y el dólar, después a abandonar en marzo de 1973 el sistema de cambios fijos. Luego la Fed, ante la depreciación rápida del dólar, decidió en octubre de 1979 poner término a su larga política de sostén de tasas de interés bajas, trayendo consigo una desaceleración del crecimiento de la oferta de dinero.[7] Su cambio de estrategia, desde una política keynesiana de tasas de interés bajas hacia una política monetarista centrada en los agregados monetarios, fue reforzada seis meses más tarde por la eliminación progresiva de los topes para los depósitos bancarios y los préstamos. Esta medida, que vino a completar la

---

[6] Para un excelente análisis de estas restricciones o crisis de crédito repetidas en la economía norteamericana entre 1966 y 1982, véase Wolfson [1993].

[7] Ostensiblemente, la Reserva Federal abandonó su política keynesiana de tasas de interés a fin de salvar la posición del dólar como moneda mundial, cuya devaluación había ocasionado finalmente varias iniciativas que amenazaban esa posición (la idea de la OPEP de cobrar con una "canasta de divisas", la propuesta del FMI de instaurar una cuenta de sustitución para el retiro del excedente de dólares a cambio de los derechos especiales de retiros, la creación del sistema monetario europeo). Al mismo tiempo, la Fed también se dio cuenta de que sus esfuerzos para mantener las tasas de interés artificialmente bajas alentaban un crecimiento excesivo de los agregados monetarios y de crédito que, a su vez, alimentaban la inflación interna.

desregulación de las tasas de interés, fue motivada por la constitución de fondos del mercado monetario, cuyos rendimientos no regulados y cuyo carácter fuertemente líquido habían suscitado el retiro de depósitos de las cuentas bancarias reguladas y de bajo rendimiento.

Este paso a una regulación por el mercado de los tipos de cambio y de las tasas de interés eliminó la inflación a comienzos de los años 1980. Privado de sus beneficios nominales engendrados por la inflación, a partir de ese momento el capital industrial debió acelerar permanentemente su proceso de reestructuración. Al mismo tiempo, la liberalización de esos dos precios estratégicos de la moneda creó una inestabilidad financiera más importante, con serias repercusiones sobre el crecimiento de los Estados Unidos y de otras naciones industrializadas. Cuando en los años 1970 los bancos centrales se vieron obligados, por una estanflación acentuada, a abandonar la regulación por el estado (es decir, no por el mercado) de los precios de la moneda, perdieron los instrumentos que les permitían controlar de la manera más eficaz los aspectos contradictorios de la moneda (simultáneamente bien público y mercancía privada) en una perspectiva de promoción del crecimiento. Desde entonces se pudieron constatar cambios radicales en la interacción entre la moneda, el crédito y la actividad económica, en detrimento de los niveles de empleo y del crecimiento. Los principales mecanismos que actúan por detrás de este proceso –la desregulación de la moneda, las tasas de interés elevadas como nuevo mecanismo de regulación, y la titularización del crédito– requieren todos un estudio más profundo.

La liberalización del dinero crediticio

Hoy asistimos a una proliferación importante de nuevas formas de moneda que emanan de los bancos privados. Tal fenómeno vuelve más difícil la tarea de los bancos centrales desde el momento en que tratan de garantizar un equilibrio apropiado entre los aspectos contradictorios de la moneda como bien público y como mercancía privada. Esta evolución comenzó en los años 1960, cuando los bancos, como se mencionó en la sección precedente (véase la llamada 3), comenzaron a emitir títulos de deuda (certificados de depósito) para alimentar la creación monetaria y la extensión del crédito más allá del monto de los depósitos controlados por el estado. Desde entonces hemos asistido a otros desarrollos importantes del mismo orden.

– En los años 1960, una cantidad de bancos que operaban fuera de los Estados Unidos comenzaron a ofrecer depósitos y préstamos en dólares, facilitando la absorción y el reciclado de un dólar superabundante en el nivel mundial. Esta innovación, llamada "mercado de los eurodólares", engendró una forma de *dinero bancario*, al mismo tiempo privado y verdaderamente apátrida, cuya emisión y circulación dentro de una red bancaria mundialmente integrada rodeaba el espacio nacional controlado por los bancos centrales. Al no soportar los costos ligados a las regulaciones públicas, los depósitos y los préstamos en eurodólares podían ofrecer condiciones más interesantes que sus contrapartidas nacionales, que seguían regulados. Con la diversificación del euromercado hacia otras monedas a fines de los años 1960, éste se volvió un vector perfecto para la especulación monetaria, lo que eventualmente contribuyó a hacer caer el sistema Bretton Woods. Además, otras restricciones de tipo regulatorio, como los controles de los movimientos de capital e incluso las tasas tope máximas de la Fed para los depósitos bancarios nacionales, podían a partir de entonces ser evitadas, reorientando las transacciones bancarias hacia el euromercado que, por definición, no estaba regulado.

– La eliminación, a principios de los años 1980, de los controles de precios y de las restricciones a la creación de productos financieros que afectaban hasta entonces a los bancos norteamericanos, dio nacimiento a una nueva generación de depósitos monetarios que producían interés. A raíz de que estas nuevas formas de moneda de la banca privada (por ejemplo, las cuentas NOW y las cuentas de depósitos del mercado monetario) combinan los motivos de transacción y los de inversión, tienen elasticidades de tasas de interés muy variables, que repercuten de modo imprevisible sobre su multiplicador y su velocidad. Tal inestabilidad hizo difícil la precisión del ajuste de los agregados monetarios nacionales por el banco central [Guttmann, 1989].

– Además, el control monopólico del banco central sobre los sistemas de pago, esencial para su capacidad de administración monetaria, y que había sido efectivo durante mucho tiempo, fue cuestionado en años recientes por la expansión rápida de los sistemas de pago privados. Al beneficiarse con la revolución informática y las tecnologías de la comunicación, los consorcios de bancos introdujeron cámaras de compensación automatizadas y transferencias electrónicas de fondos con el fin de ofrecer a sus clientes una variedad creciente de servicios para la gestión de la liquidez. El más importante de los cuales es el gigantesco

Clearinghouse Interbank Payments System (CHIPS) del euromercado y de otras transacciones internacionales.

La proliferación de formas de dinero y de servicios de pago relativamente poco regulados reforzó la dimensión de la moneda como mercancía privada. No sólo la creación mundial de moneda está hoy dirigida de manera primordial por la motivación de ganancias por parte de los bancos y de sus clientes prestamistas, en vez de estar controlada por los bancos centrales, sino que la propia moneda se ha vuelto un objeto de innovación de productos así como del progreso tecnológico. Henos aquí, a partir de ahora, frente a la aparición de la moneda electrónica, de especial importancia. Sus manifestaciones más corrientes, como los cajeros automáticos, las tarjetas de crédito, las transacciones bancarias efectuadas desde los domicilios por las redes informáticas bancarias, o incluso los sistemas de cheques electrónicos, actualmente desarrollados para "servidores" (e-mail), están todas, de una u otra forma, siempre conectadas al mecanismo de compensación de cheques administrado por el banco central. Por el momento, no representan todavía una amenaza de tipo vital para la capacidad de administración monetaria de los Estados-naciones. Sin embargo, es una situación a punto de cambiar, con la aparición inminente de los primeros mecanismos de trasferencia de fondos y pagos de deudas por Internet [Business Week, 1995].

La introducción de la "moneda cibernética" (*cybercash*), que es ciertamente una nueva etapa en la evolución de la moneda electrónica, fue posible gracias a los recientes descubrimientos en el ámbito de los *softwares* encriptados que garantizan la confidencialidad y la seguridad de las transferencias monetarias efectuadas a través de la red Internet.[8] En ausencia de un control estatal de esta tecnología, las transacciones encriptadas del *cybercash* van a plantear problemas delicados en cuanto a los esfuerzos de los gobiernos para defenderse de la evasión fiscal, del crimen organizado y de los fraudes. El sistema de pagos se va a volver aún más privatizado de lo que es actualmente, limitando así la capacidad de los bancos centrales para controlar la creación y la circulación monetarias. Este problema se va a agravar todavía más dado que las transacciones de tipo *cybercash* parecen poder ejecutarse sin que se efec-

---

[8] Revelaciones recientes, como el exitoso esfuerzo de un joven ruso por entrar en el sistema informático del *Citibank* con el fin de trasladar fondos de este banco a una cuenta en el extranjero, o la falla en la seguridad relativa a las operaciones de tarjetas de crédito en la red Internet a causa de imperfecciones de los *softwares* de Netscape, muestran que la criptografía siempre presenta problemas.

túen transferencias de reservas entre bancos, transferencias que normalmente son administradas por el banco central. En ese punto, el paso que se está operando desde la forma de moneda regulada de carácter fiduciario hacia operaciones informáticas no reguladas habrá dado finalmente un decisivo salto hacia adelante.

La perspectiva del *cybercash* suscita la interesante cuestión de saber cómo será regulado tal régimen de moneda electrónica mundial. Una privatización demasiado acentuada de la moneda y una regulación por el mercado tendría como consecuencia hacer a nuestras economías menos estables. Ya hemos podido constatar hasta qué punto una liberalización, incluso limitada, de la moneda y del sistema bancario ha acentuado la inestabilidad. El fin de los controles sobre los precios obligó a los bancos norteamericanos a lanzarse a una competencia mucho más activa para atraer fondos, empujando hacia arriba las tasas de los depósitos. Con el encarecimiento de las fuentes de sus fondos, los bancos trataron de mantener sus márgenes de ganancia invirtiendo esos fondos en activos de mayor rendimiento pero, al mismo tiempo, de mayor riesgo. El resultado, como queda ilustrado por las enormes pérdidas de créditos dudosos provenientes de los préstamos acordados a los promotores inmobiliarios, a los agricultores, a los países en vías de desarrollo, a los montajes financieros para la adquisición de empresas, a los especialistas en títulos de riesgo (los *junk bonds*), así como a los especuladores con títulos públicos, fue que numerosos bancos volvieron a encontrarse en grandes dificultades durante los años 1980. La intensificación del riesgo sistémico vinculado al sector bancario [Aglietta, 1991] requirió la extensión de las operaciones de prestamista en última instancia por parte del gobierno norteamericano a fin de poder hacer frente al creciente número de bancos (incluyendo las grandes estructuras) amenazados por la quiebra.[9]

---

[9] En los Estados Unidos, estas extensiones adoptaron las siguientes formas: alza del seguro obligatorio de cobertura de los depósitos, garantías absolutas de salvataje para los bancos más grandes (doctrina del "demasiado grande para que se lo deje quebrar" adoptada en 1984), utilización de posibilidades de préstamos ofrecidos por la Reserva Federal a los bancos norteamericanos como una facilidad de refinanciamiento para aquellos con problemas de caja y, finalmente, relajación de las reglas contables y para la fusión de los bancos a fin de facilitar la compra de las instituciones en quiebra por los bancos en buen estado de salud. Se constataron extensiones similares por parte del gobierno en su calidad de prestamista en última instancia, como reacción a las profundas crisis bancarias en muchos otros países, en particular, las muy recientes de Japón, Francia y México.

Entonces, ya que la desregulación del dinero crediticio acrecienta la inestabilidad del sistema bancario, los gobiernos se ven obligados a garantizar la calidad de la moneda en tanto que bien público acudiendo al rescate de los bancos en dificultad. Lamentablemente, sus intervenciones como prestamista en última instancia tienden a reforzar la inestabilidad. Una vez que los bancos comprenden que podrán contar con la ayuda del estado en caso de quiebra, pueden verse tentados a llevar a cabo estrategias aún más riesgosas. Si estas estrategias funcionan bien, los rendimientos son elevados, pero si no ocurre así, las pérdidas pueden ser transferidas a otros. Este problema de riesgo moral demuestra por sí mismo los costos sociales potenciales de la desregulación de los bancos y de su salvataje cuando extienden desmesuradamente su campo de actividad. Es más razonable mantener la estabilidad del sistema bancario, en primer lugar, con una regulación apropiada. Entonces, tarde o temprano los gobiernos deberán establecer un nuevo marco de regulación que pueda afrontar el desafío de la moneda electrónica y de las actividades bancarias transnacionales.

Las tasas de interés como mecanismo de regulación

La creciente regulación de la moneda por el mercado ha impuesto importantes costos sociales a la economía, que superan fuertemente este crecimiento del riesgo sistémico. Además de que los precios de los servicios ofrecidos por los bancos aumentaron considerablemente, incluso para las operaciones de rutina, la moneda bancaria privada como tal se volvió más cara, ya que las tasas de los depósitos y préstamos treparon de modo sustancial desde la desregulación en 1980. Al adoptar agresivamente un sistema de préstamos con tasas de interés variables, los bancos norteamericanos estuvieron en condiciones de transferir a sus prestatarios una parte importante del riesgo ligado a los precios. Dado el nivel de dependencia de los industriales y de los consumidores respecto del crédito, esta transferencia del riesgo aumenta la probabilidad de recesiones ocasionadas por el sector financiero, como ya ocurrió a comienzos de los años 1990. Sin embargo, el cambio posterior a la desregulación hacia tasas de interés "reales" (es decir, una vez quitada la inflación) más elevadas fue muy costoso (véase cuadro 1). No hay ninguna duda acerca de que este fenómeno global fue alimentado por una contracción del ahorro, acompañada de una muy fuerte demanda de crédito. Pero la primera causa fue la liberalización de las tasas de interés en 1979-1980, que trajo consigo una transferencia de poder hacia los prestamistas en las relaciones crediticias. Los bancos, así como los tenedores de obligaciones, gravemente afectados por la inflación durante los años 1970 y las pérdidas debidas a créditos dudosos durante los años 1980, reclamaron para sus fondos primas de riesgo y de inflación mucho más elevadas.

Cuadro 1
Alza de las tasas de interés reales norteamericanas
posterior a la liberalización

	Bonos del Tesoro a tres meses	Obligaciones de sociedades privadas	Hipotecas a particulares
1979	1,4	-1,6	-0,5
1980	2,0	-1,5	-0,8
1981	4,0	5,0	4,4
1982	4,5	9,7	8,9
1983	4,5	10,4	9,4
1984	5,2	10,6	8,1
1985	3,8	10,4	8,0

Nota: Los rendimientos del Tesoro están deflactados con el deflactor del PBI; los rendimientos de las obligaciones emitidas por las sociedades privadas, lo están con el índice de precios de la producción (variación anual) y los rendimientos de los préstamos hipotecarios a los particulares están deflactados con el índice de precios al consumidor (variación anual).
Fuente: Council of Economic Advisor, *The Economic Report of the President,* Washington DC. US Government Printing Office.

La noción de tasas de interés "reales", es decir, la diferencia entre las tasas de interés nominales (por ejemplo los rendimientos de las obligaciones) y la tasa de inflación (en este caso el índice de precios de la producción), ha llamado mucho la atención de los economistas [Davidson, 1986; Carlson, 1993; Darin y Hetzel, 1995]. Esta noción nos da una idea del nivel de rendimiento esperado por los tenedores de liquidez, más allá de la compensación por la pérdida de valor de la moneda. Sin embargo, es una medida ambigua. Los economistas la calculan sustrayendo las tasas de inflación constatadas de las tasas de interés nominales. Pero en realidad lo que cuenta aquí son las tasas de inflación futuras, así como otros factores de riesgo esperados por los prestamistas y contra los cuales ellos quieren estar protegidos (o garantizados por primas de riesgo), cuando abandonan la gestión de su dinero. Aunque las expectativas estén ciertamente influenciadas por las condiciones de las tasas de inflación actuales, dependen también de varios otros factores. Entonces, la tasa de inflación corriente es una referencia inadecuada. En su lugar, parece más coherente analizar la interpretación de las tasas de interés reales como una ilustración de las relaciones sociales entre acreedores y deudores, reflejando así las expectativas colectivas de una categoría de agentes, los acreedores, ante el horizonte de un futuro incierto, y su capacidad para imponer sus evaluaciones a una segunda categoría de agentes, los deudores.[10] Así, los elevados niveles de tasas de interés existentes desde 1981 pueden ser interpretados como un resultado de la desregulación, que permitió a los acreedores reclamar de modo constante primas contra el riesgo y contra la inflación más elevadas que en la época en que la determinación de los precios estaba todavía bajo el control del estado.

Esta transferencia hacia el poder del mercado trajo consigo una redistribución de los ingresos en detrimento de los salarios y de las ganancias y en favor del interés, profundizando al mismo tiempo la brecha entre ingreso y distribución de la riqueza patrimonial entre los tenedores de activos financieros y aquellos que no los poseen.[11] Una polarización de este orden tiende a tener repercusiones negativas sobre el crecimiento económico y la estabilidad política, muy especialmente cuando la redistribución afecta a los propietarios de recursos productivos (trabajo humano e instalaciones y equipamientos industriales) y privilegia a los prestamistas de liquidez financiera que, en el mejor de los casos, están indirectamente vinculados a la creación de valor en el proceso de producción. Se puede tener mucha razón al condenar este resurgimiento de los "rentistas" como una tendencia parasitaria del capitalismo que, con-

---

[10] Los dos teóricos de la moneda a los que considero como los más importantes, Marx [1894] y Keynes [1936], presentaron la idea de que las tasas de interés y, en consecuencia, la distribución del incremento de los ingresos entre la tasa de interés y la ganancia, dependen de las relaciones de fuerza entre ambas partes del sistema de crédito.

[11] La parte del ingreso nacional de los Estados Unidos correspondiente a los intereses ha crecido de manera constante, pasando del 7,4% en 1979 al 10,4% en 1990, en detrimento de las partes que corresponden respectivamente a los salarios (del 61,5% al 61%) y a los ingresos de las empresas no agrícolas y de las ganancias de las sociedades (del 17,9% al 15,7%). Los dos años a que se hace referencia representan extremos en el ciclo económico. En lo que respecta a la importante polarización del ingreso individual y de la distribución de la riqueza en los Estados Unidos, así como al papel de los activos financieros en este proceso, véase E. Wolff [1995].

trariamente a la predicción de Keynes [1936], no puede ser contenida durante mucho tiempo. Creo, sin embargo, que este argumento pone demasiado el acento sobre la improductividad implícita del ingreso que proviene de la tasa de interés. Los consumidores, los productores y los gobiernos dependen más que nunca del financiamiento externo de los gastos que exceden sus ingresos: el financiamiento por endeudamiento sigue teniendo un papel esencial en la implementación de la creación y realización del valor y del excedente. Yo prefiero, entonces, en su lugar, analizar las elevadas tasas de interés de los años 1980 según la tradición de la teoría de la regulación (véase nota 2) como un nuevo modo de regulación para un régimen de acumulación de transición, que puede compararse con las violentas guerras de precios y las olas de fusiones y adquisiciones que acompañaron la transición del régimen de acumulación competitiva al régimen de regulación monopólica nacional, a principios de siglo. Sólo falta que su influencia sobre las actividades de producción sea considerable.

– Algunas tasas de interés (por ejemplo, la tasa de descuento de los principales bancos para los créditos en descubierto, las tasas de remuneración de las obligaciones privadas) tienen un papel crucial en la determinación de las tasas mínimas de rendimiento necesarias para que los proyectos de inversión privados puedan ser calificados de "rentables". Las tasas de interés elevadas tienden entonces a deprimir la actividad de inversión industrial.[12]

– Además, esos niveles elevados de tasas de interés tienen un impacto de tipo exponencial sobre la actualización en dólares futuros. Favorecen así los proyectos de inversión a corto plazo. Este sesgo ha acelerado ciertamente la utilización de la informática en las industrias. Pero introduce una discriminación contra las inversiones con tiempos de gestación largos, como la investigación y desarrollo, las nuevas instalaciones industriales que incorporan la más reciente tecnología de producción, la formación técnica o la explotación de las curvas de aprendizaje, todas las cuales pueden tener una gran importancia para una reestructuración industrial exitosa.

---

[12] Las tasas de interés reales elevadas de los años 1980 y de principios de los años 1990 fueron un fenómeno mundial. Osler [1994] ha mostrado que estas tasas elevadas redujeron la inversión privada de los principales países industrializados (el G7). De acuerdo con sus estimaciones, las tasas de interés reales elevadas redujeron la oferta en los países del G7 (excluyendo a los Estados Unidos) según un intervalo situado entre el 2,5% y el 4,5% en promedio anual entre 1990 y 1993.

– Dado que las tasas de interés elevadas hacen crecer los costos del servicio de la deuda, los deudores van a estar aún más bajo presión en su búsqueda de reducción de costos en otros lugares. La presión vinculada a tales rigideces de costos fijos explica en una parte importante el *downsizing* (reducción del tamaño de la empresa) y la compresión de los salarios y de los costos anexos (jubilaciones, etc.) en muchas empresas norteamericanas durante la última década.

– El dinero caro alienta un atesoramiento prudente de liquidez a causa de los costos de oportunidad que se le asocian. Frente a este objetivo, las sociedades norteamericanas redujeron radicalmente el tiempo de renovación de sus stocks y aumentaron de modo drástico su capacidad de gestión financiera. Actualmente, los directores financieros de las empresas industriales tienden a mantener una cantidad elevada de dinero bajo la forma de inversiones líquidas (eurodólares, fondos de mercados monetarios, etc.), que son productores de ingresos financieros, en lugar de reinvertir esos fondos en la modernización y extensión de las capacidades productivas.

– De modo general, las tasas de interés elevadas llevaron a los grupos a acrecentar rápidamente sus activos financieros como fuente alternativa de ingresos durante un período de estancamiento relativo de las ganancias. Este cambio de preferencias en el nivel de las inversiones de los grupos modificó de modo significativo el equilibrio entre los activos financieros y los activos productivos (reales) en la economía norteamericana (véase gráfico 1).

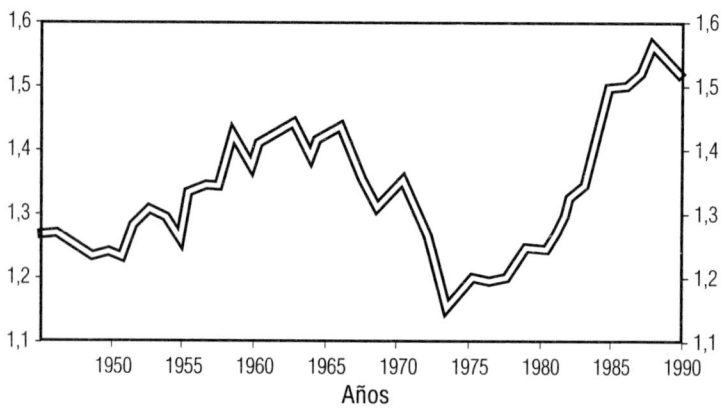

Gráfico 1
La razón activos financieros/activos "reales" en los Estados Unidos

La transformación de los industriales productores de bienes (reales) en administradores de carteras de títulos, afecta a la economía en su conjunto aun cuando beneficie a cada una de las empresas que buscan excedentes de ingresos (financieros). Aunque Marx [1867] haya tratado este tema mejor que nadie, no hace falta ser marxista para comprender que la capacidad de una economía para desarrollarse depende de su eficacia para crear un excedente más allá de las necesidades de consumo corriente, un excedente que pueda asignarse para ser invertido en el aparato productivo. Los activos financieros pueden contribuir a este proceso al permitir un volumen más considerable de gastos en inversiones reales, pero lo hacen mejor de manera indirecta y absorbiendo una parte del excedente a modo de compensación. Cuando las empresas invierten en activos financieros, recurren a este excedente aunque bien hubieran podido acrecentar ese mismo excedente utilizando esos fondos en inversiones directas reales. El estancamiento del capital industrial, que alimentó, en primer lugar, esa avalancha de las empresas hacia los activos financieros, se vio agravado en este sentido, terminando en un peligroso círculo vicioso que nos ha deparado una década de desocupación masiva y de pobreza creciente.

La dominación del capital ficticio

Hace ya un siglo, Marx [1894] estableció una distinción entre dos tipos de capital financiero, a saber: los préstamos a mediano o largo plazo que rinden un interés, y lo que él llamó "capital ficticio". Según Marx, este último comprendía créditos intercambiables contra compromisos futuros financieros (títulos) cuyo valor se derivaba enteramente de la capitalización del ingreso esperado sin ninguna contrapartida directa en capital productivo. Marx identificó, como principales fuentes de capital ficticio, a la parte de fondos propios (acciones) cotizados en la Bolsa, a los títulos de la deuda pública y al dinero crediticio propiamente dicho. Las tres formas se han vuelto mucho más importantes hoy de lo que eran en su época. Desde entonces la mayor parte de las grandes firmas se transformaron en sociedades de accionistas, y el mercado bursátil se volvió un dispositivo clave para la expansión de las sociedades y la reestructuración industrial. El mercado de títulos del estado, cuyo crecimiento espectacular se debió a un aumento sostenido, desde hace medio siglo, de los déficits presupuestarios en la mayor parte de los países industriales, ofrece hoy a los inversores un instrumento muy líquido y relativamente sin riesgos para la colocación de la liquidez disponible. Mientras que la alusión que hacía Marx del dinero crediticio como capital ficticio involucraba únicamente a la moneda fiduciaria no cubierta por las reservas de oro, hoy operamos exclusivamente con esta forma de la moneda.[13]

A primera vista puede parecer un poco extraño considerar a la moneda como una forma de capital ficticio, pero un examen más profundo de este argumento nos revela su pertinencia. La moneda es, con toda evidencia, una forma de capital. De hecho, se la puede caracterizar como la encarnación del capital en movimiento en su forma más pura, ya que toda inversión toma la forma de un gasto presente con la intención de realizar una ganancia futura. Además, el dinero crediticio representa seguramente un capital financiero. Como lo vimos anteriormente, su creación depende de que los bancos presten su excedente de reservas. Pero la moneda ¿no es precisamente por esta razón un modo de préstamo de capital que da interés, en lugar de un capital ficticio? La respuesta correcta a esta pregunta es que el dinero crediticio, en particular la moneda bancaria privada, incluye características de los dos tipos de capital financiero. Nace a través de un préstamo bancario que transfiere simples signos monetarios (una chequera en este caso) de su lugar de emisión (fuera del mercado) a los prestatarios, en cuyas manos se transforma en moneda. Pero este proceso, es decir, las operaciones de depósito y de préstamo de los bancos comerciales, contiene también aspectos de capital ficticio ya que comporta la creación de dinero "fresco" a partir de depósitos que existen y circulan ya en el sistema bancario. Un dólar depositado crea otro dólar, prestado. En un régimen de dinero crediticio, una gran proporción del capital monetario es entonces creada *ex nihilo*, a partir de nada, dentro del sistema bancario, como un adelanto contra un ingreso futuro, y no como expresión de un ingreso ya recibido, resultante de una acumulación exitosa del capital productivo. La dimensión de capital ficticio del dinero crediticio es reforzada por el hecho de que su creación está ligada muy frecuentemente a la adquisición por el banco central de los títulos de la deuda pública, que procuran a los bancos comerciales un exceso de recursos prestables, que son el punto de partida, la materia prima, para la creación de la moneda bancaria privada.

[13] Hayek [1939], situado en el otro extremo del espectro político de los economistas, también consideró al dinero crediticio como capital ficticio. Sobre este punto, véase de Brunhoff [1990].

Hemos insistido largamente en las modalidades de creación del dinero crediticio, precisamente porque esta forma de la moneda incluye tanto al capital de préstamo como al capital ficticio. El equilibrio que prevalece entre estas dos formas de capital financiero depende fundamentalmente de la gestión monetaria. En el período de crecimiento rápido, es decir los años 1950 y 1960, en los Estados Unidos predominó el aspecto de fondos prestables del dinero crediticio, aunque más no fuera por la separación de tipo reglamentario entre los bancos comerciales y los mercados de títulos.[14] En el período inflacionario de los años 1970, los préstamos bancarios tuvieron un crecimiento muy rápido a fin de mantener los niveles de gasto, en un contexto de estancamiento de los ingresos, y de alimentar el proceso nominal de acumulación de capital industrial (del que hemos hablado más arriba), mientras que los mercados de acciones y de obligaciones declinaban a causa del efecto negativo del alza de las tasas de interés nominales sobre el precio de los títulos (véase la sección 1). Pero una década de estancamiento también hizo desconfiados a los proveedores de préstamos a largo plazo a causa del carácter poco líquido de estos últimos y de los riesgos considerables relacionados (riesgo sobre los precios y riesgo de privación). Ante tal situación, los títulos se volvieron una opción mucho más interesante dado que uno podía desembarazarse de ellos en cualquier momento y que, además, eran menos dependientes de las vicisitudes del capital industrial. Vista la importante subvaluación de las acciones y de las obligaciones a fines de la crisis estanflacionista en 1981-1982, estos títulos tenían además un potencial de apreciación importante, mientras que las tasas de interés nominales bajaban gradualmente durante la fase de desinflación de los años 1980. En este ambiente, no era para nada sorprendente ver crecer muy rápidamente a los mercados financieros después de 1982, expansión que estaba alimentada por el crecimiento de las reestructuraciones industriales a través de las fusiones, adquisiciones y OPA hostiles al mercado bursátil.

De la misma manera que los prestamistas llegaron a preferir los títu-

---

[14] En otros países industrializados (como Francia, Alemania o Japón) esta separación no existía o era mucho menos pronunciada. En estos países los bancos podían emprender actividades de corretaje, operaciones de Bolsa o de garantía de suscripción de títulos. En varios países estaban incluso autorizados a ser simultáneamente acreedores y accionistas de sociedades. La estrecha relación entre los bancos y las empresas industriales que de ello resultaba, calificada por Hilferding de "*Finanz Kapital*", produjo mercados bursátiles más pequeños y más fuertemente concentrados que en Estados Unidos.

los a los préstamos, en tanto activos, cada vez más sociedades percibían que era preferible estar en relación con mercados "impersonales" antes que con empleados de banco inclinados a meter la nariz en sus negocios. Las innovaciones recientes, como las obligaciones de alto rendimiento y alto riesgo (*junk bonds* u obligaciones altamente especulativas), las colocaciones de obligaciones privadas y las transacciones financieras mayoristas (el *block trading*), acrecentaron considerablemente el acceso de las sociedades a los mercados financieros como fuente de capitales. Los títulos también se vieron estimulados por la revolución informática y de las tecnologías de las comunicaciones, revolución que quebró el monopolio de información de los bancos haciendo mucho más accesibles los datos de las sociedades y del mercado y mejorando de modo importante la eficacia de los mercados financieros en términos de volumen y de velocidad.[15] Este desplazamiento de las preferencias en beneficio de los títulos y en detrimento de los préstamos debilitó la posición de los bancos comerciales en el sistema de crédito, beneficiando a las instituciones financieras fuertemente comprometidas en los mercados de títulos, en especial las sociedades de inversión colectiva (las OPCVM o *mutual funds*) y los fondos de pensión (véase cuadro 2).

Cuadro 2
Proporción del mercado de las instituciones financieras
en los Estados Unidos

	1948	1960	1970	1980	1993
Bancos	55,9	38,2	37,9	34,8	25,4
OPCVM	1,3	2,9	3,5	3,6	14,9
Fondos de pensión	3,1	9,7	13,0	17,4	24,4
Comisionistas de valores	1,0	1,1	1,2	1,1	3,3

Fuente: Kaufman y Mote [1994, p. 7].
Nota: Partes de mercado en porcentaje del total de los activos del conjunto de las sociedades financieras.

---

[15] Kaufman y Mote [1994] mostraron que la importancia creciente de las comisiones en el ingreso de los bancos comerciales es un fenómeno mundial, aún más pronunciado en algunos países (como el Reino Unido o Suiza).

Los bancos comerciales, enfrentados a una disminución rápida de los préstamos otorgados a las firmas, decidieron unirse a este movimiento. Sus múltiples reacciones tuvieron un importante papel en la tendencia acelerada hacia una titularización del crédito durante la última década. En primer lugar, los bancos invierten cada vez más masivamente en títulos. Por otra parte, también están en vías de transformar un porcentaje importante de sus préstamos en títulos (por ejemplo en los títulos que aseguran la liquidez de los préstamos hipotecarios), que tienen la ventaja doble de hacer compartir el riesgo con otros y de acelerar la rotación de sus fondos prestables. Incluso en países donde las barreras reglamentarias han impedido a estos bancos actuar directamente en los mercados de títulos como corredores de valores y agentes de Bolsa (especialmente en los Estados Unidos), encontraron medios indirectos para aprovechar el boom en los mercados de títulos, financiando a los inversores y a los intermediarios financieros que operaban en esos mercados. Al mismo tiempo, se las arreglaron sistemáticamente para evitar estas restriciones reglamentarias, de modo que los bancos norteamericanos pueden desde entonces administrar de hecho las OPCVM y emprender en toda su variedad las actividades de los bancos de inversión. Estas actividades generan comisiones que tienden a ser mucho más estables que el ingreso proveniente de los intereses, como las ganancias vinculadas a las transacciones financieras, que son altamente volátiles pero potencialmente muy lucrativas. Como se indica en el cuadro 3, ambas fuentes de ingresos se volvieron en todos lados muy importantes para los bancos comerciales.

Cuadro 3
Transformación de las fuentes de ingresos
de los bancos comerciales

	1974	1994
Los bancos: fuente de financiamiento para los tomadores de préstamo no financieros	35,7%	22,6%
Cantidad de OPCVM administradas por los bancos, como porcentaje del total de la industria	7,0% (1983)	24,2%
Ingresos (excepto intereses) como porcentaje del total de ingresos de los bancos	21,5%	34,3%

Fuente: Kaufman y Mote [1994].

El compromiso creciente de los bancos comerciales en los mercados de títulos fue un factor clave del desarrollo del predominio del capital ficticio. Esto significó, en primer lugar, que una gran cantidad de dinero "fresco" fuera canalizado ahora hacia el financiamiento de los mercados de títulos, a través de la apertura de créditos bancarios renovables y de líneas de crédito a los inversores institucionales (como los OPCVM y los fondos de pensión), a los corredores de Bolsa, a los bancos de negocios que garantizan la firma de las nuevas emisiones de títulos, así como a los propios emisores. Al procurar fondos a los diferentes operadores del mercado y al comprar ellos mismos una cantidad más grande de títulos, los bancos hicieron que muchos mercados financieros se volvieran más líquidos y, por lo tanto, más seguros. Sus ofertas de fondos facilitaron también la compra de títulos financieros por endeudamiento. Tal efecto de palanca multiplica las ganancias potenciales provenientes de las operaciones de negocios en títulos, reduciendo el monto del capital adelantado como fondos propios.[16] Finalmente, los bancos comerciales han aceptado la utilización de títulos como garantía de los préstamos para el financiamiento de la compra de títulos suplementarios. Esta práctica, llamada de *pyramiding*, permite a los inversores financieros efectuar transacciones considerables con un aporte muy escaso de capital propio.

El desarrollo de nuevos instrumentos de cobertura contra los riesgos de precios, los cuales resultan de la volatilidad de los tipos de cambio y de las tasas de interés, después de su desregulación en el curso de los años 1970, ha sido un aspecto importante de la participación de los bancos comerciales en la propagación del capital ficticio. Nos referimos aquí especialmente a los instrumentos financieros a término (como el contrato de cambio a término o el contrato de índice bursátil a término) así como a otros tipos de productos derivados (por ejemplo los *swaps*). La astucia de estos arreglos financieros, cuyas evaluaciones y rendimientos están determinados por el comportamiento de los mercados subyacentes (de títulos, de tasas de interés o de divisas), se encuentra en el hecho de que pueden ser armados a medida para cada usuario y, así, adaptados a las diferentes eventualidades ligadas a las

---

[16] Si, por ejemplo, usted adelanta solamente el 20% de fondos propios para la compra de una acción o de una obligación, entonces un aumento del 1% de su precio le reportará un rendimiento del 5% sobre su capital inicial. Actualmente, en muchas operaciones con títulos, principalmente aquellas que implican productos derivados, el efecto de palanca es en general mucho más fuerte, con obligaciones de pago al contado limitadas a veces al 5%.

carteras individuales. Pueden ser utilizados como instrumentos de cobertura o para apuestas de tipo especulativo sobre el comportamiento de los precios en los mercados subyacentes a los que están vinculados, con ganancias potenciales en los dos sentidos del movimiento de los precios (tanto a la suba como a la baja), a condición de que el movimiento en cuestión haya sido correctamente anticipado.

Los bancos comerciales estuvieron fuertemente comprometidos en el desarrollo de los productos derivados. La publicación, de la *Economic Policy Review* del Banco de la Reserva Federal de Nueva York, en julio de 1995, revela que a fines de 1994 los siete mayores bancos comerciales norteamericanos habían acumulado la módica suma de 13,7 billones de dólares bajo la forma de contratos en productos derivados, lo que representaba el 76,5% del total de los quince operadores más grandes de los mercados no organizados de productos derivados (lo que también incluía a cinco bancos de negocios y tres compañías de seguros). Esta suma refleja el principal valor ficticio de los contratos subyacentes, la exposición efectiva al riesgo de crédito de los operadores, en estas transacciones que representan una fracción mínima, probablemente inferior a 200.000 millones de dólares para los siete primeros bancos. Los productos derivados se transformaron de todas maneras en una fuente muy importante de ingreso para los grandes bancos pertenecientes al grupo restringido de los *money-center banks* [Mérieux y Marchand, 1996, pp. 205 y ss.]. En 1994, las ganancias de estas transacciones representaban entre el 15 y el 65% de sus ingresos globales de explotación.

La gran flexibilidad de los productos derivados transformó la especulación: al comienzo era un fenómeno ocasional, que se producía normalmente en los momentos de aceleración de la inflación, durante los períodos de boom, y susceptible de derrumbarse brutalmente cuando el ciclo se invertía; pero después esta actividad se volvió independiente del proceso cíclico y representa una fuente importante de ingreso para las empresas, las instituciones financieras y los ahorristas individuales. La especulación financiera, que representa el tipo de inversión que está en la base del reciente crecimiento explosivo del capital ficticio, supone la compra y la venta de títulos con el fin de obtener las plusvalías resultantes de la diferencia entre el precio de venta y el precio de compra. Esta actividad se apoya en una amplia gama de servicios financieros que significan comisiones y derechos para quienes los proveen (los bancos de negocios, los corredores de Bolsa y las sociedades de inversión colectiva).

El crecimiento de la especulación financiera en ninguna parte fue más pronunciado que en los mercados mundiales de divisas, donde el aspecto de capital ficticio del dinero crediticio logró su nivel más importante en ese momento. Siguiendo la adopción de los tipos de cambio determinados por el mercado (los tipos flexibles) en 1973, los precios relativos de las monedas se volvieron mucho más inestables. No hizo falta mucho tiempo para que las empresas y las instituciones financieras transformaran ese mercado volátil en un lugar para operaciones de cobertura y de especulación a gran escala, llevadas a cabo tanto por contratos de divisas a término como por el mercado interbancario mundial ligado al CHIPS. Actualmente, las operaciones diarias de divisas representan en promedio 1,4 billones de dólares, de los cuales a lo sumo el 15% corresponde a flujos comerciales y a flujos de capitales a largo plazo. El resto está constituido por capital especulativo ("dinero caliente"), que toma posiciones a corto plazo destinadas a asegurar las carteras contra los riesgos de precios y a permitirles obtener ganancias de las expectativas exactas sobre las fluctuaciones de los tipos de cambio. El peso masivo de estas actividades les ha permitido obtener la supresión mundial de los controles sobre el capital y las divisas, y esta liberalización de los movimientos de capitales más allá de las fronteras les dio, a su vez, más poder a las operaciones especulativas como fuerza modeladora de la evolución de la economía mundial. Siempre que las previsiones son ampliamente compartidas, lo que ocurre con frecuencia a causa de los desequilibrios persistentes de los balances de pago así como de la naturaleza socialmente contagiosa de las opiniones comunicadas y de las señales en este mercado volátil, los especuladores, al operar de modo colectivo, pueden destruir fácilmente la capacidad de los bancos centrales para defender sus monedas contra ataques concentrados. En su acción, los especuladores suscitan cambios importantes de política económica por parte de los gobiernos "sitiados". El aspecto de mercancía privada de la moneda encuentra aquí su expresión más violenta [Aglietta y Orléan, 1982], dado que los bancos y las empresas realizan el comercio de divisas como si se tratara de mercancías y hacen apuestas a corto plazo sobre el desempeño económico y las políticas de los estados-naciones.[17]

El atractivo irresistible de la especulación monetaria y de otros vehículos del capital ficticio se debe al hecho de que pueden prosperar

---

[17] Para un excelente debate sobre el funcionamiento actual de los mercados de divisas bajo la influencia de los capitales especulativos, de manera contraria a las predicciones de las teorías estándar relativas a los tipos de cambio flexibles, véase Plihon [1991].

en un aislamiento relativo en relación al resto de la economía. El capital de préstamo depende directamente de las ganancias industriales y de los ingresos de los otros tomadores de préstamos, representando el interés sólo una fracción de estos ingresos. Al contrario, incluso si el capital ficticio se alimentara de transferencias cuyo origen estuviera en la esfera real de producción, no se identifica con el capital productivo comprometido en la industria. Ya que éste evita ser cristalizado e inmovilizado en el aparato productivo del capital industrial, como ocurre con los préstamos, el capital ficticio circula con un mayor grado de libertad y vive en este proceso (como lo ha destacado Marx), varias vidas distintas. Su desarrollo es la razón principal que explica el aumento considerable de la proporción de transacciones financieras en el PIB: proporción que pasó de 15 a 1 en 1970, a 30 a 1 en 1980, y a 78 a 1 en 1990. Esta tendencia se acentuó recientemente ya que el potencial multiplicador del capital ficticio creció de modo espectacular con la introducción de los productos derivados. El ingreso generado por el capital ficticio, ya se trate de plusvalías de títulos con las cuales se benefician los inversores, o de derechos y comisiones cobradas por los intermediarios financieros que operan en los mercados de títulos y cambiarios está, en consecuencia, protegido parcialmente de las vicisitudes del capital industrial. Actualmente, los especuladores pueden obtener ganancias incluso de los títulos o de los precios de las divisas en declinación, por poco que hayan anticipado tal declinación y hayan adoptado las estrategias apropiadas (por ejemplo la venta en descubierto).

Sin embargo, se cometería un error al pensar que el capital ficticio está completamente inmunizado contra toda incidencia nefasta del resto de la economía. Su autonomía es sólo relativa. Por ejemplo, los repetidos aumentos de las tasas de interés por parte de la Reserva Federal en el año 1994 trajeron consigo pérdidas significativas en los *hedge funds* y en otros especuladores que utilizan productos derivados para apostar a tasas de interés duraderamente bajas. Y si bien el mercado de títulos debería comenzar a caer ante la expectativa de una recesión, la cotización de las acciones podría fácilmente ser empujada aún más hacia la baja por órdenes de compra y de venta automatizadas en el mercado a término de los índices bursátiles. Es aquí donde reside probablemente el mayor peligro que ha creado el capital ficticio: una vez que los operadores reciben informaciones que interpretan negativamente, tienen tendencia a "reaccionar en demasía" y, en consecuencia, a adoptar simultáneamente el mismo comportamiento. La avalancha colectiva hacia la seguridad puede conducir a la destrucción del capital ficticio, tan fácilmente como se había formado, a través de una deflación masiva de activos. Frente a tal desvalorización del capital ficticio, debemos analizar atentamente cómo las pérdidas ocasionadas por ese proceso se extienden al capital de préstamo y al capital industrial.

Dadas las múltiples formas de las operaciones de crédito y de las transacciones de títulos que caracterizan hoy al capital ficticio, las pérdidas sufridas en cualquier parte de esta estructura de tela de araña pueden tener en adelante repercusiones y efectos de contagio potencialmente más importantes. Basta recordar los impactos mundiales del crack bursátil de octubre de 1987 o las repercusiones mundiales de la reciente crisis mexicana (huidas de capitales de los otros mercados emergentes, acentuación de la crisis del dólar) para ilustrar este punto de vista.[18] Hasta el presente, estas crisis fueron administradas eficazmente por los bancos centrales, que inyectaban montos elevados de liquidez en los mercados financieros, antes de que la ruptura de los circuitos se volviera incontrolable. Ese tipo de intervenciones para administrar la crisis "socializa las pérdidas", repartiéndolas en un espacio social más amplio o extendiéndolas en el tiempo.

Hacia un nuevo régimen monetario

El enfoque teórico aquí desarrollado atribuye a la moneda y a las modalidades de su integración un papel central en el análisis de las formas del crecimiento y de la distribución en las economías capitalistas avanzadas. La integración de la moneda en la economía debe ser algo correctamente administrado, a causa de sus cualidades contradictorias de bien público y de mercancía privada. En la medida en que esta administración logre contener efectivamente esa contradicción, tiene una posibilidad de mantener la estabilidad del sistema bancario y de movilizar el capital financiero hacia el crecimiento. El problema que hoy enfrentamos es que el régimen de posguerra del dinero crediticio administrado por el estado se dislocó durante la crisis de estanflación de los años 1970 y que ningún otro sistema viable ha aparecido hasta el momento para reemplazarlo.

[18] Para una comparación entre la crisis del peso mexicano de 1994-1995, provocada por la venta brutal realizada por las OPCVM y los fondos de pensión norteamericanos de títulos del Estado mexicano indexados con el dólar, y la crisis mucho más gradual que implicó en México la reestructuración de los préstamos en eurodólares entre 1982 y 1989, véase Chesnais [1995].

Cuando los gobiernos hicieron la concesión de liberalizar los tipos de cambio (en 1973) y las tasas de interés (en 1979-1980), pusieron en movimiento en los mercados poderosas tensiones desestabilizadoras. Proliferaron nuevas formas de moneda bancaria privada, afectando la eficacia de las políticas monetarias y de las reglamentaciones bancarias. A medida que se fue intensificando el aspecto "mercancía privada" de la moneda, el sistema bancario se volvió más inestable y requirió así una administración menos eficaz, de tipo *ex post* (posterior al acontecimiento) de su aspecto "bien público", bajo la forma de una extensión de las intervenciones como prestamista en última instancia. El aumento de las tasas de interés liberalizadas se impuso a nivel mundial como un nuevo mecanismo de regulación que orienta la asignación del capital y los procesos de reestructuración industrial. Finalmente, la volatilidad inherente a las tasas de interés y a los tipos de cambio determinados por el mercado generó un salto cualitativo en el crecimiento del capital ficticio engendrado por una especulación masiva sobre los activos financieros, tendencia alimentada por la titularización del crédito, y una transformación de la moneda en mercancía.

Se puede sostener que estos desarrollos consolidaron la desaceleración del crecimiento y el elevado nivel de la tasa de desempleo, que persiste después de más de una década en la mayoría de los países industrializados. En ausencia de un régimen monetario capaz de imponerse a los agentes económicos, la política económica ha sido, en gran parte, dictada por las instituciones financieras privadas, que hoy están en condiciones de imponer al resto de la sociedad su elección en favor de una tasa de inflación baja, de tasas de interés reales elevadas, de déficits presupuestarios estructurales reducidos y de una desregulación de todos los mercados. Estas prioridades de política económica tienen también tendencia a ser sostenidas por las instituciones o por clases sociales políticamente influyentes, como los bancos centrales independientes, los directores financieros de empresas industriales responsables de importantes carteras de títulos y de divisas, la generación *baby boom* de la posguerra que comienza a preocuparse por sus sistemas de jubilación por capitalización, y los ahorristas de la clase media alta que sacan provecho de la liberalización financiera, porque les da acceso a formas de colocación de las cuales sólo gozaban antaño las grandes fortunas.[19]

---

[19] Esta componente de apoyo social creció rápidamente a causa de los cambios estructurales en el mercado de trabajo, con la creciente proporción de "cuellos blancos" en

Los hombres políticos que le dieron la espalda a las preferencias de esta poderosa coalición, favoreciendo otros objetivos políticos, fueron castigados por importantes huidas de capitales hasta el punto en que graves crisis cambiarias los obligaron a cambiar de política (por ejemplo el gobierno de Mauroy en 1983).

Pero cuando los gobiernos se comprometen a llevar a cabo una política de moneda fuerte, basada en tasas de interés elevadas y en la austeridad presupuestaria, afectan desfavorablemente las condiciones de acumulación del capital industrial. Tal política impone enormes presiones deflacionarias en los mercados de productos finales y de insumos. Esto puede obligar a una reestructuración industrial acelerada, pero al precio de un nivel de desempleo estructuralmente elevado y de un estancamiento de los ingresos no financieros. Estos efectos negativos pesarán de manera más importante en el futuro cuando los gobiernos comiencen a desmantelar la red social de seguridad de la posguerra en respuesta a las presiones de los mercados financieros, exigiendo una reducción de los déficit presupuestarios estructurales. El mismo tipo de política de moneda fuerte hace también más difícil el proseguir con las inversiones a largo plazo relativas a la formación de la mano de obra, la organización de las empresas, la investigación tecnológica y las nuevas estructuras industriales, todas las cuales son esenciales para un crecimiento sostenido. En síntesis, tenemos pruebas suficientes para demostrar que la desregulación de la moneda y del sistema bancario aumentó considerablemente la inestabilidad financiera, con efectos potencialmente nefastos sobre el crecimiento.

El único medio para que los gobiernos puedan superar esta contradicción consiste, por un lado, en redefinir un mejor equilibrio entre los aspectos de bien público y de mercancía privada de la moneda, de modo que, por otro lado, el capital financiero se dirija otra vez hacia el apoyo del potencial de crecimiento del capital industrial, de manera estable. Aun suponiendo que los gobiernos puedan movilizar un apoyo

---

la mano de obra (mandos medios, especialistas y empleados de oficina), que pasaron del 9,7% en 1973 al 27,4% (34 millones) dos décadas más tarde. Más de 40 millones de norteamericanos poseen ahora participaciones de OPCVM, ocho veces la cantidad censada en 1977. Cerca de 40 millones participan de planes de jubilación privados, y varios millones en regímenes de opciones sobre acciones (*stock-options*). Cerca de 17 millones de familias norteamericanas declararon ingresos de origen financiero en 1992, es decir tres veces la cantidad censada en 1960. Más del 40% de estos inversores pertenecen a la clase media acomodada, recibiendo entre 30.000 y 75.000 dólares anuales.

político suficientemente importante de parte de los sectores que están interesados en un crecimiento más rápido, no por eso tal tarea deja de requerir la creación de un nuevo régimen monetario, capaz de integrar de modo coherente cuatro dimensiones distintas de la gestión monetaria: el control por parte del banco central de la oferta monetaria y de las condiciones del crédito (la "política monetaria"); las disposiciones reglamentarias que definen la estructura y el comportamiento de las instituciones financieras y de los mercados; las disposiciones de control de las crisis financieras; y los arreglos monetarios internacionales relativos a los precios de las monedas, a las transferencias de capital y a la liquidación de los pagos entre países [Guttmann, 1990; 1995]. Veamos lo que han hecho o deberían hacer los responsables políticos ante la transformación del capital financiero en una entidad tecnológicamente avanzada, conducida por el mercado, integrada mundialmente, muy volátil, y que está en vías de remodelar la economía mundial.

La reforma del sistema monetario internacional

Es lógico comenzar esta reflexión por la dimensión internacional, dado el desarrollo sin precedentes de la mundialización del capital [Chesnais, 1994]. Este proceso comprende la importancia creciente del comercio exterior para las economías nacionales, la evolución de las empresas multinacionales hacia redes mundiales de producción, que reorganizan una industria tras otra en oligopolios mundiales, y también los importantes progresos tecnológicos que contribuyen a evitar las barreras geográficas. Pero esta tendencia hacia la mundialización no encontró en ninguna otra parte una madurez tan grande como en el ámbito de las instituciones y de los mercados financieros. Estos se han vuelto fuertemente integrados en el nivel mundial, estimulados al mismo tiempo por monedas sin estados bajo la forma de eurodivisas, por servicios mundiales de gestión de los fondos líquidos y por estrategias de financiamiento concebidas para las sociedades muy grandes, de modo de permitirles administrar sus extendidas redes de producción y de distribución. Estos mercados están también reforzados por la importancia creciente de los organismos de colocación colectiva en valores mobiliarios y de los fondos de pensión que recogen los ahorros de la clase media, con sus carteras de inversiones globales desplegándose en el marco de transacciones entre fronteras y mercados de títulos interconectados por medio de tecnologías telemáticas muy desarrolladas. El monto cotidiano promedio de las transacciones se eleva a 1,4 billones de dólares en los mercados de cambios, y la gran mayoría tiene un objetivo de ganancias a corto plazo, lo que demuestra hasta qué punto el capital financiero se ha vuelto mundialmente organizado.

Mientras la moneda bancaria privada se ha vuelto esencialmente "apátrida" y circula hoy a nivel mundial, constantemente en busca de mejores rendimientos, nuestro sistema monetario internacional continúa basándose en las monedas nacionales que sirven como monedas internacionales. El dólar norteamericano sigue siendo el "primero entre iguales" veinticinco años después del derrumbe del régimen de Bretton Woods, pero su participación en las transacciones mundiales y en los fondos de reservas ha bajado de manera regular. Esta erosión ha estado acompañada por una depreciación sostenida del dólar en relación al marco y al yen, cuya participación aumentó en igual proporción en las transacciones y las reservas. Aun cuando los inversores tienen una gran preferencia por un patrón monetario internacional único y tratan, por lo tanto, de conservarlo todo el tiempo posible, podríamos encontrarnos en vías de dirigirnos hacia un sistema multimonetario tripolar centrado en el dólar, el marco y el yen. Esta perspectiva se ha vuelto más probable después de los esfuerzos de cada potencia por construir una "zona de influencia" regional dentro de la cual su moneda dominaría (ver los capítulos de D. Plihon y P. Salama): la Unión europea, el NAFTA, con su extensión planificada hacia el resto de los estados de América, y las relaciones de intercambio y de inversión cada vez más estrechas entre Japón y sus vecinos de la Asia del Pacífico. Ese sistema de multidivisas tendrá tendencia a engendrar permanentemente movimientos de carteras y fluctuaciones en la cotización de las divisas importantes, a medida que esos tres bloques económicos de potencias relativamente iguales compitan para ocupar la posición de divisa clave, conduciendo a una situación altamente inestable.

Hace alrededor de diez años que los emisores de las tres divisas claves comenzaron, en el contexto del "grupo de los siete" (Estados Unidos, Japón, Alemania, Francia, Italia, Reino Unido y Canadá) a prepararse para la perspectiva de un sistema multidivisas volátil. Algo que fue todavía más importante, en el acuerdo del Louvre de 1987, los países del G7 convinieron en que los bancos centrales coordinaran sus inversiones en los mercados de divisas a fin de proteger las "zonas objetivo", con un margen de alrededor del 20% de los intervalos cambiarios, que serían fijados y ajustados en consultas regulares. La aplicación de este acuerdo fue obstaculizada por el hecho de que ninguno de los tres países dominantes estuvo dispuesto a encarar, en momentos decisivos, medidas draconianas y políticamente difíciles, que habrían permitido una mejor armonización entre las políticas económicas de los países del G7 y que, de esa manera, habrían hecho más creíbles sus "zonas objetivo". En ausencia de toda coordinación internacional significativa de las políticas económicas (aun reducida a una coordinación muy limitada, del tipo de la propuesta por el Tesoro norteamericano en 1988), sus dirigentes se limitaron a coordinar ocasionalmente sus intervenciones en el ámbito cambiario y de las tasas de interés con el objeto de calmar las tensiones en los mercados.[20] Los bancos centrales se volvieron ciertamente más eficaces en sus intervenciones conjuntas en el mercado de divisas, en términos de la elección del mejor momento, de indicadores, de una puesta en común de los recursos; pero tales medidas, de alcance limitado, sólo tienen una escasa capacidad estabilizadora, ante la ausencia de una coordinación adecuada de las políticas económicas y de una convergencia de los indicadores claves de la economía. Mientras los países del G7 sigan siendo fervientes partidarios de la defensa de su soberanía nacional, una noción que hoy está en peligro de volverse anacrónica ante los movimientos mundiales de capitales especulativos, estarán poco dispuestos a someter sus políticas económicas nacionales a un control internacional.

Si fuera realmente posible estabilizar los tipos de cambio claves dentro de las zonas objetivo por medio de un mecanismo de coordinación de las políticas económicas en el nivel internacional, una buena parte de los estímulos ofrecidos al capital ficticio por la volatilidad de los precios resultaría contenida.[21] La especulación pierde mucha fuerza cuando los precios, en este caso los tipos de cambio y las tasas

---

[20] La propuesta que hizo en 1988 el secretario de Estado del Tesoro, M. Baker, incluía objetivos explícitos de desempeño y de política de parte del G7, que serían controlados por todos los países involucrados, con un acuerdo mutuo que creaba presiones incitando a cambios de política económica en caso de desviaciones excesivas en relación a los objetivos iniciales.

[21] Además, el G7 podría decidir la implementación de nuevas restricciones a los movimientos especulativos de capitales entre países y entre divisas, prolongando sus esfuerzos hacia una regulación del euromercado, recurriendo a controles de cambio aplicados de modo estándar y a controles sobre el capital en los dos extremos de las operaciones sobre tipos determinados de movimientos de capitales, o poniendo en práctica la idea de Tobin de un impuesto mundial sobre las operaciones financieras a corto plazo de naturaleza especulativa.

de interés, son relativamente estables. Sin embargo, incluso un proyecto tan ambicioso como el compromiso de los competidores para la gestión en común de sus tipos de cambio por medio de una cooperación y una coordinación institucionalizados puede revelarse insuficiente, por el hecho de que las monedas nacionales son, finalmente, una forma inadecuada de moneda mundial. Las monedas nacionales no pueden servir eficazmente de unidad de cuenta en las transacciones internacionales, dado que su valor no puede ser definido sino por referencia a sí mismas (el problema del "numerario"). A partir del momento en que su tipo de cambio varía en el tiempo, ya no pueden funcionar tampoco como reserva de valor confiable. El problema mayor es la insuficiencia que una divisa clave puede tener como medio de pago y de liquidación de deudas, durante el tiempo en que su emisor (hoy los Estados Unidos) puede pagar la compra de bienes, servicios y activos en el extranjero en su propia moneda.[22]

Estas insuficiencias exigen reformas más fundamentales en dirección hacia un dinero crediticio supranacional emitido y administrado por una autoridad monetaria internacional. En otros trabajos [Guttmann, 1994] he presentado una propuesta referida a esta nueva forma de moneda mundial que está ubicada, en su concepción, a medio camino entre el plan "Bancor" de Keynes [1943] para una unión de compensación internacional fundada en reservas obligatorias supranacionales, capaces de instaurar equilibrios oficiales de la deuda entre los países, y el enfoque en términos de moneda única elegida por la Unión Europea en el tratado de Maastricht de 1991. Sin entrar aquí en los detalles, una de las consecuencias positivas de tal reforma sería introducir un sistema de pagos públicos, organizado sobre una base mundial, necesaria para una gestión eficaz de la moneda electrónica por parte de una institución estatal. Otra ventaja sería una oferta de capitales, más estable y a un precio más accesible, a los países en vías de desarrollo como parte de un mecanismo de reciclaje institucional de los excedentes comerciales. También es posible, como traté de demostrarlo, implementar un sistema que volvería obsoleta la especulación con divisas. A pesar de estas ventajas apremiantes,

---

[22] Este tipo de ventaja, del que goza el emisor de la moneda mundial, se cristaliza habitualmente alrededor del déficit crónico de su balanza de pagos, que es necesario para suministrar liquidez a la economía mundial. En otras palabras, este país en particular enfrenta una restricción externa mucho menor que la de otros países. Esta ventaja, que es claramente una forma del "derecho a acuñar moneda", incita al abuso, forzando a los tenedores extranjeros de la divisa clave a financiar gastos excesivos.

será sin duda necesario pasar por una importante crisis mundial antes de que quienes toman las decisiones políticas estén dispuestos a emprender una tarea tan difícil como la creación de una nueva forma de moneda mundial. Sin embargo, a medida que las imperfecciones de las monedas nacionales, en su calidad de monedas internacionales, se acentúan con la implementación de un sistema multidivisas, tal escenario no puede ser descartado *a priori*.

Las intervenciones del prestamista en última instancia

Durante este lapso, los directores de los bancos centrales y los ministros de Finanzas de las naciones industrializadas hacen lo que pueden para evitar, precisamente, tener que pasar por eso, tratando de reforzar sus capacidades de gestión de las crisis. Con cada crisis financiera mundial importante, ellos extienden sus intervenciones como prestamistas en última instancia a nivel internacional: clarificación de las responsabilidades de los bancos centrales en la gestión de las crisis bancarias transnacionales (acuerdo de Basilea de 1975) después de las quiebras del *Herstatt* y del *Franklin National*; reorganización del Fondo Monetario Internacional (FMI) con el objeto de poder administrar la crisis mundial de la deuda de los países en vías de desarrollo, después de 1982; inyecciones sincronizadas de liquidez para contener el crack bursátil de 1987; y, finalmente, un aumento de la capacidad de intervención del FMI en 1995, consecutivo a las lecciones aprendidas de la crisis del peso mexicano, en relación a la velocidad y dimensión de los movimientos mundiales de capitales organizados por los operadores institucionales (OPCVM y fondos de pensión).

Estas extensiones del campo de acción de los prestamistas internacionales en última instancia eran necesarias para hacer frente a estos nuevos tipos de crisis que afectan a la economía mundial después de la liberalización financiera, de la informatización y de la globalización. Pero también llevan a un nivel más elevado el problema de las conductas irresponsables permitidas por la existencia de redes de seguridad (el "riesgo moral" de la teoría de F. Mishkin que se trata en el capítulo 8), ya que los gobiernos irresponsables e ineptos pueden ahora esperar ser salvados por la comunidad internacional. De manera paradójica, las iniciativas multilaterales de gestión de las crisis, mencionadas más arriba, van en sentido contrario a los esfuerzos realizados por los países del G7 para limitar este tipo de intervenciones en el marco de sus propias economías. En diciembre de 1991, por ejemplo, el gobierno norteamericano decidió combatir el problema del riesgo moral en su país, abandonando su política de *"too big to fail"* (demasiado grande para quebrar), y adoptando el método del "menor costo" en las operaciones de salvataje, imponiendo a los bancos primas de seguros de depósito que integran el peso de los riesgos.[23]

Las reglamentaciones financieras

Antes que administrar la inestabilidad financiera, es preferible mantener previamente la estabilidad de las instituciones financieras y de los mercados por medio de un control adaptado a sus comportamientos. El problema es que la mayoría de las reglamentaciones financieras instauradas en tiempos de Roosevelt se han vuelto obsoletas y deberán ser reemplazadas por otras reglas más apropiadas. Los responsables de la reglamentación bancaria parecen haberse acostumbrado a la idea de que la tecnología de la moneda electrónica ofrece economías de escala y de gama tan importantes que hacen inevitable la formación de bancos universales (es decir de supermercados financieros multiproductos) y su emprendimiento a gran escala en los mercados de títulos. La segunda directiva de la Comisión de la Unión Europea de 1989, los actuales debates en los Estados Unidos sobre la reforma bancaria y la reorganización inminente del sector bancario japonés, que está en crisis, son todos elementos que conducen a la misma conclusión. Respecto de la dimensión transnacional de bancos universales, los gobiernos están negociando un acuerdo mundial sobre los servicios financieros, bajo los auspicios de la Organización Mundial del Comercio, fundado en garantías recíprocas de acceso al mercado.

La disposición clave de todo enfoque futuro en términos de reglamentación concerniente a los bancos parece ser la razón Cooke, decidi-

---

[23] La reforma de 1991 sobre los mecanismos del prestamista en última instancia de los Estados Unidos incluye también disposiciones que podrían facilitar su extensión en caso de crisis futuras. El acceso a las posibilidades de descuento de papeles comerciales ante la Reserva Federal por las instituciones no bancarias fue extendido para evitar que el banco central norteamericano tenga que hacer transitar fondos de socorro por bancos comerciales poco entusiastas, como ocurrió durante el crack bursátil de 1987. Además, la Reserva Federal y la FDIC fueron autorizadas a auxiliar a los bancos en dificultades antes de que lleguen verdaderamente al punto de quebrar. Tales ayudas estarían supeditadas a la implementación de un programa de medidas correctivas para evitar las quiebras.

da por las naciones industriales dominantes en el acuerdo de Basilea de 1988. Exigir que el monto del capital de los bancos dependa del grado de riesgo que incorporan sus activos debería mejorar su seguridad, al obligarlos a tomar mejor en cuenta el riesgo en sus decisiones de colocaciones y a cubrirlo con más capital. Por otra parte, los reguladores deberán ocuparse de la solidez de los "mecanismos para apagar el fuego", separando las actividades de creación monetaria de los bancos universales de sus otras actividades financieras. Los gobiernos pueden también tener que asegurar el acceso al crédito a bajo costo para los segmentos de la economía abandonados por el movimiento que conduce a la emergencia de bancos universales y mundiales altamente concentrada, ya sea bajo la forma de préstamos garantizados por el Estado, de cooperativas sin fines de lucro o de subvenciones y reglamentaciones orientadas hacia préstamos bancarios socialmente rentables.

Más allá de la reglamentación bancaria, las autoridades deberían pensar seriamente en restringir la especulación financiera por medio de recursos como la exigencia de fondos propios más elevados (pagos al contado) a fin de reducir los efectos de palanca, o con impuestos más elevados sobre las plusvalías concernientes a las operaciones a corto plazo. En los Estados Unidos, donde se encuentran sin duda los mercados de títulos mejor regulados y más desarrollados del mundo, algunos incidentes recientes de inestabilidad incitaron a los reguladores a preocuparse por una gran variedad de problemas y de insuficiencias de los mercados específicos.[24] Una de sus innovaciones más interesantes, introducida después del crack bursátil de 1987, es la suspensión (congelamiento) temporaria de la actividad cuando los movimientos de precio cotidianos en los mercados de títulos y en los mercados de índices bursátiles sobrepasan cierto nivel. Los debates actuales en Estados Unidos relativos a la implementación de una reglamentación apropiada para los productos derivados tienen una gran importancia en este contexto, pues van a definir el tipo de enfoque adoptado por los gobiernos en contra del capital ficticio, en términos de publicación de informaciones, de una mejor supervisión, de planes de urgencia para los

---

[24] Los reguladores norteamericanos se centraron recientemente en los programas que comercializan el arbitraje de los riesgos y el delito de iniciado en el mercado bursátil. También han reestructurado el mercado falsificado de las obligaciones altamente especulativas (*junk bonds*), han restringido las prácticas discutibles de los agentes de cambio en los mercados financieros a término y han limitado las operaciones de holding en cascada por operadores secundarios con bonos del Tesoro.

diferentes escenarios y de una cobertura de capital adecuada de los activos de riesgo.

La política monetaria

Desde que la inflación fue detenida a principios de los años 1980 con una gran dosis de restricción monetaria, la Reserva Federal parece haber llevado a cabo una política monetaria mucho más matizada. Al mismo tiempo que proseguía una política de tasas de interés elevadas, para mantener las tendencias inflacionarias bajo control, el banco central norteamericano se vio obligado a relajar su política siempre que la economía se desaceleraba. En los momentos decisivos, como la caída de los mercados mundiales de materias primas en 1985, las consecuencias del crack bursátil de 1987, y en el momento en que el sector bancario norteamericano tuvo que enfrentar, durante la recesión financiera de 1990-1991, por primera vez en seis décadas, condiciones agudas de riesgo sistémico, la Fed logró vencer espirales deflacionarias de endeudamiento potencialmente peligrosas, bajando fuertemente las tasas de interés. A diferencia de Alemania y Japón, las otras dos naciones poseedoras de una divisa clave y con economías fuertemente dependientes del comercio internacional, lo que torna mucho más importante el control de los tipos de cambio, los Estados Unidos no tuvieron que preocuparse verdaderamente de las fluctuaciones del dólar. Su declinación, fuerte y sostenida, respecto del marco y del yen después de 1985 estuvo acompañada por una revaluación frente a las monedas latinoamericanas así como a las de otros importantes asociados comerciales de los Estados Unidos, lo que probaba una consolidación del dólar dentro de las "zonas de influencia" de los Estados Unidos. Las consideraciones sobre la cotización de la divisa saltan al primer plano sólo cuando la declinación del dólar en relación a las otras dos divisas clave se vuelve de gran envergadura [1987, 1994-1995] y/o cuando los flujos de capitales extranjeros necesarios para financiar los importantes déficits presupuestario y comercial de los Estados Unidos disminuyen demasiado rápidamente [1989].

Aun cuando la Fed parece haber administrado estas contradicciones de manera bastante eficaz, no hay que escarbar mucho para ver que la política monetaria experimentaba serias perturbaciones. Una mirada rápida a las publicaciones de los bancos regionales de la Reserva Federal muestra a banqueros conscientes de la futilidad de las prescripciones tradicionales, tanto keynesianas (tasa de interés baja) como monetaristas (oferta de moneda estable), en un período dominado por una moneda de crédito internacionalizada y fuertemente privada. El comité responsable de las orientaciones políticas de la Fed experimentó con toda suerte de objetivos nuevos, principalmente la estructura de las tasas de interés real y el PIB nominal. Por otra parte, también los instrumentos de la política monetaria perdieron su eficacia. Esto es así particularmente en lo que se refiere a las reservas obligatorias controladas por el banco central que están en caída libre, a la posibilidad de recurrir al descuento por parte de las instituciones no bancarias, a las dificultades de esterilizar los flujos en el mercado cambiario y a la pérdida de popularidad de los créditos bancarios en relación a otros canales de crédito menos reglamentados.

Estas dificultades reflejan un problema más vasto, que es el planteado por la transición hacia una nueva forma de la moneda. La difusión de la moneda electrónica amenaza la eficacia del control del banco central sobre los sistemas de pago, un aspecto clave de su capacidad de gestión de la moneda. Frente a esta amenaza, la Reserva Federal utilizó su ventaja competitiva, fundada en los volúmenes de transacciones más importantes, a fin de eliminar a los competidores privados con potencial de mercado en el nivel nacional, al mismo tiempo que unía a sus propios sistemas de pago a las cámaras de compensación más pequeñas, principalmente regionales, así como a las redes informatizadas de transferencias de fondos. También trató de limitar el problema del riesgo moral en los sistemas de pagos, en los casos en que los bancos cierran sus jornadas cortos de fondos para compensar sus débitos, limitando las facilidades automáticas de descubiertos para los bancos y regulando sus operaciones de compensación en volúmenes crecientes. Pero tiene un escaso control sobre el sistema mundial CHIPS (a pesar de las recientes extensiones de las facilidades de redes de la Fed a sus participantes) o, incluso, ningún control, lo que explica el gran interés mostrado por el Banco de la Reserva Federal de Nueva York en lo que se refiere a la regulación multilateral de las eurodivisas y el negocio de títulos más allá de las fronteras [Corrigan, 1987a; 1987b]. Y el banco central norteamericano enfrentará pronto un desafío aún mayor con la llegada del *cybercash* a Internet.

Creo que en último análisis el desafío de la moneda electrónica no puede ser detectado correctamente sino mediante la implementación de sistemas de pago mundiales administrados por una autoridad monetaria internacional. En caso contrario, la nueva forma de moneda emergente circulará en las redes bancarias mundiales estrictamente privadas, lo que hará su administración mucho más difícil. Esos nuevos sistemas de pago tienen la ventaja, además, como ya se mencionó anteriormente, de facilitar la aparición de un dinero crediticio supranacional que, si está bien constituido, puede llenar las lagunas estructurales de las monedas nacionales como moneda internacional. A menos que los bancos centrales tengan un control efectivo más allá de las fronteras y de los sistemas informatizados de transferencia de fondos, verán debilitada la eficacia de su política monetaria y de sus intervenciones como prestamista en última instancia. En la misma línea, se podría anticipar la idea de que tal control también es necesario para el buen funcionamientos de las regulaciones financieras. La existencia de un mecanismo de pago internacional oficial permitiría probar las nuevas restricciones reglamentarias bancarias, destinadas a contrapesar el crecimiento excesivo del capital ficticio y a reducir las elevadas tasas de interés en el mundo. Estas reglamentaciones podrían incluir controles sobre los flujos de capitales y los cambios en los dos extremos de las transacciones, controles selectivos de crédito, condiciones sobre las reservas y los márgenes diferenciados según el riesgo (además de las exigencias actuales en materia de seguro de depósitos calculado según los riesgos y en materia de capital ya implementado), incitaciones morales para influir sobre las estrategias de precios de los bancos o los impuestos mundiales a los flujos especulativos de dinero.

Los conservadores denunciarán seguramente tales propuestas aduciendo que implican un regreso injustificado al período de fuerte regulación gubernamental, que atentaría contra el maravilloso trabajo llevado a cabo por el mercado. Pero esa posición se apoya en la noción falaz de la teoría monetaria estándar, de que la moneda es una mercancía. La moneda es más que eso; es una institución social cuya administración no puede ser dejada sólo a los agentes privados y a su motivación de ganancias. Sus aspectos de bien público, como creación correctamente instituida, de circulación sin contratiempo, y de valor estable, necesitan de una buena dosis de gestión estatal. Dada la naturaleza cambiante de la forma de la moneda y de sus repercusiones sobre la relación entre el capital financiero y el capital industrial, esa gestión estatal estará mejor organizada si se basa en un nuevo sistema de pagos mundiales.

Después de la construcción por etapas de un nuevo régimen monetario que ha durado diez años, nos acercamos a un momento crítico. Las transformaciones del capital financiero –su desregulación, su informatización y su mundialización– han llegado finalmente a un punto en que las contradicciones entre la forma de la moneda electrónica emergente y el marco reglamentario obsoleto de la moneda escritural requieren un salto cualitativo hacia adelante respecto de la manera en la que los responsables políticos conciben la moneda y la actividad bancaria. Los recientes períodos de inestabilidad, en particular las crisis de la moneda europea de 1992-1993 y la crisis del peso mexicano de 1994-1995, muestran bastante claramente los peligros que oculta nuestro sistema multidivisas emergente y su subordinación a la lógica, inestable por definición, del capital ficticio. Desgraciadamente, los responsables políticos tienden sólo a emprender reformas básicas cuando se ven obligados a ello por crisis tan severas que los mecanismos reglamentarios existentes y las creencias teóricas no bastan para combatir su propagación. Dada la actual ideología dominante del "*laisser-faire*", no será fácil empujar a los responsables políticos hacia una acción concertada dirigida a un nuevo régimen monetario, que estabilice un equilibrio correcto entre los aspectos de bien público y de mercancía privada de la moneda electrónica mundial.

Capítulo 4

Desequilibrios mundiales e inestabilidad financiera: la responsabilidad de las políticas liberales
Algunas referencias keynesianas

Dominique Plihon[*]

La evolución reciente de los países industrializados está marcada por la inestabilidad financiera y por una desaceleración del crecimiento económico. Las crisis se suceden y se aceleran en los mercados cambiarios y en los mercados de capitales internacionales. Estas disfunciones deben ser vinculadas a las transformaciones que ha sufrido la economía mundial en este final de siglo, una de cuyas dimensiones esenciales es la "globalización financiera", es decir, la creación de un mercado planetario del capital financiero.

La hipótesis que se presenta aquí es que las políticas públicas tienen una responsabilidad de primer nivel en los cambios recientes que han desestabilizado la economía mundial.

Se comenzará presentando el "giro liberal" que desembocó en la implementación de nuevas políticas económicas a fines de los años 1970. Después se analizará cómo estas políticas, basadas en el liberalismo y el monetarismo, están en el origen del aumento de los desequilibrios internacionales y del proceso de globalización financiera. En un tercer momento, este capítulo se dedicará a mostrar cómo la globalización financiera derivó, de una manera fatal, hacia un régimen de finanzas especulativas, fuente de inestabilidad. A continuación se abordarán las consecuencias nefastas de las finanzas liberalizadas sobre la economía mundial, especialmente como consecuencia del alza duradera del

[*] Profesor en la Universidad París XIII-Villetaneuse, decano de la Facultad de Ciencias Económicas y de Gestión, miembro del Centro de Estudios de las Dinámicas Internacionales (CEDI).

nivel de las tasas de interés reales. La última parte propone líneas para una reorientación de las políticas públicas que permitan sacar a la economía mundial del camino sin salida en que ha sido colocada por las políticas liberales, cuyo fracaso es hoy patente.

El giro liberal de los años 1980

Los países industrializados tuvieron un crecimiento rápido y duradero durante casi tres décadas,[1] hasta el comienzo de los años 1970. Este régimen de crecimiento, de desempeño excepcional, descansaba sobre tres pilares:
– la relación salarial "fordista", que se tradujo en una evolución rápida y regular de los salarios, sobre la base de un compromiso capital-trabajo que organizaba el reparto de los incrementos de productividad resultantes de la organización científica del trabajo [Boyer, 1987];[2]
– las políticas de estabilización macroeconómica de inspiración keynesiana destinadas a asegurar un avance regular de la demanda dirigida a las empresas;
– sistemas financieros administrados que permitieron el financiamiento de la acumulación del capital por endeudamiento bancario a tasas de interés bajas y controladas por las autoridades monetarias.

Este ambiente institucional contribuyó a crear un contexto económico y social de una gran estabilidad, particularmente favorable a la acumulación del capital industrial y al crecimiento de la producción. El aumento de la demanda dirigida a las empresas estaba asegurado por las políticas públicas de estabilización coyuntural y, sobre todo, por el aumento del poder adquisitivo de los salarios que resultaba de la indexación de éstos con los incrementos de productividad y con los precios. Finalmente, la fijación administrativa de las tasas de interés garantizaba a las empresas un costo del capital estable y bajo. Los agentes privados estaban fuertemente endeudados en el sistema bancario pero,

---

[1] Estas tres décadas han sido denominadas por J. Fourastié los "treinta gloriosos".

[2] Este concepto de "relación salarial fordista" fue desarrollado por la escuela de la regulación. Según este enfoque, un régimen de crecimiento puede ser caracterizado por cinco "formas institucionales": el régimen financiero, la relación salarial, las formas de la competencia, la naturaleza del Estado y la articulación con el régimen internacional. Nuestra presentación del régimen de crecimiento de los "treinta gloriosos", con sus tres "pilares", se inspira en esta descripción.

en compensación, los déficits y las deudas públicas se situaban en niveles moderados.[3]

• *La crisis estanflacionista cuestiona las políticas económicas keynesianas*

Este régimen de crecimiento rápido comenzó a desarreglarse a comienzos de los años 1970 con el derrumbe del sistema monetario internacional de Bretton Woods, el recalentamiento inflacionario de los Estados Unidos en 1972 y el shock del petróleo de 1973. El crecimiento se desaceleró mientras que la inflación se aceleraba: así comenzó un proceso "estanflacionista".

Esta ruptura en el funcionamiento del régimen de crecimiento resulta de una desreglamentación de los mecanismos de regulación de las economías industriales [Dubois, 1987; Baslé, Mazier y Vidal, 1993]. Esta transformación tiene causas que son fuertemente endógenas a las propias economías industrializadas. Puede explicarse a partir del análisis propuesto por Minsky [1982], que enunció la "paradoja de la tranquilidad" según la cual las economías capitalistas terminan necesariamente por desreglamentarse a sí mismas. Su razonamiento es el siguiente: supongamos una economía en crecimiento regular, a tasa constante, y cuyas estructuras son coherentes; que está en una época de "tranquilidad" (ésta fue la edad de oro de los "treinta gloriosos").

A medida que se avanza sobre este camino regular, los actores económicos adquieren confianza; tienen la expectativa de un crecimiento regular que, efectivamente, se produce. La incertidumbre disminuye y el futuro es concebido como la extrapolación del pasado. Esta confianza creciente en el futuro lleva a las empresas a endeudarse y a invertir más. Inevitablemente se produce el entusiasmo. Los precios suben, lo que permite a las empresas continuar endeudándose, gracias a un efecto de palanca positivo, a pesar del aumento de los desequilibrios. La fragilidad financiera de las empresas crece. El alza de las tasas de interés, como resultado del aumento de las necesidades de financiamiento, pone en dificultades a las empresas sobreendeudadas. La intervención de las autoridades monetarias como prestamistas en última instancia puede atenuar las tensiones. Pero las expectativas optimistas terminan por darse vuelta,

---

[3] Así, para la Europa de los Doce, la razón déficit público/PIB llegaba a sólo –0,4% promedio desde 1961 a 1973, contra –5,1% durante los años recientes (1987-1994).

las empresas reducen su actividad y el crecimiento cae. Así se puede explicar la aparición del proceso estanflacionista.

Cuadro 1
Crecimiento económico e inflación en los principales países industrializados (tasas de crecimiento promedio anual en porcentaje para el conjunto de los países del G7)

	1970-979	1980-1989	1990-1995
Crecimiento del PIB	3,6	2,8	2,0
Alza de los precios*	10,7	5,1	3,3

* Deflactores del consumo de los hogares.
Nota: El G7 está constituido por Estados Unidos, Japón, Alemania, Francia, Italia, Reino Unido y Canadá.
Fuente: Cuentas nacionales de la OCDE.

El fin del régimen de crecimiento rápido y estable trajo consigo un cuestionamiento del ambiente institucional que había funcionado desde la Segunda Guerra Mundial y que estaba fundado sobre las políticas de estabilización keynesianas, la relación salarial "fordista" y las finanzas administradas.

La persistencia de la estanflación se traduce, a fines de los años 1970, en un cambio radical en el rumbo de las políticas públicas implementadas hasta entonces. El año 1979 marca un cambio determinante en la conducción de las políticas económicas de los países industrializados. Por primera vez, los dirigentes de los principales países industrializados, reunidos en Tokio en ocasión de la cumbre del G5, deciden dar prioridad absoluta a la lucha contra la inflación. Este cambio se traduce en el abandono de las prácticas de inspiración keynesiana basadas en un arbitraje entre pleno empleo y estabilidad de los precios. En este nuevo marco de referencia, se considera al pleno empleo y a la desinflación como dos objetivos complementarios, en el sentido de que se supone que la caída del desempleo surge necesariamente de la estabilidad de los precios. En el plano teórico, esta nueva concepción se inspira en la crítica de la relación de Philips, desarrollada por la nueva escuela clásica. La estabilidad monetaria es desde ese momento el objetivo prioritario, y la política monetaria se vuelve el principal instrumento de regulación macroeconómica, conforme a los preceptos monetaristas. También se impone una concepción liberal del papel del estado que debe desligarse de la gestión de la economía, lo que conduce a cuestionar la eficacia de la política presupuestaria. El monetarismo y el liberalismo se vuelven así los nuevos principios fundamentales de la política económica.

La relación salarial "fordista", otra forma institucional central en el régimen de crecimiento de posguerra, fue rota ante el altar del rigor y de la estabilidad monetaria, para dar lugar a un modo de regulación salarial competitiva. En efecto, en la mayor parte de los países industrializados, la política de rigor salarial tuvo un papel central en el proceso de desinflación, especialmente en los Estados Unidos [Pisani-Ferry, 1988], en Francia y en Gran Bretaña [Farnetti, 1995]. Se cortó la vinculación entre el aumento de los salarios, por un lado, y la evolución de la productividad y de los precios, por otro.

Este cambio de rumbo de las políticas económicas se operó bajo la batuta de P. Volker, presidente de la Reserva Federal norteamericana, de M. Thatcher y de R. Reagan. En algunos países se constata una brecha importante entre la doctrina declarada y las políticas realmente llevadas a cabo.[4] Paradójicamente, en los Estados Unidos, de donde proviene la doctrina liberal de la retracción del estado, las autoridades practicaron una política presupuestaria expansionista vinculada a importantes reducciones fiscales y a un aumento de los gastos militares. Y fue en la Europa comunitaria, conducida por una Alemania obsesionada por la inflación, donde las políticas fueron finalmente más restrictivas.

El cuestionamiento de las políticas macroeconómicas de inspiración keynesiana y de la relación salarial "fordista" tuvo importantes repercusiones sobre la dinámica macroeconómica de las economías capitalistas. En particular, el abandono de las políticas públicas de estabilización, así como de las políticas de aumentos salariales regulares y generales, redujo la "previsibilidad" de la demanda dirigida a las empresas. Las empresas y los asalariados se encontraron en un contexto de incertidumbre cre-

---

[4] Esta idea del retiro del Estado de los asuntos económicos parte de los Estados Unidos, a principios de los años 1980, habiendo constituido uno de los temas centrales de la presidencia de Reagan. *A posteriori* sabemos que, contrariamente a la ideología dominante, la política presupuestaria ha tenido un papel creciente en los Estados Unidos durante este período, que vio crecer el déficit público norteamericano. Por el contrario, en su fase actual, la "contrarrevolución conservadora" norteamericana pone claramente el acento en el rigor y el equilibrio presupuestarios.

ciente en cuanto a sus ingresos futuros, de lo que resultó una inestabilidad de la inversión y del crecimiento [Billaudot, 1995].

• *La aparición de nuevos desequilibrios*

Las políticas de ajuste alcanzaron su principal objetivo: la inflación disminuyó fuertemente; el ritmo de crecimiento de los precios al consumidor en los países del G7 pasó de un promedio del 10,7% anual en la década 1970-1979 a sólo el 3,3% durante el período 1990-1995. Pero estas nuevas políticas tuvieron un costo elevado pues engendraron nuevos desequilibrios cuyos efectos van a ser considerables.

El endurecimiento de las políticas monetarias desató en el mundo un alza brutal de las tasas de interés nominales. Contrariamente a lo que predice la teoría ortodoxa, la desaceleración de la inflación no trajo consigo una baja paralela del nivel de las tasas de interés nominales en los países industrializados.[5] De esto resultó un alza de las tasas de interés reales (corregidas por la inflación), que se mantuvieron en niveles récord desde el inicio de los años 1980, lo que contrasta fuertemente con la situación de las décadas de 1960-1970, como lo muestra el cuadro 2.

El nivel duraderamente elevado de las tasas de interés reales es un fenómeno nuevo que corresponde a la emergencia de un nuevo modo de regulación financiera internacional. En efecto, por un lado se pasó de un régimen en el cual las tensiones macroeconómicas se reabsorbían a escala nacional, mediante la creación monetaria y la inflación, a un régimen donde los ajustes pasan más por las tasas de interés, cuyo nivel y variabilidad se han acrecentado. Por otro lado, el nuevo orden financiero internacional consagra el dominio del acreedor sobre el deudor, como se verá más adelante. El alza de las tasas de interés traduce esta relación de fuerzas, favorable desde entonces a los poseedores del capital financiero.

---

[5] De acuerdo con la teoría ortodoxa, desarrollada por I. Fisher, la tasa de interés real –igual a la diferencia entre las tasas de interés nominal y las tasas de inflación esperada– es independiente del nivel de la inflación y no depende más que de la productividad del capital. Según este análisis, cuando las tasas de inflación bajan de modo duradero, las tasas de interés nominales deben entonces disminuir en las mismas proporciones ya que la inflación (esperada) es uno de los determinantes del nivel de las tasas nominales. La realidad contradijo claramente esta tesis.

Cuadro 2
Evolución de las tasas de interés reales a largo
plazo, en tasas porcentuales promedios anuales

	1960-1969	1970-1979	1980-1989	1990	1991	1992	1993	1994
Promedio del G7	0,8	-0,5	6,0	6,2	6,1	5,9	4,3	4,6
Francia	1,5	-0,5	6,8	8,2	7,1	7,6	5,2	5,7
Estados Unidos	1,1	-0,3	6,5	5,8	5,7	5,0	3,4	3,9
Alemania	2,5	3,2	4,9	3,3	4,6	5,6	4,5	4,7
Italia	0,4	-6,1	5,3	9,1	8,8	10,6	8,4	7,2
Reino Unido	1,7	-3,0	5,8	7,5	6,7	6,9	5,1	5,6
Japón	1,2	-0,1	5,2	5,4	5,4	4,7	3,7	3,8

Definición: tasas de interés reales *ex post*, obtenidas haciendo la diferencia entre las tasas de interés a largo plazo de los títulos públicos y las expectativas de inflación *ex post*, medidas por la inflación observada *a posteriori* en los dos años siguientes.
Fuente: Estadísticas financieras de la OCDE.

El cambio de orientación de las políticas económicas estuvo acompañado por una disminución marcada del crecimiento económico registrado en los principales países industrializados. La tasa de crecimiento promedio anual del PIB en los países del G7 pasó así del +3,6% en la década de 1970-1979 al +2,8% en 1980-1989, para caer a sólo el +2,0% en 1990-1995.

La desaceleración del crecimiento engendró importantes tensiones en los mercados del trabajo, trayendo un crecimiento irreversible del desempleo. Como lo indica el cuadro 3, esta evolución fue más brutal en la Europa comunitaria, allí donde las políticas económicas fueron más restrictivas.

Cuadro 3
El aumento del desempleo (en porcentaje de la población económicamente activa)

	1970-1979	1980-1989	1990-1995
Europa de los Quince	3,7	8,8	9,5
Estados Unidos	6,2	7,3	6,4
Japón	1,7	2,5	2,5

Fuente: Comunidades Europeas.

Gráfico 1
El engranaje infernal, o cómo las políticas liberales condujeron a la inestabilidad y a la depresión financieras

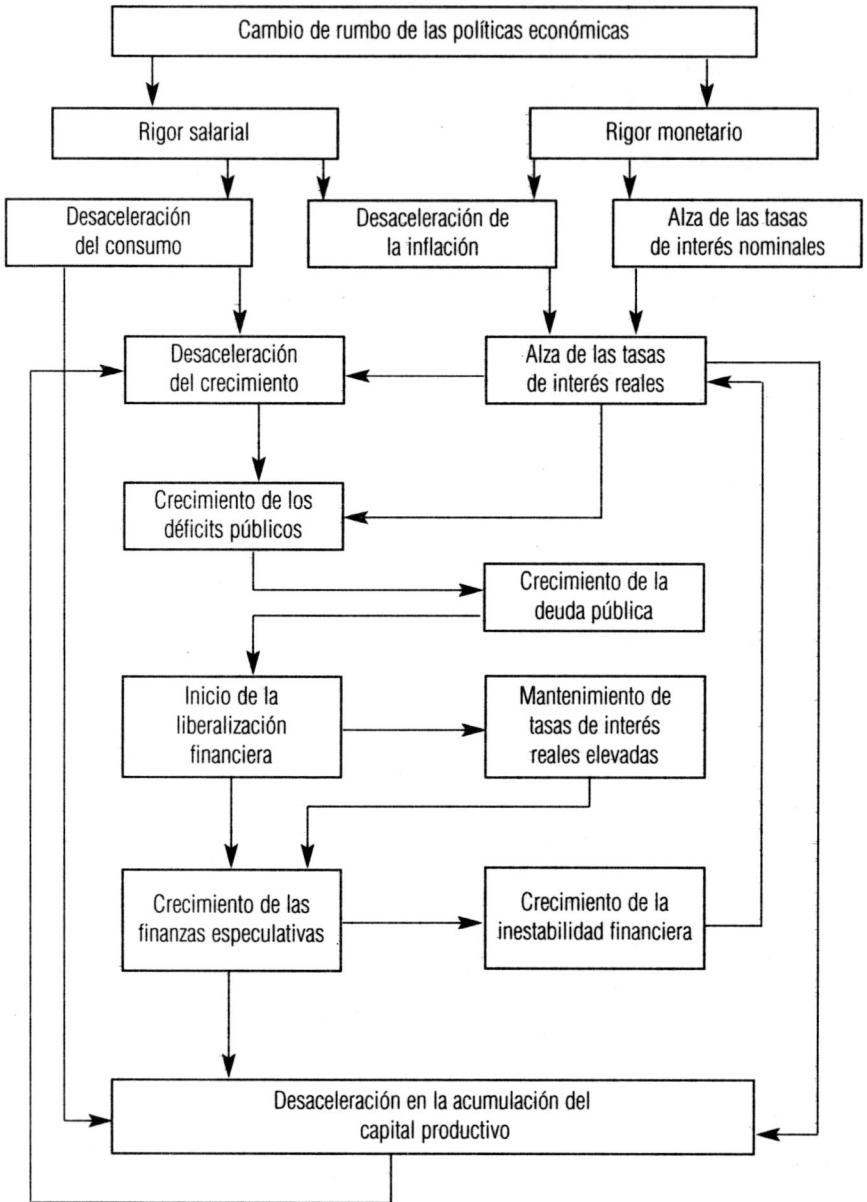

Crecimiento del déficit público y globalización financiera

Desde el inicio de los años 1980 la situación de las finanzas públicas[6] se fue degradando progresivamente en los grandes países industrializados. El déficit promedio de los países del G7 pasó del –2,1% del PIB durante la década de 1970 al –3,6% en 1990-1995; y, en consecuencia, el peso de la deuda pública también se incrementó fuertemente hasta alcanzar el 64,3% del PIB promedio en 1990-1995. Esta evolución desfavorable de las finanzas públicas fue aún más brutal en los países de la Unión Europea, como ilustra el cuadro 4.

Cuadro 4
Evolución de las finanzas públicas en los países de la Unión Europea

	1961-1973	1987-1994	1995
En % del PIB:			
Déficit público	-0,4	-5,1	-4,5
Intereses sobre la deuda pública	-0,7	-5,0	-5,5
Deuda pública	32,0	59,5	70,6
En % promedio anual:*			
Tasa de interés aparente sobre la deuda pública	2,2	8,4	7,8
Crecimiento del PIB	10,2	6,7	10,3

* Tasas nominales, en francos corrientes.
Nota: Finanzas públicas en sentido amplio, incluyendo las administraciones locales y de finalidad social. Europa de los Nueve hasta 1973; Europa de los Quince después de 1974.
Fuente: Economía europea.

Los organismos internacionales (OCDE, FMI y Comisión Europea) consideran, a mediados de los años 1990, que los déficits públicos se han vuelto un obstáculo para el buen orden económico mundial. Según la doctrina oficial, estos desequilibrios son una fuente de inquietud para los mercados y conllevan variaciones brutales en los tipos de cambio y las tasas de interés. Las crisis y los desórdenes que de ellos

---

[6] En este trabajo, las finanzas públicas se entienden en sentido amplio, es decir que incluyen el presupuesto de las administraciones públicas locales y de finalidad social.

> ### Las condiciones de estabilidad de la deuda pública
>
> El déficit presupuestario (d) se escribe simplemente:
>
> (1) déficit = ingresos − gastos corrientes − intereses.
>
> Se llama saldo primario (S) a la diferencia: ingresos - gastos corrientes.
> Los intereses son iguales a la tasa de interés (i) multiplicada por el stock de deuda pública (D). El acrecentamiento de la deuda pública es igual al déficit público (d), aunque la tasa de crecimiento de la deuda corresponde a (d/D).
>
> De la igualdad (1) *ut supra*, se deduce entonces que:
>
> (2) $d/D = i − (S/D)$.
>
> Para que la razón deuda/PIB permanezca constante, es necesario que el crecimiento de la deuda (d/D) sea igual al del PIB (g), es decir:
>
> (3) $g = d/D$. Combinando las igualdades (2) y (3), se obtiene:
>
> (4) $i - (S/D) = g$, o incluso: $i - g = S/D$.
>
> La interpretación de la igualdad (4) es simple: la estabilidad de la razón deuda/PIB puede ser obtenida de dos maneras:
>
> − por la igualdad entre la tasa de interés y la de crecimiento del PIB $(i = g)$, con un saldo primario nulo (S = 0);
> − o, si la tasa de interés es superior al crecimiento económico $(i > g)$, la estabilidad de la razón deuda/PIB requiere un saldo primario positivo (S > 0), es decir un excedente de los ingresos sobre los gastos corrientes.

surgen perturban el crecimiento en el mundo, provocan importantes desplazamientos de capitales, desaceleran el crecimiento y, por consiguiente, mantienen elevado el desempleo.

El restablecimiento de las finanzas públicas se transformó en un objetivo prioritario de política económica. Así es como el tratado de Maastricht impone a los miembros de la Unión Europea el respeto de reglas estrictas al respecto: el déficit público, expresado en porcentaje del PIB, debe ser inferior al 3% y la deuda pública no puede sobrepasar el 60% en cada país miembro. En el cuadro 4 se puede constatar que estas normas estaban lejos de ser respetadas en 1995.

Gráfico 2
El déficit público en Europa dirigido por la brecha entre la tasa de crecimiento y la tasa de interés

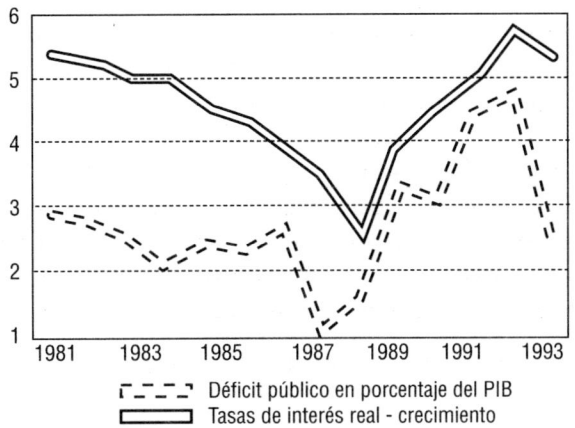

┌╴╴╴┐ Déficit público en porcentaje del PIB
└────┘ Tasas de interés real - crecimiento

Fuente: Eurostat.

Las nuevas políticas económicas son responsables de la degradación de las finanzas públicas

Las autoridades públicas de los países industrializados se han encerrado en sus propias contradicciones. Pues los desequilibrios recientes de las finanzas públicas son consecuencia directa de las políticas macroeconómicas llevadas a cabo desde el comienzo de los años 1980.

Sabemos, en efecto, que para que la razón deuda/PIB se estabilice, es necesario que la tasa de crecimiento del PIB sea por lo menos igual a la tasa de interés de la deuda, por las razones explicitadas en el recuadro sobre "las condiciones de estabilidad de la deuda pública". Ahora bien, como se vio más arriba, la tasa de interés aumentó brutalmente para volverse muy superior a la tasa de crecimiento económico, por el propio efecto de las recientes políticas económicas en los principales países industrializados (véase para este tema el cuadro 15, de la p. 162). El crecimiento económico se volvió insuficiente para "reembolsar" la carga de intereses de las deudas públicas; los déficits y las deudas públicas empezaron a crecer más rápido que el PIB. Así se explica el aumento casi continuo de las razones de déficit y de endeudamiento públicos en el período reciente.

• *Los países europeos están encerrados en un círculo vicioso*

Es en los países de la Unión Europea donde el "efecto de pinzas" entre crecimiento y tasa de interés fue más espectacular: en los años 1960 la tasa de crecimiento superaba ampliamente a la tasa de interés de la deuda pública; de golpe, los déficits públicos eran en promedio reducidos, como se puede constatar en el cuadro 4. Por el contrario, en el período reciente los déficits públicos se han acrecentado pues la tasa de interés de la deuda subió claramente por encima de la tasa de crecimiento económico. El gráfico 2 ilustra este vínculo entre déficit público, por un lado, y brecha entre crecimiento y tasa de interés, por otro.

El análisis de la evolución de los principales componentes de los déficits públicos es esclarecedora. Tenemos la siguiente igualdad:

Saldo público global = Saldo coyuntural + Intereses + Saldo estructural primario

El saldo coyuntural corresponde a los estabilizadores presupuestarios automáticos. Este saldo es anticíclico: se agrava cuando el crecimiento económico disminuye, y viceversa. Los *intereses* son la remune-

Gráfico 3
El saldo público europeo y sus componentes, en porcentaje del PIB

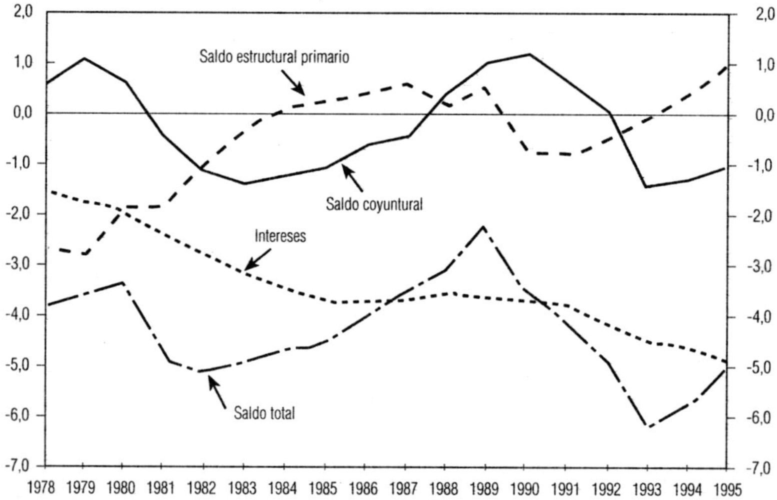

Fuentes: OCDE y cálculos CDG; *Lettre économique de la CDG*, núm. 66, mayo de 1995.

ración de la deuda pública; aumentan con el monto de la deuda pública y con el nivel de las tasas de interés. Finalmente, el *saldo estructural primario* es el saldo presupuestario sin considerar el efecto coyuntural y los intereses; este saldo da una medida de la orientación (expansiva o restrictiva) de la política presupuestaria a mediano plazo.

El análisis del gráfico 3, que describe la evolución de los componentes del déficit público global de los países de la Unión Europea, lleva a las tres constataciones siguientes:

– el agravamiento de los déficits públicos en Europa al comienzo de los años 1980 se explica, en primer lugar, por la desaceleración del crecimiento, que se traduce en una disminución del saldo coyuntural *via* el funcionamiento de los estabilizadores automáticos;

– por el contrario, el saldo estructural primario se recuperó entre 1979 y 1984, para permanecer cerca del equilibrio en el período siguiente; en otras palabras, las políticas presupuestarias de largo plazo se endurecieron y se volvieron neutras respecto del crecimiento;

– finalmente, aparece con claridad que los intereses se volvieron la causa esencial, y cada vez más importante, de los déficits públicos.

Estos montos de intereses crecientes son consecuencia directa del nivel anormalmente elevado de las tasas de interés. Ahora bien, este nivel excesivo de las tasas de interés se debe en una parte importante a la combinación de políticas monetarias restrictivas y de políticas presupuestarias fuertemente deficitarias. Así, las políticas públicas de los países industrializados quedaron entrampadas en un engranaje entre déficits públicos importantes y tasas de interés elevadas. Salir de este engranaje implica un cuestionamiento de la *policy-mix* actual.

La liberalización financiera impuesta por la gestión de la deuda pública

Existe un vínculo directo entre el crecimiento del poder de las finanzas globalizadas y liberalizadas, por un lado, y el aumento de los déficits públicos en los países industrializados desde principios de los años 1980, por otro. Con el agravamiento de la deuda, los Tesoros públicos nacionales ya no podían contar exclusivamente con los inversores nacionales. Era necesario apelar a inversores internacionales, en particular los institucionales, para que adquirieran los títulos públicos nacionales. Es así como al comienzo las autoridades públicas liberalizaron y modernizaron los sistemas financieros para satisfacer sus propias necesidades de financiamiento. Este objetivo fue ampliamente alcanzado ya que, entre los grandes paises industrializados, la proporción de títulos públicos en manos de extranjeros aumentó en Canadá, en el Reino Unido y, aún más, en Francia y en Alemania, como lo muestra el cuadro 5.

Cuadro 5
Los recursos del mercado internacional para el financiamiento de la deuda pública, en porcentaje del monto total de la deuda pública en manos de inversores extranjeros

	1979	1992
Estados Unidos	18,5	20,4
Japón	2,3	5,6
Alemania	5,0	25,9
Francia	0,0	31,8
Italia	1,2	6,1
Reino Unido (1)	11,4	12,5
Canadá	15,0	27,7

(1) 1985 y 1991, respectivamente.
Fuentes: Bisignano, *Internationalization of Financial Markets*; y estimaciones del FMI.

• *El déficit público norteamericano, motor de la globalización financiera*

El encadenamiento déficit público/globalización financiera tuvo su punto de partida en los Estados Unidos. Este país registró efectivamente, una disminución rápida de su saldo presupuestario, que pasó de una situación de equilibrio a fines de los 1970 a un déficit estimado en 3,8% del PIB en 1985. El saldo del balance norteamericano de transacciones corrientes acusó una evolución paralela, pasando igualmente del equilibrio al déficit, como lo indica el cuadro 6; lo que significa que los Estados Unidos comenzaron a recurrir a los inversores extranjeros para cubrir una necesidad de financiamiento externo causada por el aumento del déficit presupuestario.[7] Luego de este cambio, los Esta-

---

[7] Existe, para cada país, una relación directa entre los saldos externo y público, y el equilibrio ahorro/inversión. Esto surge de la siguiente bien conocida identidad contable:
(a) $M - X = I - S = (G - T) + (D - R)$

dos Unidos se han vuelto el principal deudor internacional, después de haber sido hasta entonces el primer acreedor.

Cuadro 6
Los déficits gemelos de los Estados Unidos, en porcentaje del PIB

	1980	1985	1990	1995
El déficit público	-1,3	-3,3	-2,4	-2,0
El de transacciones corrientes	0,0	-3,0	-1,7	-2,7

Fuente: Perspectivas económicas de la OCDE.

El hecho de que los Estados Unidos recurrieran masivamente al endeudamiento internacional trajo consigo una modificación profunda en la distribución de los movimientos internacionales de capitales entre las grandes regiones de la economía mundial. Y fue precisamente a partir de ese momento que se produjo el inicio del proceso de globalización financiera.

Durante los años 1960-1970, la parte esencial de los flujos internacionales de capitales sigue el eje Norte-Sur, con los principales países industriales (Estados Unidos, Japón y Europa) financiando en gran parte el déficit estructural de los países en desarrollo (PED) [Oliveira-Martins, Plihon, 1990]. Este movimiento se refuerza de 1974 a 1982 con los shocks del petróleo: el sistema bancario internacional asegura el financiamiento de los PED no productores de petróleo, gracias al reciclaje de los petrodólares acumulados por los países de la OPEP. El sobreendeudamiento de los PED data de aquel período. La crisis de la deuda de 1982-83 marca un punto de inflexión. Los PED endeudados están en situación de cesación de pagos después del alza brutal de la tasa de interés y del dólar, alza que acrecienta fuertemente la carga de su deuda.

---

con: M: importaciones; X: exportaciones; I: inversión; S: ahorro; G: gastos públicos; T: impuestos; D: gastos privados; R: ingreso nacional neto (después de descontar los impuestos).

La identidad (a) significa que el saldo exterior (M – X) es igual a la diferencia entre inversión y ahorro domésticos (I – S), y a la suma del saldo público (G – T) y de la diferencia entre los gastos e ingresos de los agentes privados (D – R). Se ve entonces, según la relación (a), que un aumento del déficit público (G – T), *ceteribus paribus*, conlleva una degradación del saldo externo, es decir, una apelación al ahorro extranjero.

Gráfico 4
Los saldos externos acumulados por los países de la Tríada, transacciones corrientes en porcentaje del PIB

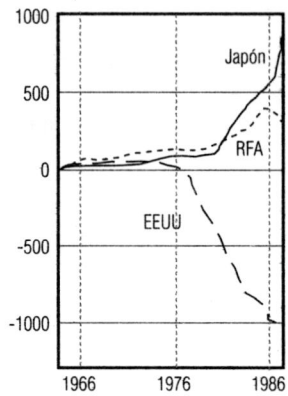

Las transferencias internacionales de capitales cambian entonces de orientación, para seguir una lógica Norte-Norte: los excedentes del Japón y de Europa financian a partir de entonces el déficit masivo de los Estados Unidos, como lo ilustra el gráfico 4. Al mismo tiempo, las políticas de ajuste impuestas por el FMI eliminan el déficit global de los PED. La globalización financiera es paralela a esta nueva orientación de los flujos financieros internacionales. Antes de 1982, la parte esencial de los financiamientos internacionales pasaba por el sistema bancario. Se trataba de una lógica de endeudamiento bancario internacional. El aumento de los déficits gemelos (presupuestario y externo) norteamericanos, la crisis de la deuda y la nueva orientación Norte-Norte de los flujos financieros internacionales hacen que el sistema financiero internacional se incline hacia una lógica de finanzas directas (no intermediadas) y planetarias. Los financiamientos y las colocaciones internacionales se hacen desde entonces directamente, sin pasar por los bancos.

Esta nueva organización de las finanzas responde a la demanda de los actores dominantes en el juego financiero, tanto prestamistas como tomadores de préstamos. Inversores institucionales (compañías de seguros, fondos de retiro, fondos de inversión), Tesoros públicos nacionales, tesoreros de bancos y de empresas multinacionales, todos ellos prefieren endeudarse o hacer colocaciones en el mercado de títulos, una técnica que se ha tornado más ágil y menos costosa gracias a la supresión del costo de la intermediación.

Desde entonces, el que invierte (o toma en préstamo) busca el mejor rendimiento, pasando de un título a otro, o de una moneda a otra, o de un procedimiento de cobertura a otro: de la obligación en francos a la obligación en dólares, de la acción a la opción, de la opción al *futuro*... En resumen, estos mercados particulares (el financiero, de cambios, de opciones, de *futuros*...) se transformaron en subconjuntos de un mercado financiero global, convertido a su vez en mundial. El sistema financiero internacional se volvió un megamercado único del dinero, caracterizado por una doble unidad:

– de lugar: las plazas están cada vez más interconectadas gracias a las redes modernas de comunicación;

– de tiempo: funciona de manera continua, durante las veinticuatro horas, sucesivamente en las plazas financieras del Extremo Oriente, de Europa y de América del Norte.

Esta transformación profunda del sistema financiero internacional fue consecuencia de la liberalización financiera decidida por los países industrializados durante los años 1980. Todas las formas de control administrativo de las tasas de interés, del crédito y de los movimientos de capitales fueron progresivamente abolidas con el objetivo de desarrollar las finanzas de mercado. La desregulación fue uno de los elementos motores de la globalización financiera pues ella aceleró la circulación internacional del capital financiero. Es lo que ocurrió con la apertura del sistema financiero japonés en 1983-1984, fuertemente impuesta por las autoridades norteamericanas, y luego con el desmantelamiento de los sistemas nacionales de control de cambios en Europa, con la creación del mercado único de capitales en 1990. Con el impulso que recibieron de los Estados Unidos y del FMI, los nuevos países industriales (NPI) siguieron el movimiento de liberalización, lo que dio nacimiento a los "mercados financieros emergentes". Y fue también para poder financiar sus déficits públicos que los NPI debieron proceder, a su vez, a una liberalización financiera.

Desviación especulativa de las finanzas internacionales

Pero al proceder a una liberalización total de las finanzas, las autoridades monetarias de los países industrializados abrieron una caja de Pandora, haciendo surgir las finanzas especulativas [Plihon, 1996]. Tal evolución no es sorprendente. Había sido prevista por Keynes, para quien "el riesgo del predominio de la especulación tiende a crecer a medida que progresa la organización de los mercados financieros" [capítulo 12 de la *Teoría general del empleo, del interés y de la moneda*, 1936].

En el pasado, la función del sistema financiero internacional era asegurar el financiamiento del comercio mundial y de los balances de pago. De hecho, al principio, el proceso de globalización financiera se explicaba ampliamente por la necesidad de financiar los desequilibrios mundiales de los balances de pagos [Oliveira-Martins y Plihon, 1990]. En 1986 y 1987 los movimientos internacionales brutos de capitales se elevaban a 300.000 millones de dólares, lo que correspondía a las necesidades de financiamiento mundiales medidas por la suma de los déficits corrientes de los grandes países industrializados.

Crecimiento vertiginoso de las finanzas internacionales

Pero más tarde los flujos financieros internacionales tuvieron un crecimiento explosivo, sin una medida común con las necesidades de la economía mundial [Chesnais, 1995]. Las cifras siguientes son elocuentes: por un lado, la suma de los déficits externos mundiales corrientes se estabilizó en menos de 300.000 millones de dólares por año a principios de la década de 1990; y los desequilibrios externos de los principales países industrializados tendieron a reducirse. Por otro lado, durante el mismo período, alrededor de 1 billón de dólares fueron intercambiados cada día en los mercados cambiarios de las principales plazas financieras. Por otra parte, las transacciones en el mercado cambiario inducidas por operaciones financieras son 50 veces más importantes que las vinculadas al comercio internacional de bienes y servicios.[8]

Un buen indicador de la amplitud del desarrollo de las finanzas internacionales en relación a la "esfera real" está dado por la evolución del volumen de las transacciones de títulos entre fronteras (entre residentes y no residentes) expresadas en porcentajes del PIB. Como puede verse gracias al cuadro 7, el peso de las transacciones financieras entre fronteras pasó en los grandes países industrializados de menos del 10% del PIB en 1980 a más del 100% en 1992.

La interpretación de estas cifras es simple: las finanzas internacionales se desarrollan hoy según su propia lógica, que ya no tiene más que una relación indirecta con el financiamiento del comercio y de las in-

---

[8] Estimaciones suministradas por el BPI basadas en las encuestas a los bancos.

versiones productivas en la economía mundial. En el Informe del BPI de 1994 puede leerse a este respecto: "En el clima generalizado de desregulación que reina desde hace una decena de años, los movimientos internacionales de capitales han tenido una expansión tan considerable que actualmente las transacciones ligadas a los pagos corrientes parecen bastante modestas en comparación". Desde entonces, lo esencial de las operaciones financieras internacionales consiste en movimientos incesantes de ida y vuelta entre las monedas y los diferentes instrumentos financieros.

Cuadro 7
Evolución del volumen de las transacciones de títulos entre fronteras, en porcentaje del PIB

	1980	1992
Estados Unidos	9,3	109,4
Japón	7,0	69,9
Alemania	7,5	91,2
Francia	8,0	122,0
Italia	1,1	118,4
Reino Unido	266,0	1.015,8
Canadá	9,6	113,1

Fuentes: Bisignano, *Internationalization of Financial Markets;* y estimaciones del FMI.

Este crecimiento vertiginoso de las finanzas internacionales corresponde a un cambio sistémico, en el sentido de que la naturaleza misma del sistema financiero internacional se ha transformado, estando éste ahora dominado por la especulación [Bourguinat, 1995].

Se conoce la definición clásica de la especulación hecha en 1939 por N. Kaldor: "compra o venta de bienes con intención de reventa (o de re-compra) en una fecha posterior, cuando la acción está motivada por la esperanza de una modificación del precio vigente y no por una ventaja ligada al uso del bien, una transformación cualquiera o la transferencia de un mercado a otro". En otras palabras, la especulación corresponde al conjunto de operaciones que se inician para obtener ganancias de capital futuras y cuyo objeto no es el de contribuir, directa o indirectamente, al financiamiento de la producción y del comercio.

Hoy en día, una gran parte de las transacciones financieras está directamente impulsada por expectativas de plusvalías futuras en la cotización de los títulos. Pero decir que los mercados se han vuelto fundamentalmente especulativos equivale a señalar otros dos aspectos [Cartapanis, 1994]. Por un lado, hoy predominan en estos mercados los actores que razonan a muy corto plazo. La miopía creciente de todas las categorías de operadores es señalada de manera unánime [Goldstein *et al.*, 1993]. Por otro, los operadores tienen tendencia a abstraerse de la realidad de los *fundamentals* en beneficio de la búsqueda de una *opinión* en cuanto a la tendencia del mercado. Esta desviación especulativa aparece pues los mercados se han vuelto más volátiles y los inversores carecen de puntos de referencia para anclar sus expectativas.

• *Los títulos de la deuda pública, pilares de las finanzas especulativas*

Los mercados de títulos del estado han llegado a ser el segmento más activo del mercado financiero internacional [Montgomery, 1994]. Estos títulos registraron un avance extremadamente rápido desde el comienzo de los años 1980. Actualmente, las operaciones con títulos públicos superan por mucho a las de todos los otros mercados financieros, con la excepción del mercado cambiario.

Los persistentes déficits públicos en los países industrializados han alimentado el mercado primario de títulos públicos. El crecimiento ha sido todavía más espectacular en el mercado secundario de estos títulos, donde el volumen de operaciones se desarrolló fuertemente bajo el efecto de la especulación. En los Estados Unidos, por ejemplo, país que en este aspecto ocupa de lejos el primer lugar en el mercado mundial, el monto promedio de estas transacciones alcanzó los 120.000 millones de dólares diarios en 1993, contra 14.000 millones en 1980. Esta explosión del volumen de las transacciones abarca a los títulos públicos de los principales países industrializados, como lo indica el cuadro 8.

El éxito de los títulos emitidos por los Tesoros Públicos de los países industrializados se explica fácilmente: son los créditos negociables menos riesgosos, ya que la firma del Estado es la mejor garantía posible, porque éstos no pueden quebrar. Además, para realzar el atractivo de su deuda ante los ojos de los inversores internacionales, los países industrializados emprendieron reformas dirigidas a aumentar la liquidez de los mercados. Es así como en la mayoría de los países el Tesoro designó operadores "especializados" en valores del Tesoro que, mediante ciertas ventajas, se obligaron a asegurar un mercado permanen-

Cuadro 8
El auge espectacular de las operaciones con títulos de la deuda pública
(promedio diario en miles de millones de dólares)

	1980	1981	1982	1983	1984	1985	1986	1987	1988	1989	1990	1991	1992	1993
Estados Unidos (1)	13,8	18,1	23,5	30,3	38,5	55,5	68,8	77,1	70,1	77,9	76,7	88,1	105,2	119,6
Japón														
Mercado no organizado de Tokio	1,4	1,6	1,8	2,3	4,8	17,2	29,1	73,9	62,1	49,5	44,1	38,5	44,2	57,6
Transacciones en la bolsa	0,0	0,1	0,1	0,2	0,5	0,8	1,5	1,4	1,2	1,0	0,9	0,5	0,2	0,2
Alemania(2)	–	–	–	–	–	–	–	2,3	3,7	3,7	3,9	4,3	6,2	9,7
Francia (3)														
Títulos a corto y mediano plazo	–	–	–	–	–	–	0,2	1,2	2,1	2,5	2,9	3,7	7,6	13,7
Bonos del Tesoro	–	–	–	–	–	–	–	–	–	–	–	–	8,2	14,4
Reino Unido	1,4	1,2	1,4	1,3	1,4	1,3	2,5	7,4	7,9	6,3	6,8	7,8	8,5	9,5

(1) Transacciones de los operadores primarios con valores del Tesoro de los Estados Unidos.
(2) Volumen de las operaciones bursátiles con bonos federales emitidos por el Tesoro, el Correo y los Ferrocarriles.
(3) Transacciones del mercado secundario con valores del Tesoro, incluyendo las pensiones.
El guión (–) significa que no hay datos disponibles.
Fuente: FMI, *International Capital Markets: Developments, Propsects and Policy Issues*, septiembre de 1994.

te, lo que garantiza cierto grado de liquidez en el mercado secundario de la deuda pública. Paralelamente, los plazos se concentraron en una pequeña cantidad de emisiones de referencia estandarizadas.[9] Finalmente, se crearon contratos a término de la deuda pública;[10] ésta fue una medida esencial pues los productos derivados –de los que forman parte los contratos a término, o *futuros*– son hoy el principal canal de la especulación financiera.

Las finanzas en Francia: un caso ejemplar

La evolución reciente de la economía francesa brinda una excelente ilustración del papel de las políticas públicas en el proceso de "financiarización" y en el aumento de los desequilibrios económicos. Francia es ciertamente uno de los países industrializados que ha llevado a cabo las políticas económicas más restrictivas desde el comienzo de los años 1980, especialmente en los ámbitos monetario y salarial.[11] La desinflación fue espectacular. Pero el costo de esta política fue elevado en términos de crecimiento y de desempleo, como lo indican los datos del cuadro 9. Las tasas de interés reales subieron fuertemente, pasando de un nivel promedio del 2% anual al 6%. Llegaron a ser muy superiores a las tasas del crecimiento económico, y hemos asistido ineluctablemente a un aumento de la importancia del déficit y de la deuda públicas. Es la primera vez que, en tiempos de paz, Francia registra relaciones deuda pública/PIB elevadas [Daniel, 1994]. El papel que ha tenido el alza de las tasas de interés en la degradación de la situación de las finanzas públicas se ilustra por el hecho de que el déficit público es de un monto prácticamente igual al de los intereses de la deuda pública (véase cuadro 9).

---

[9] En Francia, estos títulos públicos estandarizados son las Obligaciones Asimilables del Tesoro (OAT).

[10] En febrero de 1986, el primer contrato a término creado en Francia en el Matif (Mercado Internacional de Francia) fue el "ficticio (*notionnel*)", contrato a término sobre los "bonos del Tesoro".

[11] Estas políticas de ajuste habían sido iniciadas a fines de los 1970 por el gobierno de Barre; luego fueron retomadas y ampliadas por todos los gobiernos que se sucedieron desde 1983.

Cuadro 9
Principales indicadores macroeconómicos de Francia

Porcentajes de	1961-1973	1974-1986	1987-1995
Crecimiento del PIB (a)	5,4	2,2	2,1
Inflación (b)	4,8	9,9	2,6
Tasa de desempleo (c)	n.d.	6,7	10,0
Saldo público (d)	0,4	-1,8	-3,0
Intereses	n.d.	-1,8	-3,1
Deuda pública (e)	16,9	31,4	38,6
Tasa de interés a largo plazo			
Tasa nominal	6,9	11,9	8,6
Tasa real (f)	2,1	2,0	6,0

(a) Tasa de crecimiento promedio anual. (b) Tasa de crecimiento promedio anual del deflactor del consumo privado. (c) En porcentaje de la población económicamente activa. (d) Capacidad o necesidad de financiamiento de las administraciones públicas en porcentaje del PIB. (e) En porcentaje del PIB. (f) Tasa nominal menos la inflación.
Fuente: Comisión Europea.

Para satisfacer los imperativos de la administración de la deuda pública, se pone en práctica a partir de 1985 una política de modernización y de liberalización financieras. Se puede leer en las *Notes Bleues de Bercy* [1994]: "El crecimiento del déficit público desde comienzos de los años 1980 iba a exigir una reforma profunda del financiamiento del Estado y de la administración de la deuda pública [...] Los recursos tradicionales del Tesoro ya no podían hacer frente a estas necesidades crecientes a largo plazo. El recurso a financiamientos de mercado era inevitable, con más razón porque convergía en la implementación del mercado unificado y ampliado del dinero. En efecto, al desarrollar los valores del Tesoro, el poder público contribuye de manera decisiva a la aclimatación de los títulos de crédito negociables y, por los volúmenes emitidos, tendrá un papel primordial en la animación del mercado."

La realidad superó quizás a los objetivos. Pues Francia participa desde entonces plenamente en las finanzas especulativas internacionales. La evolución del balance de pagos francés, que describe la inserción de Francia en la economía mundial, es particularmente elocuente en este sentido [Plihon, 1994].

Se constata, en efecto, un crecimiento brutal del movimiento de capitales. En 1980, los flujos registrados por el balance de pagos se distribuían a razón del 72% para las transacciones corrientes y del 28% para los movimientos de capitales (cuadro 10). En 1994, esa estructura se invirtió totalmente: las transacciones corrientes no representan más que el 23% y los movimientos de capitales se acercan al 77% de los flujos del balance de pagos de Francia. Los movimientos de capitales superan desde entonces el 100% del PIB, mientras que este porcentaje no era sino del 14% en 1980. Es interesante observar que este aumento en la importancia de los flujos financieros externos se produjo cuando la balanza de transacciones corrientes de Francia estaba cerca del equilibrio, con un saldo promedio inferior al 1% del PIB, en el período reciente. Volvemos a encontrar aquí esa desconexión, mencionada anteriormente, entre el comercio de bienes y de servicios por un lado, y las operaciones financieras internacionales por otro.

Cuadro 10
Estructura del balance de pagos francés; distribución entre flujos reales y financieros en porcentaje de los flujos totales

Proporción en el balance global (flujos en %)	1980		1986		1994	
	Crédito	Débito	Crédito	Débito	Crédito	Débito
Transacciones corrientes	71,1	72,5	56,7	56,2	23,5	23,1
Movimientos de capitales (1)	28,8	27,5	43,3	43,8	76,5	76,9
Inversiones de cartera	(8,0)	(7,9)	(34,5)	(29,1)	(69,9)	(72,7)
Inversiones directas	(2,0)	(2,0)	(1,7)	(2,4)	(1,4)	(1,4)
Movimiento de capitales en % del PIB	14,3	13,8	26,5	27,1	113,4	114,0

(1) Variaciones del monto.
Fuente: Banco de Francia, *Rapports annuels de la balance de paiements*.

Esta dominación aplastante de los flujos financieros se debe en gran medida al crecimiento explosivo de las inversiones de cartera[12] (superior al 50% promedio anual desde 1990). Por el contrario, el avance de las inversiones directas, más vinculadas a la esfera productiva, fue mucho más lento: en 1994, no representaban más que el 1,4% de los flujos registrados en el balance de pagos.

---

[12] Las inversiones de cartera corresponden a transacciones en títulos extranjeros efectuadas con un objetivo de rentabilidad financiera. Las inversiones directas corresponden a tomas de participación en empresas extranjeras, realizadas con una lógica industrial y comercial.

Cuadro 11
Evolución del balance de los capitales franceses; flujos netos
en miles de millones de francos

	1989	1990	1991	1992	1993	1994
I. Inversiones directas (saldo)	-54,3	-98,3	-53,2	-16,8	-0,1	-6,2
II. Inversiones de cartera						
a. Inversiones francesas en el extranjero	-42,3	-46,1	-84,2	-101,7	-171,7	-110,7
b. Inversiones extranjeras en Francia	+181,2	+234,1	+167,0	+282,9	+194,8	-160,0
c. Inversiones en títulos públicos	(+106,5)	(+142,0)	(+46,1)	(+183,9)	(+90,2)	(-178,5)
Relación c/b en %	(58,8)	(65,8)	(27,6)	(64,8)	(46,3)	(111,5)
d. Instrumentos condicionales	n.d.	n.d.	-2,2	+5,5	-1,8	-0,8
Saldo: a + b + d	+138,9	+188,0	+80,6	+187,0	+21,3	-271,5
III. Otros movimientos de capitales	-49,0	-6,3	+10,3	-192,8	-80,0	+221,2
Balance global de capitales(1): I + II + III	+35,6	+83,4	+37,7	-22,6	-58,9	-56,7

(1) Incluye el ajuste; no incluye las transferencias de capital.
Nota: Signo + = entrada de capitales (aumento de los compromisos externos).
Signo – = salida de capitales (aumento de los créditos externos).
Fuente: Publicaciones del Banco de Francia.

• *La deuda pública, soporte privilegiado de la especulación*

El carácter especulativo de estas operaciones es ilustrado por la fuerte volatilidad del saldo de las inversiones de cartera. Después de haberse inflado en el momento del *boom* de los mercados bursátiles a principios de los años 1990, el saldo retrocedió violentamente en 1994 después de la crisis del mercado de obligaciones. Estos cambios atestiguan que los inversores extranjeros se dirigen hacia los títulos franceses en una óptica muy especulativa para obtener plusvalías a corto plazo.

De acuerdo con el cuadro 11, se constata que una parte importante

Gráfico 5
Las compras de OAT por inversores no residentes, financiadas con préstamos de bancos franceses

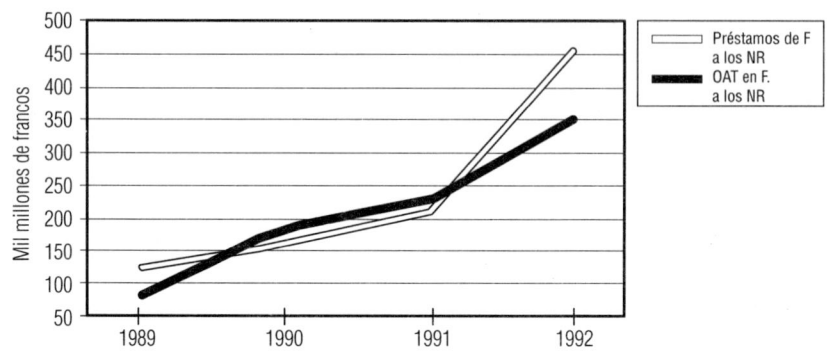

Fuente: Plihon [1994].

(más del 50% en promedio) de las compras de valores franceses por los no residentes se refiere a títulos de la deuda pública. El Tesoro francés ha sido, en efecto, uno de los tomadores públicos de préstamos más dinámicos en los mercados internacionales. Ha ofrecido títulos particularmente atractivos para los inversores, en especial las Obligaciones Asimilables del Tesoro (OAT). El carácter especulativo de estas inversiones queda demostrado por el hecho de que una parte importante de las compras de las OAT por no residentes es financiada con préstamos en francos de los bancos franceses, como lo sugiere el gráfico 5.

Estos comportamientos especulativos constituyen desde entonces una verdadera "espada de Damocles" sobre la cabeza de las autoridades públicas francesas, que están entrampadas en el famoso "triángulo de incompatibilidad" según el cual no se puede tener simultáneamente estabilidad de la moneda, movilidad de los capitales y autonomía de la política monetaria. A partir del momento en que se acepta el principio de las finanzas liberalizadas, hay que garantizar la estabilidad monetaria y asegurar la libre circulación de los capitales internacionales; por lo tanto, ya no hay independencia de la política monetaria. Ésta es entonces fuertemente dictada por los intereses de los inversores extranjeros, tenedores hoy de alrededor de un tercio de la deuda pública francesa (véase el cuadro 5).

La acumulación productiva frenada por las finanzas liberalizadas

Las finanzas liberalizadas conducen a tasas de interés elevadas

Las transformaciones del sistema financiero internacional y el elevado nivel de las tasas de interés reales son dos fenómenos íntimamente ligados. Hemos visto que, en un principio, el alza de las tasas de interés fue desencadenada por el endurecimiento de las políticas monetarias. Entonces, el mantenimiento de tasas de interés real en un nivel alto es consecuencia del nuevo modo de regulación internacional impuesto por las finanzas liberalizadas. En los años 1960-1970, las economías industrializadas habían tenido, en general, una situación marcada por la inflación y un comportamiento monopólico del sistema financiero, que remuneraba escasamente a los depositantes y derivaba esa ganancia a los tomadores de préstamos. Las tasas de interés nominales eran bajas y las tasas de interés reales eran muy débiles, incluso negativos (véase cuadro 2). Esta política era alentada por los gobiernos, que veían en ella un medio de apoyar la inversión.

Para las teorías liberales, estas políticas de bajas tasas de interés conducían a una mala asignación de los recursos permitiendo el financiamiento de inversiones de baja rentabilidad. Además, el control administrativo del crédito era fuente de rigidez y de derroche, favoreciendo a los proyectos públicos y a las empresas poco competitivas. Se llegaba así a una situación de "represión financiera", según la tesis desarrollada por McKinnon [1989], en la cual el ahorro y la inversión resultaban desalentados por sistemas financieros administrados y poco competitivos.[13]

Según este enfoque la liberalización financiera debería estimular el ahorro y la inversión, permitiendo un alza de las tasas de interés. Se supone que el ahorro es una función creciente de la tasa de interés; entonces, cuanto más elevada es la tasa de interés, mayor se supone la disposición de los agentes económicos para renunciar al consumo inmediato y arbitrar en favor de un consumo ulterior cuyo nivel se acrecentará por el aumento de los ingresos financieros. Por otra parte, el alza de las tasas de interés debería conducir a una mejor asignación del capital, ya que los proyectos de inversión menos rentables quedan eliminados.

Las políticas liberales que se implementaron en los países industriali-

---

[13] Sobre este tema véase el capítulo de P. Salama.

zados a partir del final de los años 1970 se tradujeron efectivamente en un alza de las tasas de interés. Los monopolios bancarios fueron quebrados; la competencia entre los intermediarios financieros hizo desaparecer los recursos baratos; y la competencia entre países obligó a cada uno de ellos a alinearse con la tasa de interés ofrecida más elevada.

Las finanzas liberalizadas crearon una relación de fuerzas favorable a los acreedores. Ciertos autores no dudan en hablar de la "dictadura de los acreedores" [Fitoussi, 1995]. Ésta es una de las razones principales del mantenimiento de las tasas de interés reales en un nivel elevado. Los acreedores ejercen una presión constante para preservar su remuneración y su riqueza. Impusieron la estabilidad monetaria y lograron que las tasas de interés integren las primas de riesgo, para cubrir el costo de la inestabilidad creciente de los mercado. Se encuentra aquí una diferencia esencial con las finanzas monopólicas y administradas que funcionaron hasta fines de los años 1970. Este sistema favorecía, efectivamente, al tomador de préstamos, que se beneficiaba con tasas de interés real bajas gracias a la prima inflacionaria.

• *El debate sobre el impacto de las tasas de interés reales elevadas*

De todos modos, el alza de las tasas de interés no tuvo los efectos benéficos esperados sobre el ahorro y la inversión. Incluso llegó a registrarse la evolución inversa: desde el comienzo de los años 1980, el alza de las tasas de interés, en los principales países industrializados,[14] fue paralela a la tendencia a la baja simultánea de las tasas de ahorro y de inversión, como lo muestra el cuadro 12.

Estas cifras contradicen la hipótesis de los economistas liberales según la cual un fuerte crecimiento de las tasas de interés reales, obtenido gracias a la liberalización financiera, permite reactivar el ahorro y la inversión. Los hechos parecen más bien dar la razón al análisis propuesto por Keynes. Éste había criticado, precisamente, la idea según la cual era necesario un nivel importante de la tasa de interés para inducir un ahorro suficiente [*Teoría general*, capítulo 24]. Keynes presenta al ahorro como una función del ingreso y no de la tasa de interés. Y como el ingreso depende de la inversión, por la vía del efecto multiplica-

---

[14] Observaremos el caso particular de Alemania, que registró un alza significativa de su tasa de inversión durante los años 1990. Esta evolución favorable se debió a la reunificación de las dos Alemanias, que se tradujo en un shock de demanda de las finanzas públicas, es decir, en una reactivación "keynesiana".

dor el ahorro está, a fin de cuentas, determinado por la inversión, que es una función decreciente de la tasa de interés. Así, tasas de interés llevan a una caída de la inversión y del ahorro, y entran en conflicto con el crecimiento y el empleo. A fin de cuentas, la "represión financiera" estaría causada más bien por un nivel elevado de las tasas de interés reales, lo que contradice las conclusiones del enfoque liberal.

Cuadro 12
Evolución del ahorro y de la inversión en los principales países industrializados, en porcentaje del PIB

	1960-1969	1970-1979	1980-1989	1990	1991	1992	1993	1994
Tasa de inversión global								
Francia	23,4	24,1	20,6	21,4	21,1	20,0	18,9	19,1
Estados Unidos	18,3	19,1	19,0	16,8	15,4	15,3	16,0	17,8
Alemania	24,8	22,6	20,3	20,9	23,9	23,2	21,5	21,6
Italia	24,8	24,0	21,3	20,3	19,7	19,1	17,1	16,7
Reino Unido	18,0	19,2	17,5	19,5	17,0	15,7	15,0	15,3
Japón	31,6	33,1	29,1	32,2	31,8	30,7	29,8	29,4
Promedio del G10	24,5	24,0	21,3	20,7	20,3	19,2	19,0	19,6
Tasa de ahorro global bruta								
Francia	26,3	25,9	20,7	21,5	20,9	19,8	18,6	18,8
Estados Unidos	20,1	19,8	17,8	15,4	15,5	14,4	14,7	15,7
Alemania	37,3	24,4	22,4	24,9	22,8	22,1	20,4	20,4
Italia	28,3	26,0	21,8	19,6	18,6	17,2	18,0	18,2
Reino Unido	18,5	17,9	16,5	14,3	13,5	12,8	12,7	13,9
Japón	34,4	35,3	31,8	34,6	35,1	34,0	32,5	32,4
Promedio del G10	24,5	24,0	21,3	20,7	20,3	19,2	19,0	19,6

Fuente: Cuentas nacionales de la OCDE.

Se puede explicar la baja de la tasa promedio de inversión por la disminución de la tasa de "rentabilidad", medida por la brecha entre la

Gráfico 6
La declinación de la "rentabilidad" de la inversión en Francia

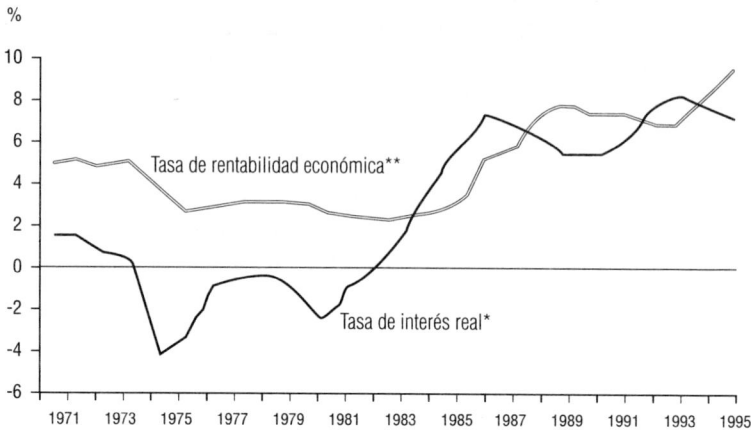

* Tasa de interés aparente de la deuda de las sociedades, deflactada por el índice de precios al consumidor.
** Ahorro neto + dividendos + impuesto sobre las sociedades/stock de capital neto.
Fuentes: INSEE, y cálculos del BNP-DEE.
Rentabilidad: brecha entre rendimiento del capital y tasa de interés real.
Se constata que, hasta comienzos de los años 1980 la rentabilidad era fuertemente positiva pues la rentabilidad de la inversión era superior a la tasa de interés real. Más adelante, la rentabilidad se tornó cercana a cero.

tasa de rentabilidad del capital y la tasa de interés real. El gráfico 6 muestra que, en el caso de Francia, el mejoramiento de la rentabilidad aparente del capital fue ampliamente eliminada por el alza de la tasa de interés. Es posible pensar que esta evolución se encuentra también en la mayoría de los países industrializados.

En cuanto a la caída de la tasa de ahorro, el Fondo Monetario Internacional –que representa la ortodoxia financiera internacional– ha terminado por reconocer, en su *Informe anual sobre la economía mundial* (1995), que "la mayor parte de los trabajos indican que la liberalización financiera tiene un impacto negativo sobre el comportamiento del ahorro en los países industrializados, aunque este efecto debería ser temporario". El FMI admite igualmente lo bien fundado que está el análisis keynesiano, ya que publica las siguientes observaciones: "Los trabajos recientes, incluyendo los tests de causalidad estadística, llevan cada vez más a la conclusión de que existe un vínculo de causa a efecto que va del crecimiento [del ingreso] hacia el ahorro" (p. 77).

Efectos devastadores de las tasas de interés reales elevadas

El alto nivel de las tasas de interés reales tiene algunos efectos importantes. Contribuye a acortar el horizonte de los agentes económicos ya que el precio del futuro, medido por la tasa de interés, aumenta. Así se explica el hecho de que se privilegie la rentabilidad a corto plazo en detrimento de proyectos de inversión a más largo plazo. Por otra parte, el nivel elevado de las tasas reales conlleva la supremacía del capital financiero por sobre el capital productivo [Guttman, 1994].[15] En tal contexto, las empresas ya no se sienten incitadas a invertir y a desarrollarse, pues el costo del endeudamiento es superior al rendimiento esperado del capital productivo (efecto de palanca negativo). Las inversiones financieras, bajo la forma de compra de títulos, se vuelven más rentables. Retomando la expresión de Hicks [1974], se pasa así de una "economía de endeudamiento" (*overdraft economy*), orientada hacia las inversiones productivas financiadas por endeudamiento bancario, a una "economía de fondos propios" (*autoeconomy*), en la cual las empresas tratan de maximizar sus ganancias con políticas de desendeudamiento y de colocaciones financieras. Es exactamente lo que se ha observado en Francia desde comienzos de los años 1990 [Plihon, 1995].

Es en este contexto donde se desarrolla el "capital ficticio",[16] es decir, los activos financieros negociables cuyo valor depende del estado del mercado y que está disociado de las vicisitudes del riesgo industrial. Como estos activos son negociables en el mercado, son más líquidos que los créditos correspondientes al capital tomado en préstamo (los créditos de los bancos en las empresas). Estas propiedades alientan las tomas de posición especulativas cuyo objetivo es, como ya hemos visto, la obtención de plusvalías en operaciones que no tienen por objeto el financiamiento del capital productivo. La especulación no es un fenómeno nuevo en la historia del capitalismo [Kindleberger, 1978; Galbraith, 1995]. Pero las innovaciones financieras recientes le han dado hasta ahora una importancia desigual. Una ilustración elocuente de esta constatación la suministra el

---

[15] Véase al respecto la contribución de R. Guttman en este libro.

[16] Marx es el primero en haber utilizado, en *El Capital*, vol. 3 [1894], el concepto de capital "ficticio", que él oponía al *capital tomado en préstamo* (para producir) y que asociaba a los títulos financieros cuyo valor no tenía contrapartida en la espera del capital productivo. Recientemente, H. Bourguinat ha introducido el concepto de "finanzas virtuales" para calificar a las transacciones financieras que proliferan al margen de la esfera productiva y que se refieren a productos "imágenes" tales como los productos derivados.

funcionamiento de los mercados de productos derivados, en los cuales el 75% de las operaciones son de naturaleza especulativa y han tenido un papel importante en ocasión de las crisis monetarias y financieras recientes.

- *La lógica de la especulación se impone a la lógica de la producción*

Algunos análisis actuales consideran que el nivel elevado de las tasas de interés reales es un factor de desestabilización profunda para las economías contemporáneas, en la medida en que disocia el interés del empresario o del asalariado, por un lado, y el del tenedor de activos financieros, por otro. Para los primeros, lo que cuenta es la tasa de crecimiento de la economía; para el segundo, lo que cuenta es la tasa de interés real. Desde el momento en que ésta sobrepasa a la tasa de crecimiento, las solidaridades construidas alrededor de una proyección colectiva hacia el futuro tienden a disolverse [Fitoussi, 1995].

De hecho, estos análisis modernos no hacen más que retomar ideas que Keynes ya había anticipado cuando indica, en la *Teoría general* [cap. 12, 1936] que, frente a la incertidumbre del futuro, los agentes económicos tienen la opción entre dos actitudes: "emprender", lo que consiste en prever el rendimiento descontado de las inversiones productivas; o "especular", lo que equivale a prever la "psicología del mercado". La especulación es definida como un comportamiento de preferencia por la liquidez y de protección contra la incertidumbre. Cuando la incertidumbre del futuro es grande, la economía empresarial retrocede en beneficio del espíritu de especulación. La circulación financiera se vuelve entonces más activa que la circulación industrial.

En el *Tratado sobre la reforma monetaria* [1923] Keynes explica que los mercados financieros sólo contribuyen al buen funcionamiento de la empresa si existe una separación de funciones entre quien invierte y quien ahorra. La confusión de estas dos funciones significa que el espíritu empresarial disminuye y, simétricamente, la especulación crece.

- *Los inversores internacionales a la cabeza de la "gestión corporativa de la empresa"*[17]

Con el aumento de poder de los inversores institucionales internacionales, hoy se asiste precisamente a esa confusión de las funciones de

---

[17] "Gestión corporativa de la empresa" es la traducción del concepto norteamericano de *corporate governance*.

ahorro y de inversión denunciada por Keynes. Los inversores institucionales se dividen en dos categorías: en primer lugar están los fondos de pensión, particularmente poderosos en los Estados Unidos y en el Reino Unido, que administran las jubilaciones por capitalización. Sus colocaciones financieras pasaron de 3,9 billones de dólares en 1988 a 6,9 billones en 1993 (de los cuales 3,6 billones en los Estados Unidos). También están los organismos de colocación colectiva en valores mobiliarios (OPCVM) o *mutual funds*, cuyos haberes pasaron, entre 1988 y 1993, de 1,8 billones de dólares a 3 billones (2,1 billones en los Estados Unidos).

Cuadro 13
Dimensión de la cartera global de los fondos
de inversión, en miles de millones de dólares

	1988	1993
Fondos de pensión	1.800	3.000
OPCVM (mutual funds)	5.700	9.900
Total	3.900	6.900

Fuente: la prensa financiera.

Los administradores de estos fondos de inversión son hoy, sin duda, los actores más poderosos del planeta. *Fidelity*, el primer fondo de inversión norteamericano y del mundo, tiene una importancia de alrededor de 330.000 millones de dólares. Una categoría bien conocida de inversores se especializa en operaciones puramente especulativas: son los *hedge funds*,[18] o fondos de alto rendimiento, el más importante de los cuales es el Quantum Fund, dirigido por G. Soros.[19]

Estos fondos de inversión están en el origen de una parte importante de los movimientos internacionales de capitales; hacen o deshacen las monedas. En efecto, el 10%, en promedio, de sus colocaciones (alrededor de 1 billón de dólares en 1993) están invertidas en títulos extranje-

---

[18] Los *hedge funds*, que significa "fondos de cobertura", tienen un nombre muy poco apropiado, ya que su primer objetivo es la especulación.

[19] Este fondo parece haber adquirido un papel importante en los ataques especulativos de 1992-1993 que hicieron estallar el sistema monetario europeo. G. Soros habría ganado mil millones de dólares apostando entonces a la caída de la libra esterlina.

ros. Son los tenedores de una parte importante de la deuda pública de los países industrializados. El desplazamiento de estas colocaciones de una moneda a otra basta para desestabilizar a las monedas involucradas.

Estos fondos de inversión imponen sus criterios de gestión a las empresas en las cuales controlan el capital y la deuda: es el sistema del *corporate governance* o "gestión corporativa de la empresa" [Albert *et al.*, 1994] que consagra la supremacía de la lógica financiera en las empresas y los bancos. En este sistema, que se desarrolló a partir de Estados Unidos, el poder pertenece en la empresa a los gerentes de los fondos de inversión, que se supone que representan a los accionistas. Esta redistribución del poder se lleva a cabo en detrimento de los *managers* (la tecnoestructura). La empresa debe ser administrada con criterios puramente financieros: debe satisfacer los objetivos de rentabilidad financiera a corto plazo de los organismos de gestión colectiva del ahorro.

Una de las consecuencias de esta nueva lógica es el "cortoplacismo", es decir el acortamiento del horizonte temporal de la empresa. Los accionistas (pequeños y grandes) externos a las empresas las empujan a privilegiar los resultados financieros a corto plazo en detrimento del crecimiento a largo plazo. Bajo la presión de los mercados financieros y de los fondos de inversión, los dirigentes de empresa son llevados a privilegiar la satisfacción de las pulsiones inmediatas de los accionistas, cada vez más socializados.

• *La crisis de los sistemas bancarios*

Esta emergencia brutal de las finanzas liberalizadas ejerció también un efecto desestabilizador en los sistemas bancarios de los países industrializados. Los países más afectados fueron Estados Unidos, a principios de los años 1980, luego Japón y Francia en el período actual. La crítica situación en la que se encuentran hoy los bancos franceses –descripta por los indicadores del cuadro 14– ilustra perfectamente la gravedad del shock. La participación de los bancos en el financiamiento de la economía, medida por la tasa de intermediación, ha disminuido fuertemente, pasando del 64,6% en 1985 al 22,6% en 1993. Esta caída brutal tiene dos causas principales:

– la competencia ejercida por las finanzas directas: las grandes empresas prefieren endeudarse en los mercados emitiendo títulos antes que tomar préstamos en los bancos;

- el crecimiento de la "economía de fondos propios": dado el elevado nivel o de las tasas de interés, las empresas tratan de bajar un endeudamiento y financiar sus inversiones con ahorro propio; es así como la tasa de autofinanciamiento de las sociedades pasó del 83% en 1985 al 105,7% en 1993.

Cuadro 14
Algunos datos sobre la crisis del sistema bancario francés

	1985	1986	1987	1988	1989	1990	1991	1992	1993
Tasa de autofinanciamiento de las sociedades, en % (1)	83	93,5	95,9	103,1	98,1	90,6	93,7	101,1	105,7
Tasa de intermediación, en % (2)	64,6	45	62,8	66,1	56	58	52,5	36,1	22,6
Evolución de los créditos en francos constantes (3)	+0,5	-5,7	-0,3	+11,5	+13,3	+6,8	+7,8	-0,3	-2,2
Provisiones + pérdidas de los créditos irrecuperables, en % (4)	19,6	21,5	20,5	18	19,1	21,6	21,5	38,2	36,3
Resultado neto, en % (4)	6,7	8,2	9,1	0,1	7,8	7,3	8,3	-0,9	-5,2
Evolución del personal asalariado	+0,4	+0,7	-0,9	-1,2	-0,8	-1,6	-2,2	-2,3	-2,5

(1) Ahorro bruto/inversión.
(2) Créditos distribuidos por los bancos/conjunto del financiamiento de la economía.
(3) Tasa de crecimiento anual de los créditos a la economía corregida de la inflación.
(4) En porcentaje del producto neto bancario.
Fuentes: Banco de Francia e INSEE.

A partir de 1992 el crédito bancario, medido en francos constantes, bajó y los resultados de los bancos se volvieron negativos, lo que no se había visto nunca desde 1945. Estos malos resultados de los bancos han tenido importantes consecuencias en su comportamiento de financiamiento de la economía francesa. En primer lugar, encontrándose fragilizados de manera duradera, los bancos ya no pueden desempeñar el papel de motor del crecimiento que tuvieron en el pasado. En segundo lugar, para preservar su actividad y sobrevivir, los bancos son incitados a tomar riesgos y a desarrollar operaciones de naturaleza especulativa, lo que acrecienta su vulnerabilidad. Finalmente, los bancos son conducidos a destruir empleos para lograr incrmentos de productividad: el personal asalariado cae sin interrupción desde 1987 (cuadro 14).

Con el fin de analizar el comportamiento de los bancos frente a la crisis, resulta útil distinguir tres categorías de créditos bancarios, según el destino de los mismos [Pollin, 1992]. El primer tipo sirve para financiar el aumento del capital productivo (*crédito productivo*); el segundo financia la adquisición de activos patrimoniales efectuada con la intención de obtener plusvalías futuras (*crédito especulativo*); el tercer tipo de crédito permite financiar los gastos corrientes de los agentes no financieros, que no pueden hacerlo con sus recursos propios a causa del repliegue de sus ingresos reales (*crédito sustitutivo*).

En el pasado, en el régimen de "economía de endeudamiento", los bancos distribuían *créditos productivos* para financiar las inversiones. Por otra parte, ellos tenían el papel de amortiguador durante las recesiones y favorecían las recuperaciones ofreciendo *créditos sustitutivos*. En el período actual, los bancos ya no parecen estar en condiciones de desempeñar este papel, pues se han vuelto frágiles por los cambios financieros recientes. Este cambio de comportamiento contribuyó ciertamente a la recesión de 1992-1993, la más profunda de la posguerra, y a la flojedad de la recuperación registrada desde 1994.

Para luchar contra la erosión de su participación en el mercado, los bancos trataron de diversificar sus actividades. A fin de reconstituir rápidamente sus márgenes, se vieron incitados a llevar a cabo una verdadera huida hacia adelante, lo que a veces tuvo resultados catastróficos. Los bancos desarrollaron así con fuerza la promoción de créditos, con el fin de aprovechar la burbuja especulativa que ocurrió en el sector inmobiliario a fines de los años 1980. Estos *créditos especulativos* les costaron caros a los bancos después de la crisis inmobiliaria que hizo estragos a partir de 1990. De manera importante a causa del derrumbe del sector inmobiliario, la proporción de créditos dudosos en el total de los créditos distribuidos por los bancos AFB[20] creció a más del doble, pasando de 1,8% en 1989 a 4,2% en 1993. Las considerables provisiones (estimadas en 100.000 millones de francos) que los bancos debieron constituir para cubrir estos riesgos, constituyen una de las causas principales de las pérdidas bancarias recientes (véase el cuadro 14).

[20] Los bancos AFB están asociados a la Asociación Francesa de Bancos. Constituyen, junto con la red mutualista, el principal componente del sistema bancario francés. El BNP, el *Crédit Lyonnais* y la *Société Générale*, llamados con frecuencia las "tres viejas", son bancos AFB.

La actividad especulativa de los bancos se orientó luego hacia los productos derivados, es decir hacia operaciones con instrumentos a plazo y condicionales. En 1993, el monto ficticio de estas operaciones, para los bancos AFB, registradas fuera del balance, era cinco veces superior al tamaño del balance. El mismo año, aprovechando el *boom* especulativo en los mercados de obligaciones, los bancos embolsaron ganancias en los mercados derivados que representaban más del 40% de sus ingresos netos globales, medidos por el producto neto bancario.[21] Es ésta una situación muy peligrosa cuando se sabe que los bancos norteamericanos e ingleses (el *Barings*, por ejemplo) quebraron especulando con productos derivados.

Otra orientación para las políticas públicas

A mediados de los años 1990 las políticas liberales ingresan en un callejón sin salida. Por una doble razón. En primer lugar, la liberalización financiera se ha traducido en una "dictadura de los mercados" frente a la cual las autoridades nacionales se han vuelto impotentes. En segundo lugar, las políticas públicas se apoyan en esquemas de análisis inadecuados, lo que las conduce a errores de diagnóstico.

La impotencia de la política monetaria frente a los mercados

Las autoridades monetarias de las principales potencias financieras se encuentran ahora en la situación de "quien fue por lana y volvió trasquilado". Por un lado, como hemos visto, los poderes públicos nacionales tuvieron el papel de catalizador en el crecimiento explosivo de las finanzas internacionales. Por otro, la masa de capitales, en adelante susceptible de desplazarse en todo momento de una plaza financiera a otra, se convirtió en una amenaza permanente para las autoridades monetarias. Algunos no dudan en considerar que los mercados ejercen actualmente una verdadera "tiranía" sobre las políticas económicas [Bourguinat, 1995].

---

[21] Por cierto, las operaciones con productos derivados no son todas de naturaleza especulativa, y sirven, en principio, para cubrir los riesgos de las tasas. Se considera sin embargo que el 75% de estas operaciones son de naturaleza especulativa, es decir, que tienen como objetivo principal la obtención de plusvalías esperadas.

De hecho, la experiencia reciente sugiere que los instrumentos tradicionales de la política monetaria han perdido su eficacia, lo que resulta particularmente cierto para las políticas cambiarias de los bancos centrales. En el pasado, estas políticas se basaban en tres instrumentos principales: las intervenciones esterilizadas en el mercado cambiario; la manipulación de las tasas de interés; y el control de cambios. La liberalización financiera trajo consigo la supresión del control de cambios. Y en cuanto a los otros dos instrumentos, su eficacia se tornó escasa en un período de crisis en los mercados.

Las reservas de cambio de los bancos centrales, aumentadas incluso por las facilidades oficiales para la toma de préstamos, son ahora insuficientes para hacer frente a los ataques especulativos que están en condiciones de poner en juego sumas considerables a partir de compromisos relativamente débiles (en particular por medio de los productos derivados). Las reservas oficiales de los diez principales países industriales no llegan más que a 400.000 millones de dólares, lo que no es mucho frente a los movimiento de capitales en condiciones de desplazarse. Así, en ocasión de la crisis cambiaria de julio de 1993, que llevó a la ampliación de más o menos el 15% en los márgenes del SME, el Banco de Francia perdió –sin tener éxito– la totalidad de sus reservas en divisas. Del mismo modo, la manipulación de las tasas de interés no tiene más que un efecto limitado frente a movimientos de desconfianza profunda con respecto a una moneda: a modo de ilustración, para defender eficazmente a una moneda presa de los ataques especulativos basados en una depreciación esperada del 10% en un mes, sería necesario aumentar a más del 120% el nivel de las tasas a corto plazo, lo que resulta evidentemente incompatible con los objetivos internos de la política monetaria.

Podemos considerar que a mediados de los años 1990 las políticas monetarias se han vuelto no sólo ineficaces sino también antiproductivas, por dos series de razones. En primer lugar hay un argumento que presentan los propios economistas liberales, conocido con la denominación de "aritmética monetarista" [Sargent y Wallace, 1981]. La idea es que una política monetaria restrictiva que lleva a las tasas de interés a un nivel superior al del crecimiento económico engendrará necesariamente, en un cierto plazo, inflación e inestabilidad financiera. En este contexto, los agentes económicos "racionales" van a esperar un aumento del déficit público. En el modelo monetarista, el único resultado posible es, tarde o temprano, una inflación suplementaria para disminuir la carga real de la deuda pública. En efecto, muchos países "regulan" su deuda pública con este mecanismo inflacionario.[22]

Pero hay otro escenario todavía más peligroso, de tipo "deflacionario", que parece desarrollarse desde que la estabilidad de los precios se volvió el objetivo prioritario de la política monetaria. En esta situación, los desequilibrios macroeconómicos no pueden ya resolverse por variaciones de la tasa de inflación y, entonces, el endeudamiento se torna insoportable. Los agentes privados y públicos endeudados están obligados a sanear su situación financiera, lo que los lleva a reducir sus gastos y a deprimir la actividad económica. Este comportamiento, que es racional a nivel microeconómico, tiende en realidad a reforzar la depresión económica, de acuerdo con un proceso acumulativo de "deflación de la deuda" que Fisher [1933] resaltó para explicar la gran crisis de los años 1930. El comportamiento actual de reducción de los gastos y de desendeudamiento de las empresas y de las administraciones públicas en los países industrializados se inscribe perfectamente en este proceso deflacionista.

Error de diagnóstico

La actual falta de eficacia de las políticas públicas proviene también de un error de análisis en cuanto a las causas de sus dificultades. A mediados de los años 1990, se admite con razón que la cuestión fundamental de política económica, especialmente en los países europeos, es salir del engranaje constituido por grandes déficits públicos y altas tasas de interés. Sabemos que la situación de las finanzas públicas continuará agravándose mientras el nivel de las tasas de interés reales siga siendo superior al crecimiento del PIB.

Según la concepción dominante, son los propios déficits públicos los responsables del elevado nivel de las tasas de interés, de manera que una reducción de los déficits públicos debería hacer bajar las tasas de interés. La hipótesis de base es que la tasa de interés real refleja las tensiones en el mercado de bienes: un nivel elevado corresponde a un exceso de demanda, es decir a una insuficiencia de ahorro. Todo crecimiento de la demanda debido a un aumento del déficit público provoca un alza de

---

[22] Los economistas liberales califican con la palabra francesa "*seigneuriage* (potestad de acuñar moneda)" esta política de aliviar la deuda pública por la inflación.

la tasa de interés real y una caída de la producción. Entonces, la caída de las tasas de interés y el retorno a un crecimiento equilibrado requieren una política presupuestaria restrictiva, que no puede ejercer más que un impacto positivo sobre el crecimiento económico pues reduce la "evicción" de los gastos privados por los gastos públicos. Este enfoque, inspirado en el paradigma neoclásico, es el que inspira a su vez las recomendaciones de la OCDE y del FMI, y el que constituye la doctrina oficial de los principales países industrializados.

Pero es una visión que parece estar fuertemente contradicha por los hechos. Existe una abundante literatura sobre la relación entre deuda pública y tasa de interés que no llega a establecer la existencia de un efecto de evicción de los gastos privados por los gastos públicos a través del alza de las tasas de interés [Paraponaris, 1994]. Por otra parte, si fuera verdad que el nivel de las tasas de interés reales está determinado por las tensiones en el mercado de bienes, este nivel debería elevarse cuando la demanda es importante en relación a la oferta, o sea en los períodos de inflación rápida y de fuerte utilización de las capacidades de producción. Ahora bien, esto no ha sido generalmente verificado: los países de la Unión Europea sufrieron un alza espectacular de las tasas de interés reales en los años 1980 a pesar de que existía un nivel importante de capacidad instalada no empleada [Créel y Sterdyniak, 1995]. La hipótesis de exceso de demanda o de insuficiencia de ahorro no está entonces bien fundamentada. Basar las políticas económicas en semejante error de diagnóstico no puede más que conducir a desilusiones.

Parece entonces que el nivel elevado de las tasas de interés reales no corresponde a una insuficiencia de ahorro o a un exceso estructural de demanda en el mercado de bienes, que estaría causado por el déficit público. En realidad, como lo hemos mostrado, el déficit público es menos la causa que la consecuencia del nivel elevado de las tasas de interés, que tiene un origen esencialmente financiero. Se han presentado dos factores explicativos: por un lado el endurecimiento de las políticas monetarias; y por otro, la liberalización financiera, que otorgó un peso importante a los rentistas y a la especulación. Actuando sobre estas causas es como las políticas públicas volverán a encontrar su eficacia, y como las tasas de interés reales bajarán.

Encuadrar a los mercados financieros

La liberalización financiera dio un poder exorbitante a los mercados y redujo considerablemente el papel de la política monetaria. Se trata entonces de restaurar la eficacia de la política monetaria frente a las finanzas internacionales. Dos concepciones se oponen, en este tema. La corriente de pensamiento liberal pone el acento en la "credibilidad" de la política monetaria. Según este enfoque, la impotencia de la política monetaria frente a la especulación en una situación de movilidad perfecta de los capitales puede explicarse a partir de las expectativas autorrealizadoras. En otras palabras, los mercados provocan las crisis cambiarias al anticiparlas. Son los ataques especulativos los que motivan las modificaciones de la política económica.

Cuando una moneda es atacada, dos son los equilibrios a largo plazo que pueden existir según la reacción del banco central: si el banco central tiene una reputación "débil" (*wet central bank*), el ataque conduce a una depreciación inmediata de la moneda; depreciación que proviene de la falta de credibilidad de la política monetaria; si el banco central es "fuerte" (*dry central bank*) y reacciona al ataque con un fortalecimiento de la política monetaria, como esta reacción es esperada, el tipo de cambio se valoriza inmediatamente. Entonces, según este enfoque, un banco central creíble no puede sufrir ataques especulativos. Y el mejor garante de esta credibilidad es la independencia del banco central.

Una segunda concepción de la política monetaria, de inspiración keynesiana, considera que la credibilidad no es una barrera suficiente contra la inestabilidad causada por la especulación. La idea central es, en este caso, que los mercados financieros no pueden autorregularse y están sujetos al "riesgo sistémico" [Aglietta *et al.*, 1990].

Por "riesgo sistémico" se entiende un riesgo de inestabilidad global que resulta de la propagación de los movimientos especulativos en los mercados, cuando la interacción de los comportamientos individuales, lejos de desembocar en ajustes correctores, amplifica los desequilibrios. La "crisis sistémica" está vinculada al funcionamiento del propio sistema y no puede ser resuelta más que por una regulación de origen externo (de fuera del mercado), de las autoridades financieras.

- *Coordinación internacional de las políticas económicas*

La acción reguladora de las autoridades puede adoptar dos formas principales. En primer lugar, se trata de implementar una fuerte coordinación de las políticas económicas, vinculando entre sí a las principales potencias económicas y financieras. El objetivo principal de esta medida es enviar "señales" coherentes a los mercados, de modo de suministrar un "anclaje" a las expectativas de los operadores. Como las finanzas especulativas se traducen en desequilibrios múltiples correspondientes a expectativas diferentes, el único medio de encontrar el "buen" equilibrio es suscitarlo por la fijación de objetivos concertados de política económica. Esos intentos de coordinación se manifiestan en ocasión de las cumbres del G7, pero han fracasado hasta ahora pues continúan imponiéndose los nacionalismos monetarios, a pesar de que las finanzas se volvieron planetarias. Durante el período reciente se ha podido constatar que las crisis financieras internacionales tienen frecuentemente origen en una falta de coordinación de las políticas nacionales. Así, el crack bursátil de octubre de 1987 fue desencadenado por un desacuerdo público entre las autoridades norteamericanas y alemanas respecto de la política de las tasas de interés, ya que los alemanes se oponían al deseo norteamericano de distensión monetaria. De igual manera, la crisis cambiaria que desestabilizó el sistema monetario europeo en 1992-1993 fue provocada por el hecho de que Alemania, bajo el shock expansionista de la reunificación, imponía políticas inadecuadas para sus asociados víctimas de la recesión.

- *Imposición y reglamentación de las operaciones especulativas*

La segunda serie de medidas que permitiría reducir la especulación consiste en proceder a una imposición y a una "nueva regulación" de las operaciones financieras. El objetivo es, en este caso, frenar la movilidad del capital y limitar la toma de riesgo en los mercados. Una de las razones de la desconexión entre la economía real y las finanzas especulativas es que estas últimas han adquirido una velocidad de rotación mucho más rápida. Los precios y las transacciones en los mercados financieros se desarrollan hoy a la velocidad de la luz gracias a la liberalización y a las innovaciones tecnológicas, mientras que el comercio de bienes y servicios es, por naturaleza, mucho más inerte. Conviene reducir este desfase entre las velocidades de ajuste de las esferas real y financiera, pues es fuente de inestabilidad, como lo ha mostrado especialmente Dornbusch [1976] a propósito de los tipos de cambio.

Keynes ya había sugerido en 1936 que un impuesto sobre las transacciones financieras daría un peso creciente a los operadores "fundamentalistas" y reduciría la importancia de la especulación. Retomando esta idea, Dornbusch y Tobin [1978 y 1995] propusieron establecer un impuesto uniforme y universal a las transacciones cambiarias. Sería suficiente una imposición débil para desalentar las transacciones especulativas a corto plazo: un impuesto del 0,5% a los arbitrajes internacionales, que se traduce en un ir y venir entre dos monedas, conllevaría un sobrecosto del 4% en el ritmo anual para las operaciones a tres meses, del 12% para las operaciones a un mes, etc. Este impuesto pesaría poco sobre el sector productivo y estaría, por el contrario, en condiciones de desalentar la mayor parte de los movimientos especulativos.

Esta propuesta es criticada muchas veces por su "falta de realismo". Es cierto que sólo sería eficaz si la pusieran en práctica todas las plazas financieras. Ahora bien, los intereses que resultarían dañados por esta medida son tan importantes y poderosos que las autoridades públicas no se han atrevido todavía a pasar a la acción.

Existe hoy un consenso para admitir que se han vuelto indispensables nuevas políticas de regulación. La liberalización financiera debe, en efecto, ir a la par con una reglamentación prudencial rigurosa. Es decir, que la libertad actual de los operadores debe tener como contrapartida el respeto de normas estrictas de buena gestión y de prudencia. El riesgo sistémico aparece tanto más importante cuanto una gran parte de las operaciones escapa a toda forma de control. Esta observación se aplica particularmente a los mercados derivados no organizados, cuyo crecimiento salvaje en los últimos años es, por lo menos, inquietante.

Existen dos concepciones opuestas de la reglamentación prudencial. La concepción liberal, según la cual la disciplina del mercado es suficiente para eliminar los comportamientos "desviados". Basta entonces incitar a los operadores a practicar un control interno riguroso para evitar los excesos. Es la posición del Comité de Basilea, encargado de proponer medidas de control de los mercados.

Si se considera que los mercados no pueden autorregularse, parece necesario implementar un control y una reglamentación prudenciales más restrictivos. Sin duda será necesario que se produzca una crisis financiera grave para que este enfoque de regulación pública de los mercados financieros se imponga verdaderamente.

Abandonar el dogma del monetarismo

Las políticas económicas recientes obedecen a los preceptos monetaristas, es decir, a la prioridad que se da a la estabilidad monetaria y a la política monetaria. El tratado de Maastricht, que intenta construir a Europa en torno del proceso de integración monetaria, constituye la ilustración más espectacular de esta concepción. La prioridad que se da a la política monetaria, traducida en el plano institucional en la independencia de los bancos centrales, ha sido un factor de desestabilización. Pues ha conducido, en la mayor parte de los países industrializados, a la coexistencia de una política monetaria restrictiva y de una política presupuestaria expansionista. Ahora bien, como hemos visto, esta *policy-mix* participó ampliamente en el desencadenamiento del alza de las tasas de interés, lo que arrastró el crecimiento del déficit público. Salir de este círculo vicioso supone que se invierta esta *policy-mix*, es decir que las políticas de saneamiento de las finanzas públicas se asocien a una flexibilización de las políticas monetarias con el fin de asegurar una distensión de las tasas de interés.

Se puede temer que el contexto institucional actual no facilite esta reorientación de la política económica. Pues la independencia del banco central no favorece la articulación de los instrumentos de regulación macroeconómica que están en manos de las autoridades públicas; y el hecho de que la estabilidad monetaria sea el objetivo prioritario del banco central lo llevará generalmente a preferir la restricción a la distensión monetaria.

Hay al menos dos razones para cuestionar hoy el papel dominante que se otorgó a la política monetaria a fines de los años 1970. En primer lugar, en el contexto actual de perfecta movilidad internacional del capital, la política monetaria ha perdido su eficacia. Sólo las autoridades monetarias de los países emisores de moneda de reserva (Estados Unidos, Alemania y Japón) pueden pretender tener un cierto control sobre su tasa de interés nacional. Esta variable escapa al control de todos los demás países, sobre todo cuando participan en un sistema de cambios estable, como ocurre con los países (diferentes de Alemania) miembros del mecanismo cambiario europeo. El segundo motivo de cuestionamiento de la supremacía de la política monetaria es que la lucha contra la inflación, a mediados de los años 1990, ya no es el problema principal de los países industrializados. La inflación fue totalmente vencida, y el objetivo prioritario es ahora el retorno a un sendero de crecimiento económico duradero y creador de empleos. Es necesario no olvidar que los ataques especulativos sufridos por las monedas europeas en 1992-1993, los más violentos desde hace más de veinte años, fueron causados por la inquietud de los mercados frente a la recesión y al aumento del desempleo. Resulta entonces evidente que la prosecución de políticas monetarias restrictivas se ha vuelto inadecuada y peligrosa.

Definir nuevos principios de política económica

Los mercados ya no confían en las políticas llevadas a cabo desde fines de los años 1970: es lo que explica el aumento de la inestabilidad financiera. Los mercados dudan –con justa razón– de que las políticas actuales puedan resolver los grandes problemas económicos inmediatos, a saber: el desempleo y el déficit público. Pero lo que los mercados no ven, es que ellos mismos son ampliamente responsables de la crisis actual. Pues ha sido bajo su presión (o bajo su "dictadura") que las autoridades monetarias fueron llevadas a aplicar políticas restrictivas que terminaron, como hemos mostrado, en un elevado nivel de las tasas de interés reales, en la desaceleración del crecimiento y en el déficit público.

El primer problema para resolver es eliminar la importante brecha entre la tasa de interés y la tasa de crecimiento: de 1990 a 1994, en promedio, en los principales países industrializados las tasas de interés reales subieron al 5,4% mientras que el crecimiento cayó al 1,9% (véanse los cuadros 1 y 2). El hecho de que semejante brecha perdure significa que las políticas actuales son insostenibles, pues el análisis económico elemental muestra que tal configuración constituye un obstáculo para la acumulación del capital y, por lo tanto, para el crecimiento.[23] Por otra parte, pudo verse que este efecto de pinzas entre la tasa de interés y el crecimiento estaba en el origen del déficit público y de la reciente inestabilidad financiera.

¿Qué principios deberían guiar a las políticas macroeconómicas –monetaria y presupuestaria– para salir del actual callejón sin salida?

---

[23] Esta condición fue señalada por las teorías del crecimiento con el nombre de "regla de oro". La idea es que el crecimiento óptimo –el que maximiza el consumo a largo plazo– se obtiene cuando la tasa de interés es igual a la tasa de crecimiento de la producción.

• *Una necesaria flexibilidad de la política monetaria*

El objetivo prioritario de la política monetaria debe ser el de bajar las tasas de interés para llevarlas al nivel de la tasa de crecimiento del PIB. Esta distensión monetaria se inició a principios de los años 1990 pero sigue siendo muy insuficiente: las tasas de interés siguen siendo muy superiores a la tasa de crecimiento del PIB, como lo muestra el cuadro 15. Para tener éxito, esta política de disminuir las tasas debe satisfacer dos grupos de condiciones. En primer lugar, la caída de las tasas de interés debe ser general, y concertada entre los principales países industrializados, dada la interdependencia actual de los sistemas financieros nacionales.[24] En segundo lugar, es importante que todas las tasas de interés sean afectadas por esta baja. Las autoridades monetarias no controlan más que las tasas de corto plazo. Pero las tasas a largo plazo son las más estratégicas para el financiamiento de las inversiones productivas y de la deuda pública. Según la teoría más expandida sobre la estructura de las tasas de interés, las tasas de interés a largo plazo corresponden a las tasas de interés a corto plazo esperadas para el futuro, aumentadas en una "prima de riesgo".[25] Esta prima de riesgo depende especialmente de la credibilidad de la política monetaria que está basada, según la teoría moderna [Barro y Gordon, 1983], en la noción de "coherencia temporal": una política sólo es juzgada "creíble" cuando es sostenible en el tiempo, es decir si no es susceptible de ser cuestionada en el futuro.

Durante el período reciente, las autoridades monetarias de los principales países industrializados procedieron a una baja significativa de las tasas de interés a corto plazo; pero ésta no repercutió más que parcialmente sobre las tasas largas, como lo muestra el cuadro 15. Para la Europa de los Quince, por ejemplo, de 1990 a 1995 la tasa de interés promedio a corto plazo bajó 4 puntos, mientras que la tasa de interés a lar-

---

[24] Si los principales países industrializados no bajan conjuntamente sus tasas de interés, se acrecentará la brecha entre los tipos de cambio de las principales monedas, con lo que se corre el riesgo de atraer movimientos de capitales desestabilizadores. El análisis económico (se trata de la teoría de la paridad de las tasas de interés no cubierto) enseña, en efecto, que son los diferenciales del rendimiento esperado de los activos, expresados en las diferentes monedas, los que suscitan los movimientos internacionales de capitales.

[25] Este enfoque de la estructura por plazos de las tasas de interés corresponde a la teoría llamada del "hábitat preferido", que explica el hecho de que las tasas a largo plazo sean generalmente superiores a las de corto plazo por los riesgos vinculados a la incertidumbre del futuro.

go plazo sólo siguió este movimiento de distensión en alrededor de 2 puntos: así, la brecha entre tasas largas y cortas ha tenido recientemente tendencia a crecer. Hubo entonces un aumento de la "prima de riesgo" medida por esta brecha de tasas, lo que puede ser interpretado como una pérdida de credibilidad de las políticas monetarias.

En resumen, una baja coordinada y creíble de las tasas de interés en la economía mundial sería mucho más eficaz para reducir el déficit público que las políticas actuales de aumento de los impuestos y de disminución de los gastos públicos de funcionamiento o de capital. A modo de ejemplo, en los países de la Unión Europea, cuya razón promedio deuda pública/PIB era del orden del 70% en 1995 (véase el cuadro 4), una baja de 2 puntos en la tasa de interés pagada sobre la deuda pública reduciría el déficit público promedio en 1,4% del PIB. El nivel promedio del déficit público en la Unión Europea, estimado en –4,5% del PIB en 1995, tendería así hacia la norma de –3% por la que se optó en el tratado de Maastricht. Y, sobre todo, los países de la Unión Europea se beneficiarían con el proceso de reducción de la importancia relativa de la deuda pública; en efecto, la tasa de interés promedio aparente de la deuda pública; estimada en cerca de 7,5% (véase el cuadro 4) sería llevada al 5,5%, con lo que se volvería inferior a la tasa de crecimiento (nominal) del PIB, que ha sido de +6,3% en 1995.[26]

• *Una gestión diferente de las finanzas públicas*

Es igualmente necesario rever los principios según los cuales se define hoy en los países industrializados la política presupuestaria. Según la ortodoxia liberal actual, la acción presupuestaria debe estar totalmente subordinada al objetivo de reducción del déficit público, de manera de apaciguar el temor de los mercados. Poco importa la naturaleza del déficit y la manera en que sea reducido. Toda forma de falta de participación del Estado es favorable a la economía. Tal concepción es evidentemente ineficaz y peligrosa, y se encuentra totalmente desfasada de las enseñanzas del análisis económico.

Los propios teóricos liberales han evolucionado recientemente y admiten ahora el papel positivo que tiene el Estado en el crecimien-

---

[26] Ciertamente, este razonamiento debe ser interpretado con prudencia porque se apoya en datos promedio del conjunto de los quince países de la Unión Europea, cuyas finanzas públicas están en situaciones muy diferentes.

to.[27] Han presentado modelos de "crecimiento endógeno" que ponen el acento sobre la importancia que tienen para el crecimiento las inversiones en los ámbitos de las infraestructuras, de la capacitación, de la investigación y del desarrollo [Guellec y Ralle, 1995]. En todos estos casos, la intervención del Estado está justificada.

Cuadro 15
Evolución de las tasas de interés a corto y a largo plazo, y del crecimiento del PIB (tasas de interés nominales y tasa de crecimiento en porcentaje anual)

	1990	1991	1992	1993	1994	1995
Estados Unidos						
Tasas de interés a corto plazo	7,8	5,5	3,5	3,1	4,6	6,2
Tasas de interés a largo plazo	8,6	8,1	7,7	6,6	7,4	7,4
Crecimiento del PIB nominal	5,6	3,2	5,2	5,4	6,0	5,8
Japón						
Tasas de interés a corto plazo	7,8	7,4	4,4	3,0	2,3	1,6
Tasas de interés a largo plazo	7,5	6,7	5,3	4,0	4,2	3,7
Crecimiento del PIB nominal	7,2	6,3	2,8	1,0	0,9	2,3
Europa de los Quince						
Tasas de interés a corto plazo	11,6	11,0	11,3	8,6	6,7	7,3
Tasas de interés a largo plazo	11,1	10,3	9,9	8,1	8,2	8,9
Crecimiento del PIB nominal	8,4	7,2	5,5	3,1	5,5	6,3

Fuente: Economía Europea y perspectivas económicas de la OCDE.

De igual modo, una relectura de la obra de Keynes revela que éste tenía una concepción de la política presupuestaria muy diferente de la que apoyaron sus detractores liberales [Orio y Quiles, 1993]. En sus escritos de posguerra[28] Keynes sugería distinguir entre dos presupuestos:
– un *presupuesto corriente* u *ordinario*, que debe estar, de manera ideal, enteramente financiado por los impuestos; y
– un *presupuesto de inversión* (*capital budget*), que contiene el programa de inversión pública a largo plazo, y que está financiado con préstamos.
La ventaja de esta gestión presupuestaria es clara: permite establecer en un horizonte plurianual las prioridades del estado en materia de in-

---

[27] Se trata de la escuela de los "nuevos clásicos" cuyos principales representantes son los economistas norteamericanos Barro, Lucas y Romer.
[28] Por ejemplo, *White Paper* sobre la política del empleo (1944).

versiones públicas así como los recursos que serán utilizados para su financiamiento. Tal política permite hacer llegar un mensaje claro sobre las intenciones del estado al conjunto de los agentes económicos.

El llevar adelante políticas presupuestarias definidas según estos principios tendría una triple ventaja en relación a la situación actual:

– introduciría un mayor rigor en la administración de las finanzas públicas;[29]

– tranquilizaría a los mercados y aumentaría la credibilidad de la política presupuestaria, con los efectos benéficos que esto comportaría (reducción de la inestabilidad, y caída de las tasas de interés a largo plazo);

– permitiría salvaguardar el papel positivo del estado para el crecimiento en lo que se refiere a la inversión pública.[30]

Para concluir, puede resumirse el análisis presentado en este trabajo remarcando que las políticas económicas llevadas a cabo por los principales países industrializados están, a mediados de los años 1990, en un callejón sin salida: al liberalizar los sistemas financieros las autoridades públicas se pusieron a merced de los mercados. Estos últimos impusieron entonces políticas de ajuste que engendraron una desaceleración del crecimiento así como un aumento de los desequilibrios y de la inestabilidad económica y financiera. El círculo vicioso de la deuda pública, alimentado por el alza de las tasas de interés, originada a su vez en las políticas monetaristas y liberales, es la mejor ilustración del fracaso de estas últimas.

Sólo una política cooperativa de "re-reglamentación" financiera, acompañada de una distensión monetaria junto a una política presupuestaria rigurosa que rehabilite el papel motor del gasto público, podría sacar a la economía de los países industrializados de la actual situación de inestabilidad y de crecimiento lento. En otras palabras, es necesario proceder a una revisión radical de los principios que inspiraron las políticas económicas desde fines de los años 1970.

---

[29] De esta manera, las autoridades presupuestarias deberían renunciar a algunas prácticas aberrantes, como la afectación de los ingresos de las privatizaciones al financiamiento de los gastos de funcionamiento o de las transferencias del Estado, como ocurrió recientemente en Francia.

[30] Respecto de esto hay que recordar que, en la mayoría de los países industrializados, la proporción en el PIB de los gastos públicos en capital ha tenido tendencia a disminuir, lo que resulta inquietante para el crecimiento futuro.

Capítulo 5

El papel activo de los grupos predominantemente industriales en la financiarización de la economía

Claude Serfati[*]

Introducción

El papel principal que tienen los grandes grupos en la economía mundial es innegable. Recordemos solamente que la facturación de *General Motors* es más importante que el PNB de Dinamarca, el de *Exxon* superior al PNB de Noruega, y el de *Toyota* superior al PNB de Portugal. Entonces, no es posible subestimar su papel, cuando se sabe que en 1992 las 200 firmas multinacionales más grandes tuvieron una facturación equivalente al 26,8% del PIB mundial, proporción que ha estado en crecimiento continuo durante la década (24,2% en 1982) (Clairmont y Cavanagh, 1994), y que algunas centenas de grupos tienen flujos intrafirmas equivalentes a alrededor del 30% del comercio mundial. Esta hegemonía sobre los flujos comerciales y de inversiones es ampliamente conocida y frecuentemente comentada, lo mismo que su impacto sobre los sistemas productivos nacionales y el empleo.

Por el contrario, la dimensión financiera de su actividad es objeto de muy escasos análisis que, a su vez, chocan con una falta evidente de estadísticas, por no decir con una fuerte opacidad. Los organismos internacionales siguen sin disponer de datos sintéticos relativos a la intervención de los grandes grupos mundiales en los mercados cambiarios, en los cuales las transacciones financieras diarias habrían alcanzado en 1995, según el Banco de Pagos Internacionales (BPI), a 1,24 billones de

---

[*] Profesor adjunto y miembro del C3ED en la universidad de Saint-Quentin en Yvelines.

dólares. Los pocos elementos disponibles indican que los grandes grupos intervienen en esos mercados de manera organizada y frecuentemente masiva.

La mundialización financiera ha elevado considerablemente el grado de liquidez y la movilidad de los recursos que esos grupos centralizan. También ha hecho crecer de manera explosiva las actividades financieras de los grupos, como lo atestigua el fuerte crecimiento de sus oficinas y departamentos financieros, y la importancia de sus operaciones en los mercados cambiarios. Nos parece claro que esta presencia activa de los grupos con predominio industrial en el seno del sistema financiero mundializado, que se viene constituyendo progresivamente desde hace unos veinte años, ha modificado profundamente sus decisiones estratégicas en lo referente al modo de valorización de su capital. En realidad, se vuelven cada vez más claramente grupos financieros. Es cierto que tienen un predominio industrial pero, en un contexto económico de fuerte incertidumbre acerca de las perspectivas económicas, sus decisiones relativas a las actividades de producción están cada vez más encerradas en la red de restricciones y oportunidades creadas por las "finanzas globalizadas". Este comportamiento explica que los grupos, siguiendo el ejemplo de las instituciones bancarias y financieras (los fondos de pensión, de colocaciones, etc.) hayan contribuido ampliamente a la financiarización de la economía mundial.

Este capítulo comienza con una presentación de la noción de grupo. A la cabeza de un grupo hay una sociedad holding que centraliza los activos, calificados de "productivos" y de "financieros", que son generadores de ingresos. La hipótesis que se propone aquí es que las discrepancias entre estas dos formas de valorización, muchas veces consideradas como ubicadas en "polos" opuestos, son hoy claramente menos marcadas de lo que habitualmente se dice. El uso de la noción de capital, considerado como una masa de dinero susceptible de valorizarse («A'» acumulado > «A» adelantado), permite comprender que los grupos disponen de recursos diversificados para facilitar la circulación del capital-dinero, en el cual las formas productivas y financieras se entrecruzan de manera permanente. En este marco, la búsqueda de ingresos financieros rápidos ha encontrado un terreno propicio en los mercados cambiarios, donde la actividad mundial de los grupos los lleva forzosamente a implementar una gestión centralizada de tesorería. Esta gestión ha sido alentada por las medidas de desregulación y de liberalización de los mercados, así como por las incesantes innovaciones.

Después el análisis se apoya en el comportamiento de los grupos franceses que se lanzaron al proceso de mundialización de sus actividades a partir de comienzos de los años 1980. El crecimiento de sus actividades financieras, contrariamente a lo que han afirmado algunos análisis (fundados con frecuencia en los "modelos de administración de carteras"), ejerce efectos negativos sobre la inversión productiva. En Francia, por lo menos, refleja una situación considerada como atípica, ya que la tasa de autofinanciamiento (relación entre la capacidad de autofinanciamiento y la inversión productiva) es, desde 1992, claramente muy superior al 100%. La reconstitución de las ganancias de los grandes grupos franceses resulta, en parte, de la financiarización de sus actividades. Esta reconstitución se ha visto facilitada desde 1983 por una compresión espectacular de los costos salariales, acompañada de un derrumbe de la inversión productiva y de un aumento considerable de las colocaciones financieras.

La presencia de los grandes grupos multinacionales como miembros activos del sistema financiero mundializado tiene como contrapartida el hecho de que ellos mismos son considerados cada vez más como "activos de rendimiento" por los fondos de pensión y de arbitraje (*pension funds* y *hedge funds*) y otros "inversores institucionales", cuyos representantes en los consejos directivos mantienen los ojos clavados en la distribución trimestral de dividendos. El triunfo de la mundialización financiera hace pensar que esta situación, que prevalece en los Estados Unidos, ya se ha propagado a los otros grandes países industrializados. Los efectos devastadores que produce a escala planetaria son ya medibles en términos de empleo, de cuestionamiento de los derechos colectivos y sociales (ahora denominados "privilegios"), y de marginación de capas enteras de la población mundial (Morin, 1974, p. 19).

Los grupos como polo del capital financiero

En una definición que luego fue ampliamente retomada por los investigadores franceses que trabajaban sobre ese tema, F. Morin describía al grupo, en 1974, como:

"El conjunto formado por una sociedad madre (llamada generalmente holding del grupo) y las sociedades filiales ubicadas bajo su control. La sociedad madre es, entonces, antes que ninguna otra cosa, un centro de decisión financiero, mientras que las sociedades ubicadas bajo su control sólo son, la mayoría de las veces, sociedades productoras. De esta manera, el papel esencial de una sociedad madre es el arbitraje permanente de las participaciones financieras que posee, en función de la rentabilidad de los capitales involucrados. Es la función de arbitraje de la sociedad madre la que confiere al grupo su carácter financiero (Morin, 1974, p. 19)."

La estructuración en grupo, "en torno a un centro financiero y por medio de una red de vínculos (principalmente financieros pero en algunos casos también personales)", de un conjunto eventualmente muy diversificado de sociedades, ha sido caracterizado por M. Beaud (1977, p. 92) como constituyendo "el modo dominante de segmentación del capital en el estadio actual del capitalismo". Más o menos en la misma época, cuando concluía una primera ola de reestructuraciones y de concentración del capitalismo francés, implementados en el marco de la política de De Gaulle y luego de Pompidou, O. Pastré y B. Marois observaban que el capitalismo se estructuraba, a partir de ese momento, alrededor de grupos financieros con predominio bancario, comercial o industrial (Marois y Pastré, 1977).

De manera paradójica para todos aquellos que consideran que, en economía, el trabajo de investigación debería contribuir a una mejor comprensión de los problemas notorios y nuevos que se plantean, la reflexión acerca de la noción y el comportamiento de los grupos, en particular sobre la naturaleza de las relaciones entre sus actividades industriales y financieras ha decaído, particularmente en Francia, en el mismo momento (la década 1980) en que la mundialización financiera permitía su pleno despliegue como polo del capital financiero o capital-dinero concentrado. Hay que precisar, entonces, lo que en nuestra opinión abarca esta expresión.

El capitalismo funciona como una "economía monetaria de producción".[1] La valorización del capital debe adoptar entonces la forma universal encarnada en el dinero y, a fin de cuentas, llegar a que la masa de dinero acumulada por su tenedor al final del proceso sea superior a la invertida al comienzo del mismo («A'» acumulado > «A» adelantado). Esta valorización no resulta de una propiedad intrínseca o

---

[1] Nos encontramos entonces en una posición opuesta a la que concibe a la economía como una "feria" (el *paradigm of the fair* ironizado por Minsky) donde cada uno se queda con el excedente proveniente de los productos que no ha consumido, con el fin de intercambiarlos con otros productores que también desean desembarazarse de sus excedentes.

"natural" del dinero, que sería capaz de valorizarse por sí mismo, sino del hecho de que el capital constituye una relación social que permite apropiarse de una parte del valor creado por el proceso de trabajo. Sin embargo, el capital puesto en movimiento parece desdoblarse: al lado del capital existente bajo la forma de equipos productivos, que sirven de base para el proceso de trabajo, existe otra forma de capital, compuesta de derechos de propiedad y de acreencias, que dan testimonio del derecho de sus tenedores a una participación en el valor creado. El capital parece así promovido a "una doble existencia, jurídica y económica" (Marx, 1975, p. 542). Hoy, cuando reina lo que J. P. Fitoussi llama la "tiranía financiera (1995)", la dominación del capital-dinero en su forma productiva confiere un interés cierto al examen de los efectos de esta capacidad de "desdoblamiento".

Este capítulo no es el lugar para analizar los profundos cambios en las condiciones financieras y monetarias de la acumulación, que hicieron posible durante la historia del capitalismo esta dominación cada vez más hegemónica del capital-dinero. Sin embargo, es necesario señalar la decisiva ruptura que en 1914 introduce el fin de un sistema fundado en la convertibilidad de las monedas en oro (véase Brunhoff, 1967 y 1973), así como la importancia determinante de la posición "asimétrica" de los Estados Unidos, donde la emisión –hasta el presente sin límites– de títulos de la deuda pública constituye, desde comienzos de los años 1960, una condición permisiva para la explosión de las transacciones financieras internacionales. Desde el ángulo aquí considerado, los créditos abiertos por los bancos y los múltiples instrumentos financieros creados son otras tantas formas de capital-dinero, ya que pueden valorizarse gracias a su circulación (compras/ventas, créditos/préstamos). Ahora bien, la proliferación de este tipo de capital, facilitada por las innovaciones financieras, la liberalización y la desregulación de los mercados financieros (la "globalización financiera"), no significa solamente su "autonomización" dentro de la esfera financiera y su excrecencia en relación al capital productivo puesto en movimiento por el proceso de trabajo. La fructificación de este capital-dinero –en la forma de dividendos, intereses y variedades "híbridas" de rendimiento– se apoya, a fin de cuentas, sobre el valor creado en la esfera de la producción de bienes. Hoy en día, la "tiranía de los mercados" no significa nada diferente del derecho de aquellos que centralizan este capital-dinero después de haberlo creado y multiplicado, a atribuirse una parte desmesurada de las riquezas creadas en el proceso de producción.

La estructuración del capital bajo la forma de grupos, forma que domina ahora en el capitalismo mundial, lleva a veces hasta su extremo la separación entre los procesos de producción de bienes y servicios creadores de valor (la puesta en movimiento del capital productivo), y aquellos vinculados a la apropiación y a la captación de ese valor (movimiento propio del capital-dinero). La razón de ser casi exclusiva de la sociedad holding, que se encuentra en la cima de todos los grupos organizados como tales, es precisamente organizar una gestión centralizada del capital-dinero bajo la forma de activos generadores de ingresos, tanto si esos activos representan un capital productivo valorizado en las filiales "industriales", como si están compuestos de derechos de propiedad y de acreencias destinados a ser valorizados en los mercados financieros.

A partir de ese momento se puede hablar de una estrategia de valorización diferenciada o "global" de su capital. En el sentido más corriente de la economía industrial, tal estrategia significa que, con la mundialización de la economía, el horizonte de las firmas se haya tornado inmediatamente planetario. Pero diremos también que su estrategia es *global* en el sentido de que se apoya en una valorización extremadamente diversificada de su capital. Ciertamente, pensamos en dos formas que, de alguna manera, son "polos opuestos" de valorización de su capital. Se trata, por un lado, de las inversiones industriales realizadas por las filiales y, por otro, de las colocaciones puramente financieras realizadas en mercados. Sin embargo, el triunfo del capital-dinero, que nos parece fuertemente característico del capitalismo "fin de siglo", también les permite a los grupos que centralizan derechos de propiedad y acreencias de diversa naturaleza, apropiarse por este medio del control de una parte de la "cadena de valor" creada en otro lado. Los acuerdos de cooperación con asociados de fuerza inferior o el recurso a la subcontratación ofrecen a los grupos tales oportunidades. Lo mismo puede decirse de la constitución de "redes de firmas", cuyo auge espectacular ha constituido generalmente un procedimiento flexible y eficaz para que los grandes grupos extiendan y diversifiquen su control sobre la "cadena de valor" (véase Chesnais, 1994 y 1996) y obtengan allí su parte.

Estas formas diversificadas de valorización del capital-dinero son calificadas muchas veces como "productivas". En realidad, son más bien testimonio de una reducción de la frontera entre lo que resulta (en los ingresos apropiados por los grupos) de una creación de valor ligada a la actividad productiva llevada a cabo como tal, y lo que es captación, gracias a la tenencia de derechos de propiedad y de acreencias, de una fracción del valor creado por una producción exterior al grupo. Además, estos derechos y acreencias pueden servir de base para una valorización puramente "financiera" en los mercados, gracias a su circulación continua a lo largo de una cadena de transacciones automatizadas, en la cual los eslabones son los departamentos de gestión financiera. En resumen, nos encontramos en presencia de un movimiento del capital-dinero dentro del cual las formas productivas y financieras se cruzan de manera permanente.

En este marco, la globalización financiera ha permitido a los grandes grupos desplazar la valorización de su capital hacia los "mercados financieros". La gestión centralizada de los ingresos y egresos a corto plazo les ha permitido, en particular, acrecentar el grado de liquidez del capital, y dotarse de una "fuerza de negociación" financiera eficaz para la intervención en los mercados cambiarios.

Una gestión centralizada de la tesorería

Las ventajas en materia de gestión financiera que pueden lograr los grupos a partir de una gestión centralizada de sus capitales han sido señaladas desde hace tiempo por los especialistas de la gestión financiera internacional (Marois, 1979; véase también Klein y Marois, 1985) y son ampliamente explotadas por las direcciones financieras y/o los estudios contables que trabajan con ellas. Son numerosos los medios que permiten a los grupos organizar una circulación interna, entre las filiales, de los recursos y de su asignación financiera, y tan incontrolables que los gobiernos y las instituciones internacionales, en nombre del liberalismo, han renunciado a cualquier control verdadero de los movimientos de capitales. Las técnicas más frecuentemente mencionadas en los manuales de gestión financiera, utilizadas para transferir esos fondos, son las "distribuciones de dividendos de una filial a otra, préstamos y créditos internos, y manipulación de los precios de cesión interna" (Richard *et al.*, 1987). Estos movimientos tienen para los grupos la ventaja de ser "no transparentes para el análisis externo" (*ibid.*, p. 387).

Durante los años 1970, luego del estallido del sistema del patrón oro, esta circulación les permitía ya a los grupos sacar provecho de las diferencias nacionales en la imposición fiscal de los beneficios, del costo de tomar capital en préstamo e, incluso, de la posibilidad de modificar las reglamentaciones relativas a la reinversión de los beneficios en el lugar, que ellos juzgaban restrictivas. Durante los años 1980 estas ventajas no fueron abandonadas sino, por el contrario, reforzadas por el provecho que pudieron sacar las direcciones de los grupos de la enorme inestabilidad de los tipos de cambio.

Durante los años 1980 los grupos privilegiaron generalmente una gestión centralizada de su caja,[2] y algunos especialistas observaron que este proceso de centralización tuvo un sentido inverso a la descentralización que realizaron los grupos (Desbrières y Minetti, 1992) en numerosas actividades vinculadas con la producción. La gestión centralizada de los cronogramas de ingresos y egresos presenta tres formas principales: el *netting* (o contabilidad monetaria de grupos), el *cash pooling* (centralización de los activos líquidos a corto plazo) y, más recientemente, por lo menos en Francia, los centros (o sociedades) que administran el conjunto de pagos y cobros en divisas realizados por las filiales. La gestión centralizada de la tesorería tiene por lo menos tres ventajas para los grupos: les da una "fuerza de negociación" más importante cuando intervienen en los diferentes segmentos de los mercados financieros internacionales, lo que, a su vez, les permite obtener tarifas más competitivas en esos mercados.[3] Además, trae consigo una disminución de los costos de transacción pagados a los bancos, ya que es el gerente financiero del grupo quien se encarga de las compensaciones, y sólo se dirige a los bancos para el saldo residual. Una última ventaja proviene de la posibilidad de obtener ganancias de los movimientos y plazos vinculados a los pagos, utilizando el dinero disponible de las filiales para favorecer, por ejemplo, "posiciones largas" en divisas en las que se espera un alza.[4] La técnica es antigua, pero las masas financie-

---

[2] Una excepción notable en Francia fue la empresa Cementos Franceses (14.000 millones de francos de facturación en 1993). Véase N. Raulin, "Ciment français: une stratégie à contre-courant?", *Option Finance*, 7 de abril de 1994.

[3] "Treasurers put their views on banks", *Euromoney*, mayo de 1995.

[4] Una *posición de cambio* mide la diferencia entre la tenencia de divisas y las que se reciban, y las divisas debidas y las que se han de entregar. Se la llama "larga" cuando los créditos en divisas superan a los compromisos en divisas (e inversamente en el caso de una posición "corta"). Así, dos responsables de *Electricité de France (EDF)* han podido decir: "Nuestras emisiones en francos suizos nos exponen a un riesgo de cambio, pero estimamos que es un riesgo admisible, teniendo en cuenta el diferencial de tasa de interés y la proporción de nuestra deuda en divisas en la deuda total de la empresa", *Option Finance*, 29 de junio 1994.

ras en juego y la organización sistemática ubican a estos comportamientos bien lejos de la práctica del calce de los tiempos, que fue una receta de los años 1960 y 1970, y que hoy parece un método más bien artesanal, según la expresión de Y. Simon (1988, p. 332). En el caso de los grupos norteamericanos hay que agregar los enormes *cash-flows* que abandonan cada tarde las plazas estadounidenses mediante colocaciones en eurodólares y otros instrumentos de alto rendimiento, para ser luego nuevamente transferidos a los Estados Unidos en la mañana del día siguiente. Esto lo hacen para escapar a las prácticas de los bancos norteamericanos, que no otorgan ningún interés a las colocaciones por 24 horas.[5]

De estas modificaciones resulta, por regla general, que la gestión financiera de los grandes grupos, organizada antes en departamentos esencialmente funcionales que administraban la liquidez, y luego, a partir de los años 1970, en departamentos de gestión del riesgo financiero (es decir, esencialmente los riesgos cambiario y de tasa de interés), hoy funcionan como centros de ganancia (Bruslerie, 1993) en el sentido pleno del término. La gestión de la tesorería se ha vuelto una función esencial que se asume en el más alto nivel de dirección. Es lo que los teóricos de la gestión financiera llaman una gestión global de los flujos de caja multidivisas. La "obligación de resultados" que de esto se desprende lleva a los grupos no solamente a intervenir de manera permanente en los mercados cambiarios sino también a desarrollar comportamientos especulativos.

Podemos volver a dimensionar los cambios esenciales ocurridos durante los años 1990: la distinción tradicional presentada en los manuales de gestión, entre cobertura y especulación, resulta ser hoy una de las más utilizadas. Los grupos deben *intervenir imperativamente*, y aquellos que se abstengan de hacerlo se encontrarán presos del riesgo de variación de la cotización de las divisas. El presidente de la *Association Française des Trésoriers d'Entreprise* (AFTE) dice que "no hacer nada es a menudo más peligroso que hacer algo" (Nau y Delhommais, 1994). Las variaciones de los tipos de cambio o de las tasas de interés pueden, efectivamente, modificar de manera importante el monto de los ingresos o de los desembolsos ligados a contratos comerciales. La dirección de *Aerospatiale* estima que la caída del dólar en el primer semestre de 1995 tuvo un efecto negativo sobre sus resultados (deficitarios en 105 millones de francos),

---

[5] Agradezco a R. Guttmann el haberme suministrado esta información.

mientras que con un tipo de cambio idéntico al del primer semestre de 1994 el resultado hubiera sido positivo (de 665 millones de francos). Otro ejemplo: un estudio de S. G. Warburg realizado a pedido de *LVMH*, que realiza el 80% de su facturación en exportaciones, estima que variaciones positivas del 20% en el dólar o el yen traerían consigo un aumento del beneficio neto, después de computar los impuestos, de 6% a 7% y de 5% a 6% respectivamente. Como lo indica H. de la Bruslerie, los riesgos de cambio y de interés "crean una especificidad propia de los gastos financieros: ningún otro ítem de los costos de explotación es susceptible de variar desde un determinado valor al doble" (p. 51). Por otra parte, la cotización a término de una divisa tiende a ser la norma sistemática utilizada por los grupos para determinar la cotización económica interna, ya que se supone que, si la empresa lo desea, fija definitivamente la cotización y por lo tanto el monto en la divisa de referencia (es decir, la del país donde está la dirección del grupo) (Boussard y Sleziak, 1990). No obstante, tal decisión no da más que una seguridad ilusoria, ya que deja enteramente abierta la elección del plazo y del medio de cobertura utilizados y, además, aumenta el costo de la transacción comercial. Por lo demás, la AFTE señala los peligros de una "cobertura a término sistemática" (Schlumberger, 1995).

Esta es la razón por la cual, en el contexto actual, los gerentes financieros de algunas grandes empresas tratan no sólo de "hacer algo" para cubrir las actividades comerciales de su empresa, sino que también se ven incitados a compensar la disminución de márgenes que las direcciones comerciales deben consentir a causa de la competencia, por medio de intervenciones en los mercados cambiarios. Hoy la situación es tal que muchas direcciones consideran que deberían soportar un costo de oportunidad si su grupo no interviniera de manera sistemática y permanente en estos mercados para tratar de obtener ingresos financieros. Esto ha llevado frecuentemente a los grupos a desarrollar sus actividades financieras en el seno de bancos que han creado o adquirido. En este punto los grupos franceses parecen bien ubicados ya que, según K. Ohana, los bancos de grupos son una característica "particularmente francesa" y "particularmente actual". Ohana estima que las medidas de desregulación y de liberalización de los mercados, tomadas en Francia a partir de 1984, han suscitado una reactualización del interés por los bancos de grupo: "Así, la banca tradicional que, hasta el presente, estaba integrada verticalmente dentro de un grupo, como un servicio auxiliar de las otras filiales, desde hace poco se integra en el grupo horizontalmente, tornándose una actividad estratégica y un centro de ganancia en sí mismo (Ohana, 1991, p. 45)."

Los grupos industriales han emprendido un movimiento acumulativo: desarrollan sus competencias y refuerzan sus departamentos financieros y de gestión de la caja para enfrentar la inestabilidad financiera y la extrema volatilidad de los mercados cambiarios. Pero al hacerlo se vuelven actores principales, al lado de los bancos y de los inversores institucionales, contribuyendo con su intervención a agravar la inestabilidad financiera, ya que ésta lleva a transformar las monedas nacionales en simples activos financieros. El nivel y la orientación de sus inversiones industriales están cada vez más marcados por esta actitud, agravando a su vez el estancamiento económico.

Los mercados cambiarios: una restricción y una oportunidad para los grupos industriales

Resulta comprensible que sea cada vez más alrededor de los mercados cambiarios, en los cuales las oportunidades y los riesgos son muchas veces superiores a los que generan las actividades industriales, donde se organicen las actividades financieras de los grandes grupos industriales. Los mercados cambiarios, desde el estallido del sistema de Bretton Woods y la implementación de tipos de cambio flotantes, se han vuelto progresivamente un punto focal para los grupos multinacionales, y son el epicentro del sistema financiero mundializado que se viene constituyendo, en etapas, desde hace unos veinte años. La inestabilidad de los tipos de cambio hace que ahora cada transacción de bienes y servicios esté envuelta en una cadena de transacciones de créditos cuya longitud aumenta regularmente, al ritmo de las permanentes innovaciones financieras y de la utilización de medios de comunicación y de gestión cada vez más rápidos. Para un grupo multinacional, toda decisión en el ámbito industrial, aun cuando se sitúe en un horizonte de corto plazo, debe tomar en cuenta una multiplicidad de variables financieras, como la evolución de los tipos de cambio, la comparación de las tasas de interés según su plazo y según los países, etc. Acabamos de ver que los desafíos en relación a la facturación y a los resultados son considerables.

Ahora bien, los grandes grupos multinacionales, con la dimensión que actualmente han alcanzado –ya que su facturación es superior al

PNB de muchos países desarrollados– secretan considerables transacciones cotidianas y movimientos de fondos entre fronteras. Es por eso que algunos de ellos disponen de departamentos de gestión financiera que no tienen nada que envidiar a los de los bancos.[6]

Los datos referidos a la intervención de los grupos con especialización industrial son escasos. Pero la ausencia de datos precisos sobre el lugar que ocupan los grupos multinacionales no debe llevar a subestimar la transformación de orden cualitativo que supone el nivel de sus intervenciones.[7] El estudio del FMI (Goldstein *et al.*, 1993, p. 22), que analizó con precisión la manera en que se llevó a cabo durante el verano de 1992 el ataque en los mercados cambiarios (ataque que un año más tarde dominaría al sistema monetario europeo), no da indicaciones estadísticas pero, sin embargo, precisa que si bien los "*hedge funds* actuaron como vanguardia, las verdaderas fuerzas de choque financieras fueron los inversores institucionales y las empresas no financieras [es decir, los grandes grupos multinacionales]". En el mercado de *swaps* (contratos de cambio), que tiene un crecimiento explosivo, las empresas realizan casi el 50% de las operaciones de *swaps* de monedas y más del 35% de los *swaps* de tasa de interés (cuadro 1).

Puede entenderse que las ganancias engendradas rápidamente por una intervención activa en esos mercados puedan ejercer un poderoso magnetismo sobre las direcciones de los grupos, en un contexto donde la competencia se exacerba y el ejercicio de sus funciones se torna más difícil. Este comportamiento acrecienta la importancia de las estructuras vinculadas a actividades financieras puras, y coloca a los grupos industriales cada vez con más frecuencia a la "vanguardia" de las innovaciones financieras, por ejemplo, en los mercados de productos derivados. El productor de microprocesadores *Intel* ganó 183 millones de dólares desde 1990, gracias a un nuevo producto que creó su departamento financiero. El grupo farmacéutico *Merck* utiliza las competencias que su departamento financiero fue adquiriendo durante años en

---

[6] Puede observarse que, aun interviniendo en el mercado de opciones, el director de *Matra* ha afirmado que "en una empresa los departamentos especializados exclusivamente en gestión financiera son una herejía". Véase "Lagardère Groupe, la volonté de convaincre", *Option Finance*, 4 de setiembre de 1995. De manera manifiesta, este grupo aprecia más la constitución de bancos de grupo.

[7] Esta cuestión es tocada ligeramente por el informe del BPI (del 15 de junio 1992) que evoca "el aumento de tecnicismo y la importancia creciente de los departamentos financieros" en las firmas multinacionales (p. 220).

técnicas de modelización de sus programas de investigación y desarrollo (mil millones de dólares en 1993), para lanzarse a complejos programas de productos derivados. "Hasta ahora, el modelo marcha bien", afirma su director financiero... (Paré, 1994). Otros directores financieros no tuvieron esa misma suerte en 1994. La firma japonesa *Showa Shell Sekiyu* anunció 1.500 millones de dólares de pérdida en productos derivados de las monedas; la firma alemana *Metallgesellschaft* perdió 1.340 millones de dólares en los productos derivados petroleros; *Procter & Gamble* 200 millones de dólares en los productos derivados de la tasa de interés, etc. Algunos grupos franceses también han sufrido fuertes pérdidas en estos mercados, como *Seita*, que perdió 257 millones de francos en 1994 en diversos instrumentos financieros, entre los cuales se contaban complejos *swaps* de tasa de interés; y, más recientemente, *GIAT-industries* perdió centenas de millones de francos a causa de su azarosa colocación de los adelantos recibidos por la venta de tanques Leclerc a los Emiratos.

Cuadro 1
Monto acumulado y nuevos *swaps* de divisas a
fines de 1994, en miles de millones de dólares

Tomadores finales	Monto al 31.12.1993 (*swaps* de tasa de interés)	Nuevos *swaps* de tasa de interés en 1994	Monto al 31.12.1993 (*swaps* de divisas)	Nuevos *swaps* de divisas en 1994
Total	3.209,4	1.481,5	682,1	139,5
Instituciones financieras	1.715,7	780,0	222,9	49,3
Gobiernos	327,1	114,5	135,8	27,6
Empresas	1.166,6	587,0	323,4	62,6

Fuente: BPI, *Actividad bancaria e internacional,* agosto de 1995.

Resulta significativo que, según las respuestas a un cuestionario realizado por la revista *Fortune*, y a pesar de las pérdidas que acabamos de mencionar, una aplastante mayoría de las direcciones de los 200 primeros grupos norteamericanos interrogados no piensa retirarse de esos mercados de productos derivados, estimando que a partir de ahora forman parte de su horizonte estratégico. El 83% de ellos se consideraban satisfechos de los resultados obtenidos con los productos derivados pero, hecho revelador, sólo el 40% pensaba que ellos mismos daban a los accionistas información suficiente. Este entusiasmo de los grupos industriales está evidentemente alentado por los bancos, para los cuales las transacciones financieras constituyen la materia prima y cuya "tecnicidad" sigue siendo, en general, muy superior a la de sus clientes. Algunos grupos industriales, y no solamente los que sufrieron fuertes pérdidas, se quejan de la presión ejercida por los bancos para incitarlos a intervenir más masivamente en esos mercados (*Business Week*, 1994), dejándolos a veces desguarnecidos ante la complejidad y opacidad de las operaciones. Así, la acusación principal de *Procter & Gamble* en su proceso contra *Bankers Trust* se refiere a la no divulgación de los modelos matemáticos que sirven de base a los *swaps* de tasa de interés (Chabert, 1995).

Este involucramiento de los grupos trae consigo costos de gestión elevados: a título de ejemplo, en Francia, el costo para cubrirse del dólar a 5,30 F a seis meses es del 2,6% del monto nominal del contrato, y del 4,4% a dos años. En el mercado de opciones de tasa de interés, para asegurarse una tasa de interés del 6,5%, la opción a dos años cuesta 1,7% y a cinco años 6,5%.[8] Los costos promedio de cobertura de los productos derivados serían del 3% al 5% del monto de los contratos.[9] Además, costos fijos elevados incitan a los intervinientes a aumentar el volumen de sus operaciones en esos mercados. Todo lo cual eleva de manera duradera el umbral de rentabilidad económica de los proyectos industriales financiados con préstamos y sus múltiples coberturas pero, simétricamente, alienta a los grupos tenedores de liquidez a colocarla en esos mercados, con la esperanza de lograr una ganancia a la fecha de vencimiento de la opción.

---

[8] Estos datos se han extraído de la revista de *Saint-Gobain-Pont-à-Mousson*, de setiembre de 1994.

[9] La razón de este elevado costo se debe a la situación asimétrica en que se encuentran ambas partes del contrato: si bien el comprador de opciones parece no arriesgar más que el costo de la prima (ya que siempre puede abandonar su opción), el vendedor, en cambio, está obligado a ejecutar su contrato cuando el comprador se lo exige y, en caso de fuertes variaciones de las cotizaciones subyacentes, corre riesgos ilimitados de pérdida, que trata de compensar con montos elevados de las primas (Arnoud, 1994, p. 286).

El aumento de colocaciones financieras de los grupos franceses en los años 1980

Durante los años 1980 los grupos franceses se insertaron profundamente en el doble movimiento de globalización financiera y de mundialización de la economía. A pesar de algunas limitaciones, sobre las cuales volveremos más adelante, las cuentas sintéticas publicadas dan indicaciones sobre el auge espectacular de las colocaciones financieras. Un estudio comparativo en empresas de los países industrializados, dirigido por el BPI, indica, por otra parte, que desde 1983 es en Francia y Japón donde ha sido más fuerte el cambio en la estructura de los balances en favor de los activos financieros (Kneeshaw, 1995). Sobre este punto, puede observarse que las nacionalizaciones de 1981/1982 más bien han acelerado antes que desacelerado este movimiento. El examen de los datos de las cuentas nacionales sobre el origen y aplicación de los recursos financieros de las empresas (véase cuadro 2) muestra que fue precisamente a partir de 1982 cuando comenzó el muy rápido crecimiento de las compras netas de activos financieros, cuya composición se fue haciendo más compleja a medida que las decisiones de los sucesivos gobiernos (Fabius, Chirac, Rocard) ampliaron la gama de posibilidades ofrecidas a las empresas en condiciones de movilizar capitales importantes.[10]

Estas medidas (véase más adelante el recuadro dedicado a ellas) tenían por objeto inscribir a los mercados financieros y monetarios franceses en el movimiento de globalización descripto en los capítulos anteriores. Entre 1982 y 1989 la proporción de inversiones productivas, en la asignación de recursos de las empresas francesas, pasó del 76% al 47%, y las adquisiciones de activos financieros pasaron del 2,9% al 35,0%; este aumento se repartió en proporciones casi iguales entre las inmovilizaciones financieras (acciones y obligaciones) y las colocaciones (en títulos del mercado monetario y en Sociedades de Inversión de Capital Variable [SICAV]). A pesar de una desaceleración en el ritmo de adquisición de activos financieros desde 1990, la deformación de los balances de las sociedades y cuasi-sociedades no financieras (SQSNFP, "S10") en beneficio de los activos financieros, es muy clara cuando se mira la evolución de los montos entre 1980 y 1994. Y la ruptura que se pro-

---

[10] Sobre las medidas de desregulación y de incitación a la innovación financiera tomadas en Francia, véase Saint-Étienne (1990).

duce a partir de 1987 entre la evolución del stock de activos financieros y no financieros es bastante perceptible en el gráfico 1. La evolución del pasivo se caracteriza por el crecimiento de un modo de financiamiento "directo" en detrimento del crédito bancario, que había caracterizado tradicionalmente el comportamiento de las empresas francesas durante las tres décadas de la posguerra.

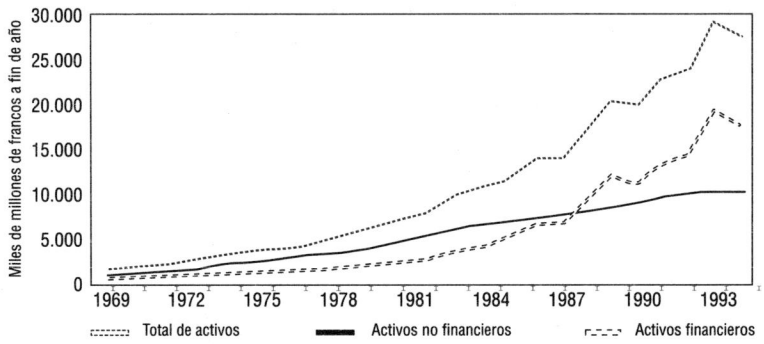

Gráfico 1
Evolución de los montos de activos financieros y productivos de las empresas francesas desde 1990

Fuente: "Vingt-cinq ans de comptes de patrimoines", *INSEE résultats,* núm. 348, 1994.

Entre las medidas importantes de liberalización de los mercados que interesan directamente a las empresas, se puede mencionar una, tomada en marzo de 1985, que les permitió intervenir directamente en el mercado monetario (hasta entonces reservado a los bancos e instituciones financieras) emitiendo obligaciones negociables, que son títulos negociables a corto plazo (desde diez días hasta siete años). A partir de 1989, las empresas pudieron emitir estas obligaciones fuera de Francia. La medida autoriza también a los bancos y a las instituciones financieras a emitir el mismo tipo de títulos, llamados, en este caso, certificados de depósito. Con estos títulos del mercado monetario (TMM) las empresas disponen no solamente de un acceso al crédito a tasas tan ventajosas como las ofrecidas por los bancos[11] sino también, en caso de tener liquidez disponi-

---

[11] El director de *Lafargue-Coppée* declara que su grupo se financia con tasas idénticas a las que logran los bancos para refinanciarse en el mercado interbancario (*Option Finance*, núm. 220, 20 de julio de 1992).

ble, de un medio de colocación financiera a corto plazo ya que, de hecho, en 1993, las emisiones de obligaciones por una duración de entre diez y cuarenta días representaron la casi totalidad (80%) de las emisiones. Esto es lo que indica la presencia de estos TMM ("F30" en la nomenclatura de la contabilidad nacional francesa) tanto en los recursos como en las aplicaciones de la cuenta financiera de las sociedades y cuasi sociedades no financieras: a fines del año 1994, la tenencia de créditos en TMM de las empresas se elevaba a 363.000 millones de francos, mientras que el monto de sus deudas en TMM se elevaba a 147.000 millones de francos.

Estas emisiones de obligaciones negociables, cuyo valor unitario es generalmente superior a 50 millones de francos, han registrado un crecimiento considerable y están reservadas a un puñado de grandes grupos: así, en 1993, *Nestlé-France* representaba por sí sola el 9% del total de emisiones, mientras que las 10 primeras empresas realizaron el 37% de las emisiones. Esto ocurre porque se piensa que las restricciones administrativas son importantes (publicación trimestral de estados de situación) pero, sobre todo, porque el mercado de obligaciones negociables exige una presencia continua, que obliga a las empresas a emitir obligaciones incluso en períodos con excedentes de liquidez, a fin de seguir siendo atractivas para la clientela. De acuerdo con algunos estudios (Belhomme *et al.*, 1991) este fenómeno de acceso directo de las empresas al mercado monetario se habría desarrollado más en Francia que en la mayoría de los otros países europeos.

Al término de esta evolución, que no ha requerido más que algunos años, las grandes empresas francesas tienen la posibilidad de "administrar sus fondos de corto plazo como un centro de ganancia" [BNP, *Lettre semestrielle*, 1993, p. 4].

El fuerte impulso de las actividades financieras de los grupos franceses y de la internacionalización de sus actividades han sido concomitantes. A partir de la mitad de los años 1980 se constató un crecimiento considerable de inversiones en el extranjero, que siguen concentradas en una cantidad limitada de grandes grupos (Banque de France, 1991): los grupos con más de 10.000 millones de francos realizan el 60% de las operaciones de crecimiento externo en el extranjero.[12] Este movimiento fue muy importante porque se dio con retraso respecto del emprendido por los grupos de otros países industrializados. La década de 1980 es la pri-

---

[12] Noción bastante difusa que comprende transferencias de activos, de tomas de participación, etcétera.

Cuadro 2
Origen y afectación de los recursos financieros de las empresas francesas. Estructura de los flujos anuales, en porcentaje

Afectación	1973	1977	1979	1982	1986	1989	Origen	1973	1977	1979	1982	1986	1989
Inversión (1)	74,3	64,7	78,0	71,0	68,8	47,6	Ahorro bruto	54,7	48,1	60,9	43,9	51,4	39,7
Variación de stocks	12,1	10,4	8,2	1,2	0,7	2,7	Transferencias (5)	1,1	1,0	0,9	1,1	3,0	1,4
Compras netas de activos financieros	2,4	3,1	2,9	10,4	17,1	36,4	Emisión neta de activos financieros	9,9	11,5	13,4	14,5	37,4	27,6
– acciones y participaciones	1,7	2,4	2,1	8,4	8,4	15,3	– acciones	8,0	8,9	12,1	11,5	29,6	20,2
– obligaciones	0,7	0,8	0,8	2,1	0,2	2,8	– obligaciones	2,0	2,6	1,3	3,0	4,0	2,5
– partes de SICAV	–	–	–	–	6,1	10,3	–obligaciones negociables	–	–	–	–	3,7	4,9
Títulos del mercado monetario	–	–	–	–	2,5	7,0	Variación neta de los créditos bancarios	34,2	41,4	24,8	40,5	-1,8	31,3
Variación neta de liquidez (2)	5,7	17,2	11,5	7,2	3,7	4,4	– a mediano y largo plazo	25,0	26,8	18,2	18,4	6,0	21,4
Variación neta de los otros créditos (3)	-1,9	-0,9	-2,4	7,2	11,6	8,4	– a corto plazo	9,1	14,6	6,6	22,1	-7,8	9,9
Ajuste (4)	7,4	5,5	3,8	2,9	0,1	1,5							
Total	100,0	100,0	100,0	100,0	100,0	100,0	Total	100,0	100,0	100,0	100,0	100,0	100,0

(1) Formación bruta de capital fijo y adquisición de terrenos y activos incorporados. (2) Depósitos a la vista y a término en agentes financieros. (3) Créditos comerciales y reservas de seguro. (4) Ajuste contable que resulta de la brecha entre el saldo de las operaciones financieras y la necesidad de financiamiento. (5) Subsidios a la inversión y otras transferencias de capital. El registro de variaciones netas no toma en cuenta más que el saldo de las variaciones que han afectado a un ítem. Por ejemplo, las empresas emiten cada año nuevas obligaciones, y reembolsan algunas de las emitidas anteriormente: el saldo es una "emisión neta de obligaciones".

Fuente: CERC 1990, reproducido en *Problèmes économiques*, 23 de enero de 1991.

mera en que el ritmo de crecimiento de las inversiones en el extranjero de los grupos franceses tiene el mismo orden de magnitud que el de sus competidores extranjeros.

La mundialización de las actividades industriales de los más grandes grupos franceses, saludada a veces de manera un poco enfática como un signo de dinamismo, cuando debería mas bien hablarse de "recuperación", ha sido un soporte robusto para el aumento de sus actividades financieras, de las que daremos algunos elementos cuantitativos. La "globalización" significa para ellos la posibilidad de administrar sus activos bajo formas diversificadas, sean industriales o financieras. En el terreno financiero, los más grandes grupos franceses llegaron rápidamente al nivel de los extranjeros. Es verdad que para evitar el control sobre los movimientos de capital, cuando todavía existía, varios grandes grupos habían implantado ya su centro de intervención en el extranjero (especialmente en Suiza).[13] Los grupos franceses comenzaron entonces a desarrollar una actividad financiera destinada a una clientela compuesta de firmas y, a veces, incluso de instituciones financieras. Venden servicios de ingeniería financiera, alquilan sus redes de transmisión de datos para la transferencia de pagos internacionales, su departamento de fusiones y adquisiciones realiza pericias para otras firmas, y la creación de bancos de empresas es cada vez más frecuente (Ohana, 1991).

El cuadro 3 suministra datos sobre el crecimiento de las actividades financieras realizadas en el extranjero por las empresas francesas.

Cuadro 3
Préstamos y colocaciones en el extranjero de las empresas francesas censadas por el Banco de Francia
en miles de millones de francos

	1991		1992		1993		1994	
	FF	Divisas	FF	Divisas	FF	Divisas	FF	Divisas
	5,3	17,8	16,4	20,3	16,8	23,2	20,7	30,5
Total de préstamos y colocaciones de las empresas	23,1		36,9		40,0		51,2	

Fuente: Balance de pagos, actualizado al 22 de mayo de 1995.

[13] "Las empresas francesas tienen una fuerte cultura de cambio, observa un banquero" (Nau y Delhommais, 1994).

> **Calendario de las principales innovaciones financieras concernientes a las sociedades y cuasi-sociedades no financieras**
>
> - 14 de diciembre de 1985: creación de los títulos de crédito negociables (entre los cuales están las obligaciones negociables para las empresas).
> - 22 de enero de 1991: apertura del mercado de obligaciones negociables a las empresas no residentes (Francia fue pionera, pues los mercados norteamericanos y japoneses estaban cerrados a los no residentes).
>
> *Desmantelamiento del control de cambios. Principales etapas*
>
> - 4 de octubre de 1985: eliminación de las restricciones relativas a los créditos comerciales a la exportación extendidos en francos franceses (FF).
> - 15 de mayo de 1986: eliminación de la obligación de cesión anticipada de los ingresos en divisas de los exportadores.
> - 21 de mayo de 1986: cobertura de seis meses generalizada a todos los productos.
> - 18 de diciembre de 1986: liberalización de los préstamos financieros a los no residentes.
> - 23 de diciembre de 1988: autorización de préstamos de títulos extendidos en francos a las instituciones financieras no residentes capaces de asegurar la contrapartida; lo que significa que se liberalizaron totalmente los préstamos en francos (bajo la forma de títulos) a los no residentes.
> - 9 de marzo de 1989: libertad total de préstamos en francos (bajo cualquier forma).
>
> **Fuente:** A partir de D. Zerah, *Le Système financier français,* Notas y estudios documentales, núm. 4980/81.

El objetivo de los grupos franceses es emanciparse de las tutelas reglamentarias nacionales (incluso, por cierto, de las existentes en Francia) y sacar provecho de toda la gama de innovaciones financieras, así como de la desregulación de los mercados financieros. Estos grupos recurrieron de manera creciente a los euro-préstamos, tanto se trate de obligaciones (a mediano y largo plazo) como de papeles comerciales (de corto plazo). Sin embargo, lo que atrae cada vez más a los grupos franceses es la intervención en los mercados cambiarios, por la posibilidad de ganancias elevadas y rápidas. Muchos de ellos, imitando a otros grandes grupos multinacionales, crearon departamentos de "mercados", algunos de los cuales no tienen nada que envidiar a los de los bancos. Aunque no existen estadísticas oficiales (véase el recuadro sobre las dificultades de evaluación de los movimientos financieros de los grandes grupos industriales), la información de que se dispone sugiere que en 1993 los más grandes grupos franceses realizaban interven-

Dificultades de medición de la actividad de los grupos con especialización industrial en los mercados financieros

Es difícil conocer con precisión la actividad de los grupos franceses en los mercados financieros internacionales, aunque se encuentran disponibles tres fuentes de información macroeconómica. El balance de pagos, que constituye la primera fuente, recoge como flujo las colocaciones a corto plazo (papeles comerciales, créditos en cuentas corrientes, etc.) que aparecen en el rubro movimientos de capital a corto plazo del sector no financiero, pero sin hacer distinción entre los prestamistas a las sociedades y a los organismos de colocación colectiva en valores mobiliarios (OPCVM) (fondos comunes de inversión). Sin embargo, en 1991 el informe anual del balance de pagos estimó que los flujos correspondientes a estas colocaciones a corto plazo se repartían por mitades entre ambos tipos de prestamistas. Lo que resulta más molesto es que el balance de pagos, al estar elaborado sobre la base de pagos, no contabiliza las operaciones de cambio a término, los instrumentos contingentes, etc., que se han desarrollado fuertemente con la desregulación. Tampoco tiene en cuenta las colocaciones a menos de un año, con frecuencia a pocos días, cuando en algunos períodos del año tales colocaciones son mayoritarias, según el informe anual sobre el balance de pagos de 1991 (p. 98). No es posible, entonces, conocer el monto de estos flujos brutos (los correspondientes a las intervenciones diarias) que, sin embargo, brindan información útil sobre la importancia de los grupos multinacionales en esos mercados. El balance registra los montos de las colocaciones del sector privado no bancario agrupando, otra vez, a las empresas y a los OPCVM. La segunda fuente está constituida por las encuestas del BPI: los bancos declarantes informan las tenencias de los no residentes según su residencia de origen. Así resulta posible conocer, gracias a las declaraciones de un banco alemán, por ejemplo, el monto de los depósitos que han hecho en él los residentes franceses. Pero tampoco en este caso los montos de las empresas están aislados de los de otras instituciones no bancarias. La tercera fuente es la encuesta de títulos que efectúa cada trimestre el Banco de Francia en los bancos residentes, que deben declarar el monto de las tenencias de títulos extranjeros (acciones, obligaciones, OPCVM) por los residentes. Pero para nuestra investigación esta encuesta presenta el inconveniente de no contabilizar la cartera de títulos extranjeros que tienen las sociedades francesas pero que han sido adquiridos por intermediarios financieros no residentes.

Observemos que estas dificultades no se refieren sólo a los grupos franceses. Así, el papel creciente de los grupos multinacionales en los mercados financieros internacionales está aminorado en las estadísticas oficiales, que muestran que una gran parte de las transacciones (alrededor del 80%) consiste en operaciones interbancarias. Ahora bien, según el BPI, en el mercado cambiario estas operaciones se tornan cada vez más difíciles de distinguir de las emprendidas por las instituciones no financieras* pues éstas se han lanzado a actividades que eran tradicionalmente patrimonio de los bancos y de los agentes de valores *(dealers)*. Inversamente, los bancos han modificado su intervención y a veces aparecen como clientes en los mercados cambiarios. En consecuencia, la clasificación de las operaciones por tipo de contrapartida (bancos, no-bancos, hogares, instituciones oficiales) no aporta gran cosa [BPI, 1990, p. 4].

En el nivel de las fuentes provenientes de las empresas, los informes anuales publicados indican generalmente el monto de las deudas contraídas con no residentes, las divisas tomadas en préstamo, etc., pero no dan la misma información para las inmobilizaciones financieras y los valores mobiliarios.

* Banco de Pagos Internacionales, *Survey of Foreign Market Activity*, Basilea, febrero de 1990.

ciones cotidianas en el mercado de cambios de París que superaban los 500 millones de francos.

La encuesta trienal que lleva cabo el Banco de Francia por cuenta del BPI (BIS, 1993) confirma el atractivo de la valorización a corto plazo. En el mercado cambiario de París las intervenciones de las empresas residentes (que son esencialmente empresas francesas) se elevaban a 107.000 millones de dólares en el mes de abril de 1992 (el BPI toma ese mes como base de referencia para sus encuestas); y llegaron a más del doble en tres años, ya que en abril de 1989 eran de 45.000 millones de dólares. Estas intervenciones en el mercado cambiario de las empresas residentes son cinco a diez veces superiores a las necesidades de pago de sus transacciones comerciales.[14] Así, los bancos centrales disponen de recursos limitados, a partir del momento en que las direcciones de los grupos deciden, de acuerdo con los bancos e instituciones financieras, movilizar recursos de esa magnitud para especular con el tipo de cambio de las monedas.

Crecimiento de los activos financieros e inversiones productivas: el enfoque de los modelos de administración de carteras

En Francia, el crecimiento de los *activos financieros* (en el sentido que se da a la expresión en contabilidad y en la literatura, en oposición a las *actividades productivas*) ha sido lo suficientemente fuerte como para que, desde mediados de los años 1980, podamos inquietarnos por su impacto sobre la inversión productiva.[15] La *Revue d'économie financière* tituló uno de los capítulos de un estudio dedicado a las crisis financieras, "El desarrollo de las actividades financieras: ¿soporte o parásito del crecimiento?" (junio-setiembre de 1988).

La persistente debilidad del nivel de inversiones productivas exige que esta problemática sea explorada seriamente. En efecto, a pesar de la recuperación de la tasa de formación bruta de capital fijo (FBCF) obser-

---

[14] Según los resultados de la encuesta del BPI, la intervención de los grupos continuó aumentando entre abril de 1992 y abril de 1995, hasta un nivel de 143.000 millones de dólares, aunque su importancia relativa disminuyó en relación a las instituciones financieras y bancos.

[15] El tema de los trabajos de la 17ª Jornada de la Central de Balances (noviembre 1992) era: "Inversiones físicas e inversiones financieras de las empresas francesas".

vada a partir de 1985, que se interrumpió en 1990, la tasa de acumulación del capital productivo (definido por el INSEE como la relación entre el flujo anual de inversión productiva –o FBCF– y el stock de capital productivo instalado) no ha mejorado prácticamente en este período en el conjunto de las empresas francesas. Según la OFCE (Passet *et al.*, 1990) el esfuerzo de inversión no habría sido suficiente como para permitir un aumento significativo del stock de capital manufacturero. Desde 1990, el derrumbe del flujo de inversión productiva es espectacular (cuadro 4).

Cuadro 4
Evolución de la inversión productiva
y de los activos financieros
desde 1990

	1989	1990	1991	1992	1993	1994	1995
Inversión productiva (% de variación en volumen)	8	5,5	-3,8	-5	-9	-0,5	6
Adquisición de acciones (sin incluir OPCVM, en miles de millones de francos)	50	40	-31	46	-40	2	12
Colocaciones y liquidez (en miles de millones de francos)	144	-40	4	196	48	30	75

Fuente: INSEE (1991/1992/1993), BNP-DEE (1994/1995).

Algunos trabajos se han referido a la búsqueda de un eventual efecto de evicción de las inversiones productivas, provocado por este aumento de la fuerza de los activos financieros que poseen las empresas. En uno de los primeros estudios dedicados al tema de los efectos de evicción, Épaulard y Szpiro (1991, p. 186) estimaron, aunque de manera prudente, que no se podía llegar a la conclusión de la existencia de "un efecto de evicción de las colocaciones financieras respecto del capital físico" durante el período 1979-1986. Esta conclusión sería el resultado de cálculos econométricos basados en un modelo de administración de carteras, efectuados por las empresas para decidir entre inversiones productivas y colocaciones financieras, a partir de la comparación de tasas de rendimiento esperadas y de una aversión al riesgo. En un trabajo efectuado en la oficina de la central de balances del Banco de Francia, M. Bardos (1992a) estimó que estos resultados estaban apoyados sobre bases frágiles. Así, de las 1.445 empresas estudiadas por Épaulard y Szpiro, sólo 414 tienen un comportamiento que se corresponde con el modelo de administración de cartera que sirve de hipótesis básica al estudio y, sobre esa cantidad, "240 exhiben una complementariedad entre capital físico y títulos financieros" (p. 183). Para M. Bardos, la conclusión de ausencia de efecto de evicción extraída de esos tests parece poco sólida. Para las otras firmas de la muestra de Épaulard y Szpiro se propone otro modelo de comportamiento (función de inversión), del cual los autores dicen que "no brinda más que una explicación incompleta de los fenómenos" (p. 186).

Se pueden hacer dos categorías de observaciones sobre este enfoque: la primera se refiere a los problemas que plantean los datos estadísticos sobre los cuales se basan los análisis; la segunda, de alcance mas conceptual, y que se tratará en la sección siguiente, se refiere al enfoque de la relación activos financieros/activos productivos por medio de los modelos de administración de carteras. Sobre el primer punto debemos hacer notar, en primer lugar, la dificultad de captar los movimientos financieros en toda su amplitud a través de la lectura de las cuentas de las empresas. Varios investigadores, que trabajaron sobre estas cuestiones en ocasión de la jornada de la Central de Balances organizada alrededor del tema "Inversiones físicas e inversiones financieras", indicaron esos límites. Los límites más restrictivos mencionados en los estudios provienen: 1) de la gestión centralizada de la tesorería de los grupos (Prohin y Vignolles, 1992), lo que hace muy difícil responder a la pregunta sobre un eventual efecto de evicción; 2) de la distinción entre inmovilizaciones financieras y valores mobiliarios,[16] que se hace contablemente, pero que es mucho más problemática en la realidad; 3) y finalmente, de la ausencia de datos sobre los movimientos financieros infra-anuales.[17] También habría que agregar los obstáculos planteados por la mundialización de

---

[16] El plan contable distingue las *inmovilizaciones financieras*, compuestas principalmente de títulos de participación y que traducen un interés duradero de las sociedades tenedoras de esos títulos en las sociedades que los emiten, y los *valores mobiliarios* que son "títulos adquiridos por la empresa con vistas a obtener un ingreso directo o una plusvalía a corto plazo" y que, además de los títulos del mercado monetario, comprenden acciones y obligaciones.

[17] Véase "Los balances de fin de ejercicio han perdido la huella de los montos de muchas de las colocaciones a corto plazo; sólo quedan los resultados financieros que esas colocaciones han generado" (Bardos, 1992b).

las actividades de los grupos, de la que ya hablamos más arriba, para la lectura de los balances y de las cuentas de resultados.

Incluso con estas importantes limitaciones, los datos suministrados por las Centrales de Balance permiten aportar una respuesta más matizada y mucho menos positiva sobre la relación activos financieros/activos productivos, como lo señala la nota de síntesis sobre los trabajos de la jornada de las Centrales de Balance de 1992.

Finalmente, el estudio de Épaulard y Szpiro se apoya sobre datos recogidos en el nivel de las empresas por las Centrales de Balance de la mayoría de las instituciones, mientras que, en nuestra opinión y sin ninguna duda, el nivel pertinente, por lo menos para el análisis de las decisiones estratégicas en materia financiera, es el grupo. Los estudios detallados realizados a partir del archivo de las Centrales de Balances confirman que la tenencia de activos financieros sigue siendo patrimonio de los más grandes grupos franceses, aun cuando este comportamiento ha comenzado a difundirse hacia el conjunto del tejido de las empresas francesas. En 1988, 30 empresas poseían más del 40% del total de los papeles financieros, 100 empresas cerca del 60% y 400 empresas, el 75%. En su gran mayoría estas empresas pertenecían a grupos (Bardos y Paranque, 1992). Ahora bien, el comportamiento de las empresas es muy diferente según sean independientes o filiales de un grupo, como lo indica un estudio realizado por el Banco de Francia (Beau, 1991). La rentabilidad económica (la que resulta de la valorización del capital productivo) obtenida por los dos tipos de empresas (independientes y filiales) es prácticamente similar. Sin embargo, la rentabilidad financiera de las empresas miembros de un grupo es claramente superior a la que tienen las empresas independientes, lo que se debe a las numerosas ventajas que confiere la organización en grupo: obtención de mejores condiciones para los préstamos (tasa de interés aparente del 11,9% contra el 14,5% para las firmas independientes), acceso más fácil y menos costoso al mercado de fondos propios, etc. Por otra parte, la importancia de la circulación financiera interna (dentro del grupo) permite remunerar claramente mejor a los accionistas (los dividendos representan el 29% del excedente global de explotación contra el 16% en las empresas independientes). Estas ventajas específicas que confiere la organización en grupo no están integradas en los análisis que se apoyan en las cuentas de las empresas.

Sobre la naturaleza del capital centralizado por los grupos

Para tratar de detectar mejor las interacciones entre colocaciones financieras e inversión productiva, nos parece necesario volver a partir de una concepción global de la valorización del capital. Los modelos de administración de carteras, que fundamentan los enfoques en términos de efectos de evicción, suponen que en cada período las empresas arbitran sus activos físicos y financieros en función de los rendimientos esperados y del riesgo que esos activos corren. Existe entonces una reversibilidad, posible en cada período, entre los dos tipos de inversiones, lo que permite una perfecta "sustituibilidad" entre activos físicos y activos financieros.[18] Se sabe, como lo recuerda J. Crotty, que la hipótesis de reversibilidad en cualquier momento del activo físico constituye una de las proposiciones madres de la teoría neoclásica de la inversión. Pero es una hipótesis totalmente irreal. Las decisiones de los directores de empresas de realizar (o de no realizar) inversiones físicas (de acumular medios de producción) son decisiones estratégicas que tienen una dimensión plurianual y producen fenómenos de irreversibilidad (al menos a mediano plazo).[19] Además, la reversibilidad supuesta implica que los accionistas sean capaces de realizar una asignación óptima de los recursos entre activos financieros y productivos, dado que conocen los rendimientos que esos dos tipos de colocaciones obtienen. Ahora bien, en realidad, la incertidumbre se refiere tanto a la tasa de rentabilidad esperada del capital invertido en la producción como al de los activos financieros.

En nuestra opinión, estudiar la relación entre las inversiones productivas y las "inversiones" financieras exige no considerarlas como simples opciones alternativas, fácilmente reversibles y mutuamente excluyentes, operadas por individuos racionales a partir de "señales" de rentabilidad que están a su disposición. Requiere, más bien, volver a la naturaleza del capital-dinero centralizado por los *holdings* de grupos, así como al movimiento de valorización que le imprime la globalización financiera. Lo

---

[18] "Los bienes de capital pueden revenderse en todo momento para reembolsar la deuda que ha servido para financiarlos" (Crotty, 1992, p. 488).

[19] Observemos que la utilización de un modelo de administración de cartera que estipule la aversión al riesgo del tenedor de esa "cartera", implica que quien lo dirija sea también accionista, con el fin de experimentar la misma aversión al riesgo en lo que se refiere a su capital. Sin esto, habría asimetría de información.

que a partir de los años 1980 llamamos "financiarización" de los grupos ha involucrado tanto al modo de financiamiento de su actividad, es decir el dinero necesario al inicio del proceso de valorización del capital («A») como a las condiciones y modalidades de su valorización (el llegar a «A'» > «A»). Significa, en particular, una multiplicación de los circuitos directos de valorización A... A' (es decir sin pasar por el ciclo de producción). Tal es el caso cuando la emisión de títulos y el hecho de recurrir al endeudamiento bancario, o desintermediado, suministran a los grupos recursos que utilizan para adquirir valores mobiliarios, y/o cuando se vuelven a su vez prestamistas, suscribiendo bonos del Tesoro o papeles comerciales o bancarios (bonos, obligaciones negociables y certificados de depósito). Como precisa P.-B. Ruffini con toda razón, la globalización de los mercados (desregulación, desintermediación y liberalización) "hace posible, para cualquier interviniente, la interconexión estrecha de las operaciones de endeudamiento, de colocaciones, de cobertura (opciones, *swaps*), etc. Esto puede llevar al gerente financiero a endeudarse, no porque la empresa tenga una imperiosa necesidad de fondos, sino simplemente porque las condiciones del mercado son ventajosas" (Ruffini, 1992, p. 757).

Es un hecho demostrado que, desde el comienzo de los años 1980, el proceso simultáneo de endeudamiento (y de aumento de los fondos propios) y de adquisición de activos, se ha autoalimentado: la demanda de títulos, fuertemente alentada por el hecho de recurrir al endeudamiento, hizo subir las cotizaciones, lo que a su vez permitió a los grupos adquirentes, según los casos, revender con confortables plusvalías o utilizarlos como elementos colaterales para obtener nuevos créditos o emitir nuevas acciones y obligaciones. Sólo una pequeña parte de esos recursos obtenidos se ha transformado en capital productivo. B. Friedman resume de la siguiente manera este cambio, en lo que se refiere a las empresas norteamericanas: "¿Por qué el exceso de crédito ha alcanzado una importancia tan extraordinaria? ¿Por qué la comunidad financiera y el ámbito de negocios norteamericano le han dado la espalda a las prácticas de balance y a la cobertura de operaciones por las que optaban desde hacía décadas? La característica distintiva del movimiento de palanca (*leverage movement*) reside precisamente en el hecho de acentuar continuamente el efecto de *palanca* [subrayado en el texto]" (Friedman, 1992-1993). Otros investigadores llegan a conclusiones similares.[20] Así, C.

---

[20] O. Garnier observa que una de las particularidades de la crisis actual se refiere

Merle y H. Stoclin (1988) también analizan el financiamiento por medio de deuda de las ofertas públicas de adquisición (OPA), una de cuyas consecuencias lleva a "la tesis, ampliamente compartida, [según la cual] los gastos en capital fijo y en investigación están penalizados por la preocupación de comprimir los gastos y de afectar de manera prioritaria el *cash flow* al reembolso de la deuda".

Un análisis del comportamiento de los grupos franceses desde la segunda mitad de los años 1980 permite, *mutatis mutandis*, señalar comportamientos análogos. Las adquisiciones de activos financieros aumentaron considerablemente,[21] al mismo tiempo que aumentaban la deuda y los fondos propios y cuasi-fondos propios para financiar esas adquisiciones. Luego, para atraer y mantener la confianza de los accionistas que las empresas habían requerido, fue necesario distribuir dividendos que aseguraran rendimientos del mismo orden de magnitud que los brindados por los valores del mercado de obligaciones y otras acreencias. En los grupos estudiados por J.-M. Vieille, los dividendos pasaron del 1% del valor agregado en 1983, al 3% en 1990. Esos ingresos distribuidos fueron tomados de las ganancias realizadas en la producción, y también financiados con préstamos. A su vez, el aumento de las cotizaciones, alimentado por esas distribuciones de dividendos y, más generalmente, por la euforia bursátil que las empujaba hacia arriba, permitió a los grupos adquirentes realizar plusvalías en ocasión de las reventas (las cesiones de inmovilizaciones financieras representaron el 4,8% del valor agregado en 1980 y el 7,8% en 1990), o procurarse un ingreso vinculado a los resultados de la empresa controlada (los productos financieros obtenidos por los grupos franceses aumentaron cerca del 60% entre 1983 y 1990, pasando del 4,1% al 6,5% del valor agregado.[22] El fuerte crecimiento del valor de los activos finan-

---

al "cambio de naturaleza y de finalidad de la propia deuda [...] destinada no tanto, como lo era tradicionalmente, a financiar nuevos activos, sino más bien a acrecentar la rentabilidad de los activos existentes" (Garnier, 1992, p. 106).

[21] Los datos disponibles indican que las inmovilizaciones financieras han aumentado continuamente desde 1980 a 1990, pasando del 4,8% al 19,0% del valor agregado. Las colocaciones financieras de corto plazo pasaron del 4,4% en 1987 al 7,5% de los activos netos en 1992 (Vieille, 1992).

[22] Sin omitir los "maquillajes" de los balances que permiten las compras y ventas de activos financieros. Algunos meses antes de su privatización, *Usinor-Sacilor* vendió una parte del capital (42%) de su filial *Ugine*, obteniendo una plusvalía de 1.000 millones de francos, que la hicieron más presentable. Algunos meses después de su privatización, el grupo lanzó una OPA sobre su filial, a un precio de oferta superior en 30%

cieros fue ampliamente alimentado por el hecho de recurrir al endeudamiento y, desde comienzos de la década de 1980, el nivel de los recursos tomados en préstamo estuvo determinado más por las colocaciones financieras que por las necesidades de financiamiento de la actividad (Ricarte, 1992). Esta "lógica financiera" que tiende a ejercerse sobre las empresas, ha empujado a algunas de ellas a sobrefinanciar, incluso, sus necesidades de explotación, es decir a endeudarse y utilizar el producto de esos préstamos para adquirir activos financieros, aprovechando de pasada las ventajas fiscales ligadas a los intereses pagados (Ricarte, 1992). Esta coexistencia de crecimiento del endeudamiento y crecimiento de las colocaciones se vuelve perceptible en Francia a partir de 1985.

No debemos subestimar lo que tiene de radicalmente nuevo este comportamiento que hemos descrito brevemente y que consiste en obtener recursos (acciones/obligaciones/endeudamiento) para transformarlos en formas variadas de activos financieros (acciones/obligaciones/títulos de crédito). La circulación de créditos y derechos de propiedad que de ello resulta ha producido un aumento de su valor, revelado parcialmente por el crecimiento de los activos financieros en el balance de los grupos (véase el cuadro 2 y el gráfico 1 para la situación francesa). También ha relajado al extremo los vínculos entre la circulación de esos activos y el movimiento propio del capital productivo. Confirma que los grupos industriales constituyen uno de los vectores principales de la autonomización de la circulación financiera y del aumento desmesurado, aunque puramente nominal, de ese capital, confiriéndole un carácter ampliamente "ficticio" en el sentido de Marx. Ciertamente, la disociación entre la forma financiera del capital y su forma productiva no es un fenómeno nuevo: esta disociación, como lo señalamos al principio de este capítulo, es uno de los factores constitutivos de la estructura de los grupos. Pero la globalización financiera ha llevado este "desdoblamiento" del capital a un grado desconocido hasta

---

al demandado en ocasión de la venta de una parte de su capital. Con ese objeto, se endeudó por un monto de 3.700 millones de francos. Los contribuyentes pagaron una parte, ya que la legislación le permite a *Usinor-Sacilor* (privatizada) compensar los beneficios obtenidos por esta brillante filial (945 millones de francos en el primer semestre de 1995) con las pérdidas acumuladas durante tres años por las otras filiales (regla de la "imputación a un ejercicio anterior") (Leparmentier y Orange, 1995).

ahora, uno de cuyos aspectos es la autonomización creciente de la esfera financiera.

Este cambio confirma, si es que era necesario, que no es posible analizar la estrategia y el comportamiento de los grupos solamente a partir de su componente industrial; sino que hay que partir de un enfoque global de la valorización de su capital. Ciertamente, sus "competencias fundamentales" siguen siendo, por definición, las actividades de producción. Pero las dimensiones financieras del movimiento del capital se han vuelto omnipresentes; crean tensiones dentro del grupo entre aquellos cuyo futuro está vinculado a los "oficios" del grupo y aquellos para quienes el criterio fundamental es el "cuadro de situación" que todos los trimestres anuncia los dividendos que se van a pagar. Se encuentran, incluso, algunos grupos cuya actividad de producción está en grandes dificultades –se va disgregando, a veces– y que al mismo tiempo han aumentado su "fuerza de negociación financiera", logrando importantes productos financieros... o pérdidas espectaculares.[23]

Las finanzas de hoy: ¿parásito antes que soporte?

Los acontecimientos transcurridos desde que la *Revue d'économie financière* se preguntara en 1988 sobre el lugar de las finanzas, llevan a señalar su carácter parasitario. El aumento de la importancia de las operaciones ligadas a una valorización financiera del capital centralizado por los grupos afecta profundamente al proceso de formación de la inversión productiva. Se dedican importantes recursos a la adquisición de títulos, y a remunerar a otros (bajo la forma de intereses o dividendos). Estas operaciones deben financiarse, esencialmente, con punciones en el valor que se crea en el ciclo productivo, tanto si éste se desarrolla en las filiales industriales del grupo como fuera de éste.

Resulta esencial distinguir los distintos niveles de análisis. En las cuentas de los grupos se suman los ingresos obtenidos por la valorización de los diferentes tipos de capital para conformar la ganancia, que resulta, así, de una valorización global del capital. Pero desde el momento en que nos ubicamos en la escala de la reproducción de conjunto (o macroeconómica) del capital, las cosas suceden de otra manera. Los ingresos financieros, es decir, aquellos que provienen de las diversas for-

---

[23] Véase especialmente algunos grupos especializados en la producción de armas, en Serfati (1995).

mas de colocación del capital-dinero, constituyen exacciones sobre el valor creado. El crédito otorgado por el banquero y el dinero obtenido por la emisión de acciones y de obligaciones pueden, sin duda, considerarse como auxiliares de la acumulación, pues permiten que el ciclo del capital productivo se desarrolle sin estar trabado por restricciones financieras demasiado fuertes. Pero son esencialmente portadores de conflicto entre, por un lado, la ganancia retenida por la empresa y destinada a ser reinvertida y, por otro, la remuneración del capital prestado (interés) o invertido en títulos de propiedad (dividendos), cuando se trata de repartir el excedente creado en el proceso de producción.

El lugar del capital-dinero de préstamo y del crédito fue analizado por Marx y por Keynes,[24] quienes señalan que ninguno de ellos debería salir de una posición subordinada, que corresponde al papel de "soporte", examinado por la *Revue d'économie financière*, ya que, en definitiva, la fuente de valor es la puesta en movimiento de la fuerza de trabajo. Pero lo ocurrido en los años 1980 y 1990, y las importantes exacciones sobre el valor creado indican que nos encontramos en el punto opuesto a las promesas de "eutanasia suave" del rentista, expresadas por Keynes. Cada vez más, la fuerza de trabajo y el ciclo productivo se ponen en movimiento para satisfacer las exigencias del capital portador de intereses.

Las exigencias de remuneración del capital "rentístico" han ejercido una exacción tanto más importante cuanto que las tasas de interés se ubican, desde hace una quincena de años, en niveles históricamente elevados, lo que trae consigo un desplazamiento considerable de la relación de fuerzas en favor del capital de préstamo y en detrimento del capital productivo. Estos altos niveles alcanzados por las tasas de interés no se explican ni por la inflación ni por las expectativas de inflación: un análisis retrospectivo muestra que, desde el final de la década de 1970, las expectativas inflacionarias han sido fuertemente exageradas por los prestamistas, y así mejorado considerablemente los rendimientos "reales" obtenidos por el capital de préstamo durante los años 1980 y hasta hoy (Lacoste, 1995).[25] Las elevadas tasas de interés resultan más

---

[24] Para Marx, véase, por ejemplo, el capítulo 27 (el papel del crédito capitalista en la producción capitalista) del libro 3 de *El Capital* y, para Keynes, los textos dedicados a las finanzas de la empresa, en escritos esencialmente posteriores a la *Teoría General*, cuyas lagunas sobre este tema eran, según él, "una falla importante" (Goux, 1989).

[25] J.-P. Betbeze y A. Brunet habían llegado ya en 1992 a la misma constatación: que no existe un vínculo fuerte entre tasa de inflación y tasa de interés (*Accélerations*, octubre de 1992).

bien de los efectos conjugados del triunfo del sistema de tipos de cambio flotantes, sistema dentro del cual el valor esperado de las monedas, instantáneamente transformadas en activos financieros, está regido cada vez más por los niveles de rendimiento que se esperan de ellas; de las gigantescas necesidades de financiamiento de las deudas públicas (en primer lugar de los Estados Unidos) y, finalmente, de las políticas monetaristas, abiertamente volcadas hacia la satisfacción de los intereses económicos y sociales de los prestamistas. La lítote es entonces muy fuerte cuando se afirma que en los Estados Unidos "los fondos de inversión no permiten que se les aplique la eutanasia" (Betbeze, 1993).

Las tasas de interés practicadas en Francia en nombre de la defensa del franco reflejan esa "adaptación", por no decir sumisión, a las exigencias de los "mercados". En promedio, la brecha entre las tasas de interés de Francia y las de Estados Unidos y Alemania es importante: hasta 250 puntos de base[26] entre 1985 y 1988 con las tasas norteamericanas; luego, entre 1989 y 1992, es respecto de las tasas alemanas donde la brecha se agranda, alcanzando en promedio entre 60 y 130 puntos de base. Durante los ataques de marzo de 1995 contra el franco, la brecha entre las tasas corrientes francesas y alemanas alcanzó hasta 300 puntos.

Dos factores suplementarios acentúan la presión ejercida por las tasas de interés sobre las empresas francesas. En primer lugar, el predominio en el endeudamiento de las empresas francesas de créditos con tasas indexadas (cerca del 90% del total de los nuevos créditos hacia fines de 1992) y que, desregulación obliga, están cada vez más indexadas con tasas monetarias (44% del total de los nuevos créditos). Ahora bien, estas tasas sufren la brutal influencia de la política de defensa del "franco fuerte" con mucha más fuerza que las tasas de base bancaria (37% del total de los nuevos créditos). En segundo lugar, las empresas francesas presentan una estructura de endeudamiento a corto plazo fuerte, más pronunciada, en todo caso, que la de las empresas alemanas,[27] y sabemos que las tasas a corto plazo son, por su esencia, claramente más volátiles y, por lo tanto, generadoras de incertidumbre. Más allá de las causas más generales, el horizonte "cortoplacista" que se impone a las empresas francesas no proviene de exigencias de distribución trimestral de dividendos,

---

[26] 100 puntos de base = 1%.

[27] Por el contrario, un reprocesamiento de las estructuras de balance con el fin de armonizarlas muestra que la importancia relativa de los capitales propios en el activo total sería comparable en Francia y en Alemania (Bloch y Laudy, 1993).

como en los Estados Unidos, sino del carácter aleatorio de la política de tasas de corto plazo, que están sometidas a las restricciones de defensa de la paridad del franco respecto del marco alemán.

Se admite ampliamente que los muy elevados niveles alcanzados hoy en Francia por las tasas de interés, así como su muy fuerte volatilidad, son obstáculos importantes para la realización de proyectos de inversión (véase en especial Gönenc, y también Osler, 1995). Esto es particularmente cierto para las Pyme.[28] Todas las encuestas muestran que las tasas de interés exigidas por los prestamistas varían en relación inversa al tamaño de las empresas, llegando la brecha entre las grandes empresas y las Pyme hasta más del 2%. Por otra parte, las encuestas semestrales realizadas por el INSEE sobre la situación financiera de corto plazo en la industria, señalan que la gran mayoría de las pequeñas y medianas empresas (con menos de 500 asalariados) experimentan desde hace años, de manera permanente, dificultades de caja y deben recurrir de manera casi permanente al endeudamiento bancario.

Por el contrario, el impacto de las tasas de interés sobre los grandes grupos industriales es diferente. Ciertamente, su nivel históricamente elevado, como lo es en Francia desde hace más de diez años, disminuye la "rentabilidad" (medida como diferencia entre la tasa de rentabilidad económica y la tasa de interés), que en algunos años se ha vuelto incluso negativa. Es algo que también pesa sobre las decisiones de inversión de las empresas (Bloch y Coeuré, 1993), ya que las tasas de actualización, que las empresas utilizan frecuentemente para calcular la rentabilidad de los proyectos de inversión industriales, siguen de cerca a las tasas de interés, suben con ellas y alargan, como consecuencia de ello, los plazos de retorno de las inversiones.[29] Sin embargo, su poder financiero les permite, como hemos visto, beneficiarse de condiciones para encontrar recursos que muchas veces son privilegiadas. Además pueden, con mucha más frecuencia que las Pyme, hacer repercutir esos costos financieros en los precios de venta. Finalmente, y sobre todo, los niveles alcanzados por las tasas de interés significan casi seguramente rendimientos atractivos para los fondos de corto plazo en busca de

---

[28] Véase "Obstacles aux investissements et hiérarchie du financement dans les PME françaises", *Note de conjoncture de la Caisse des dépôts et consignations*, núm. 3, 1993.

[29] Una inversión de 100 que produce un *cash-flow* de 15 se amortiza en 7,5 años con una tasa de actualización del 3%; en 9,7 años con una tasa de actualización del 7%; en 12,8 años con una tasa de actualización del 11%. Fuente: *Économie et industrie*, núm. 78, junio de 1995.

colocación. Esto refuerza la importancia de los fondos a corto plazo, que en adelante serán administrados por los grupos como centros de ganancias. Numerosas decisiones, incluso de naturaleza estratégica, tienden a pasar por el filtro del balance de la tesorería, es decir, por un horizonte temporal de corto plazo. Desde hace una decena de años, la liquidez del capital se ha tornado un objetivo principal.

Liquidez creciente del capital e inversión productiva

Las múltiples innovaciones financieras, así como las medidas de desregulación, han aumentado considerablemente las posibilidades de transformación de los fondos disponibles a corto plazo en capital de préstamo y su posterior reconversión en dinero (aumento de la liquidez del capital-dinero), al mismo tiempo que aceleran su movilidad. De la misma manera, los grupos tienen a su disposición, en el mercado cambiario, un abanico muy grande de instrumentos a plazo extremadamente breve, cuando desean movilizar a muy corto plazo su liquidez con el fin de recuperarla en el momento necesario. También la tenencia del capital-dinero bajo la forma de una cartera de acciones, de obligaciones y de formas variadas de títulos de créditos, permite desplazarlo y movilizarlo sin límites de tiempo o de espacio, ya que los mercados financieros están estrechamente conectados y funcionan de manera continua. En otros términos, la mundialización financiera ha echado las bases de una "internacional de la optimización de los rendimientos" (para retomar la expresión de H. Bourguinat [1992, p. 49]), en la cual los grupos multinacionales son, sin ninguna duda, militantes activos.

En efecto, la lógica "cortoplacista" de los mercados financieros ejerce presiones muy negativas sobre los grupos porque, de manera inversa, el plazo de retorno de las operaciones industriales tiende a aumentar. La flexibilidad creciente de los equipamientos no se traduce sistemáticamente en una disminución de los costos de amortización, pues la caída de su costo unitario, gracias al abaratamiento de los componentes electrónicos, es a menudo paralela al aumento de la cantidad de equipos y de su complejidad. Además, los costos no recurrentes e irrecuperables y, en primer lugar, los gastos en investigación y desarrollo, elevan notablemente el umbral de rentabilidad de las inversiones necesarias para poner a punto innovaciones de productos y de procedimientos. Las fuertes incertidumbres que tornan nebuloso el horizonte de las actividades industriales incitan a buscar caminos más rápidos para hacer rentable al capital. Cuando la onda de desregulaciones estaba todavía en sus comienzos, algunos autores tenían la esperanza de que las innovaciones financieras permitieran un auge de las inversiones en investigación y desarrollo (Gönenc, 1988). Diez años después, puede observarse en la economía norteamericana un resultado, si no inverso, por lo menos mucho menos brillante que el esperado.[30] Esta es también una de las conclusiones del capítulo de R. Guttmann.

Los datos disponibles sobre los grupos franceses prueban que el refuerzo de movilidad y de liquidez del capital que ellos centralizan se ha vuelto un objetivo principal de esos grupos. Esta actitud afecta al conjunto de las empresas francesas, pero de manera todavía más clara a los *grupos*. El superávit operativo (ETE)[31] pasó del 15,2% al 28,5% del valor agregado entre 1983 y 1990, en los grupos estudiados por J.-M. Vieille. Ahora bien, este crecimiento espectacular se ha traducido en un aumento más modesto de la inversión industrial, que ha pasado, expresada en proporción del valor agregado, del 15,2% en 1983 (lo que constituye, verdaderamente, un punto bajo de la inversión) al 20,4% en 1990. La influencia del "cortoplacismo" lleva a situaciones atípicas según las condiciones "clásicas" de los ciclos económicos anteriores. En efecto, el fuerte crecimiento del superávit operativo (ETE) ha sido posible, principalmente, por una formidable presión sobre los costos laborales (que pasaron del 77% al 66% del valor agregado en el curso de este período: véase también el cuadro 5 para observar la recuperación de la tasa de ganancia del conjunto de las empresas francesas). Pero a pesar de esta mejora en la tasa de rentabilidad del capital invertido y de las ganancias obtenidas (después de la distribución de dividendos, gastos financieros e impuestos), el nivel de inversiones industriales sólo ha aumentado moderadamente. La espectacular compresión de los proyectos de inversión industriales por parte de los grandes grupos que "estructuran" la industria francesa entre 1990 y 1994 (caída del 40% de la inversión productiva), resulta sin duda de las expectativas

---

[30] Véase M. Aglietta, *Macroéconomie financière*, La Découverte, colección "Repères", 1995, p. 35: "Las innovaciones financieras han tornado a los administradores de fondos comunes de inversión más reticentes para financiar las innovaciones de la producción."

[31] ETE = Excedente bruto de explotación – Necesidad de fondos de rotación (BFR). Mide la parte del "beneficio bruto" una vez financiado el ciclo de explotación, pero antes del financiamiento de las inversiones industriales.

pesimistas sobre la demanda, pero está amplificada por la importancia que tiene la voluntad de los grandes grupos de mantener el capital en forma líquida en vez de inmovilizarlo,[32] a causa de las tasas de rendimiento ofrecidas, que son muy remunerativas y casi sin riesgo (ejemplo de los OPCVM monetarios), y de las perspectivas de plusvalías realizables a muy corto plazo.[33]

Cuadro 5
Evolución de la tasa de beneficio de explotación de
las empresas francesas desde 1985

	1985	1988	1990	1995
Tasa de beneficio de explotación (1)	8,8	13,4	13,0	14,9

(1) Tasa de beneficio de explotación = ahorro bruto + dividendos + impuestos sobre las sociedades / la facturación.
Fuente: *Lettre de conjoncture de la BNP*, enero de 1995.

Como consecuencia de esto, desde 1992, se asiste en Francia a una situación desconocida desde el final de la Segunda Guerra Mundial: la tasa de autofinanciamiento de las empresas francesas es, de manera permanente, muy superior al 100%. Para los 40 grupos de la encuesta anual del *Crédit national*, esta tasa ha evolucionado como sigue: 106% en 1992, 121% en 1993 y 134% en 1994.[34] Los excepcionales niveles alcanzados por la tasa de autofinanciamiento significan que los recursos obtenidos del ciclo de producción, una vez remunerados los accionistas, los acreedores y el estado, se mantienen en forma líquida y son movilizados para colocaciones de corto plazo, devenidas altamente rentables gracias a los niveles que han alcanzado las tasas de interés. Entre 1987 y 1992, las colocaciones financieras a corto plazo de los 374 grandes grupos estudiados por C. Reid y M. Ruiz-García (1994) pasaron del 4,4% al 7,5% del activo neto.

[32] "Las gerencias financieras han prolongado la recuperación iniciada a mediados de 1993, particularmente en las grandes empresas", *Lettre de conjoncture de la BNP*, julio de 1995.

[33] No hay datos para los grupos, pero para las empresas francesas la duración promedio de tenencia es extremadamente breve: en las obligaciones era de 6 meses y 24 días, y en los títulos de OPCVM, de 6 meses y 6 días.

[34] La tasa de autofinanciamiento está calculada así: tasa de cobertura de las necesidades de financiamiento con recursos propios.

Un estudio realizado por E. Cohen y J.-L. Morel (1992) brinda aclaraciones interesantes sobre la manera en que los grupos franceses tratan de elevar el grado de liquidez de su capital. Cohen y Morel examinan de manera crítica la distinción que tradicionalmente se ha hecho entre, por un lado, las inmovilizaciones financieras, cuya tenencia por los grupos tendría como objetivo la gestión industrial de las firmas controladas y, por otro, los valores mobiliarios (acciones, obligaciones, títulos del mercado monetario), que son considerados por el plan contable como títulos a corto plazo destinados a una valorización rápida. Apoyándose en los datos de la Central de Balances de la *Caisse des dépôts*, Cohen y Morel analizan las cuentas consolidadas de los 275 más grandes grupos franceses, que representan, por su valor agregado global, 1/5 del PIB francés y emplean a 4,3 millones de asalariados. Los autores señalan que una fracción de las inmovilizaciones financieras, "a pesar de su caracterización contable como inmovilizaciones financieras, siguen siendo fundamentalmente activos mobiliarios" (p. 18). Le suman entonces a los valores mobiliarios esta fracción de las inmovilizaciones financieras para medir lo que ellos llaman una cartera estratégica de activos líquidos (ESP = *encaisse stratégique potentielle*), susceptible de ser rápidamente transformada en liquidez para hacer frente a la necesidad de fondos de rotación, resistir amenazas estratégicas, y preparar operaciones de crecimiento externo. Reprocesando los datos contables, observan que la ESP de los grandes grupos franceses ha aumentado considerablemente, ya que ha pasado de 399.500 millones de francos en 1988 a 663.000 millones de francos en 1991 (es decir, del 11,8% al 13,1% del patrimonio neto de los grupos estudiados). En 1991 representa entre el 60% y el 66% de las inmovilizaciones financieras de los grupos de la muestra estudiada.

Los grupos industriales considerados como activos de rendimiento por los "mercados financieros"

El refuerzo del grado de liquidez del capital que poseen los grupos, resulta también de la presión cada vez más fuerte que se ejerce por medio de los *corporate governances* a los que también se refiere R. Farnetti. Aquí, los grupos son escrutados esencialmente en su forma de activos de rendimiento. La norma que tienden a aplicar las instituciones financieras que intervienen en las operaciones de los grupos es la tasa de rendimiento –incluyendo las plusvalías en caso de reventas– de los capitales invertidos en los grupos. Este fenómeno es evidentemente más pronunciado cuando aparecen los inversores institucionales, como sucede, cada vez con más frecuencia, entre los accionistas significativos de los grupos (en primer lugar, los *mutual funds* y los *pension funds*), pues el acortamiento del tiempo de retorno y la lógica del "cortoplacismo" se imponen como una exigencia suplementaria. La dimensión industrial de los grupos importa poco; no son más que derechos de propiedad a los cuales hay que esforzarse en valorizar lo más rápido posible.

Ahora bien, el poder creciente de los inversores institucionales constituye una innovación importante en las relaciones entre industria y finanzas. En Estados Unidos, desde el comienzo de los años 1990, la proporción del capital de las empresas en poder de inversores institucionales ha aumentado considerablemente, pasando de 430.000 millones a un billón entre 1990 y mediados de 1994, en lo que se refiere a los *mutual funds*. Las acciones de las empresas representan ahora el 50% de sus activos; una situación análoga prevalece en el Reino Unido (Farnetti, 1995). La globalización financiera les brinda a las instituciones financieras un medio para extender su intervención a todos los países donde aparecen oportunidades. Si bien el capitalismo "a la francesa" protege todavía a los grupos industriales, el período reciente permite ver que se volverá cada vez más difícil para ellos el oponerse a la entrada de esas instituciones al capital de los grupos (Orange, 1995) y, por eso mismo, resistir a las exigencias de los "mercados" (financieros, evidentemente). La implementación de una "gestión corporativa de la empresa" (*corporate governance*) es hoy la punta de lanza de la ofensiva contra lo que F. Morin llama el "capitalismo osificado", que prevalece en Francia (Morin, 1994). M. Albert recuerda los verdaderos desafíos de la llegada de la "gestión corporativa de las empresas" a Francia: "Muy naturalmente, la gestión corporativa de la empresa constituye un sistema, conjuntamente con la otra innovación del capitalismo anglosajón, la *reengineering* [definida así por Hammer y Champy, los creadores del "concepto"]: la caída de los costos, debida a la reorganización de los procesos de gestión, no debe ser sólo del 15% al 20%, sino que debe llegar al 80% o 90%" (Albert, 1994).

Es en este cuadro donde debe situarse el movimiento de fusiones y adquisiciones que tuvo lugar durante los años 1980 y que, después de una pausa, ha retomado su fuerza en los últimos meses. Este movimiento indica que los grupos son considerados en primer lugar, cada vez con más frecuencia, como activos financieros "vinculados", lo que da testimonio del giro que se ha operado a partir de los años 1980. Las operaciones de fusiones y adquisiciones, que jalonan la historia del capitalismo desde el siglo XIX, reflejan la capacidad de "desdoblamiento del capital", ya que permiten la reestructuración del capital productivo por medio de una redistribución de los derechos de propiedad. Pero una particularidad de las modalidades que se han desarrollado en el curso de la última década es que, en lugar de contribuir a una recuperación duradera de la acumulación del capital productivo, se han traducido generalmente en un refuerzo de la "financiarización" de los grupos.[35] Los estudios realizados sobre el movimiento de fusiones y adquisiciones en los Estados Unidos indican que, con bastante frecuencia, la intención era meter mano en las empresas objetivo, en la medida en que éstas eran activos financieros cuyos valores nominales se esperaba que aumentaran en el clima de euforia bursátil. De esta suba en la cotización de los títulos, los grupos adquirentes esperaban confortables plusvalías en caso de reventa, o tomarlas en consideración bajo la forma de plusvalía latente. Empresas y grupos enteros fueron adquiridos con esta perspectiva, muchas veces desguazados, y luego revendidos. Ciertamente, la "racionalización" y la modernización del capital productivo también estuvieron en el origen de este movimiento de fusiones y adquisiciones, pero no habría que sobrestimar esta causa. Según un estudio realizado por la propia Reserva Federal, más de un tercio de las empresas adquiridas entre 1984 y 1989 fueron revendidas dentro el mismo período (Crabbe *et al.*, 1990).

Este comportamiento no traduce ya solamente un deseo de "buenos gestores" de captar oportunidades de colocación para los fondos de corto plazo disponibles, sino más bien un objetivo estratégico central de las direcciones de los grupos. Se ha dicho a veces que las Ofertas Públicas de Adquisición (OPA) han sido muy fáciles porque las empresas objetivo estaban "subvaluadas". Observemos que la subvaluación del valor de las acciones es ya una noción poco clara de por sí en un período "normal" ya que ni los ingresos futuros, ni la tasa de actualización, ni la evaluación del valor neto de las empresas pueden ser calculados de manera precisa (Aglietta *et al.*, 1990, p. 112). Esta noción, ambigua en sí misma, pierde de todas maneras cualquier pertinencia en el contexto financiero de los años 1980, ya que, en un mercado orientado hacia el alza, tener esas expectativas –basadas en el hecho de

[35] Sobre el significado de la "*deal mania*", véase R. Guttman (1994).

que las compuertas del crédito permanecerían abiertas– tornaba por definición sub-valuados a la mayoría de los títulos que circulaban.

En Francia, como en la mayoría de los otros grandes países industrializados, las adquisiciones de acciones (fuera de OPCVM) han sido importantes, ya que se multiplicaron por ocho durante la segunda mitad de los años 1980. El grueso de las operaciones fue realizado por los grandes grupos: entre 1988 y 1991, las adquisiciones de acciones (sin considerar OPCVM) representaron el 27% de las asignaciones (en los cuadros de financiamiento) de los 275 grupos seguidos por la Central de Balances de la *Caisse des dépôts*, contra el 8% para el conjunto de las empresas nacionales. Es posible que en Francia, teniendo en cuenta la configuración del sistema productivo y el lugar que ocupa el estado (en particular, pero no solamente, como accionista), el movimiento de fusiones y adquisiciones haya tenido como objetivo, de manera más notoria que en los Estados Unidos, hasta el comienzo de los años 1990, la reestructuración y la mejora de la eficacia productiva de las firmas (Batsch, 1993, p. 190). Otros estudios menos optimistas proponen, sin embargo, la hipótesis de que esta lógica de crecimiento por adquisición de activos financieros contribuyó al envejecimiento del equipo de producción de los grupos franceses (C. Reid y M. Ruiz-García, 1994).[36] Esto no sería nada sorprendente ya que, aunque no hemos tratado aquí los inconvenientes, muchas veces importantes, de las operaciones de crecimiento externo para la continuidad del trabajo de los equipos de investigación y las capacidades innovadoras de las empresas, las operaciones de fusiones/adquisiciones siguen correspondiendo más a una reestructuración que a una acumulación de capital. La primera representa una simple transferencia de propiedad del capital, mientras que la segunda implica la creación de nuevas unidades de producción.

Aunque las operaciones de fusiones y adquisiciones casi no contribuyeron al crecimiento global de la inversión productiva, revelan, en todo caso, sus efectos negativos sobre el empleo. Un estudio basado sobre los datos de la Central de Balances indica que, entre 1985 y 1990, las empresas que desarrollaron un crecimiento por adquisición de títulos de participación (crecimiento externo) vieron disminuir su personal asalariado y su razón valor agregado/facturación. Esta situación también se verificó

---

[36] J. M. Vieille señala también como conclusión de su estudio la "fragilidad del desarrollo ligado a adquisiciones externas". La encuesta anual del *Crédit national* para 1995 tampoco era optimista.

para los primeros 50 grupos franceses que sigue la encuesta del *Crédit national*, en los cuales hubo una disminución considerable del personal entre 1986 y 1994.[37] Por el contrario, cuando se sigue durante cinco años a las empresas que realizan esas adquisiciones, las operaciones de fusiones y adquisiciones se traducen en una mejora importante de las tasas de rentabilidad del capital de explotación y de la rentabilidad financiera (Kremp, 1995).

Conclusión

En un estudio dedicado al estilo de dirección de las empresas francesas, O. Pastré (1994) observa justificadamente que son casi inexistentes los trabajos referidos a la estructura financiera del capitalismo francés. Esta observación se aplica todavía más a las actividades financieras de los grupos predominantemente industriales, que no se toman bien en cuenta y se consideran, en general, separadamente de sus actividades de producción. En este capítulo, por el contrario, hemos querido señalar el hecho de que uno de los resultados de la globalización financiera es que las fronteras entre las actividades financieras y las actividades industriales de los grupos se han vuelto cada vez menos estancas. En realidad, los grupos y las sociedades holding despliegan hoy estrategias de valorización de su capital-dinero en las cuales las formas productivas y las formas financieras se superponen constantemente. Es lo que ocurre cuando la tenencia de derechos de propiedad, de créditos, e incluso la realización de contratos con asociados menores, les permiten captar una parte del valor creado en otro lugar. Las tomas de participación, los acuerdos de cooperación con asociados de menor tamaño, los contratos de subcontratación –cuyo crecimiento es considerable– tienen con frecuencia este objetivo. Al mismo tiempo, la globalización financiera ha aumentado considerablemente las oportunidades de ganancias puramente financieras, acentuando la "financiarización" de los grupos industriales y, por lo tanto, de la economía mundial.

Hemos tratado de mostrar que los grandes grupos franceses tendrán, en adelante, una participación activa dentro del sistema financiero mundializado, tal como viene constituyéndose progresivamente desde hace dos décadas. La "lógica productiva" que, sin duda, empujaba a los

---

[37] Personal en 1986: índice 100; personal en 1994: índice 89.

grandes grupos franceses en la carrera por la internacionalización de sus actividades durante los años 1980, aparece algunos años más tarde integrada en una "lógica financiera" y cada vez más subordinada a ella. Como los otros componentes del sistema financiero mundializado, los grupos franceses tienden a considerar las monedas nacionales como simples activos financieros destinados a ser valorizados gracias a montajes complejos de transacciones, y se puede pensar que esta "lógica financiera" empuja a los grupos franceses a tomar su lugar al lado de los otros grupos multinacionales en los movimientos desestabilizadores contra las monedas. Lo que es más específico de la situación francesa es que esos grandes grupos, estén hoy todavía nacionalizados, o hayan sido privatizados, en su mayoría le deben su presencia en la industria mundial al apoyo multiforme del estado, al cual siguen unidos por vínculos poderosos. Tal como justificadamente lo escriben M. Chesnais y D. Pène:[38] "Con excepción de algunos, como George Soros, generalmente no se conoce el nombre de los que intervienen. Sin embargo, sería interesante saber, por ejemplo, qué empresas francesas especulan contra el franco ¡al mismo tiempo que reclaman una ayuda del estado!".

Ahora bien, este comportamiento ejerce a su vez una influencia considerable sobre la economía francesa. En nombre de la defensa del franco fuerte, de la necesidad de respetar el juicio de los "mercados" (de los cuales hemos mostrado, en varios capítulos de este libro, que son menos anónimos de lo que generalmente se afirma) y de restablecer el equilibrio de las cuentas públicas, los gobiernos franceses llevan a cabo, desde hace cerca de quince años, una política económica cuyos resultados en términos de empleo y de cohesión social son dramáticamente perceptibles, sin por eso haber logrado, al menos, impedir la explosión de la deuda pública. En este sentido, los elementos aportados en este capítulo sobre el cambio estratégico de los grupos franceses hacia las "finanzas globalizadas" tiene también el objeto de contribuir a un balance crítico de las opciones que están por detrás de la política económica llevada a cabo en Francia.

---

[38] M. Chesnay y D. Pène, "Les pompiers pyromanes", *Le Monde,* 14 de setiembre 1993. Véase también P.-A. Delhommais y V. Nau (1994): "Es notorio casi públicamente que algunos grupos industriales... redondearon lindamente sus fines de mes en el momento de la explosión del Sistema Monetario Europeo (SME)".

Capítulo 6

El papel de los fondos de pensión y de inversión anglosajones, en el auge de las finanzas globalizadas

Richard Farnetti*

El punto de partida de este capítulo es la observación con la que Michel Aglietta comienza su trabajo sobre macroeconomía financiera: "La liberalización financiera surgió del mundo anglosajón en los años 1980." [Aglietta, 1995, p. 5]. Entre los principales factores que condujeron a la emergencia del régimen de finanzas directas, liberalizadas y desreguladas, hay que mencionar la llegada de actores relativamente nuevos –aunque particularmente poderosos– del capital-dinero concentrado: los fondos de pensión y los fondos de inversión anglosajones. Se trata de instituciones específicas de las economías norteamericana y británica, de las cuales son originarias, y que han dado a la noción de "inversor institucional" un contenido notablemente diferente del que conocemos en el marco francés. Los fondos, considerados durante mucho tiempo como atípicos, han llegado a ser, sin duda, las instituciones privadas más decisivas en el marco de las finanzas mundializadas. Hasta hace poco tiempo no muy conocidos en Francia, por razones institucionales pero también a causa de su desarrollo discreto, es precisamente por eso que recibirán nuestra atención en este capítulo. Sin embargo, conviene precisar previamente las particularidades de los regímenes de fondos de pensión anglosajones, con el fin de evitar cualquier mala interpretación en países como Francia, donde los dispositivos institucionales de financiamiento de las jubilaciones son totalmente diferentes.

* Profesor adjunto en la universidad París III y miembro del CEREM (Centro de investigaciones sobre las empresas multinacionales), URA CNRS, en la Universidad París X-Nanterre.

El examen de los elementos que permiten apreciar la envergadura de los inversores institucionales norteamericanos y británicos brinda la oportunidad de observar numerosas similitudes entre ellos, pero también algunas diferencias significativas. Le acordaremos una atención especial al desarrollo fulgurante de los fondos de inversión norteamericanos, que han tenido un papel determinante en la fase más reciente de la globalización financiera, especialmente en lo que se refiere a la posesión de activos en los "mercados emergentes". En relación con esto, los inversores institucionales anglosajones aparecen cada vez con más frecuencia como acusados, en casos de crisis monetarias o financieras internacionales, al punto de que han sido calificados como "nuevos dueños del mundo" o como los "doscientos gerentes" del capitalismo mundial.[1] Veremos hasta qué punto esto es verdad, al analizar su papel durante las crisis más recientes. La expresión *"corporate governance"*, que ha hecho recientemente una irrupción muy ruidosa en Francia, nos permitirá terminar la reflexión mostrando el vínculo que, en nuestra opinión, existe entre esta formulación de la acción de los inversores institucionales anglosajones, en términos de *management*, y la nueva dinámica rentística que afecta de manera creciente al conjunto de la economía mundial.

Especificidad y dinámica de crecimiento de los fondos de pensión anglosajones

Aun cuando los fondos de inversión (especialmente los norteamericanos) tienen, desde hace más o menos una década, un crecimiento cada vez más veloz, durante los años 1960 y 1970 fueron los fondos de pensión los que recibieron un impulso fundamental, que condujo hacia las finanzas globalizadas. Resulta legítimo, entonces, que comencemos por percibir correctamente las características del modo de desarrollo de los fondos de pensión anglosajones. Para captar bien sus particularidades y su dinámica de crecimiento, lo mejor es comenzar examinando la situación de los países donde no existen estas instituciones claves del capital-dinero concentrado. Entre esos países se encuentra Francia donde, desde hace cuatro o cinco años no hay mes en que no se pre-

---

[1] Véase especialmente Ignacio Ramonet, "Les nouveaux maîtres du monde", *Le Monde diplomatique*, mayo de 1995, pp. 1 y 19; y Eric Leser, "Le pouvoir sans partage des deux cents gérents", *Le Monde*, 28 de enero de 1995, pp. 1 y 17.

sente por una vía u otra una propuesta de creación de fondos de pensión. Así, en un libro programático muy alarmista, el actual presidente del *Crédit Lyonnais* fustigaba recientemente el retraso francés en ese aspecto, y estimaba que "muchos competidores nos han precedido en esa vía, de manera que cada minuto que pasa aumenta el adelanto que tienen sobre nosotros" [Peyrelevade, 1993, p. 46]. Al constatar que alrededor de un tercio de la capitalización bursátil de la plaza de París está en manos de poderosos inversores institucionales anglosajones, J. Peyrelevade exhortaba al gobierno a actuar rápidamente en ese ámbito pues "es muy fuerte la amenaza que pesa sobre la tenencia futura de las empresas francesas en una Europa sin fronteras" [*ibid.*, p. 46]. Esa misma urgencia, sin embargo, resultó fatal para el ministro de Finanzas Alain Madelin cuando, apenas nombrado, quiso emprender bruscamente la creación de fondos de pensión en Francia. La idea de Alain Madelin de instaurarlos a partir del principio de 1996 precipitó considerablemente su caída en desgracia, que terminó con su partida del gobierno a comienzos de agosto de 1995. No hacía, sin embargo, más que poner en práctica una orientación esbozada por Jacques Chirac quien, al mismo tiempo que asumía compromisos solemnes ante los sindicatos sobre el futuro de la protección social, afirmaba, dirigiéndose a los medios de negocios, que consideraba a los fondos de pensión "un complemento indispensable de la reforma de las jubilaciones" y "un medio de lograr un nuevo ahorro para las empresas" [*Les Échos*, 30 de junio de 1995, pp. 1 y 3].

Sin embargo, existen especificidades propias de los fondos de pensión anglosajones que son difícilmente transferibles a otros lugares (y menos todavía a Francia...), salvo que exista la voluntad de enfrentar reacciones sociales de gran amplitud. En primer lugar la expresión "fondos de pensión" (calcada del inglés *pension funds*) no puede, a menos de escamotear diferencias institucionales fundamentales en relación a estos regímenes, ser traducida pura y simplemente al francés como "caja de jubilación". Esta última expresión abarca, en efecto, particularidades francesas que se deben a relaciones políticas particulares, nacidas al término de la Segunda Guerra Mundial, y que benefician a los asalariados y a su representación sindical. A causa de estas relaciones "los empleadores franceses hicieron, durante el período que va desde el fin de la Segunda Guerra Mundial hasta los años 1960, una doble opción por el sistema de paritarias y por la gestión nacional e intergremial de los regímenes complementarios" [Reynaud, 1994, p. 5].

En lo que se refiere a estos regímenes, la diferencia con los países anglosajones es enorme. En Inglaterra, en primer lugar, y a riesgo de mermar un poco el cliché de estado fundador del Estado de Bienestar, fue la extrema modicidad de los montos ofrecidos por las jubilaciones del sistema público instaurado al término de la Segunda Guerra Mundial lo que explica, en buena parte, el éxito de los regímenes de empleadores (o de empresa), los –en adelante– célebres *pension funds*.[2] En cuanto a los Estados Unidos, los empleadores fueron lo suficientemente hábiles como para mantener y desarrollar el individualismo fundador y original de esa nación y así, desde el comienzo del siglo XX, aparecieron poderosas cajas de jubilación de empresa.[3] Aunque Emmanuel Reynaud ha discernido muy bien las características claves de este tipo de regímenes, que son, "de una manera general, instrumentos de política de gestión del personal", nos parece que hay que ir mucho más allá de esos aspectos de gestión de la empresa [Reynaud, 1994, p. 6]. Los activos de los fondos de pensión, como lo había hecho notar muy bien Michel Aglietta en la época de su trabajo sobre la regulación capitalista norteamericana, no son "propiedad de los asalariados, sino de la clase capitalista" [Aglietta, 1976, p. 159]. Las sumas cada vez más importantes que drenan hacia estos regímenes de empleadores y que son administradas por ellos, han servido para el desarrollo de las empresas en cuestión, lo que quiere decir que corresponden, antes que nada, a una lógica particular de la ganancia.

El crecimiento de estas particulares instituciones se ha caracterizado siempre por una gran discreción, no exenta de misterio. El antiguo primer ministro laborista Harold Wilson da testimonio de ello, después de haber chocado dos veces con el poder de los fondos de pensión, de los cuales piensa que contribuyeron a hacer fracasar una política socialdemócrata que era, sin embargo, bien moderada. A fines de los años 1970 dirigió personalmente una comisión de investigación parlamentaria con el fin de analizar mejor el papel de los fondos de pensión. En sus memorias, viejas ya, observaba que "el desarrollo de las cajas de jubilación a partir de la segunda mitad de los años 1970 engendró la mayor revolución de la esfera financiera británica en el curso del siglo XX. De manera

---

[2] Según Leslie Hannah el monto semanal de la pensión por vejez de un empleado del sistema público era, en 1946, más de tres veces inferior al nivel del salario medio de un obrero de la industria...! [Hannah, 1986, p. 5].

[3] Sobre este punto, véase el libro de Elizabeth A. Fones-Wolf (1994), *Selling Free Enterprise (The Business Assault on Labor and Liberalism)*, University of Illinois Press.

absolutamente sorprendente, este hecho pasó casi inadvertido para los comentaristas políticos y financieros hasta hace muy poco tiempo" [Wilson, 1979, p. 146]. En el momento en que él escribía estas líneas, en las que nadie reparó en su momento, ni siquiera los economistas heterodoxos o críticos, los fondos de pensión concluían su fase inicial de acumulación. Desde comienzos de los años 1980, como lo muestra el cuadro que sigue, el valor capitalizado de las tenencias en poder de los fondos de países con fondos de jubilación privados (el caso de Alemania es especial) tuvo un crecimiento cada vez más rápido.

Cuadro 1
Tenencias de los fondos de pensión en algunos países de la OCDE, 1980-1993, en miles de millones de dólares

Rango	País	1980	1988	1990	1991	1992	1993
1	Estados Unidos	667,7	1.919,2	2.257,3	3.070,9	3.334,3	3.571,4
2	Reino Unido	151,3	483,9	583,6	642,9	670,5	695,7
3	Japón	24,3	134,1	158,8	182,3	191,9	...
4	Canadá	43,3	131,3	171,8	188,4	191,7	...
5	Alemania	17,2	41,6	55,2	58,6	62,6	53,5
Total		903,8	2.710,1	3.226,7	4.143,1	4.451,0	4.320,6

Fuente: FMI, 1995, p. 166.

Como las cifras brutas de los volúmenes aquí presentados no tienen gran sentido si no se las compara con alguna otra magnitud, procederemos en varios planos. Los activos de los fondos de pensión del Reino Unido, que representaban un poco más de un cuarto del PIB británico en 1980 (28% exactamente), han tenido una expansión muy importante durante esta década, crecimiento que no tuvo parangón con el del propio PIB. En 1993, el valor de las tenencias de los fondos de pensión británicos correspondían ya al 73% del valor del PIB, mientras que sus homólogos norteamericanos tenían un crecimiento apenas menos espectacular, habiendo pasado de un monto de activos correspondiente al 34,6% del PIB en 1980 al 68% en 1993. La comparación entre los activos de los fondos de pensión de empresas, tomados individualmente, y los agregados clásicos de los estados-nación es todavía más elocuente, ilustrando de una manera particularmente cruda las nuevas relaciones de fuerza. Así, el TIAA-CREF (fondos de pensión de los docentes norteamericanos) es la principal caja de jubilaciones de los Estados Unidos, con 100.000 millones de dólares de activos, lo que representa una vez y media el conjunto de los impuestos directos percibidos por el estado francés en 1994. Los fondos de pensión británicos administrados directamente por las empresas tienen, ciertamente, un volumen de activos mucho menor. Sin embargo, como muchos de los grupos industriales y comerciales confían la gestión de sus fondos de pensión a profesionales de la inversión (en general bancos de negocios o filiales especializadas de estos últimos), los montos son finalmente del mismo orden de magnitud. Así, el primero de ellos, *Mercury Assets Mangement (MAM)*, ex filial del banco de negocios S. G. Warburg, administra alrededor de 64.000 millones de libras, lo que, al cambio de 1,5 dólares por libra representa 96.000 millones de dólares, o sea alrededor de 500.000 millones de francos (*Financial Times*, 27 de abril de 1995, p. II).

Un examen más atento del ritmo de crecimiento de los activos que poseen los fondos de pensión permite no sólo establecer una periodización esclarecedora de su progreso sino, sobre todo, poner en evidencia el paralelismo de este desarrollo con el de la globalización financiera. El país que mejor ilustra este proceso es Gran Bretaña, donde se pueden distinguir, en líneas generales, tres períodos principales.[4] En primer lugar, en la década de 1970 hubo un progreso regular, pero todavía no espectacular, de los activos de los fondos de pensión británicos, ya que su relación con el PIB era del 17% en 1970 y del 28% en 1980. En la década siguiente hubo un progreso explosivo ya que, entre 1980 y 1992, el mismo indicador pasó de 28% a 61,2%. De 1992 a 1994, en sólo dos años, parece esbozarse un nuevo ritmo, ya que el indicador ha pasado de 61,2% a 77% [*Financial Times*, 4 de diciembre de 1995, p. 27]. El crecimiento de los activos norteamericanos es menos espectacular en porcentaje pero, a causa de su volumen, que es alrededor de cinco veces superior al de sus homólogos británicos, tienen un peso totalmente distinto en la escena mundial, especialmente desde que los inversores institu-

---

[4] Este artículo sólo se ocupa de los fondos de pensión y de inversión anglosajones. Un estudio más completo permitiría ver, por ejemplo, que donde más adelantado está este proceso es en los Países Bajos, donde los activos que poseen los fondos de pensión superan ya el valor de un año entero del PIB (124% exactamente, en 1995). Sin embargo, los inversores institucionales holandeses están muy estrechamente asociados a la City londinense, ya que los vínculos históricos de cerca de tres siglos de cooperación y de conflictos anglo-holandeses han resistido la prueba del tiempo, como bien lo muestra el último episodio de la adquisición del banco de negocios *Barings* por *ING*.

institucionales han emprendido una internacionalización creciente de sus carteras de colocaciones. Como los fondos de pensión se han vuelto actores principales en los mercados internacionales de cambios, no se puede dejar de hacer un paralelo entre estos dos desarrollos concomitantes, lo que veremos detalladamente más adelante.

Los *mutual funds* y los demás inversores institucionales

Al beneficiarse con el aporte regular de capitales inmovilizados durante muy largos períodos (la duración promedio de la vida activa de un asalariado se extiende alrededor de cuarenta años), los fondos de pensión se han impuesto como la pieza maestra de los núcleos financieros anglosajones. Sin embargo, el cuadro quedaría muy incompleto si se omitieran las otras grandes categorías de inversores institucionales, como las compañías de seguros y los diversos fondos de inversión que han aumentado considerablemente la oferta de capitales en busca de colocaciones líquidas, y que conforman un bloque con los fondos de pensión por la manera de conformar sus carteras. En el ámbito de los seguros se vuelve a confirmar el avance norteamericano y británico, salvo en los seguros de vida, donde las compañías japonesas se ubican en la segunda posición mundial. Podemos observar, sin embargo, que los activos que poseen las sociedades británicas de seguros superan ligeramente a los que poseen los fondos de pensión (714.400 millones de dólares contra 695.300 millones), lo que no ocurre del otro lado del Atlántico, ya que los activos de las compañías de seguros norteamericanas no llegan más que a los dos tercios de los activos de los fondos de pensión (2,4257 billones de dólares contra 3,5714 billones). El cuadro siguiente ofrece una visión global de la importancia relativa del conjunto de los diversos inversores institucionales.

Por el contrario, en materia de fondos comunes de inversión se observa una notable debilidad británica, de manera que la dominación norteamericana es total en ese ámbito (los activos de los *mutual funds* norteamericanos son, efectivamente, 15 veces superiores a los de sus homólogos británicos). En este caso la situación se explica principalmente por el escaso desarrollo del segmento más dinámico de este tipo de fondos, los SICAV (*Societé d'Investissement de Capital Variable*) monetarios. En realidad, los *money market funds* ingleses están mucho menos desarrollados que al otro lado del Atlántico, principalmente porque los fondos de pensión británicos siempre han sido, hasta ahora, reticentes a colo-

Cuadro 2
Activos de los inversores institucionales de los principales
países de la OCDE, en miles de millones de dólares

	1980	1988	1990	1991	1992	1993
Fondos de pensión						
Canadá	43,3	131,3	171,8	188,4	191,7	...
Alemania	17,2	41,6	55,2	58,6	62,6	53,5
Japón	24,3	134,1	158,8	182,3	191,9	...
Reino Unido	151,3	483,9	583,6	642,9	670,5	695,7
Estados Unidos	667,7	1.919,2	2.257,3	3.070,9	3.334,3	3.571,4
Compañías de seguros de vida						
Canadá	36,8	85,5	106,1	118,1	131,8	132,7
Alemania	88,4	213,5	299,5	325,7	341,4	354,3
Japón	124,6	734,6	946,9	1.113,7	1.214,8	1.476,5
Reino Unido	145,7	358,9	447,9	516,7	574,7	619,3
Estados Unidos	464,2	1.132,7	1.367,4	1.505,3	1.624,5	1.784,9
Compañías de seguro						
Canadá	9,2	22,7	26,8	23,3	...	...
Alemania	36,7	87,6	126,3	127,4	187,9	198,8
Japón	34,6	156,1	190,3	215,5	218,5	167,9
Reino Unido	31,3	72,2	85,2	89,6	95,6	97,1
Estados Unidos	182,1	453,9	529,2	591,6	628,7	640,8
Mutual funds						
Canadá	3,9	17,5	21,5	43,2	52,9	86,7
Alemania	22,4	99,9	145,5	166,2	171,6	205,2
Japón	60,8	433,9	353,5	323,9	346,9	448,7
Reino Unido	16,8	76,7	91,5	104,4	91,2	141,3
Estados Unidos	292,9	810,3	1.066,9	1.348,2	1.595,4	2.011,3
Total (en miles de millones de dólares)						
Canadá	93,2	257,0	326,2	373,0	376,4	...
Alemania	164,7	442,6	626,5	677,9	763,5	811,8
Japón	244,3	1.458,7	1.649,5	1.835,4	1.972,1	...
Reino Unido	345,1	991,7	1.208,2	1.353,6	1.432,0	1.553,4
Estados Unidos	1.606,9	4.316,1	5220,8	6.516,0	7.182,9	8.008,4
Total en % del PIB						
Canadá	35,2	52,2	56,8	63,3	66,1	...
Alemania	20,3	37,1	41,7	42,7	42,7	47,4
Japón	23,1	50,3	56,3	54,8	53,8	...
Reino Unido	64,1	118,3	123,5	133,8	137,1	165,3
Estados Unidos	59,3	88,1	94,5	113,9	119,0	125,6

Fuente: FMI, 1995, p. 166.

car sus excedentes de tesorería en este tipo de inversiones. Bajo la presión competitiva de los fondos norteamericanos que operan a partir de sus filiales irlandesas, esta situación está en vías de cambiar rápidamente en Gran Bretaña: el crecimiento de este tipo de fondos comienza a volverse significativo.[5]

De entre los inversores institucionales norteamericanos, si bien los fondos de pensión son los más importantes en términos absolutos, los *mutual funds*, es decir los fondos comunes de inversión (cuya función, aunque no la gestión, corresponde a la de los OPCVM franceses), son los que han tenido el crecimiento más espectacular. Existen hoy alrededor de 5.655[6] fondos que invierten prácticamente en todos los tipos de productos financieros imaginables [Congressional Quaterly, 1994, pp. 435-450]. El cuadro siguiente describe su fenomenal desarrollo durante los últimos 35 años.

Cuadro 3
Activos netos de los *mutual funds* de los Estados Unidos

Año	Monto, en miles de millones de dólares	Cantidad
1960	17	–
1965	35	–
1970	47	–
1975	45	–
1980	134	564
1985	495	1.528
1990	1.066	3.105
1991	1.348	3.427
1992	1.599	3.850
1993	2.006	4.558
1994	2.150	4.700
1995*	2.600	5.655

* Estimación: agosto de 1995.
Fuente: *Statistical Abstract of the USA 1994*, y *The Economist*, 21 de octubre de 1995, p. 89.

[5] Los principales *mutual funds* norteamericanos que han venido a desarrollar este segmento en Gran Bretaña son *Fidelity* y *AIM Global*. En un mes (noviembre de 1995) *AIM Global* atrajo no menos de 100 millones de dólares [*The Economist*, 2 de marzo de 1996, p. 80].

[6] Esta cifra se ha obtenido incluyendo las cuentas personales de ahorro jubilatorio (*individual retirement accounts*) en los *mutual funds*. Para más precisiones sobre este punto véase Christophe Marchand [1994].

También en este caso algunas comparaciones permitirán situar mejor el tamaño y el ritmo de crecimiento de los *mutual funds*. El valor nominal de los activos con que éstos contaban en 1995, que llegaba a 2,6 billones de dólares, equivale prácticamente al monto de los PIB francés y británico juntos. Sólo el aumento del año 1992-1993 marca un salto de ¡407.000 millones de dólares! Puede observarse que, a este ritmo, bastarían apenas cinco meses para cubrir definitivamente el déficit del presupuesto federal norteamericano del año 1995 (alrededor de 160.000 millones de dólares).

Resulta interesante comprender los resortes de la dinámica de crecimiento de los fondos de pensión y de los *mutual funds*. En realidad, son diferencias institucionales las que explican los mayores rendimientos financieros que obtienen estos últimos. Mientras en 1980 el monto que manejaban los fondos de pensión norteamericanos era de 942.000 millones de dólares, el de los *mutual funds* era sólo de 135.000 millones de dólares, es decir que había prácticamente una relación de 1 a 7. Hoy, la relación sigue siendo favorable a los fondos de pensión, pero ha disminuido considerablemente ya que sólo es de 3 a 5 (alrededor de 4 billones de dólares contra 2,6 billones). Esta diferencia de crecimiento se debe en buena parte a la ley denominada ERISA (*Employee Retirement Income Security Act*),[7] que ofrece una relativa protección a los planes de retiro en los Estados Unidos. En efecto, durante los años 1960 y 1970, el crecimiento de la cantidad de quiebras de empresas, así como la falta de cumplimiento de los compromisos asumidos por los empleadores en relación al pago de las prestaciones de jubilación prometidas, pusieron en peligro los fondos de pensión de numerosas sociedades privadas. La creciente inquietud de los asalariados (activos o jubilados) y de las organizaciones sindicales frente a verdaderas expoliaciones de los aportes jubilatorios, obligó al poder público a promulgar, en 1974, una ley de protección del ahorro jubilatorio, la llamada ley ERISA. Frente a esta nueva restricción, empleadores y administradores de fondos de pensión no permanecieron inactivos: se dedicaron a desarrollar otras fórmulas financieras. Para evitar la ley ERISA, las cajas de jubilación, especialmente las de contribuciones definidas, comenzaron a

---

[7] Este punto ha sido bien abordado, y situado en el marco de un análisis global del sistema de jubilaciones norteamericano, por Lucy ApRoberts. Remitimos entonces a su muy detallado estudio, publicado en *Les systèmes de retraite à l'étranger*, IRES, 1992, pp. 45-148.

ofrecer productos que, en su mayoría, consistían en partes de *mutual funds*.[8] Alimentados de manera regular, estos *mutual funds* han tenido un crecimiento fulgurante, nutriéndose al mismo tiempo de los aportes regulares y del alza casi continua del mercado bursátil (por lo menos en un primer momento, hasta el crack de 1987, y luego, después de una meseta, hasta los niveles actuales del Dow Jones que después de haber batido 69 veces su más alto nivel histórico durante el año 1995, llegó al nivel apenas creíble de 5.700 puntos). El análisis de la composición de las carteras de los *mutual funds* permite ver cuales son los segmentos que más han contribuido a la globalización financiera. Así, los *money markets funds* o MMF (equivalentes a los Sicav monetarios en Francia) tuvieron un éxito cierto desde el final de los años 1970. En 1977 representaban apenas 5.000 millones de dólares, pero habían alcanzado ya los 80.000 millones en 1980 y ¡no menos de 230.000 millones en 1982! Su ritmo de crecimiento ulterior fue menos veloz y, en 1994, representaban más o menos la quinta parte del monto actual de los *mutual funds*, es decir alrededor de 600.000 millones de dólares [*Federal Reserve Bulletin*, diciembre de 1995, cuadro A.44]. Pero mucho más que el crecimiento de los MMF, es el desarrollo de los fondos invertidos en obligaciones de todo tipo, lo que mejor ilustra el importante fenómeno de titularización de los papeles de la deuda pública, así como el de la desintermediación de las finanzas de la empresa. En efecto, los *mutual funds* han llegado a ser prestamistas directos del estado federal norteamericano (son los *US government funds*), de las municipalidades (*investment grade municipal funds*) y de las empresas (*investement and medium grade corporate funds*). También fueron compradores, en los años 1980, de "papeles basura" que les permitieron el desarrollo de beneficios sulfurosos (*High-Yield corporate bonds*, también llamados *junk bonds*, los famosos "bonos basura" que fueron la comidilla de las crónicas de los años 1980 y enviaron a prisión a *raiders* predadores como Michael Milken...). La tasa de crecimiento de estos fondos refleja la amplitud del movimiento de desintermediación y titularización de los años 1980. Parece incluso haberse acelerado desde 1992, al punto que un economista del Banco de la Reserva de Saint Louis plantea la pre-

---

[8] Si bien los *mutual funds* no están constreñidos a una legislación tan restrictiva como ERISA, tampoco disponen de una libertad total. Pero están comprendidos en la ley que reglamenta las inversiones de las firmas (*Investment Company Act*), los *mutual funds* gozan, a pesar de todo, de mayor autonomía que los fondos de pensión, lo que constituye una de las causas de su éxito relativo.

gunta de si el desarrollo de los *mutual funds* no se encuentra en vías de inducir una gigantesca ola de quiebras entre los bancos comerciales, obstaculizados en sus tradicionales y clásicas operaciones de intermediarios financieros [Neely, 1995, p. 12]. El proceso de "muerte lenta de las operaciones de la banca comercial tradicional" [Guttmann, 1994, pp. 260-266] se aceleró considerablemente en el curso de estos últimos años. Al eliminar literalmente a los bancos comerciales de su actividad tradicional, estos inversores institucionales están induciendo una revolución financiera que afecta profundamente al sistema bancario. La aparición de la "banca-dividendo" será así producto directo del aumento de poder de inversores institucionales superpoderosos como son los *mutual funds* [Carmoy, 1995, pp. 25-71].

Estructura de la cartera de activos de los fondos y capitalismo anglosajón

Las reflexiones de Michel Albert han contribuido mucho a popularizar la idea de que en la actualidad existiría una distinción fundamental entre dos grandes tipos de capitalismo. El capitalismo anglosajón, encarnado especialmente por los Estados Unidos y Gran Bretaña, que estaría centrado en las finanzas y en la realización de ganancias a corto plazo, y el capitalismo renano, encarnado por Alemania y Japón, que estaría orientado más hacia la producción industrial, con horizontes de ganancias a mediano y largo plazo. El análisis de la composición de las carteras de activos de los fondos de pensión sustenta esta distinción. Las dos formas principales en que se invierten los activos de los fondos de pensión son las obligaciones negociables y las acciones de empresas. Ahora bien, como se puede constatar en el cuadro siguiente, en este aspecto la oposición entre el modelo anglosajón y el modelo renano no podría ser más clara. En efecto, no menos del 63% de los activos de los fondos de pensión británicos están invertidos en forma de acciones y el 14% en forma de obligaciones negociables, mientras que la proporción es sólo del 18% y del 25% respectivamente en los fondos alemanes, cuya distribución está vinculada a un modelo inspirado todavía en el papel que desempeñan los bancos en el financiamiento de la industria. Los holandeses tienen una distribución cercana al modelo alemán, mientras que los canadienses se alinean con el modelo norteamericano. La estructura de la cartera de los fondos japoneses traduce el elevado nivel de tenencia de títulos públicos, especialmente norteamericanos, así como la caída del valor de las acciones luego del derrumbe del Nikkei en 1990. Sin embargo, los préstamos no son despreciables, aunque son muy inferiores a los alemanes. Más adelante volveremos sobre la cuestión de la estructura de las carteras.

Cuadro 4
Distribución porcentual de las carteras de los fondos de pensión en 1990

País	Liquidez	Obligaciones	Préstamos	Bienes, propiedades	Acciones
Gran Bretaña	7	14	0	9	63
Estados Unidos	9	36	0	–	46
Alemania	2	25	36	6	18
Japón	3	47	13	2	27
Canadá	11	47	0	3	29
Países Bajos	3	23	39	11	20
Suecia	3	84	10	1	1
Suiza	12	29	14	17	16
Dinamarca	1	67	1	–	7
Australia	23	20	–	16	27
Italia	21	45	1	32	2

Fuente: Davis, 1995, p. 161.

No resulta sorprendente el epíteto adjudicado por el *Financial Times*, para quien los fondos de pensión británicos son "fieles devotos del culto de la inversión en acciones" [*Financial Times*, 27 de abril de 1995, p. III del suplemento "*Pension funds Investment*"]. En su incesante búsqueda de ganancias, los fondos de pensión ya no siguen la actividad de las empresas sobre la base del informe anual, sino según sus cuentas trimestrales, de donde proviene la muy exacta expresión de Michel Albert, que habla de la "dictadura del *Quaterly Report*", base misma del "cortoplacismo". La segunda razón que empuja hacia el "cortoplacismo" se debe a las condiciones particulares de control del capital industrial en el modelo anglosajón: aquí no cuenta la concentración de accionistas, en la cual es necesario poseer grandes paquetes de acciones para tener influencia sobre los destinos de la firma. Muy por el contrario, la acción de los inversores institucionales anglosajones ha terminado en una estructura de propiedad extremadamente diluida, en la cual un muy escaso porcentaje del capital social de una firma permite a su propietario tener influencia, de manera determinante, sobre la estrategia de la firma. El cuadro que sigue muestra el foso que existe entre el modelo renano y el modelo anglosajón. El primer accionista de la sociedad Daimler-Benz, que es el Deutsche Bank, tiene por lo menos el 41,8% del capital social del grupo industrial, mientras que, en los Estados Unidos, el primer accionista de la General Motors es el fondo de pensión de los docentes de Michigan, el cual, sólo con el 1,42% del capital está en la posición de primer accionista.

Cuadro 5
Los cinco principales bloques de votos en General Motors, Daimler-Benz y Toyota

General Motors (en %)		Daimler-Benz (en %)		Toyota (en %)	
Fondo de pensión de Michigan	1,42	Deutsche Bank	41,80	Sakura Bank	4,9
Bernstein Stanford	1,28	Dresdner Bank	18,70	Sanwa Bank	4,9
Wells Fargo	1,20	Commerzbank	12,20	Tokai Bank	4,9
Fondos de pensión de los colegios	0,96	Bayerische Landesbank	1,16	Nippon Life	3,8
Bankers Trust NY	0,88	No disponible	–	Long Term Credit Bank	3,1
Total de los 5 principales bloques	5,74	Total	73,90	Total	21,6

Fuente: M. Roe, 1995, p. 4.

En este contexto, nada es más fácil para un inversor institucional anglosajón que deshacerse de un valor dado, en la medida en que el resto de su cartera sigue distribuido de manera "ideal", garantizando, por eso mismo, una cierta estabilidad en los rendimientos. Esta particular estructura de propiedad de las firmas facilita grandemente la rápida asunción y ruptura de compromisos a corto plazo, y explica también, en buena parte, el alto nivel de actividad bursátil en los dos países líderes del capitalismo anglosajón. Este último factor también permite comprender la naturaleza del carácter multidimensional de las colocaciones de los inversores institucionales.[9] La diversidad de colocaciones es tal que algunas, efectivamente, se realizan a largo plazo, lo que per-

---

[9] Un ejemplo especialmente revelador de este fenómeno lo suministra *Calpers*, la caja de jubilaciones de los funcionarios del estado de California, que tiene una cartera con por lo menos 2.000 participaciones de firmas norteamericanas y extranjeras.

mite a los administradores de los fondos defenderse de las acusaciones de "cortoplacismo" que se les hacen, en contra de sus estrategias de inversión. Así, en ocasión de una conferencia reciente en París, el responsable del fondo de pensión de la ciudad de Nueva York pudo asegurar a sus oyentes la voluntad real y sincera de su fondo de perseguir una "valorización del capital a largo plazo" [Rosner, 1995, p. 6].

Una segunda característica clave de los fondos de pensión anglosajones consiste en rehusar todo préstamo emparentado con el clásico préstamo bancario. En este último aspecto, el contraste entre los dos modelos de capitalismo se torna francamente flagrante. Los fondos de pensión norteamericanos y británicos no emplean, en efecto, un solo dólar o libra esterlina de su enorme liquidez en operaciones de préstamos, mientras que, gracias al modelo en que dominan las relaciones bancos/industria, los fondos de pensión alemanes dedican a ello el 36% de sus activos, y los fondos japoneses el 13%.[10] Esto no quiere decir, ciertamente, que los inversores institucionales anglosajones ignoren la esfera de la producción; muy por el contrario, se ocupan de ella en condiciones muy particulares, es decir imponiendo sus propias normas de rentabilidad. En realidad, al privilegiar las relaciones referidas a derechos de propiedad sobre los títulos, antes que acordar créditos con contrapartidas clásicas de cobertura crediticia, los fondos de inversión y de pensión encuentran en ello dos ventajas principales. En primer lugar, y contrariamente a lo que sucede con el crédito, la forma titularizada permite un desdoblamiento de uso, ya que la acción adquirida puede servir también como medio de pago. En segundo lugar, la forma titularizada favorece eminentemente la especulación, actividad fuertemente lucrativa y esencial a los ojos de los inversores institucionales. Como lo observaba un informe del CEPII, "los derechos de propiedad se oponen a los títulos de crédito porque los primeros, contrariamente a los segundos, no son compromisos financieros. Los derechos de propiedad son soportes de la acumulación de patrimonios. Se refieren a riquezas existentes (terrenos, bienes inmobiliarios ya

---

[10] Se podría objetar que el razonamiento sólo vale para los fondos de pensión. Si se toman en cuenta las compañías de seguros y los fondos de inversión, esta configuración se modifica levemente en los Estados Unidos, pero casi nada en Gran Bretaña. De acuerdo con un estudio realizado por E. P. Davis, en 1989 los préstamos representaban el 9,8% de las colocaciones financieras de las compañías de seguros, contra el 1,5% en el caso inglés. Véase E. P. Davis, "International Diversification of Institutional Investors", *Bank of England, Economics Division*, 1990, cuadros 2.8 y 2.9.

construidos, acciones ya emitidas, oro...). El ahorro que compra esos derechos no financia directamente nuevas inversiones. Contrariamente a los títulos de crédito, los derechos de propiedad no están sometidos a compromisos de reembolso en una fecha dada y a un precio conocido de antemano [...]. Por esta razón, pueden tornarse vectores privilegiados de especulación cuando la dinámica de sus precios se aparta de la evolución económica general" [CEPII, 1992, p. 147].

Además, los datos sobre la composición de las carteras de activos pertenecientes a los fondos de pensión deben ser evaluados con la vara de la nueva revolución financiera que está actualmente en plena fase activa. Según un estudio reciente de la OCDE, "el año 1993 será recordado en los anales como el año en que los fondos de jubilaciones de los países de la OCDE comenzaron a diversificar seriamente sus colocaciones en lo que se ha dado en llamar los mercados emergentes. A fines de 1992 los fondos de jubilaciones habían colocado en esos mercados menos del 0,2% de sus tenencias [Chuhan, 1994]; ahora bien, según los primeros resultados de un estudio emprendido por las oficinas de proyectos de *Greenwich Associates* e *InterSec Research*, la proporción de los fondos de jubilación británicos dirigida hacia esos mercados alcanzó el 2% a fines del año 1993, y la de los fondos de jubilaciones norteamericanos el 0,7%" [OCDE, 1994, p. 26]. Utilizando estos últimos trabajos y los de Chuhan, la OCDE estableció una extrapolación muy expresiva de la tendencia de inversión de los fondos de pensión hacia el año 2000. El cuadro que sigue muestra el extraordinario crecimiento potencial de la inversión de los fondos de pensión, especialmente con un salto que llevaría la masa movilizada por los fondos de pensión en esos mercados, de 12.000 millones de dólares a 353.000 millones, lo que significa un crecimiento de 2.900% en ocho años. Asia y América Latina recibirían el 95% de ese flujo, aunque la crisis mexicana ha quebrado momentáneamente esa expansión.

Finalmente, uno puede interrogarse acerca del mito, expandido con complacencia, especialmente en el Reino Unido, según el cual el desarrollo de este tipo de instituciones financieras favorecería la aparición de un verdadero capitalismo popular en los países involucrados. La pregunta sería si no asistimos, más bien, a una concentración que no cesa de incrementarse con la tenencia y gestión de los activos financieros. Poco antes de la Segunda Guerra Mundial, los particulares británicos tenían alrededor del 80% del total de las acciones que cotizaban en Londres. Esa proporción ha caído hoy al 20% mientras, al mismo tiempo, los inversores institucionales tienen por lo menos el 60% de los activos financieros cotizados. La situación es idéntica en los Estados Unidos, donde la participación de los fondos de pensión en el conjunto de valores mobiliarios pasó del 1% en 1950 al 30% en 1993 [Turner, 1994, p. 3]. Porcentaje que salta a más del 60% cuando se adicionan las tenencias de las compañías de seguros y de otros *mutual funds*, lo que ha llevado a uno de los estudios más serios a prever la desaparición del último pequeño tenedor de Wall Street hacia el año 2003...

Cuadro 6
Proyección hacia el año 2000 de la inversión
de los fondos de pensión en los mercados emergentes

	1992		2000	
	Miles de millones de dólares	%	Miles de millones de dólares	%
Activos totales de los fondos de jubilación de la OCDE	5.750	100,00	12.000	100,00
Invertidos en los mercados emergentes:	12	0,20	353	2,9
Asia	6	0,10	235	2,0
América Latina	4	0,07	101	0,8
Otros mercados emergentes	2	0,03	17	0,1

Fuente: OCDE, 1994, p. 62.

Actividades de especulación de los fondos de pensión e inversión anglosajones, inestabilidad financiera internacional y competencia

Uno de los aspectos más característicos de la globalización financiera tiene que ver con la emergencia de una verdadera "economía internacional de especulación" [Plihon, 1995, pp. 1-4]. Esta incluye no sólo la especulación clásica en los mercados de cambio de divisas, sino también actividades cada vez más riesgosas, con nuevos "productos" complejos, como los derivados, así como también –en nuestra opinión– la cantidad creciente de operaciones llevadas a cabo en los mercados de materias primas. Por otra parte, el vocabulario utilizado traduce bien, a su manera, este fenómeno relativamente nuevo, ya que el neologismo "comoditización" (calcado del inglés *commodities*, es decir, las materias primas) designa, en realidad, la especulación referida a productos que en adelante se considerarán como simples centros de ganancias –tanto se trate de café o cacao, de trigo o té, de cobre o petróleo, de estaño, o incluso de semiconductores–,[11] donde se vuelve a encontrar a los fondos de pensión y de inversión anglosajones entre los operadores activos.

La especulación con materias primas por parte de capitales extraños a esos sectores económicos no es de ayer. Los mercados de trigo que cotizan en la Bolsa de Comercio de Chicago dieron nacimiento al mercado de *Futuros* desde fines del siglo XIX y, antes de eso, Marx había realizado en las columnas de la *Nueva Gaceta Renana*, un análisis detallado de la especulación en Inglaterra, cuyo contenido tiene todavía una sorprendente actualidad.[12] Desde este punto de vista, el carácter novedoso de la especulación actual es doble, en realidad. Por un lado, la masa de capitales comprometida en este tipo de operaciones alcanza niveles sin precedentes en la historia del capitalismo e induce lógicas verdaderamente destructoras de los propios mercados, al punto que muchos operadores "tradicionales" se inquietan vivamente. Por otro lado, un cierto número de flexibilidades institucionales acentúan el fenómeno, permitiendo a los fondos de pensión extender todavía más el campo de sus actividades. Así, la reciente flexibilidad de la ley ERISA,

---

[11] Para más detalles sobre este punto puede consultarse el boletín publicado por la SFAC, que brinda un análisis de variaciones de precios producto por producto. Así, en el boletín de enero de 1995, puede verse que el mercado londinense de metales preciosos (el LME) fue objeto de importantes movimientos especulativos, en primer lugar por parte de fondos chinos, y luego por fondos de pensión e inversión anglosajones. Para Marc Roche, este mercado se ha vuelto un verdadero "casino" [*Le Monde*, 18 de febrero de 1995, p. 18].

[12] En efecto, Marx escribía en marzo-abril de 1850: "Antes de la última crisis de 1845, el capital excedente encontraba una vía en la especulación con los ferrocarriles. La sobreproducción y la sobreespeculación en este ámbito alcanzaron después una amplitud tal que la actividad de los ferrocarriles resultó afectada durante la fase de prosperidad de 1848-1849, e incluso las actividades más sólidas emprendidas en ese sector están todavía en un nivel extremadamente bajo. El bajo precio del trigo y las perspectivas para la cosecha de 1850 no ofrecen tampoco ocasiones para la colocación de capitales, y los diferentes valores del Estado están sometidos a un riesgo considerable como para ser objeto de especulaciones importantes. Así, el capital supernumerario de la fase de prosperidad ve cerrados sus canales de drenado. No le queda más que precipitarse por entero en la producción industrial, en especulaciones referidas a los productos coloniales, así como sobre las materias primas decisivas para la industria, como el algodón y la lana." (Marx y Engels, *La Crise*, Ediciones 10/18, 1978, p. 91).

referida a las modalidades de inversión de los fondos de pensión norteamericanos, está directamente en el origen de su irrupción en los mercados de productos tropicales como, por ejemplo, el café y el cacao. Estos mercados sufrieron fuertes perturbaciones y como los pequeños agentes de bolsa ingleses, literalmente desplazados por mastodontes de las finanzas como son los inversores institucionales, plantearon quejas, la *London Community Exchange* llevó a cabo una investigación. Según ese estudio, en sólo algunos años los inversores institucionales llegaron a tener hasta el 50% del stock mundial de cacao [*Financial Times*, 15 de noviembre de 1994, p. 32].

Los fondos son también muy activos en los mercados cambiarios, donde su dimensión los hace actores principales en los momentos de grandes movimientos de especulación con divisas. La abrogación, en 1971, del sistema monetario internacional instituido en Bretton-Woods y la adopción del régimen de cambios flexibles, estudiado por Suzanne de Brunhoff en su capítulo, crearon el marco de esta especulación. Sin embargo, si bien los bancos y los departamentos financieros a corto plazo de las empresas multinacionales habían sido los acusados principales en ocasión de las crisis de los años 1960 y 1970, durante la liberalización financiera de los años 1980, y sin relegar a los dos agentes anteriores, pudo verse cómo los inversores institucionales se imponían como actores principales de los movimientos especulativos. Para no tomar más que un ejemplo que data de 1981-1982, un fondo de inversión norteamericano-canadiense, el *Friedberg Commodity Fund*, dirigido por Steve Hanke, fue responsable por sí solo de más del 50% de las transacciones con el peso mexicano que precipitaron la crisis de la deuda en México, con todas las devastadoras consecuencias que conocemos. Hanke, al detallar para la periodista francesa Natacha Tatu la manera en que se habían llevado a cabo las operaciones especulativas, aporta una precisión fundamental cuando afirma "nunca debe franquearse la barrera del 20% del capital en una sola posición". Ilustra así la capacidad destructora que tienen las operaciones de fondos de esta dimensión cuyo objetivo es lograr ganancias financieras a corto plazo. Permite también dimensionar el poder del capital financiero frente a los estados-nación, así como el grado en que las monedas son reducidas al rango de activos financieros [Tatu, 1993, p. 36].

Más recientemente, el informe del FMI que analiza la tempestad monetaria que dislocó virtualmente al sistema monetario europeo (SME) en el verano de 1992, no deja ninguna duda sobre el papel fundamental de los fondos de pensión y de inversión en las crisis cambiarias. Después de especificar que "el principal resorte de los mercados estaba constituido por los inversores institucionales", este informe suministra interesantes datos sobre el particular peso de los fondos anglosajones [FMI, 1993, p. 22]. El FMI estima que el 55% de las transacciones en los mercados cambiarios son realizadas por inversores norteamericanos y el 14,5% por los fondos británicos, lo que corresponde casi exactamente a la proporción entre los activos de los fondos de pensión a ambos lados del Atlántico [FMI, 1993, p. 27]. Este informe suministra elementos que permiten relativizar el papel de los *hedge funds* o "fondos de cobertura", recién llegados a la escena monetaria internacional. En caso de ataques especulativos contra una o varias monedas nacionales, los *hedge funds* atraen con frecuencia las luces mediáticas, y algunos análisis un poco apurados les otorgan una importancia que no tienen. Así, George Soros, el dirigente del *Quantum Fund*, uno de los fondos de rendimiento más mediatizados, se describe a sí mismo, de buena gana, como "el hombre que hizo saltar a la libra esterlina", por su papel en los ataques contra la esterlina que terminaron con la separación de la moneda británica del SME en setiembre de 1992. En realidad, los *hedge funds* no son, según la imagen de Henri Bourguinat, más que los "exploradores adelantados" de los pesados batallones que conforman los inversores institucionales [1995, p. 38]. Sin la inmensa liquidez de los fondos de pensión y de inversión, el papel de los *hedge funds* en los mercados cambiarios sería despreciable. Ese papel, así como el apoyo de los inversores institucionales, es lo que permite a los fondos de rendimiento poder endeudarse por efecto de palanca ante el sistema bancario, en proporciones que van de 50 a 100 veces sus fondos propios. Todos estos factores han contribuido ampliamente al desarrollo contemporáneo de los *hedge funds*, cuyo número se ha multiplicado por 50 entre 1992 y 1994, sólo en los Estados Unidos [Bourguinat, 1995, p. 37].

Para terminar hay que decir algo sobre el comportamiento de los inversores institucionales en caso de crisis financieras. En general su actitud consiste en "abandonar" el valor, el título o la moneda que había merecido anteriormente su favor, para tratar, muchas veces con cierto pánico, de encontrar refugio en otro producto. Así *Fidelity*, el primer *mutual fund* de los Estados Unidos, se desprendió de golpe, el lunes 19 de octubre de 1987, de un "paquete" de 600 millones de acciones estimado en mil millones de dólares, dando así el golpe certero del crack bursátil. Al final de ese característico lunes negro, el índice Dow Jones había perdido 508 puntos, es decir el 22,6% de su valor total. La crisis mexicana de fines de diciembre de 1994 estuvo marcada por el mismo tipo de comportamiento mimético, en el cual el pánico de un primer grupo de inversores es imitado inmediatamente por otros, trayendo consigo ventas en cascada y terminando en la crisis principal. Este tipo de comportamiento es estructuralmente previsible (salvo, evidentemente, su fecha exacta), al punto de que un informe del Banco de Pagos Internacionales (BPI), publicado en noviembre de 1994, había previsto, precisamente, la posible retirada de las inversiones norteamericanas de algunos países de América Latina en vista de los malos resultados macroeconómicos potenciales [BPI, 1994, p. 12]. Efectivamente, cuando las primeras inquietudes se confirmaron, se produjo una huida generalizada[13] de la moneda mexicana y, por contagio mimético, este movimiento terminó finalmente el 18 de noviembre de 1994 en una corrida (*"run"*) del peso referida a no menos de 1.700 millones de dólares en un solo día [*Wall Street Journal*, 6 de julio de 1995, p. 1]. Se comprende así que las políticas llamadas de "ajuste por los mercados" (es decir, en realidad, por los más poderosos agentes de esos mercados) inducen procesos de tal violencia que el director del FMI, Michel Camdessus, se vio obligado a convenir en ello, a su manera: "Los mercados, a veces desatentos o complacientes durante largo tiempo, terminan siempre por detectar las fallas de gestión. Su reacción es, entonces, siempre gregaria, a veces brutal y excesiva. En un mundo donde pueden desencadenarse de improviso crisis de esta naturaleza, la conducción de la política macroeconómica no tolera ya lo aproximado" [*Le Monde*, 18 de enero de 1996, p. 14]. En el caso mexicano no es seguro que los inversores institucionales anglosajones no hayan anticipado e integrado en sus cálculos la hipótesis de una devaluación del peso, sin que eso los llevara a renunciar a su lógica particular de valorización financiera.

El comportamiento agresivo de los inversores institucionales anglosajones no debe entenderse simplemente como algo que se ejerce sólo en la esfera de la economía real exterior a ellos mismos, tanto se trate de la especulación sobre el valor de las monedas o sobre las materias primas. En el propio seno del núcleo financiero, constituido por los bancos de negocios, los fondos de pensión y los diversos fondos de inversión, reina

---

[13] En el leguaje de los banqueros y de los inversores anglosajones, buenos aficionados a la lítote, se llama a esto *"flight to quality"*...

una feroz competencia oligopólica, análoga desde todo punto de vista a la que regía el mundo de los grandes grupos industriales, pero ciertamente mucho más exacerbada. Así, por ejemplo, uno de los objetos de codicia en ocasión de los intentos de compra del prestigioso banco de negocios británico *S. G. Warburg*, no era otro que el dominio de *Mercury Assets Management (MAM)*, la filial especializada en la gestión de los fondos de pensión de muy grandes grupos transnacionales británicos. Esta filial, con sus 64.000 millones de libras esterlinas de activos, que la constituyen en la primera de Gran Bretaña, escapó finalmente a la codicia sucesiva del banco de negocios norteamericano *Morgan Stanley*, y luego del banco suizo *SBS*, aun cuando este último vio coronado por el éxito su intento de compra del banco de negocios. Por el contrario, el banco *Baring* (el noveno administrador de fondos de pensión y de inversión de Gran Bretaña, que manejaba un monto de 28.300 millones de libras) no pudo, dadas las circunstancias de su compra en situación de catástrofe por *ING*, salvar su cartera de fondos de pensión, que "heredó" entonces el inversor holandés comprador del banco. Como puede constatarse, si bien los fondos de pensión y de inversión han adquirido realmente las bases de un inmenso poder financiero, la propia dimensión de este poder los transforma, a su vez, en objetos de extrema codicia. Las tensiones que nacen así dentro de los núcleos financieros anglosajones se deshacen y recrean al ritmo de una competencia oligopólica implacable: los más pequeños son progresivamente eliminados de manera despiadada.

Los inversores institucionales anglosajones, la gestión corporativa de la empresa *(corporate governance)* y la dinámica de la economía mundial

Con la aparición, desde hace dos o tres años, del concepto de *corporate governance* (que puede traducirse de manera aproximada por "gobierno de las empresas" o "gestión corporativa de las empresas"), el vocabulario económico francés se ha enriquecido con una nueva expresión anglosajona.[14] Sin embargo, si bien particularmente en Francia el problema planteado por este nuevo modo de control de las empresas adquiere una dimensión especial, eso se debe, entre otras cosas, a que la interven-

---

[14] Véase en relación a esto el número especial de la *Revue d'économie financière*, "Corporate Governance, le gouvernement des entreprises", núm. 31, invierno de 1994.

ción creciente de los fondos de pensión y de inversión anglosajones en algunos ámbitos de los cuales antes estaban excluidos, modifica de manera radical el equilibrio de poderes dentro de las sociedades industriales y bancarias. El ejemplo reciente del grupo bancario *Suez* es, desde este punto de vista, muy instructivo. Cuando a comienzos del mes de junio de 1995 una coalición de accionistas minoritarios le "agradeció" repentinamente sus servicios al *PDG* de *Suez*, Gérard Worms, el hecho hizo gran ruido porque este banco había representado uno de los dos pilares fundamentales del capitalismo francés y, también, porque la brutalidad del procedimiento señalaba la llegada estruendosa a Francia de las costumbres más caras del capitalismo anglosajón. Sin ninguna duda, el despido de G. Worms no constituía en Francia una gran primicia, pero la manera chocó indudablemente al *establishment* de negocios del país por su profunda ruptura con la lógica vigente. En efecto, la bipolaridad que conformaba la pareja *Suez-Paribas*, con tutela estatal, estaba antes regida por bases no sólo más protegidas sino más políticas y, en cualquier caso, no sobre criterios puramente de gestión y de maximización de activos. Pero si bien los comentarios destinados a tratar de detectar las intenciones de los accionistas minoritarios (compuestos esencialmente por la *UAP*, *Saint Gobain*, el *BNP* y *Elf-Aquitaine*) marchaban bien, esas intenciones seguían siendo, sin embargo, demasiado "franco-francesas", dejando completamente en la sombra un hecho capital. En realidad, aunque la *UAP*, con el 6,9% del capital, era el principal accionista minoritario de *Suez*, eran dos fondos norteamericanos los que poseían por lo menos el 16% del mastodonte bancario francés... (se trata de *TIAA-CREF*, el principal fondo de pensión de los docentes norteamericanos, y de un fondo de inversión de Boston, *Grantham, Mayo & Van Otterloo*). Como propietarios especialmente puntillosos y vigilantes, estos dos fondos privilegiaron los argumentos clásicos del *corporate governance*, es decir dieron prioridad a los derechos e intereses de los accionistas, lo que, en este preciso caso, equivalía a incitar a los otros accionistas a exigir la partida de Worms. Esta exigencia no era, evidentemente, más que el elemento más visible de una voluntad más global de imponer un cambio radical de estrategia, cambio que, por otra parte, acaba de ser mencionado públicamente por los propios representantes de los dos fondos norteamericanos, y que consiste en querer escindir al grupo Suez.[15] Esta voluntad de los fondos de pensión

---

[15] Véase sobre este punto "Can Suez Stay in One Piece", *Business Week*, 12 de febrero de 1996, pp. 44-45.

anglosajones de intervenir hasta el núcleo mismo de las firmas extranjeras es ahora reivindicado y afirmado de manera cada vez más clara por los sostenedores del *corporate governance*. Así N. Rosner, el administrador del fondo de pensión de la ciudad de Nueva York, afirma sin disimulo: "En los Estados Unidos, los fondos de pensión públicos son ahora los más ardientes defensores de este movimiento (de defensa de los accionistas) que, por otra parte, adquiere amplitud a medida que otros inversores institucionales les cierran el paso. No veo por qué los cambios que nacen en los Estados Unidos no podrían ser 'exportados'". [Rosner, 1995, p. 2].

Antes de abordar las causas profundas de la extensión fuera del mundo anglosajón de las prácticas del *corporate governance* y de sus consecuencias para la economía mundial, es interesante hacer notar los esfuerzos desplegados en la literatura anglosajona para minimizar, e incluso negar el fenómeno, ocultando el desafío central del poder en el seno de las firmas. Según un autor, "la esencia del *corporate governance* no es el poder, sino la cuestión de saber quien tomará las decisiones más eficaces" [Pound, 1995, p. 90]. Por su lado, el Banco Mundial adelanta dos argumentos sobre los que hay que decir algo: por un lado, el aumento de poder de los fondos de pensión sería un factor de estabilización y de fijación a largo plazo del capital; por otro, a causa del envejecimiento demográfico, el refuerzo continuo de los inversores institucionales sería el único medio para superar la futura crisis en materia de pagos de jubilaciones, especialmente en los principales países industrializados. Si se le cree al Banco Mundial, "el cortoplacismo proviene de los pequeños fondos de pensión, que tienen tendencia a votar con sus pies, es decir a desembarazarse de las acciones vendiéndolas", mientras que los grandes fondos de pensión, en cambio, se comprometerían a más largo plazo [World Bank, 1994, p. 178]. Según esta institución internacional, hay que favorecer al máximo la extensión mundial de los fondos de pensión, lo que permitiría al mismo tiempo llegar a una mejor asignación del capital y evitar, como lo sugiere el título de su informe, una crisis de las jubilaciones privadas debida al envejecimiento de la población. Pero el cortoplacismo no es atributo exclusivo de los fondos de pensión pequeños. Gracias a la puesta en práctica del *corporate governance*, los grandes fondos de pensión llegan a imponer a los grupos industriales una estrategia con resultados análogos, pero sin recurrir necesariamente a la venta de títulos, como en el pasado. Es lo que puede deducirse, por ejemplo, del reciente conflicto suscitado en Gran Bretaña entre *Granada* y *Forte*. La oposición que establece el Banco Mundial entre los pequeños fondos de pensión, repentinamente diabolizados, y los otros, no tiene fundamento; por el contrario, la presión que ejercen los inversores institucionales más poderosos a favor de una gestión a corto plazo no deja de aumentar.

La difusión internacional de los principios del *corporate governance*, impulsada por los inversores institucionales anglosajones, contribuye a la internacionalización de una regulación rentística mundializada, donde los principales países fuentes del capital-dinero concentrado están ubicados en el centro de una vasta red que se alimenta con una parte creciente del valor producido en otras partes del mundo. Esta afirmación supone una clarificación del término "rentista (*rentier*)". Mientras que a fines del siglo XIX y hasta la Primera Guerra Mundial esta palabra designaba sobre todo a una clase social compuesta esencialmente de individuos cuyo ahorro era invertido por medio de los bancos, con frecuencia internacionalmente, hoy en día el centro del dispositivo está ocupado por los inversores institucionales. Sin embargo, esta constatación no nos lleva a compartir las posiciones de Peter Drucker, sino todo lo contrario. Después de haber descrito el exorbitante poder que ejercen los inversores institucionales, Drucker llega a una conclusión muy singular: ya que los verdaderos propietarios de los fondos de pensión no son otros que los jubilados, la economía norteamericana habría entrado entonces en una nueva fase de su historia... ¡el socialismo! [1993, pp. 67-74]. Si se consideran las instancias decisorias de las inversiones realizadas así como el monto de los ingresos que benefician de manera prioritaria a la capa social asociada más directamente a la gestión de esas colocaciones, resulta forzoso constatar que es imposible considerar a los jubilados como los verdaderos propietarios y verdaderos tomadores de las decisiones en los diferentes fondos donde está centralizado su ahorro. Por el contrario, el nuevo estrato de administradores, numéricamente ultraminoritario, merece ser designado como aquel que materializa la principal forma contemporánea del capital rentista. Al utilizar la reencontrada movilidad del capital, la fructificación rentística del capital va hoy infinitamente más lejos que la descrita por Melman en su trabajo sobre el capitalismo norteamericano de los años 1970, donde el parasitismo rentista consistía sobre todo en la absorción de las firmas de mejor desempeño por integración en conglomerados [Melman, 1983, pp. 18-19]. En la nueva configuración rentística los inversores institucionales tienen el poder de elegir a los segmentos de la cadena de valor que estiman como los más rentables y desprovistos de riesgo, con la posibilidad de desprenderse de ellos en caso de crisis. El reciente ejemplo de la exitosa OPA tomado por el grupo de televisión inglés *Granada* a la cadena hotelera *Forte* es buen ejemplo tanto de la selectividad de la inversión como del peso decisivo de los fondos de pensión. En efecto, si bien *Granada* logró su operación, fue porque MAM, la más poderosa administradora de fondos de pensión inglesa, accionista mayoritaria de los dos grupos (con 15% en *Granada* y 14,1% en *Forte*), hizo inclinar la balanza de manera decisiva hacia el lado de *Granada*, a causa de minuciosos cálculos de rentabilidad efectuados mucho tiempo antes. Así, el *corporate governance* aparece como la codificación administrativa de una práctica donde el capital-dinero concentrado logra subordinar, para su beneficio, a fracciones cada vez más importantes del aparato productivo (industrial o de servicios), tanto a escala nacional como internacional.

Los inversores institucionales, así como todos los operadores financieros que adoptan su modelo, unen a una capacidad para operar punciones de la esfera productiva, sin contrapartidas, una clara tendencia a hacer soportar las pérdidas a otras categorías sociales. La manera en que se saldaron una serie de errores en operaciones referidas a productos derivados ilustra muy bien esto. De la misma manera que los *hedge funds*, concebidos al principio para protegerse de fluctuaciones monetarias erráticas, los productos derivados se han transformado en máquinas para ganar sumas colosales así como... para perderlas.[16] El cuadro que sigue suministra un cálculo aproximado sorprendente de las pérdidas más notorias de estos últimos años.

---

[16] El *Financial Times* publica regularmente estudios dedicados a las inversiones de los fondos de pensión, que permiten seguir bien la manera en que los diferentes elementos constitutivos de los núcleos financieros anglosajones están articulados entre sí. Así, Tracy Corrigan, especialista en los fondos de pensión británicos, precisa las relaciones entre éstos y los bancos, respecto de los productos derivados: "Los fondos de pensión –o, más bien, sus administradores– adoptan de a poco la opinión de los banqueros quienes, después de años de *lobby*, han terminado por convencerlos de los atractivos de los productos derivados. Aunque los administradores continúan ejerciendo una gran prudencia, hoy se va produciendo un consenso según el cual los productos derivados conforman un instrumento indispensable en la gestión cotidiana de un fondo de pensión" [*Financial Times*, "A Tool for Altering Risk Profile", 27 de abril de 1994, p. VII del estudio "Pension Fund Investment"].

Cuadro 7
Pérdidas en los mercados de derivados (1986-1995)

Firma o institución	Pérdidas, en millones de dólares	¿Quién paga o pagará?
Hammersmith & Fulham Local Authority (Gran Bretaña)	900	Contribuyentes
Allied Lyons (Gran Bretaña)	265	Accionistas
Showa Shell (Japón)	1.580	Accionistas
Metallsgesellschaft (Alemania)	1.340	Accionistas
Codelco (Chile)	200	Contribuyentes
Procter & Gamble (Estados Unidos)	157	Accionistas
Arco Employees Savings (fondo de pensión estadounidense)	22	Jubilados
Louisiana State Retirees (fondo de pensión estadounidense)	25	Jubilados
Glaxo (Gran Bretaña)	180	Accionistas
Orange County (Estados Unidos)	1.700	Contribuyentes
Barings (Gran Bretaña)	900	Accionistas y Jubilados

Fuentes: *Fortune*, julio de 1994, p. 137; y *The Economist*, 10 de febrero de 1996, Estudio "Corporate Risk management", p. 4.

Por considerables que sean, estas pérdidas acaban de ser, sin embargo, totalmente eclipsadas por la amplitud de la reciente especulación en el *LME*, el mercado londinense del cobre. En efecto, el 6 de junio de de 1996, la casa de negocios japonesa *Sumitomo* fue víctima de una maniobra especulativa con el metal rojo organizada principalmente por dos *hedge funds* norteamericanos, el *Quantum Fund* de G. Soros y el *Tiger Fund* de J. Robertson, a los cuales también se habría unido una sociedad pública china (la *Citic*) (*Financial Times*, 17 de junio de 1996, p. 3). De allí en adelante las pérdidas sufridas por la venerable casa japonesa se elevaron a 1.800 millones de dólares e incluso, de acuerdo con algunas estimaciones, a más de 4.000 millones de dólares (*Financial Times*, 21-22 de junio 1996, p. 1). Pero más que el aspecto cuantitativo, que es ya considerable (4.000 millones de dólares representan una suma ligeramente superior al PIB anual de un productor de cobre como Zambia...), lo que vale la pena observar es la manera en que se efectuó la captación rentista. Como en el casino, todo se juega en el lapso de algunos segundos y, por la "gracia" de los mercados derivados, una política de inversiones de varios años puede arruinarse en sólo algunos segundos. Como dice un negociador firme de este mercado: "El *estrés* es increíble. Decisiones referidas a millones de dólares deben tomarse en un cuarto de segundo a causa de la extrema volatilidad del mercado del cobre. Usted construye una posición y luego, repentinamente, el mercado cae y hay que salir rápidamente para limitar las pérdidas sin entrar en pánico". [*Le Monde*, 23-24 de junio de 1996, p. 13].

Constatando el peso cada vez más aplastante de las finanzas y de sus actores principales, un especialista del financiamiento de la innovación ha llegado a la conclusión de que en este final del siglo XX se ha restablecido la "primacía de la optimización financiera" [Gönenc, 1993, p. 381]. Por falta de inversiones productivas está en peligro el desarrollo de empresas sanas. Aun los defensores más convencidos del capitalismo toman en serio esta amenaza. Al constatar el foso existente entre el modelo anglosajón y los modelos de tipo renano, un observador hacía recientemente notar, con razón, que "en Gran Bretaña desde 1975 las empresas han reinvertido en promedio el 45% de sus ganancias, contra el 54% en Estados Unidos, el 63% en Japón y el 67% en Alemania" [Handy, 1995, p. 146]. Un gran diario alemán precisaba identificando a la vez el origen del modelo y el vector de difusión del capitalismo financiarizado, el origen de esta presión, afirmando que "las empresas alemanas se encuentran confrontadas, a causa de la internacionalización de los mercados de capitales, a un nuevo concepto de *management* venido de los países anglosajones, cuyo objetivo principal es el desarrollo de beneficios distribuidos a los accionistas... Este concepto es completamente opuesto al vigente aquí, que consiste en equilibrar los intereses de los accionistas, de los empleados, de los bancos, de las comunidades locales y de otros" [*Frankfurter Allgemeine Zeitung*, 23 de febrero de 1996, p. 6]. En cuanto a los bancos, cuando no son desplazados de sus funciones tradicionales de intermediación, deben adoptar, a su vez, los principios de la banca-dividendo (es decir, los mismos principios de los inversores institucionales), que consisten en tratar de tener riesgo cero con la más alta tasa de rentabilidad posible. La economía alemana no es ciertamente la única que sufre la presión del modelo anglosajón, y aunque se mantiene en los primeros puestos, sus dificultades ilustran perfectamente el peso que habrá que vencer para hacer salir a la economía mundial del prolongado estancamiento actual.

Conclusión

El crecimiento de las poderosas instituciones del capital-dinero concentrado, como son los fondos de pensión y otros fondos de inversión anglosajones, está en el centro del proceso de globalización financiera internacional, que pesa de manera cada vez más determinante sobre la evolución económica mundial. Dando un rodeo por el endeudamiento público, los gobiernos, soberanos, no obstante, en el plano propiamente político, están ahora colocados bajo la puntillosa vigilancia de los inversores institucionales. Además, como se ha mostrado en una obra de título muy sugerente, *Labor's Capital*, es con el dinero de los asalariados con lo que el capital financiero ha logrado encontrar esta nueva fuerza, y ésta no es la menor de las paradojas [Ghilarducci, 1992]. Las intenciones de estos nuevos pilares de las finanzas aparecen claramente cuando se procede al examen de sus carteras de activos. En realidad, el principio de la liquidez rige por entero la política de inversiones de los fondos de pensión, colocándolos en las antípodas de las recomendaciones keynesianas en ese ámbito. La predilección por la forma titularizada favorece todas las formas de especulación, lo que explica parcialmente la intensa actividad bursátil, tanto en los Estados Unidos como en Gran Bretaña. Detentadoras de alrededor de dos tercios de la capitalización bursátil en los dos países, las participaciones de los inversores institucionales están además caracterizadas por una muy fuerte dispersión, lo que induce un tipo de control particular de las empresas, en el cual una participación escasa de capital permite ejercer un poder de control importante. Los títulos de las deudas públicas de los Estados tomadores de préstamos y las participaciones societales de las empresas no constituyen, sin embargo, el único terreno de fructificación del capital-dinero altamente concentrado. Cada vez más, los fondos de pensión y de inversión anglosajones se arriesgan especulando con divisas, materias primas e instrumentos financieros virtuales altamente sofisticados, como son los productos derivados, fuentes de inmensos beneficios o de pérdidas no menos importantes. Esta facultad de pasar de un producto a otro ha llevado a un autor a sostener que "el grado de movilidad del capital ha alcanzado hoy, o superado, el que tuvo el patrón oro a fines del siglo XIX", con la enorme diferencia de que hoy ya no existe patrón oro sino una inmensa pirámide de activos financieros, la mayoría de las veces totalmente ficticios [Swoboda, 1995, p. 242]. La capacidad de los agentes más poderosos del capital financiero para modificar la distribución del ingreso en su favor queda bien puesta en evidencia por la observación de un especialista que afirma que "los ingresos continuadamente crecientes que obtienen los fondos de pensión reflejan, en cuanto a los fondos, la ventaja que el capital ha sabido reconquistar sobre el trabajo" [*Financial Times*, 13-14 de enero de 1996, p. XVIII, sección II].

Esta iniciativa se expresa hoy de manera creciente en la forma jurídico-administrativa del *corporate governance*. Consciente de los formidables peligros potenciales de reacción política y social que tal sistema engendra, la revista *The Economist* (que refleja bien las opiniones de la City y especialmente las de los inversores institucionales) se ha lanzado recientemente a una "defensa e ilustración de la especulación", en la cual se presenta al mercado financiero como un lugar donde la información circula libremente, de manera casi perfecta y sin costo, todo bajo la batuta de un "benévolo dictador hayekiano" (¡*sic*!) que, cual un imparcial sismógrafo, se contenta únicamente con registrar las turbulencias de los mercados... [*The Economist*, 3 de febrero de 1996, pp. 68-69]. Al observar las recientes crisis bursátiles y financieras que han trastornado a los mercados y casi dislocado al SME, puede dudarse de la benevolencia de ese "dictador" (sinónimo de inversores institucionales) y se tiene más bien la tentación de seguir a Henri Bourguinat, para quien se está lejos de "saber a ciencia cierta que el déspota sea ilustrado" [1996, p. 178]. No se trata sin embargo de un simple retorno al "capitalismo salvaje", como se oye decir a veces. El poder de estos fondos no tiene de parecido más que la misma voluntad consciente e implacable de imponer un nuevo totalitarismo sistémico, con la pretensión de ser irreversible, lo que un crítico radical como F. Clairmont asimila nada menos que a un universo estilo campo de concentración del tipo de los "*gulags*" soviéticos [Clairmont, 1996]. La economía inglesa, más "avanzada" en este plano que su homóloga norteamericana, muestra ya todas las devastaciones ocasionadas por la gangrena rentística.[17] Su trayectoria económica pone en evidencia un dualismo social creciente en todos los planos. El "reino desunido", cuyo análisis ya hicimos (Farnetti, 1995), es producto directo de los fenómenos de los cuales hemos dado aquí una primera visión. Lo que está en juego supera de lejos el marco de los países anglosajones, pero ¿no es esa también una de las características de la mundialización?

---

[17] Lejos de ser único, el "affaire Maxwell" es uno de los síntomas más patentes de este fenómeno y merecería por sí solo un estudio en profundidad.

Capítulo 7

La financiarización excluyente: las lecciones que brindan las economías latinoamericanas[*]

Pierre Salama[**]

Casi todas las economías latinoamericanas sufrieron en los años 1980 una fase de muy alta inflación, incluso de hiperinflación, mientras que en la misma época en los países desarrollados el alza de los precios experimentaba una importante desaceleración. El producto interno bruto per cápita era mucho más bajo que el de los países desarrollados y su crecimiento mucho más irregular, ya que la mayoría de las economías latinoamericanas tuvieron caídas importantes de su nivel de actividad, seguidas con frecuencia de fuertes recuperaciones hacia el final de la década de los años 1980. Con excepción de los países llamados del cono sur (Argentina, Uruguay y Chile), las economías latinoamericanas han estado también marcadas por desigualdades en los ingresos y una pobreza muy importante, sin parangón con las que hoy se ven crecer en los países desarrollados. Aparentemente las situaciones son diferentes y pareciera que el estudio de las economías latinoamericanas no puede suministrar grandes enseñanzas para comprender los problemas actuales de los países desarrollados.

[*] Una primera versión de este trabajo se presentó en el CREDIT y en seminarios internacionales realizados en México (coloquio de Chapala, setiembre de 1995), en Colombia (coloquio de Villa de Leyva, octubre de 1995) y en Brasil (coloquio de la ANPEC, en Salvador, diciembre de 1995). Esta segunda versión, profundamente modificada, se ha beneficiado con los comentarios de A. Azouvi, O. Canuto, M. Dehove, R. Gonçalves, R. Guttmann, M. Matellanes, A. Zantman y, ciertamente, de J. Valier y F. Chesnais, a quienes agradecemos muy particularmente.

[**] Profesor en París XIII-Villetaneuse, director del Grupo de Estudios Internacionales sobre el Trabajo y el Desarrollo (CREDIT), del Centro de Estudios de las Dinámicas Internacionales (CEDI).

Y sin embargo... Hasta hace poco tiempo, discutir en los países desarrollados sobre formas larvadas de asalarización, o sobre el sector informal y la exclusión, era algo un poco extraño, por su presencia escasa y poco visible. Pero desde el final de los años 1970 el desempleo, el "trabajo en negro" y la exclusión comenzaron a desarrollarse con formas que recuerdan a las dominantes en las economías latinoamericanas. De la misma manera, el vivo auge del sector financiero y, más particularmente, el de la financiarización de las empresas en las economías latinoamericanas semi-industrializadas durante estos últimos diez años, recuerda a los países desarrollados en los años 1980. Finalmente, las salidas de crisis y la pronunciada caída en el alza de los precios, operando junto con la liberalización casi simultánea de todos los mercados, recuerdan la política económica llamada de "desinflación competitiva" seguida por varios países europeos desde la segunda mitad de los años 1980. Tanto en Francia como en las economías latinoamericanas, el tipo de cambio se revalúa, el déficit del estado se financia en proporción creciente con entradas de capitales, y las tasas de interés reales se establecen en niveles elevados. Se refuerzan las desigualdades en el ingreso, el empleo se torna más escaso y se desarrolla la exclusión. Sin forzar la paradoja, lo que en numerosos países desarrollados está apenas esbozado aparece con mucha más claridad en las economías semi-industrializadas latinoamericanas.

Sin embargo, el objeto de este capítulo no es demostrar esta tesis. Serían necesarios largos desarrollos metodológicos sobre la reproducción económica y social de las economías denominadas periféricas en la economía mundial y sobre los grados de libertad de sus gobiernos para la definición de la política económica. Es un tema que hemos planteado en otro trabajo [G. Mathias y P. Salama, 1983]. Nuestro propósito en éste es, más simplemente, aceptar esa tesis como hipótesis y analizar en primer lugar la financiarización[1] de esas economías, las consecuencias que ésta tiene sobre el funcionamiento del mercado de trabajo y sobre la organización de ese trabajo, y luego extraer algunas enseñanzas de carácter universal, más allá del caso de esos países.

---

[1] El grado de financiarización de una nación o de una empresa puede medirse por medio de un indicador simple, cuyo numerador está compuesto por los activos financieros y el denominador por esos mismos activos, a los que se suman los activos reales. De manera más precisa, diremos que hay financiarización cuando las empresas industriales dedican una parte creciente de sus recursos a actividades estrictamente financieras, que tienden a llevarse a cabo en detrimento de la actividad principal.

Según algunos economistas, el alza de las tasas de interés favorece una mejor asignación de los recursos y, consecutivamente, un aumento de la tasa de crecimiento. Según otros, esta alza produce una "zozobra financiera" que se manifiesta por una financiarización creciente de las actividades y por dificultades también crecientes en la inversión productiva. En la primera parte de este capítulo se presenta una exposición de los diferentes efectos de un alza de las tasas de interés.

Los estudios sobre la flexibilidad del trabajo son numerosos. Y los que tratan de establecer una relación entre los cambios tecnológicos y las modificaciones en la organización del trabajo tienen hoy un cierto desarrollo. Por el contrario, son escasos los análisis que vinculan las mutaciones financieras con la evolución de los ingresos laborales y el auge de la flexibilidad del trabajo. La segunda parte del trabajo se refiere a esas relaciones. El desarrollo de las actividades financieras de las empresas en un contexto hiperinflacionario lleva a la reaparición de mecanismos arcaicos de apropiación de plusvalía absoluta. El retorno a la estabilidad relativa de los precios está acompañado por una política de tasas de interés elevadas, que provoca indirectamente el auge de mecanismos "modernos" de plusvalía absoluta, centrados en la intensificación de la jornada de trabajo.

Liberalización y "zozobra financiera"

El alza de las tasas de interés ha sido frecuentemente presentada por algunos economistas liberales, siguiendo a McKinnon y Shaw, como la panacea para neutralizar los mecanismos de falta de asignación de los recursos de capital y aumentar la tasa de crecimiento. Según la tesis desarrollada por McKinnon y Shaw [1973], el alza de las tasas de interés debería permitir un aumento de la inversión, de la eficacia del capital, de la tasa de crecimiento de la economía y del ahorro, una inserción más importante de las empresas en el mercado de capitales y, finalmente, una asignación más óptima de los factores de la producción. El alza de las tasas de interés debería entonces disminuir la represión financiera, a condición de que esté acompañada por una liberalización de los mercados. Es forzoso constatar que esta tesis no ha dado los resultados pronosticados, tanto se trate de los países desarrollados como de los subdesarrollados. La reducción de las tasas de ahorro y de inversión, en relación a lo que fueron hasta el final de los años 1970, el punto de inflexión producido en el ritmo de crecimiento económico y el aumento del desempleo a medida que aumentaba la disparidad entre los ingresos, constituyen los rasgos notables de estos últimos veinte años sin que, sin embargo, se pueda atribuir al alza de las tasas de interés y a las medidas de liberalización financiera el fuerte crecimiento de los países del Sudeste Asiático y de China. El alza de las tasas de interés no produce el efecto esperado por la corriente liberal.

La represión financiera

• *La represión financiera, consecuencia de bajas tasas de interés*

Según el enfoque neoclásico, las bajas tasas de interés no incitan a ahorrar ya que la decisión de ahorrar resulta del arbitraje entre un consumo inmediato y un consumo futuro. Los depósitos en el sistema bancario serán en ese caso muy escasos.

Sin embargo, la relación entre la tasa de ahorro y la tasa de interés es, evidentemente, mucho más compleja, como lo admite McKinnon en trabajos más recientes [1989]. Es difícil establecer una relación entre la tasa de interés real[2] y el ahorro en una economía cerrada; resulta más fácil en una economía abierta, ya que los capitales pueden salir del país con el fin de beneficiarse con tasas de interés superiores en el extranjero [Fry, 1989]. Aunque según McKinnon los tests muestran escasas relaciones significativas entre el ahorro y la tasa de interés, esta relación se supondrá verdadera para una tasa de crecimiento dada. *Ceteris paribus*, un aumento de la tasa de crecimiento del ingreso actúa positivamente sobre el ahorro. La relación entre las tasas de interés reales y el ahorro tiene, sin embargo, un papel menor, ya que la originalidad de la nueva formulación reside en la relación tasa de interés/inversión. Sobre este punto, la posición que defiende McKinnon es la siguiente: bajas tasas de interés conducen a una asignación poco óptima de los recursos, ya que permiten el emprendimiento de inversiones con escasa rentabilidad, llevando a los bancos a preferir proyectos intensivos en capital, poco rentables, ya que el costo del capital es relativamente poco elevado. La selección de créditos con tasas bajas, que sólo benefician a las empresas que satisfacen los criterios

---

[2] Equivalente aquí a la tasa de interés nominal deflactada con la tasa de inflación anticipada.

definidos por el estado, autoriza el mantenimiento e incluso el desarrollo de un mercado financiero informal que funciona con precios de costos de transacción relativamente elevados, ya que la información es allí particularmente imperfecta, la gestión del riesgo costosa y la dimensión de los capitales disponibles relativamente débil, limitando así los préstamos a las pequeñas empresas que operan con técnicas tradicionales de escasa eficacia. Coexisten entonces tres fuentes de financiamiento: los préstamos con bajas tasas de interés sólo para las empresas que han sido seleccionadas, el autofinanciamiento para las empresas que no tienen acceso al mercado financiero, y los circuitos financieros informales. Ninguna de estas tres fuentes suministra un financiamiento óptimo, pero son generadoras de disfunciones importantes que limitan el crecimiento.

A la inversa, el alza de las tasas de interés permitiría emprender proyectos que satisfagan criterios de rentabilidad más elevada. Los proyectos de escasa rentabilidad, es decir aquellos cuya rentabilidad es inferior al costo que representa el tomar capitales en préstamo, son abandonados, dejando así disponibles los recursos sólo para los proyectos rentables. El alza de las tasas de interés debería conducir a la desaparición de las empresas poco rentables, el ahorro abandonaría los circuitos informales, seguro de una remuneración superior en los circuitos formales, y se destinaría más bien al financiamiento de inversiones de grandes empresas rentables, con una condición: es necesario que la liberalización financiera comporte la supresión de los obstáculos para el acceso al crédito, de manera que la selección del crédito no se haga ya de manera administrativa sino obedeciendo únicamente al arbitraje rentabilidad/tasa de interés. En estas condiciones, el alza de las tasas de interés debería finalmente liberar los recursos acaparados por grandes empresas públicas poco rentables, permitiendo que sean asignados a otras más rentables. Menos circuitos informales, más acceso al crédito formal, aumento del ahorro: tales son las supuestas ventajas de un alza de las tasas de interés.

La argumentación no se limita a esta mejor asignación de los recursos, tanto dentro del sector formal como entre este último y el sector informal. También se supone que el alza de las tasas de interés conduce a una mejora de la eficacia del capital[3] –ya que los proyectos menos rentables resultan eliminados– y a un alza consecutiva de la tasa de cre-

---

[3] No todos los autores que pertenecen a esta corriente insisten en este aspecto cualitativo de la inversión; algunos privilegian el aspecto cuantitativo ya que las inversiones crecen con el aumento del ahorro. Para una revisión de estas posiciones, véase M. J. Fry [1989].

cimiento. Ésta, a su vez, conduce a un desplazamiento de la función de ahorro que hace que a un ahorro creciente corresponda una inversión superior. Entonces, el alza de las tasas de interés no produce una caída de la inversión, aunque la función de inversión sea decreciente con la tasa de interés, ya que la tasa de crecimiento aumenta y, en consecuencia, también lo hace el ahorro. Cuando la tasa de interés es la que corresponde al crecimiento de las dos funciones, la de inversión decreciente en relación a la tasa de interés y la de ahorro creciente (para una tasa de crecimiento dada), el ahorro y la inversión son óptimos.

• *La represión financiera deducida de hipótesis implícitas*

Según este enfoque, el acceso al crédito se habría tornado difícil para las grandes empresas que no satisfacen los proyectos de industrialización definidos por el estado. Para evitar en parte este obstáculo levantado por el estado, esas grandes empresas practicarían el autofinanciamiento. El ahorro informal, aunque importante, financiaría fundamentalmente los proyectos de las pequeñas empresas de escasa eficacia.[4] Como el estado favorece las inversiones con escasa rentabilidad y fuerte intensidad de capital, gracias a las bajas tasas de interés consentidas a las empresas que tienen su aval, lo que les da un acceso privilegiado a los recursos bancarios, la fuente de ausencia de desarrollo, o el mal desarrollo, vendría de un recelo ante el mercado y de la confianza acordada al estado.

Este razonamiento subestima el factor tiempo y los efectos de propagación esperados. En efecto, puede resultar necesario invertir en sectores pesados con escasa rentabilidad, simplemente porque la existencia de esos sectores permite el auge de otras industrias, al crearles mercados. Sin ánimo de retomar el viejo debate entre "crecimiento equilibrado" al estilo Nurkse, que requería un *big push* [Rosenstein-Rodan], y "crecimiento desequilibrado" al estilo Hirschmann, que permitía maximizar los "efectos de vínculo", es necesario constatar que si no hubiera habido centralización de los capitales por el estado, para invertir en los sectores pesados e intermedios, el auge de la industria habría sido mucho más difícil, tanto en Corea del Sur como en Brasil, por lo menos por dos razones. Los mercados financieros eran demasiado pequeños para permitir una centralización de capital suficiente para el lanzamien-

---

[4] Para este tema véase a Laumas [1990] que desarrolla una problemática similar a la de McKinnon [1989], comprobada en India.

lanzamiento de los sectores productores de bienes intermedios, teniendo en cuenta las dimensiones requeridas para gozar de economías de escala. La formación de una clase empresarial era demasiado reciente y los empresarios demasiado débiles y frágiles como para asumir tales proyectos. Así se explica el sobredimensionamiento del estado y su importante papel en la industrialización al momento de su despegue. Reconocerlo y analizar los fundamentos de esta intervención masiva no significa adoptar un punto de vista laudatorio acerca del papel del estado. Esa intervención depende de varios factores (situación económica y social, programa político e importancia de las restricciones externas), que no podemos desarrollar aquí.[5] La acción del gobierno, que es una forma de existencia del estado, es también producto de una búsqueda de legitimidad, de fidelidad a un programa y del peso de los "lobbys". Y no por el hecho de que la "búsqueda de renta" (en el sentido de A. Krueger), la corrupción, etc. puedan intervenir en esas decisiones, las cosas ocurren siempre, de manera natural y con la misma importancia, confiriendo ineficacia económica a las decisiones tomadas. Aun cuando se suponga que el mercado brinda mejores señales que el estado, lo que planteado de esta manera es cuestionable y sobre todo absurdo,[6] la intervención del estado al inicio del desarrollo puede tener un objetivo a mediano y largo plazo que un mercado no puede ofrecer, muy simplemente por el hecho de no existir verdaderamente.

Pero la originalidad de este enfoque no reside tanto en esta concepción del papel del estado y del mercado sino, como ya lo hemos señalado, en el papel que se atribuye a tasas de interés más elevadas en la selección de las inversiones. Permite deducir del alza de las tasas de interés un aumento de la tasa de inversión y, por lo tanto, un posible despegue de las economías en vías de desarrollo, mientras el estado respete las leyes del mercado y no trate de imponer tasas de interés bajas.

Según este enfoque el ahorro desempeña el mismo papel que en el paradigma neoclásico. Hay una anterioridad del ahorro respecto de la inversión, ya que el uno financia a la otra. A la inversa, en el paradigma keynesiano, que sigue siendo pertinente, hay una anterioridad del acto de inversión respecto del ahorro. Los agentes deciden invertir si la eficacia marginal de su capital supera la tasa de interés, y distribuyen los ingresos en consecuencia. El aumento de la inversión lleva a un aumen-

---

[5] Pero nos permitimos remitir a G. Mathias y P. Salama [1983].

[6] Efectivamente, no se puede concebir al mercado sin el estado, tanto en el terreno de la Historia como de la lógica. Se trata de dos categorías separadas pero dependientes.

to del ahorro, que es función del ingreso y no de la tasa de interés, de la misma manera que, *ex post*, la inversión es igual al ahorro. Desde el punto de vista del enfoque keynesiano, en una economía cerrada, demasiado ahorro equivale a una insuficiencia de la demanda efectiva y produce una caída de la inversión. Una caída de la tasa de interés lleva, a la inversa, a un crecimiento de la inversión y, *ex post*, del ahorro. La inversión está entonces limitada no por el ahorro existente, sino por una insuficiencia de crédito y por tasas de interés demasiado elevadas, teniendo en cuenta las condiciones de valorización del capital.

Esta diferente manera de comprender los mecanismos económicos no aminora el papel del ahorro y, de manera más general, el del financiamiento de la inversión, como los primeros trabajos keynesianos han podido a veces hacer pensar. Este enfoque considera que los créditos conforman los depósitos, de manera que cuando un banco financia un proyecto de inversión participa en la creación de un nuevo depósito, siempre que los proyectos de inversión nuevos sólo se "emprendan si consiguen planes de financiamiento que anticipen la formación del ahorro futuro para el momento en que los gastos, escalonados según la realización de los proyectos, se vuelvan inversiones efectivas" [M. Aglietta, 1995, p. 37].

La anterioridad de la inversión sobre el ahorro señala el decisivo papel de los empresarios en la formación de los ingresos. Vemos entonces que las conclusiones son diametralmente opuestas según el paradigma adoptado. La represión financiera tiene lugar en caso de alza de las tasas de interés. La caída de las tasas de interés participa del auge de las inversiones y del ahorro.

Aun cuando sea útil recordar los fundamentos de un enfoque y cuestionar la universalidad que se le acuerda oponiéndole otro, no basta oponer un paradigma a otro para responder a los problemas planteados. Por eso se requiere también una crítica interna, que será desarrollada a partir del contexto inflacionario latinoamericano.

De la liberalización a la "zozobra financiera"

La "zozobra financiera" como excepción

En los modelos elaborados siguiendo los trabajos de McKinnon, en las economías en desarrollo el ahorro de los hogares se distribuye entre dos activos: uno real (que puede ser el oro), cuyo objeto es protegerse de los perjuicios de la inflación, y el otro monetario, constituido por depósitos bancarios remunerados.

Cuando la política económica puesta en práctica termina en una caída de la inflación, la desaceleración en el alza de los precios conduce a una redistribución del ahorro a favor de los depósitos remunerados pues, por un lado, para una misma tasa de interés nominal, la tasa de interés real crece cuando las expectativas sobre el alza de los precios son hacia la baja y, por otro, la necesidad de recurrir a activos reales para protegerse de la inflación es menos fuerte cuando el aumento de los precios disminuye. En términos de costo de oportunidad, el carácter improductivo de los activos reales –cuyo objetivo es proteger de la inflación– crece a medida que la inflación baja y las tasas de interés reales aumentan. De este doble mecanismo resulta que el alza de la tasa de interés real debería permitir obtener recursos suplementarios para la inversión.

Sin embargo, los autores reconocen que el aumento de la tasa de interés real no conduce siempre a los objetivos deseados. Cuando la liberalización del comercio exterior se hace al mismo tiempo que la de los mercados financieros pueden aparecer efectos perversos: los precios relativos cambian demasiado brutalmente y las empresas débiles no logran resistir, aun cuando habrían podido hacerlo si las medidas de liberalización hubieran sido escalonadas en el tiempo, de acuerdo con una secuencia óptima.[7]

Cuando la tasa de inflación sigue siendo muy elevada y las tasas de interés reales son importantes, los objetivos esperados pueden no alcanzarse. Las altas tasas de interés reflejan entonces más una inestabilidad financiera[8] que una posibilidad de incrementar el ahorro y la inversión. En ese caso estamos en presencia de una situación llamada de "zozobra financiera", aunque esta sería, sin embargo, una "excepción que confirma la regla".

---

[7] En nuestro libro [P. Salama y J. Vallier, 1994] hemos presentado una síntesis de los debates referidos a los ritmos de liberalización de los mercados.

[8] Al referirse a las tentativas de liberalización financiera realizadas en el cono sur de América Latina a fines de los años 1970 y a comienzos de los años 1980, McKinnon [1989, p. 30] reconoce explícitamente sus fracasos y agrega: *"We now recognize that our knowledge of how best to achieve financial liberalization remains seriously incomplete."* (Reconocemos que nuestro conocimiento sobre la mejor manera de llevar a cabo la liberalización financiera sigue siendo muy incompleto). Hay que reconocer que tal prudencia ha faltado entre los teóricos y políticos liberales hacia fines de los años 1980.

Se trata de una apreciación errónea: en efecto, la "zozobra financiera" es reveladora de las debilidades de este enfoque. En la mayoría de los países de América Latina se observan casos de "zozobra financiera" en los períodos de muy alta inflación,[9] incluso en los de hiperinflación rampante durante los años 1980 y, para algunos, hasta comienzos de los años 1990. Como lo muestran los tres cuadros siguientes, numerosos países, con excepción de México, elevaron fuertemente sus tasas de interés reales luego de la liberalización financiera de fines de los años 1980 o comienzos de los 1990 (cuya implementación difiere según los países).

Cuadro 1
Tasas de interés reales de los depósitos, de 1980 a 1986

	1980	1981	1982	1983	1984	1985	1986
Argentina	3,6	8,0	-20,5	18,9	21,8	24,3	16,3
Bolivia	-19,9	-10,9	-66,7	-66,2	-89,5	-97,5	-19,6
Brasil	3,8	5,6	6,5	8,7	10,2	12,7	4,3
Chile	8,9	34,5	41,9	0,9	14,5	-0,7	3,2
Colombia	7,7	7,8	10,8	11,6	16,1	9,1	10,4
México	-0,1	3,0	-11,5	-22,4	-8,8	8,0	-2,9
Desvío estándar (1)	7,0	10,8	18,5	14,4	9,2	17,7	10,7

(1) El desvío estándar está elaborado sin tener en cuenta a Bolivia. No damos las tasas de interés de Perú, Venezuela, Uruguay, Honduras, Ecuador y Guatemala con la intención de simplificar, pero el desvío estándar sí toma en cuenta las tasas de interés de esos países.
Fuente: Banco Mundial (1993), *Latin american and the Caribean, a Decade after a Debt Crise*, p. 101.

Cuadro 2
Tasa de interés real de los CETES (a veintiocho días), en México, de 1981 a 1992

1981	1982	1983	1984	1985	1986	1987	1988	1989	1990	1991	1992
3,68	-23,50	-14,81	-9,30	4,01	-10,00	-25,62	-14,94	7,92	-6,25	-3,54	5,08

Nota: los CETES son obligaciones del Tesoro, que tienen variaciones menores y tasas de interés no tan bajas para los depósitos (véase más abajo).
Fuente: Banco de México.

---

[9] Es decir, en un período más largo que el analizado por McKinnon.

Cuadro 3
Spreads entre tasas de interés reales de depósitos y de préstamos
(en porcentaje)

	1980	1981	1982	1983	1984	1985	1986
Argentina	11,4	16,1	14,6	20,8	15,0	20,5	3,5
Chile	4,6	15,4	15,0	9,7	18,0	5,0	5,2
México	5,6	9,7	13,7	17,7	13,7	18,9	26,4
Promedio de América Latina	5,3	7,2	7,0	8,6	6,9	7,3	9,8

Nota: para México, la tasa de interés considerada es anual.
Fuente: *ibid.*, p. 102.

Esta política irregular no condujo, sin embargo, a la liberalización financiera. Las reservas obligatorias impuestas a los bancos aumentaron considerablemente en algunos países. En México, el recurso a esta forma de financiamiento obligatorio sustituyó luego a una política regular de tasas de interés reales positivas.[10] Será necesario esperar el final de los años 1980 o el comienzo de los años 1990, según los países, para que se emprenda esta política.[11]

En los años 1980 se produce una caída considerable de la tasa de ahorro y de la tasa de inversión (como lo muestra el cuadro 4). También se constata, aunque en menor medida, que los países desarrollados, con escasa inflación, no tuvieron en estos quince últimos años aumentos en su tasa de inversión: en muchos países el alza de las tasas de interés reales estuvo acompañada por una caída de la tasa de ahorro, así como por una caída de la inversión y del crecimiento. Hacia fines de los años 1980 o a

---

[10] La asignación obligatoria de una parte importante de los depósitos bancarios al financiamiento de la deuda interna y la política de tasas de interés reales irregularmente positivas y negativas no impidieron en México el aumento vertiginoso del servicio de la deuda interna (18,6% del PIB en 1986). Este aumento se explica por la aceleración de la inflación en esa época. A la inversa, la caída en el alza de los precios contribuirá fuertemente, a pesar de la suba de las tasas de interés reales, a una reducción masiva del servicio de la deuda interna. Sobre este punto, véase P. Salama y J. Villier [1990], pp. 50 y siguientes y M. Husson [1989], de quien hemos tomado la modelización de esta relación.

[11] Para una presentación detallada de las políticas de liberalización financiera en América Latina, véase CEPAL (1994), capítulo 12; y Banco Mundial (1993); para una presentación del estadio alcanzado en 1992 por la liberalización financiera en los principales países, según diferentes criterios, tales como la determinación de las tasas de interés, la administración de los créditos, las reservas obligatorias y las barreras (a la entrada, etc.), p. 104 y el capítulo 7.

comienzos de los años 1990, según las diferentes economías latinoamericanas, luego de la fuerte caída de la inflación y de la superación de la crisis, la práctica de tasas de interés elevadas no estuvo acompañada de un aumento importante de la tasa de inversión, incluso en el caso de México.[12] Las tasas de inversión son muy parecidas a las de los años 1960 y 1970, época en que las tasas de interés reales eran bajas o negativas.

Cuadro 4
América Latina, Argentina y México: inversión y ahorro, en porcentaje del PIB (en dólares de 1980)

Tasas		1976-1979	1980-1981	1982	1983-1989	1990	1991	1992
Tasa de inversión	América Latina	24,1	24,4	20,4	17,0	15,4	16,6	17,7
	Argentina		23,7	19,2	17,0	13,3	15,3	18,5
	México		27,9	21,8	17,0	18,9	19,5	20,7
Tasa de ahorro interno (1)	América Latina	23,9	23,0	22,8	24,2	23,4	22,8	22,4
Tasa de ahorro nacional	América Latina	20,8	19,5	15,2	16,0	14,6	14,6	14,4
	Argentina		19,6	17,0	15,1	14,7	13,6	13,7
	México		20,9	18,7	17,4	15,5	14,2	12,2
Tasa de ahorro externo	América Latina	3,4	4,8	5,3	1,0	0,7	1,9	3,3
Entradas netas de capital en % del PIB	América Latina	4,9	4,7	2,6	1,0	2,2	3,8	5,6

(1) El ahorro interno es igual al PIB menos el consumo, y el ahorro nacional corresponde al ingreso nacional menos el consumo, siempre como porcentaje del PIB. El ahorro nacional tiene así en cuenta las transferencias por el servicio de la deuda externa, y también por el deterioro de los términos del intercambio. El ahorro externo corresponde a la suma de las entradas de capital y de las variaciones de las reservas nacionales.
Fuente: *Políticas, op. cit.*, p. 201 y pp. 280-281.

Aparentemente, la débil pertinencia de la relación mencionada no se limitaría a situaciones de "zozobra financiera".

[12] Desde fines de 1994, con la especulación desenfrenada contra el peso mexicano y la tendencia a la generalización del "efecto tequila" en los países que habían adoptado un modo liberal de salida de la crisis parecido al implementado en México, las tasas de interés reales, ya elevadas, crecieron fuertemente y la recesión se desarrolló.

- *La "zozobra financiera" generalizada*

La liberalización financiera se traduce en una multiplicación de productos financieros y en un cambio de la estructura del ahorro. Los agentes tienden a abandonar los depósitos bancarios y las cajas de ahorro, prefiriendo colocar sus ahorros en títulos con rentabilidad más elevada. La reorganización y el desplazamiento del ahorro hacia los títulos tienden a aumentar sus costos y acentúan esta reestructuración. Por estas razones los bancos de muchos países desarrollados han debido tomar préstamos, a falta de suficientes depósitos, para poder prestar a los hogares.

Ceteris paribus, un aumento rápido del valor del patrimonio, más allá del crecimiento del ingreso, produce un efecto perverso: incita a quienes gozan de esta renta a ahorrar menos. Estamos entonces frente a un doble fenómeno: por un lado, una tendencia a la reducción de la tasa de ahorro y, por otro, una reorganización del ahorro en favor de productos financieros nuevos, generadores de fuertes plusvalías. Esta evolución, que se observa en la mayoría de los países desarrollados, es aún más clara en los países subdesarrollados, durante los dos períodos aquí considerados, el de una muy fuerte inflación y, en algunos países, de una "hiperinflación rampante",[13] y luego el que le sucede al final de los años 1980 o a comienzos de los 1990, en el que hubo una caída pronunciada de la tasa de inflación. Ambos períodos se caracterizan por la creación de productos financieros sofisticados –indexados directa o indirectamente con el dólar–,[14] por una financiarización acentuada,[15] y por una caída

---

[13] Utilizamos esta expresión para señalar la especificidad de las hiperinflaciones latinoamericanas (con excepción de la que sufrió Bolivia en la primera mitad de los años 1980) respecto de las que tuvieron algunos países europeos en el período comprendido entre las dos guerras e inmediatamente después de la guerra. Aquéllas duraron mucho más tiempo y las características de los procesos hiperinflacionarios no estuvieron plenamente presentes, a diferencia de lo que ocurrió en los países europeos, donde se presentaron casi inmediatamente [P. Salama y J. Valier, *op. cit.*, 1990].

[14] En el caso más simple puede tratarse de cuentas en dólares. Como esta práctica solía estar prohibida, muchas veces los bonos del Tesoro se emitían indexados con el dólar, o lo estaba su tasa de interés.

[15] Esta financiarización, como lo recordaremos más adelante, es un producto indirecto de la gestión de las deudas externa e interna. La cantidad de productos financieros ofrecidos era más restringida, estaban principalmente centrados en bonos del Tesoro, los mercados financieros eran de pequeña dimensión y en los años 1980 los bancos sufrieron un aumento importante de sus reservas obligatorias.

pronunciada –en relación a las que podían observarse en los años 1970– de la tasa de ahorro y de acumulación.

La hipótesis que se hace en los modelos de McKinnon y Shaw, de un arbitraje de la asignación del ahorro entre activos reales y activos monetarios, constituye una simplificación abusiva, sobre todo en el caso que nos interesa. Cuando la inflación es muy elevada, el arbitraje no se hace entre un activo real y un activo monetario representado por depósitos remunerados, sino entre varios tipos de activos financieros, en detrimento de los depósitos. Cuando hay control de cambios y la política económica implementada contra la inflación genera un cierto pesimismo, la brecha entre la tasa de cambio oficial y la tasa de cambio paralela es grande, pues los agentes no tienen confianza en esta política y se ven tentados a comprar dólares en el mercado informal, "prohibido pero autorizado". Salvo excepciones,[16] el estado emite bonos del Tesoro para financiar el déficit del presupuesto, con tasas de interés indexadas con la inflación. Como se corre el riesgo de que la inflación futura sea superior a la inflación pasada, los agentes temen una depreciación de sus activos. Esta es la razón por la cual, cuando la tasa de inflación es elevada, el gobierno trata de indexar las tasas de interés con una variable supuestamente representativa de la inflación futura. Esta variable puede ser el tipo de cambio del dólar en el mercado paralelo que, de alguna manera, desempeña el papel de un mercado a término. Cuando el diferencial de tipo de cambio entre el mercado oficial y el mercado paralelo aumenta –como manifestación de una desconfianza creciente en cuanto a la eficacia de la política del estado para luchar contra la inflación– el gobierno levanta la tasa de interés nominal más allá de la expectativa de inflación, con el fin de hacer más atrayente la emisión de sus títulos y atraer el ahorro antes de verlo huir al extranjero. Se prefiere entonces a estos bonos por sobre

---

[16] Algunos países, como Bolivia a comienzos de los años 1980, emitían moneda en vez de bonos del Tesoro para financiar el déficit creciente de su presupuesto. De este modo la inflación se transforma rápidamente en hiperinflación abierta. El valor de los ingresos fiscales cae muy fuertemente (efecto que lleva el nombre de Olivera y de Tanzi, que son quienes lo formalizaron), el déficit crece y se alimenta de la emisión de papel moneda. En este caso clásico y simple, en algunos aspectos similar al de las hiperinflaciones europeas, el dólar es preferido a la moneda nacional, incluso en su función de circulante. La caída del poder de compra tiene la medida de la inflación, para aquellos que no son directamente remunerados en dólares. Este no es, evidentemente, el caso que analizamos aquí, sino uno más complejo, donde el estado emite seudo-dólares para financiar su déficit, y poco papel moneda.

> ### Indexación y dolarización en la hiperinflación
>
> Algunas funciones de la moneda-dólar (función de reserva, luego de unidad de cuenta y, finalmente, para los bienes durables, de circulante) sustituyen a las funciones de la moneda nacional. No se trata de una sustitución de moneda, salvo cuando la hiperinflación se convierte en abierta, sino de una sustitución de las funciones de una moneda por las de otra. Es lo que explica que dos monedas existan parcialmente y de manera conflictiva en las fases de hiperinflación rampante, cuando cada función es cumplida por dos monedas con grados de intensidad diferentes. Por eso suele decirse que en este caso hay dos monedas: la de los pobres y la de los ricos. Los primeros tienen poco acceso al mercado financiero y no pueden preservar su poder adquisitivo comprando pseudo-dólares (por eso compran el máximo de bienes de consumo el día en que perciben su ingreso), pero los otros sí gozan de esa indexación. Para algunos, cuyo nivel de ingreso no es muy elevado, esta indexación se identifica con una demanda de moneda en pseudo-dólares de precaución; para otros, los más ricos pero menos numerosos, con una demanda de moneda de especulación. Son estos últimos quienes se benefician de esa especulación, ya que sus ingresos están indexados con una variable (el tipo de cambio paralelo vía la tasa de interés) anunciadora de una inflación futura. Sobre estos puntos, véase mi libro [P. Salama, 1989] y el que he escrito con J. Valier [1990].
>
> El mercado paralelo anuncia de manera más creíble que el mercado oficial los tipos de cambio futuros, teniendo en cuenta la inflación esperada. Es por eso que el tipo de cambio, tal como se establece en este mercado, puede servir de índice aproximado de los precios, ya que éstos, expresados en la cotización de esos pseudo-dólares, se mantienen más o menos estables. La indexación que hacen las empresas de sus precios, con el valor de esos bonos del Tesoro, preserva un mínimo de coherencia de los precios relativos. El mercado conserva así la legibilidad que tiene en períodos de escasa inflación, salvo cuando ningún precio es capaz de seguir fielmente la variación prevista del tipo de cambio, tal como se la define mediante el tipo de cambio paralelo. Esta indexación constituye una "dolarización" de la economía, porque la función de unidad de cuenta ya no es cumplida por la moneda nacional sino por esos bonos, que desempeñan el papel de pseudo-dólares. La dolarización es pasiva en la medida en que constituye una respuesta de los agentes ante el desorden de los precios, luego de la hiperinflación y de la pérdida de legibilidad del mercado. Se la llama activa cuando es decretada por el gobierno, como ocurrió en Argentina con el plan Cavallo en abril de 1991.

cualquier otro producto financiero, a causa de su rendimiento muy elevado[17] y de su muy fuerte liquidez. Y así se amplía la dolarización.

Cuando las tasas de interés se elevan, el ahorro se dirige hacia las colocaciones financieras, siguiendo un camino inverso al pensado por los teóricos de la "represión financiera". Las tasas se vuelven tan atractivas que participan en la depresión económica. En efecto, la hiperinflación hace difícil el mantenimiento de precios relativos coherentes, sesga la in-

---

[17] La hiperinflación reduce el valor visible del bono. Sin embargo, esta pérdida resulta más que compensada por el aumento de la tasa de interés real. Estas relaciones han sido analizadas en numerosos documentos del FMI, especialmente por M. Blejer, V. Tanzi y C. Teijero. Para una presentación sobre el tema, véase P. Salama y J. Valier [1990, pp. 50 a 61].

formación a pesar de la "dolarización" y, al hacerlo, acentúa el riesgo, lo que desalienta la inversión en proyectos nuevos. Las políticas de contención de la demanda que lleva a cabo el estado tienen un papel desfavorable sobre la eficacia marginal del capital, alterando de manera duradera las expectativas favorables en cuanto a la evolución de la demanda efectiva. La sustitución del ahorro "productivo" por el ahorro "improductivo" influye negativamente sobre la tasa de crecimiento. Las empresas se financiarizan (una parte creciente de sus activos está constituida por esos activos financieros), pero el financiamiento de sus inversiones físicas se hace más por autofinanciamiento que en el pasado, y cada vez menos recurriendo al crédito, ya que éste se ha vuelto prohibitivo[18] o está limitado, por el aumento de las reservas obligatorias (México). El diferencial de rentabilidad entre la inversión financiera y la inversión física crece en detrimento de esta última e incita aún más a las empresas a preferir una mayor financiarización de sus actividades, como lo muestra la explosión de las cotizaciones en la Bolsa.[19]

Las tasas de interés, relativamente elevadas en relación a las existentes en los países con divisas claves, suponen un costo bastante importante para las empresas, como lo han señalado los economistas keynesianos y neoestructuralistas [L. Taylor, 1993]. Aunque con el fin de las hiperinflaciones las empresas hayan retomado el camino hacia los bancos, el financiamiento de las inversiones por este canal sigue siendo escaso por ser muy costoso. Las empresas prefieren autofinanciar sus inversiones y, cuando pueden, tratan de tomar préstamos en el extranjero a tasas de interés más bajas, aunque parezcan elevadas cuando se las compara con las que había en los años 1970. Estas empresas se ven entonces ante el mismo dilema que los países desarrollados. El costo muy elevado de los préstamos desalienta el emprendimiento de proyectos de inversión que sí se hubieran realizado con tasas de interés más ba-

---

[18] Recordemos que una tasa de interés real del 10% duplica el valor del préstamo en siete años, lo que es bastante considerable, y torna así desmesuradamente más pesados los costos financieros, cuando la tasa de crecimiento es baja.

[19] En México, la bolsa captó a fines de 1986 el 21% del ahorro contra sólo el 4% a fines de 1980. Expresada en dólares, la cotización de las acciones aumentó 262% en 1983 mientras el PIB cayó 5,3%; creció 321% en 1986 (con una caída de 3,8% en el PIB); se cuadruplicó en 1987 (cuando el PIB aumentó sólo 1,8%) hasta el crack de noviembre (para los años siguientes, véase el cuadro). En Brasil se observa la misma disociación entre lo financiero y lo productivo: en 1989, mientras la producción industrial se estanca, la cotización de las acciones en la Bolsa de San Pablo aumenta 200% (en dólares).

jas. Dicho de otra manera, la selección que opera la política de tasas de interés elevadas juega ciertamente a favor de las empresas más eficaces, eliminando a las otras del acceso al crédito o limitándolo fuertemente, pero juega también, sobre todo, dentro de las empresas eficaces frenando sus pedidos de préstamos y a veces empujándolas a disminuir su deuda y, cuando vuelven a encontrar la senda de los beneficios, a tener activos financieros para gozar de esas tasas lucrativas, limitando, como ya hemos visto, sus inversiones.

La salida de crisis, las nuevas perspectivas de ganancia en algunos mercados segmentados,[20] y las ganancias ofrecidas en algunos sectores por los nuevos mercados externos, tienen un papel favorable para el aumento de las inversiones. El fuerte crecimiento que a veces se observa (Argentina, 1991-1993) se explica por la conjunción de un uso más intensivo de las capacidades de producción (que, en vísperas de la recuperación sólo eran utilizadas en un 35%), una mayor eficacia del capital[21] y un ligero aumento de la tasa de inversión. Como puede comprenderse, éste es más el resultado de las nuevas perspectivas de valorización del capital, que del aumento de las tasas de interés.

Así volvemos a encontrar lo que hemos podido observar en los países desarrollados en estos últimos quince años: alza de las tasas de interés reales, caída de las tasas de ahorro y de inversión, desaceleración económica, reestructuración del ahorro en contra de los depósitos bancarios, financiarización de las empresas pero con un escaso acceso a los nuevos productos financieros para el financiamiento de las inversiones productivas, aunque con una diferencia notable. Lo que ocurrió en América Latina durante la "década perdida" constituye una caricatura de lo que ocurrió en los países desarrollados. Con rasgos más gruesos, evidencia mejor el juego de los mecanismos económicos.

Sin embargo, la financiarización no tiene el mismo significado en cada uno de los períodos mencionados. En el primer caso es correlativa a la muy fuerte inflación, incluso a la hiperinflación rampante; en el segundo caso, es producto de la estrategia de salida de crisis centrada en la liberalización brutal del conjunto de los mercados y de la po-

---

[20] La concentración de los ingresos –tanto a favor de los ingresos de capital en relación a los del trabajo, como dentro de los propios ingresos del trabajo– genera nuevos mercados solventes en sectores que producen bienes de consumo durable.

[21] Gracias a la importación de bienes de equipamiento modernos y menos costosos, cuando la moneda nacional se valoriza las tasas de importación caen y el costo en moneda nacional disminuye.

lítica de valorización del tipo de cambio. La financiarización no produce en los dos casos las mismas restricciones en la gestión de la fuerza de trabajo. En uno de ellos favorece el retorno hacia modalidades antiguas, arcaicas, de creación y acaparamiento de la plusvalía; en el otro favorece el desarrollo de una gestión de la fuerza de trabajo centrada en la intensificación de su uso, sin excluir, sin embargo, la permanencia de esas formas arcaicas.

Financiarización y flexibilidad del trabajo

El objeto de esta sección consiste en establecer relaciones entre la financiarización y las modificaciones que se observan en la gestión de la fuerza de trabajo. La financiarización, bajo formas diversas, trae consigo una flexibilidad creciente de los salarios y del empleo. En la medida en que el término flexibilidad reviste sentidos diferentes, resulta útil precisarlos, y luego analizar su relación con los conceptos de plusvalía absoluta, arcaica o moderna.

El término flexibilidad reviste sentidos diferentes según los autores. La OCDE opone la "flexibilidad numérica" a la "flexibilidad funcional". La primera se refiere a todas las formas cuantitativas de flexibilidad, tanto internas como externas a la empresa, que tienen por objetivo los salarios y el empleo. La segunda es de orden más cualitativo y se refiere, en realidad, a la adaptabilidad de la mano de obra. Estos dos tipos de flexibilidad están, evidentemente, relacionados entre sí, pero conviene distinguirlos. Se puede considerar, por ejemplo, que cuando las empresas prefieren el largo plazo al corto plazo privilegian la retención de la mano de obra y desarrollan el mercado primario, es decir, el interno a la empresa, y eso los lleva a buscar una flexibilidad funcional de su mano de obra.[22] F. Michon [1987] prefiere otra clasificación, que opone la "flexibilidad del capital", correspondiente a una acción sobre las tareas, a la "flexibilidad del trabajo". La primera abarca la flexibilidad cualitativa o funcional así como las prácticas de *leasing*, nuevas

---

[22] A. J. Amadeo y J.-C. Camargo [1993] observan que en los Estados Unidos el debate sobre la flexibilidad está más referido a la flexibilidad funcional que en Europa, donde tiende a estar más centrado en la flexibilidad cuantitativa. Esto ocurre porque la definición de los puestos de trabajo es menos rígida en Estados Unidos, y la flexibilidad del mercado de trabajo, tanto de los salarios como de los empleos, está menos desarrollada en Europa que en Norteamérica.

modalidades de integración vertical (con control directo o indirecto: *filialisation*) y lo que, en América Latina, se llama "terciarización", es decir el recentrado de la empresa en algunas actividades y la cesión por venta de otras. La segunda se refiere a la flexibilidad de los salarios, a la precarización de los empleos, a la mayor libertad para despedir, a la flexibilidad del tiempo de trabajo calculado mensualmente, o incluso anualmente.[23]

Esta última clasificación, aunque concita menor cantidad de adherentes entre los economistas, parece más pertinente que la anterior, ya que abre el camino para una segunda clarificación relativa a la plusvalía absoluta, que consiste en producir más valor. O bien el tiempo de trabajo se prolonga, o bien la intensificación del trabajo aumenta. En el primer caso, las formas más antiguas consisten en alargar la jornada de trabajo y las formas más modernas en disminuir la porosidad del trabajo (los tiempos muertos), gracias a una reorganización del trabajo, y/o a calcular el tiempo en relación al año en lugar de hacerlo en relación a la jornada. En el segundo caso, la introducción de nuevas técnicas permite disminuir al mismo tiempo el valor de los bienes producidos gracias al aumento de la productividad del trabajo, y también redefinir las tareas e intensificar el trabajo por unidad de tiempo, es decir producir más valor.[24] Se trata entonces de formas modernas de ex-

---

[23] Son dos modos complementarios de flexibilidad. "Se trata, en un caso, de flexibilidad cuantitativa y, en el otro, de flexibilidad cualitativa, como respuesta a las modificaciones en los gustos y preferencias de la clientela, y al desplazamiento de la demanda de un tipo de producto a otro. Los medios utilizados por estas flexibilidades parecen no ser similares: por un lado, el empleo temporario, los diversos modos de flexibilidad del tiempo de trabajo y la flexibilidad de los salarios; por otro, los sistemas de fabricación flexible… Una de ellas sólo torna variable la actividad de la empresa para hacer variar mejor los costos de funcionamiento y en especial, por cierto, los costos de mano de obra. Se espera así, por la transformación de los costos fijos en variables, reducir los costos unitarios de producción y, particularmente, se entiende, los costos de mano de obra. La otra trata de facilitar el cambio de las formas de fabricación, reduciendo la inversión necesaria para el cambio, y reduciendo el costo fijo del cambio para poder amortizarlo en series de fabricación más restringidas: otra manera de reducir los costos unitarios" [F. Michon, p. 10].

[24] Las interconexiones entre la intensificación del trabajo (plusvalía absoluta moderna) y el aumento de la productividad del trabajo (plusvalía relativa) no han cesado de intensificarse. No obstante, la distinción sigue siendo importante: la intensificación del trabajo es un proceso microeconómico, mientras que la desvalorización de la fuerza de trabajo por medio del aumento de la plusvalía relativa es de orden macroeconómico, y afecta al movimiento del capital en su conjunto. El campo de la primera es microeconó-

plotación de la fuerza de trabajo, que pueden diferenciarse de las formas arcaicas (porque son antiguas y limitadas) de alargamiento de la jornada de trabajo.

De una manera general, la financiarización de las empresas introduce una restricción suplementaria en el proceso de valorización. Frente a las restricciones creadas en la esfera financiera, *ceteris paribus,* la acumulación de capital en el sector productivo no alcanza para generar suficiente plusvalía. Las condiciones de explotación cambian. En un primer momento, cuando la acumulación se realiza en el marco de una economía relativamente cerrada e inflacionaria, el salario real baja, llevando a quienes sufren este cambio a buscar una prolongación de su jornada de trabajo. Esta prolongación se busca de manera directa, ocupando un segundo empleo a tiempo parcial, o indirecta, dentro de la familia, aumentando la cantidad de trabajadores por hogar (trabajo de niños, trabajo a domicilio, lo que no deja de recordar el *putting out system* de comienzos de la revolución industrial en Europa). En un segundo momento, de manera paralela a la degradación de las condiciones de reproducción de la familia, la más importante acumulación de capital –aunque sin llegar a los niveles alcanzados en los años 1970 y muy inferior a la de los países asiáticos– y la introducción de nuevas tecnologías, incitan fuertemente a modificar la organización del trabajo hacia una mayor flexibilidad, tanto externa a la firma (mayor rotación de la mano de obra) como interna (disminución del trabajo prescripto y aumento de la polivalencia de los trabajadores). Estas modificaciones no vienen "mecánicamente" con la introducción de modificaciones de orden técnico [H. Hirata, 1981; Carillo en J. Humphrey, 1995]. Estas últimas tienen su importancia y si tratamos de relativizarlas, sin negarlas, es para insistir en la importancia de las res-

---

mico, lo que significa que, cuando la intensificación aumenta, se produce más valor en un mismo tiempo de trabajo, sea por un aumento de las cadencias, sea por una organización del trabajo que reduce los tiempos muertos, sea por una flexibilidad creciente de la fuerza de trabajo cuando el equipamiento se presta a ello. El campo de la segunda es mesoeconómico, aun cuando su lugar de aplicación sea la empresa individual. En una misma jornada de trabajo se producen más bienes gracias a la introducción de nuevos equipamientos. La productividad del trabajo aumenta. El valor de cada uno de esos bienes baja y el valor de la canasta de bienes necesarios para la reproducción de la fuerza de trabajo se reduce. Si nos limitamos a la lectura de la evolución de la productividad del trabajo que presentan los sistemas de contabilidad nacional, este mecanismo de plusvalía relativa es difícil de distinguir del de la plusvalía absoluta, ya que ambos se traducen en una mejora de la productividad del trabajo.

tricciones que provienen de una acumulación insuficiente, teniendo en cuenta el contexto internacional, que empuja hacia más flexibilidad en la gestión de la fuerza de trabajo. La idea central se vuelve entonces algo bastante evidente, aunque relativamente difícil de demostrar. Existe una relación entre la financiarización y las modalidades de extracción de plusvalía, pero es difícil de demostrar, en la medida en que los estudios se han centrado en las finanzas y la financiarización, sea sobre la relación finanzas/industria, sea finalmente sobre el desarrollo de nuevos modos de organización del trabajo y de las complejas relaciones que existen entre la flexibilidad del aparato productivo y la gestión de la fuerza de trabajo. Pocos estudios han tratado de establecer una relación entre la financiarización y la flexibilidad y ése es el propósito de la siguiente sección de este capítulo.

La "década perdida" y la flexibilidad de los salarios

• *De la deuda a la financiarización*

Las economías latinoamericanas, separadas de los mercados financieros internacionales a partir de agosto de 1982, debieron pagar con sus propios recursos el servicio de su deuda externa hasta que pudieron acceder nuevamente a esos mercados, hacia fines de los años 1980. Las transferencias netas de capitales hacia esos países, que hasta 1982 eran positivas, se volvieron fuertemente negativas. Esa transferencia neta negativa se hace posible cuando el saldo de la balanza comercial es positivo. Éste se obtuvo gracias a medidas drásticas: el tipo de cambio fue profundamente devaluado y se reforzó el control de las importaciones. Los mercados se liberalizaron poco o nada pero bajaron los gastos públicos que no estaban destinados al servicio de la deuda interna. La inflación aumentó fuertemente, la depresión se generalizó[25]

---

[25] Brasil sufrió menos que otros países latinoamericanos los efectos negativos de la "década perdida". Si bien su crecimiento per cápita en los años 1980 fue nulo, en casi todos los otros países hubo caídas, del orden del 10% en México y del 20% en Argentina. La estructura productiva de Brasil, más fuerte que la de otras economías semi-industrializadas y, sobre todo, más completa (por la presencia de un sector de bienes de producción importante), le permitió resistir mejor a la crisis y expandir las exportaciones, a pesar de la revaluación posterior de su moneda y de la importante reducción que el presidente Collor introdujo en las subvenciones de que gozaba este sector.

y apareció un saldo positivo de la balanza comercial. La aceleración del alza de los precios y la depresión económica trajeron también consigo una caída de los ingresos fiscales. El considerable aumento de las cargas de la deuda interna del estado provocó un déficit presupuestario, a pesar de la fuerte reducción de todos los gastos que no estaban destinados a asegurar el servicio de la deuda.

El servicio de la deuda externa no se reduce a una transferencia de ahorro desde el interior hacia el exterior, ya que el ahorro se hace en moneda local y la transferencia, en divisas. En el nivel macroeconómico, para que esta transferencia pueda tener lugar, es necesario que haya al mismo tiempo un excedente de exportaciones sobre las importaciones[26] y que el gobierno tenga la posibilidad de apropiarse de ese excedente con el fin de financiar el servicio de la deuda externa, pues no es el Estado quien exporta, salvo en el caso particular de que sea propietario de las empresas exportadoras. Esta relación contable aparentemente simple es, sin embargo, más compleja de lo que parece. El Estado debe comprar al sector exportador las divisas necesarias para el financiamiento del servicio de la deuda y emite bonos del Tesoro, ya que sus ingresos son insuficientes y debe hacer frente a un déficit presupuestario creciente [P. Salama, 1989].

Entonces el problema a resolver es el siguiente: cómo apropiarse de las divisas conseguidas por las devaluaciones para financiar el servicio de la deuda externa, teniendo en cuenta que no es posible aumentar la tasa de ahorro global. Basta que haya ahorro forzoso y, por otro lado, una reorientación del ahorro hacia los títulos públicos. Las "maxidevaluaciones", que apuntan a lograr un saldo positivo de la balanza comercial y a producir las divisas necesarias para el servicio de la deuda externa, son inflacionarias, por lo que el alza de los precios pasa a un nivel superior, llevando a un aumento del ahorro forzoso. Estas maxidevaluaciones constituyen lo que los economistas latinoamericanos neoestructuralistas han llamado un "shock de oferta". El alza de las tasas de interés real de los bonos del Tesoro permite esta reorientación del ahorro hacia el sector público, en detrimento del sector privado.

Se constata entonces un doble proceso: por un lado, son los que su-

---

[26] Recordemos que $S - I = Y - E = X - M$, donde S corresponde al ahorro, I a la inversión, Y al ingreso nacional, E a la demanda interna, X a las exportaciones y M a las importaciones. Esta relación contable indica los vínculos que existen entre el diferencial de ahorro en relación a la inversión, y el saldo de la balanza comercial.

fren la inflación quienes –de alguna manera– realizan un ahorro forzoso, pero en moneda local; por otro, es la emisión de títulos públicos lo que le permite al estado comprar las divisas con las que pagará el servicio de la deuda. La deuda externa y su tratamiento dan nacimiento a un doble problema: el paso a niveles de inflación más elevados, y el aumento de una deuda interna que es muy importante y particularmente volátil, ya que esencialmente es de corto plazo.

El derecho de acuñar moneda opera entonces en un contexto de desigualdades acentuadas de los ingresos y de una valorización más débil del capital productivo. La emisión de bonos del Tesoro participa en este proceso de desigualdad creciente, ya que constituye un mecanismo de indexación a futuro, que muchas veces se produce paralelamente a un alza importante de las tasas de interés. Así puede lograrse la transferencia de una parte del ahorro interno, pero sólo es posible porque ha tenido lugar un proceso de ahorro forzoso, y al precio de una "dolarización" más extendida. Todo ocurre como si fuera el ahorro forzoso quien financia el servicio de la deuda externa, mientras no aumente la tasa de ahorro voluntario.[27]

Un cierto retorno hacia formas arcaicas de plusvalía absoluta

Hemos señalado los aspectos negativos de las finanzas. Pero sería un error pensar que en cualquier circunstancia deben ser asimiladas a una actividad parásita, que segrega rentas, acentúa las desigualdades entre los ingresos del capital y del trabajo, y mina la acumulación, limitando la creación de empleos y favoreciendo el desarrollo de una sociedad de exclusión donde la socialización por el trabajo se tornaría cada vez más difícil. El desarrollo de las finanzas y, junto con él, el auge de los productos financieros sofisticados permiten el desarrollo del capital. El ciclo del capital sólo puede tener lugar si las actividades financieras permiten el desarrollo del capital productivo. Son, un poco como las actividades de comercio analizadas por Marx, "indirectamente productivas". Tienen un costo, y ese costo sale de la plusvalía, pero permiten que se obtenga más plusvalía. Se trata entonces de finanzas que podríamos calificar como "virtuosas", tal como puede verse en el recuadro siguiente.

---

[27] Un aumento de la tasa de ahorro, destinado a la compra de bonos del Tesoro, hubiera permitido evitar el despegue de los precios y detener el mecanismo que le hizo pagar el servicio de la deuda a los más desposeídos y menos protegidos.

> ### Finanzas "virtuosas" y financiarización "perversa"
>
> Supongamos un producto igual a 100, una tasa de *mark up* de 25% en las actividades industriales, la restricción de una tasa bruta de inversión superior a 15% para que haya un crecimiento positivo del producto (el 15% corresponde al reemplazo de los bienes de equipamiento amortizados), y una tasa de rentabilidad de 30% en las actividades financieras. Supongamos también que la inversión se financia sólo con autofinanciamiento.
>
> **1er. escenario: las finanzas "virtuosas"**
>
> 100 —> 25 —> 20 —> 110 —> 27,5 o sea, en total, 29
> 5 —> 1,5
>
> Los 25 se reparten entre 20 destinados a la inversión (siendo 20% > 15%), lo que produce por hipótesis una tasa de *mark up* de 25%, o sea 27,5 ya que hay un crecimiento del producto de 10%, y 5 destinados al sector financiero, donde la tasa de rentabilidad es de 30%, o sea que es igual a 1,5. El total de ganancias es entonces de 29 (27,5 + 1,5), que vuelve a repartirse según las mismas proporciones. Se dice que la participación del sector financiero es "virtuosa", pues no amputa significativamente las posibilidades de inversión logradas por el *mark up*.
>
> **2do. escenario: la financiarización "perversa"**
>
> 100 —> 25 —> 10 —> 80 —> 20 o sea, en total, 24,5
> 15 —> 4,5
>
> El reparto del *mark up* pasa a 3/5 en favor del sector financiero. La tasa de inversión bruta resulta insuficiente para mantener el producto en su nivel anterior y hay desindustrialización. La ganancia total será de 24,5. Aunque debilitada por una inversión insuficiente, la empresa sólo puede obtener una ganancia positiva proveniente del sector productivo si consigue mantener su *mark up*, generalmente gracias a un aumento en el alza de los precios. La aceleración de la inflación amputa los salarios reales, aunque éstos estén enteramente indexados con la tasa de inflación pasada. El mantenimiento de la tasa de *mark up* no es posible más que en detrimento de los salarios reales.

Son muy poderosas las fuerzas que llevan al capital a volverse autónomo de la esfera productiva, a buscar la ganancia cada vez más en la esfera financiera, y a tomar la forma de un capital "ficticio". Diversos estudios de este libro lo han señalado (los de C. Serfati y de F. Chesnais). La financiarizción se desarrolló con el muy importante crecimiento de los precios. Entonces, las finanzas dejan de ser "virtuosas" para tornarse "viciosas", como hemos tratado de describirlo en el recuadro precedente. Se trata de ejemplos ultrasimplificados,[28] que no

---

[28] Se ha supuesto, por ejemplo, la estabilidad de la tasa de *mark up*, cuando es evidente que esta hipótesis debe ser relativizada en situaciones de muy fuerte inflación. Se

pretenden describir el conjunto de los mecanismos económicos, sino más bien hacer surgir los diferentes efectos de las finanzas sobre la tasa de ganancia y sobre la tasa de inversión futura.

En las economías semi-industrializadas de América Latina, el proteccionismo, el retroceso del papel del estado en el ámbito económico, la dificultad de llevar a cabo una política económica coherente cuando la inflación y el ahorro forzoso aumentan y se profundiza la depresión económica –mientras la restricción del servicio de la deuda externa no deja respiro o, en todo caso, deja muy poco–, la muy fuerte caída de la inversión y una preferencia marcada por las actividades especulativas han frenado la introducción de tecnologías modernas. A diferencia de lo que pasó en los países capitalistas avanzados, la forma de la inversión ha cambiado poco durante los años 1980. El aparato productivo se ha vuelto más obsoleto y la brecha de la productividad es cada vez más profunda.

En estas condiciones el aumento, e incluso el simple mantenimiento, de un nivel dado de plusvalía, cuando la depresión se vuelve efectiva, ya no puede provenir de la mejora global de la productividad. La plusvalía relativa tiene aquí límites para su desarrollo. La intensificación del trabajo, vinculada al desarrollo del progreso técnico, está también limitada porque generalmente requiere el apoyo de tecnologías modernas. Como consecuencia, la posibilidad de utilizar los mecanismos de plusvalía absoluta "moderna" para incrementar la plusvalía o mantenerla es también limitada. Queda la plusvalía absoluta arcaica, que era la dominante al inicio del desarrollo del capitalismo en los países hoy desarrollados. Su mecanismo es simple: se trata de alargar la jornada de trabajo con el fin de aumentar la cantidad de trabajo no pagado. La reducción sustancial de los salarios durante este período, que en México llegó casi a la mitad durante los seis años de Miguel de la Madrid (1982-1988), llevó a aquellos cuyo poder adquisitivo resultaba amputado a trabajar más con el fin de aliviar esa pérdida de ingreso. Dentro de las familias, el porcentaje de los que tienen empleo aumenta, gracias a que se pone a trabajar a los niños a edad más temprana, en detrimento de la continuidad escolar. También se desarrollan los em-

---

puede suponer, por ejemplo, que las empresas tratarán de aumentar esa tasa con la inflación y la caída de los salarios reales, con el fin de preservar una masa de ganancia que se ve amenazada por el contexto depresivo, en el caso de que estén relativamente protegidas de la competencia extranjera. Pero la introducción de tasas de *mark up* variables no modificaría nuestras conclusiones.

pleos femeninos. Aquellas y aquellos que ocupan un segundo empleo, incluso a veces un tercero, se vuelven cada vez más numerosos en las familias modestas y pobres. La jornada de trabajo y la cantidad de trabajo efectuado dentro de cada familia aumenta, sin que por eso se evite verdaderamente el crecimiento de la pobreza.

Así el círculo se cierra. Del servicio de la deuda se pasa al auge de la inflación, y del ahorro forzoso al auge de la financiarización, lo que lleva a un aumento del tiempo de trabajo no pagado y a una diferenciación más acentuada entre los ingresos del trabajo y los del capital. Pero tal tipo de encadenamiento encuentra con bastante rapidez sus propios límites y la reproducción del conjunto se lleva a cabo con más dificultades. Estos límites son de dos órdenes: por un lado, el empobrecimiento más allá de cierto umbral es cada vez más difícil de asumir políticamente. En los comentarios que siguieron a los disturbios en Venezuela hay que ver una toma de conciencia por parte de los acreedores de la necesidad de encontrar recursos para aliviar el servicio de la deuda de los países del Tercer Mundo. El crecimiento de la forma arcaica de la plusvalía no permite, por su parte, lograr suficientes recursos para invertir, tanto en el sector productivo como en el financiero. Es algo que se ha impuesto como una consecuencia del pago del servicio de la deuda. La reducción de los salarios reales con que se "benefician" los empresarios era un paliativo para las consecuencias de la depresión o para aquellas, indirectas, de la acumulación insuficiente. No podía llevar a una consolidación de su capacidad de inversión o de su poder. Por el contrario, al reforzar la obsolescencia minaba su propia existencia en un plazo cercano. Fue entonces cuando se abrió un segundo período, caracterizado por una liberalización pronunciada del conjunto de los mercados, entre ellos el de capitales. Las tasas de interés reales siguen siendo elevadas y en algunos casos crecen (véanse los cuadros 1 a 3) pero, a diferencia del período anterior, este aumento ocurre en un contexto de liberalización de los movimientos de capitales, otra vez con crecimiento y con un ligero aumento de la tasa de acumulación de capital.

Apertura e intensificación del trabajo

Con la liberalización del conjunto de los mercados y con las salidas liberales de crisis, tal como se efectuaron hasta la crisis mexicana de diciembre de 1994, estamos en el caso típico descrito por McKinnon y

Shaw. En el límite, la "zozobra financiera" del primer período podría considerarse, desde el punto de vista de esta corriente, como el producto de una insuficiente liberalización, a pesar del aumento sustancial de las tasas de interés. No fue éste el caso en el segundo período. La tasa de acumulación aumentó ligeramente, pero siguió siendo muy inferior a la de los años 1960 y 1970. Se había recuperado el crecimiento, pero éste es de corta duración, tanto si es modesto (como en México) o importante (como en Argentina). Estos cambios positivos no parecen ser producto del mantenimiento de las tasas de interés reales en niveles elevados, incluso de su alza. La caída de la inflación y la estabilización macroeconómica, las nuevas perspectivas que vienen de la liberalización comercial y financiera, los primeros pasos hacia una integración económica más densa, explican la recuperación del crecimiento y de la inversión, y los primeros éxitos de las salidas liberales de la crisis. Pero por el hecho de tornar a esas economías profundamente dependientes de la entrada masiva de capitales especulativos, esas salidas de crisis son muy frágiles. Las nuevas formas de financiarización, mucho más abiertas a la mundialización financiera, producen restricciones importantes en las modalidades de valorización del capital e incitan a introducir más flexibilidad en la gestión de la fuerza de trabajo.

• *Una salida de crisis que depende de
los mercados financieros internacionales*

Con el retorno de las economías latinoamericanas a los mercados financieros internacionales, la restricción del servicio de la deuda externa se vuelve menos fuerte. El importante diferencial entre la tasa de interés de esos países y la de los Estados Unidos, así como el del rendimiento de los activos en los mercados financieros, a pesar de una mayor volatilidad de los rendimientos en los mercados latinoamericanos; la liberalización financiera y la garantía consecutiva que se dio a la movilidad del capital, tanto a la entrada como a la salida; las privatizaciones y las nuevas perspectivas de valorización del capital productivo en algunos sectores (véase el cuadro 5), pero también las crecientes dificultades para obtener una valorización del capital suficientemente elevada en los países desarrollados, explican la llegada del capital extranjero, que a veces es masiva [P. Salama, 1993].

Cuadro 5
Rendimiento promedio y volatilidad, en dólares, 1988-1993

	Mensual	Desvío Estándar	Anualizado (1)	Desvío estándar anualizado
Estados Unidos	1,23	3,56	14,70	12,33
América Latina	3,52	8,86	42,20	30,71
Argentina	7,52	31,09	90,28	107,69
Brasil	4,71	21,01	56,48	72,77
Chile	3,33	7,34	39,90	25,44
Colombia	3,18	9,65	39,19	33,42
México	4,58	10,19	54,91	35,31

(1) Obtenido multiplicando por 12, como lo hace el International Finance Corporation, en *Emerging Stock Market Factbook*, Washington.
Fuente: A. Brooks-Sentfleben, *International Portfolio Diversification; the Role of Latin America's Emerging Markets*, núm. 65, Universidad de Göttingen.

Esta afluencia de capitales permite a los gobiernos asegurar el servicio de su deuda externa y financiar el saldo de la balanza comercial, que súbitamente se ha vuelto profundamente negativo[29] luego de las medidas de liberalización. El flujo masivo de capitales al conjunto de países de la zona provoca un fuerte revalúo de las monedas locales, en términos reales, en relación al dólar. Esta revaluación es elevada porque estos países buscan, en general, un "anclaje" nominal de su tipo de cambio con el dólar. Como el dólar se deprecia frente a las monedas europeas y la japonesa, la revaluación de las monedas latinoamericanas es, frente a esas monedas, más débil.

El estado emite entonces bonos del Tesoro para financiar el déficit de sus cuentas corrientes (servicio de la deuda, déficits de la balanza comercial y, con frecuencia, del turismo) y las transferencias destinadas a financiar la devolución del capital de la deuda. Estos bonos se suscriben en los mercados nacionales por residentes y no residentes y también en los mercados internacionales. Mientras haya abundancia de capitales, el reembolso de los títulos públicos a corto plazo y el servicio de las tasas de interés se efectúa sobre la base de las nuevas entradas de capitales.

[29] Con excepción de Brasil hasta comienzos de 1995 y de Argentina en 1995, que llegan a lograr un saldo comercial positivo de mil millones de dólares, producto tanto de una recesión profunda (las importaciones cayeron el 7%) como de un auge considerable de sus exportaciones (que crecieron 35%).

Los mercados financieros latinoamericanos se vuelven muy atractivos para los capitales en busca de especulación. Su crecimiento es muy rápido porque son calificados como "emergentes". La abundancia de capitales[30] es tal que las reservas aumentan a pesar de la multiplicación del déficit de las cuentas corrientes y se instala la ilusión de la perennidad del sistema. Puede incluso llegar a ocurrir que el gobierno se vea obligado a emitir bonos del Tesoro con el fin de esterilizar una parte de este flujo de capitales, con el propósito de evitar un auge demasiado importante de la masa monetaria y una recuperación de la inflación. El alza de las tasas de interés prosigue, frenando la inversión directa y estimulando las entradas de capitales, lo que lleva nuevamente a elevar las tasas de interés o a no bajarlas... y se establece así un círculo vicioso (Brasil, segundo trimestre de 1995).

Al levantarse, gracias a esta entrada de capitales, la restricción del financiamiento de las transferencias de capitales hacia el exterior por servicios de la deuda, el ahorro puede orientarse, aparentemente, hacia financiamientos productivos. Sin embargo, la existencia de un importante servicio de la deuda interna[31] mantiene una fuerte presión sobre el aho-

---

[30] Muy rápidamente disminuye la parte dedicada a las inversiones directas, sobre todo cuando lo esencial de las privatizaciones ya había sido hecho, y las inversiones de cartera se orientan cada vez más hacia títulos a muy corto plazo, emitidos con gran frecuencia en dólares, en vez de hacerlo hacia la compra de acciones de sociedades. Cuando los títulos están emitidos en dólares, como ocurrió en México desde el segundo semestre de 1994, el riesgo de cambio es soportado principalmente por el país emisor, lo que, en caso de devaluación, agrava muy fuertemente la deuda externa en moneda nacional.

[31] El servicio de la deuda depende de la tasa de interés y de la tasa de inflación. La caída drástica de la segunda redujo fuertemente el servicio de la deuda interna. El mantenimiento de un diferencial de tasas de interés reales con los Estados Unidos, en el momento en que éstos bajaban sus tasas, permitió reducir un poco las tasas de interés. Pero cuando la moneda es la atacada, como ocurrió a partir de abril de 1994 (asesinato del candidato a la presidencia de la República en México), y luego a fines de 1994, esas tasas aumentan fuertemente. Siguen siendo muy importantes cuando el mantenimiento de las tasas de interés sirve no sólo para atraer capitales del exterior, sino también para frenar el *boom* del consumo, como ocurrió en Brasil con el plan Real a partir de mediados de 1994. El éxito del plan Real se tradujo en una caída brutal de la tasa de inflación. Los hogares aumentaron fuertemente su consumo, comprando a crédito bienes durables. Para evitar una recuperación de la inflación, la oferta no siguió a la demanda, el gobierno liberalizó aún más su comercio exterior y... aumentó las tasas de interés con el fin de frenar la demanda; luego, ante el escaso éxito relativo de esas medidas, reforzó el control de su comercio exterior (incluso respecto de sus asociados del Mercosur). El alza brutal de esas tasas agravó fuertemente la deuda de los estados respecto de los Estados Unidos y terminó en una restricción igualmente brutal de sus otros gastos. De manera ge-

> ### Revaluación del tipo de cambio
>
> Ventajas
>
> - Reduce la tasa de inflación gracias a la caída del valor unitario de las importaciones. Ahora la referencia y la indexación con la evolución del tipo de cambio ya no resulta inflacionaria.
> - Reduce el valor unitario de los bienes de equipamiento y de los productos intermedios importados. Cuando las importaciones están compuestas sobre todo por estos bienes, esta reducción actúa como un progreso técnico de tipo *capital saving*. La eficacia del capital aumenta en la misma proporción. Asociada a una liberalización del comercio exterior, en algunos casos puede facilitar el *catching up* de las técnicas.
> - Disminuye el peso del servicio de la deuda externa y el valor en moneda nacional del reembolso de los préstamos al extranjero.
> - Incita a las empresas multinacionales interesadas en el mercado interno a invertir en el país, en la medida en que las ganancias y dividendos reexpatriados se beneficien con la revaluación.
>
> Inconvenientes
>
> - Dificulta las exportaciones, efecto que se acentúa cuando falta una política industrial.
> - Erradica paneles enteros de la industria nacional y provoca un aumento de la tasa de desempleo, durante el proceso de retracción del estado. El auge de las "industrias nacientes" se traba y las posibilidades de adquirir el "saber-hacer" y una dimensión óptima se vuelven poco probables cuando la liberalización es brutal.
> - Aumenta el valor en dólares de las transferencias de capitales hacia el exterior y lleva a tomar cada vez más préstamos.
> - Frena la entrada de firmas multinacionales que se dedican a la exportación.

rro y frena su despliegue hacia esas actividades. Razonando por el contrario. el levantamiento de esta restricción se traduce en la anulación de sus efectos depresivos e inflacionarios.

La entrada masiva de capitales provoca una revaluación del tipo de cambio que tiene la ventaja de disminuir el valor unitario de los bienes de equipamiento importados y, así, aumentar la eficacia del capital. Paralelamente, la revaluación reduce la competitividad de las exportaciones, lo que favorece el crecimiento de la brecha comercial.

La fuerte revaluación de la moneda, la liberalización comercial, la reducción de las subvenciones a las exportaciones y, en regla general, el fuerte retraimiento del estado en el sector económico, condujeron a

---

neral, el pago de los intereses de la deuda interna pública equivale en 1995 a cuatro veces el presupuesto anual de salud y a "por lo menos cuatro veces la suma pagada en salarios al conjunto de los profesores en Brasil", escribe Ciro Gomes, ministro de Finanzas del Brasil en el momento en que se puso en práctica el plan Real (*Jornal do Brasil*, 16 de julio de 1995).

una inversión completa y brutal del saldo de la balanza comercial de los países de la zona, con excepción de Brasil. Cuando se agranda el déficit del comercio exterior, la dependencia financiera aumenta fuertemente, ya que el éxito de esta salida de crisis reside en la entrada de capitales, es decir en la credibilidad respecto del tipo de cambio y en el mantenimiento consecutivo de un diferencial de tasa de interés positivo. El sistema se reproduce sobre el filo de la navaja. Dudas sobre la credibilidad del tipo de cambio pueden provocar salidas de capitales y dificultades considerables para el gobierno si éste quiere obtener capitales de los mercados financieros extranjeros y así hacer frente al conjunto de sus déficits.

El temor a una devaluación, o a una cesación de pagos, se propaga muy rápidamente y, al hacerlo, produce la temida crisis financiera. Basta entonces una desaceleración del ritmo, o una inversión del mismo, para que resulte imposible hacer frente a tres tipos de compromisos: el que se produce por el financiamiento del déficit comercial, el producido por la antigua deuda externa y, finalmente, el de la nueva deuda externa. Y así se vuelve a caer en el escenario anterior, con el riesgo de que la historia se repita, pero de peor manera, pues entonces las políticas de ajuste deberán producir, después del hundimiento en los abismos, un excedente comercial para financiar la nueva deuda, más pesada, originada en los productos financieros suscritos. Ante la dificultad de lograr un saldo comercial positivo, queda el arma última de la recesión, como mostraron en 1995 Argentina y, sobre todo, México. Ante la insuficiencia de ahorro nacional, habrá que volver a recurrir a la caída de los ingresos obtenidos con el trabajo por medio de un aumento de la inflación o, si eso no ocurre, por una decisión unilateral de reducción de los salarios (Argentina en 1995). Se comprende bien hasta qué punto el precio que habrán de pagar quienes ya soportaron los años 1980 puede llegar a ser elevado, si no se encuentran políticas diferentes de las practicadas hasta hoy y si no se pone un término a este nuevo tipo de dependencia financiera.

Una combinación de formas modernas y antiguas de explotación

El mantenimiento de un importante diferencial de tasas de interés reales entre los países latinoamericanos y Estados Unidos es una condición *sine qua non* para que los capitales continúen afluyendo y permitiendo que no se devalúe el tipo de cambio, a pesar del rápido crecimiento del déficit del balance de cuenta corriente. Este diferencial favorece la financiarización de las actividades. El sector financiero parece volverse autónomo del sector productivo y la relación que existe entre ambos se torna cada vez más opaca y misteriosa. El dinero parece engendrar dinero y la mayoría de los economistas no busca, o busca poco, las vinculaciones posibles entre el sector financiero y el sector productivo. A partir de esta opacidad y de este misterio, los economistas han llegado generalmente a la conclusión de que no hay una relación entre los dos sectores; o, al menos, no han tratado de establecerla.[32]

Al analizar la financiarización "perversa" hemos tratado de percibir los secretos de esta fetichización del sector financiero, mostrando el doble aspecto de sus relaciones con el sector productivo. Por un lado, el desarrollo del sector financiero es necesario para la financiación de las inversiones, en especial cuando la producción alcanza un cierto tamaño, una complejidad y una sofisticación importantes. También es útil para atenuar los riesgos de cambio y de tasas de interés y para colocar provisoriamente fondos a la espera de asignación. Entonces la industria encuentra en el mercado financiero los recursos que le faltan para poder invertir, garantías y también una fuente de ganancias. La relación es positiva para la industria y lo financiero es considerado entonces como "virtuoso". Pero paralelamente, los préstamos y/o el aumento del capital tienen un costo para la empresa: el pago de intereses y/o el pago de dividendos se hace a partir de la plusvalía creada. Estos dos aspectos no tienen el mismo peso. Cuando el segundo supera al primero, las firmas aprecian menos el financiamiento por el mercado y se busca más la especulación. Cuando los activos financieros se tornan muy importantes en el balance de las empresas, hay una gran probabilidad de que estas actividades se realicen en contra de la actividad principal. La financiarización se desarrolla en grados diferentes según las distintas ramas de la economía.

En los países capitalistas desarrollados, abiertos al mercado internacional y sometidos a la restricción de la competitividad, las modalidades de inversión han cambiado con el desarrollo de la financiarización. Al existir una tasa de inversión más baja el desempleo crece, la precariza-

---

[32] Los economistas neokeynesianos, neoestructuralistas, marxistas y, a veces, también los neoclásicos han mostrado los perjuicios del alza de las tasas de interés sobre el ritmo de crecimiento y el desempleo, y la disparidad creciente entre los ingresos según su fuente. Su perspicacia les otorga hoy el crédito que comienzan a perder los economistas liberales.

> ### Finanzas "virtuosas" y financiarización de tipo "globalizado"
>
> Repaso: tenemos un producto de 100, una tasa de *mark up* de 25%, la restricción de una tasa bruta de inversión superior a 15% para que haya un crecimiento positivo del producto (correspondiendo el 15% al reemplazo de los bienes de equipamiento amortizados). También se supone que la inversión se financia sólo con autofinanciamiento.
>
> 1er. escenario: las finanzas "virtuosas"
>
> 100 —> 25 —> 20 —> 110 —> 27,5 o sea, un total de 29
> 5 —> 1,5
>
> Los 25 se reparten entre 20 destinados a la inversión (siendo 20% > 15%), lo que produce por hipótesis una tasa de *mark up* de 25% (o sea 27,5 ya que hay un crecimiento del producto de 10%), y 5 destinados al sector financiero, donde la tasa de rentabilidad es de 30%, lo que nos da 1,5. El total de ganancias es entonces de 29 (27,5 + 1,5), monto que vuelve a repartirse en las mismas proporciones. Se dice que la participación del sector financiero es "virtuosa", pues no amputa significativamente las posibilidades de inversión logradas por el *mark up*.
>
> 2do. escenario: la financiarización en un contexto de globalización financiera
>
> 100 —> 25 —> 15 —> 100 —> 25 o sea, un total de 28
> 10 —> 3
>
> El reparto del *mark up* se hace en una proporción diferente ya que se afectan 2/5 al sector financiero en lugar de 1/5. Siendo la tasa de inversión bruta de 15%, en vez de crecer la producción sigue siendo la misma, pero la ganancia total llega a 28 gracias a la contribución del sector financiero. Como la tasa de inversión es del orden del 17% al 19%, el crecimiento aumenta y con él las ganancias. Ahora los salarios reales pueden aumentar, pero también la parte dedicada a lo financiero. Ciertamente, estas conclusiones son resultado de las hipótesis planteadas. El crecimiento de la productividad del trabajo, la mayor eficacia del capital (después de la importación de bienes de equipamiento a un tipo de cambio sobrevaluado), y una parte más importante de las ganancias dedicada a las actividades financieras, modifican algo las conclusiones.

ción de los empleos aumenta, la flexibilidad del trabajo crece y los ingresos del trabajo aumentan muy poco, a diferencia de los del capital.[33]

---

[33] Nos unimos aquí a J.-P. Fitoussi cuando muestra las consecuencias del alza de las tasas de interés sobre los ingresos del trabajo: "[…] cuando la tasa de interés real pasa de

Con la recuperación económica y la brutal caída de la inflación producidas en las economías latinoamericanas semi-industrializadas a fines de los años 1980, la financiarización no se reproduce ya según una forma "viciosa y/o perversa" tan tajante como durante la "década perdida". El juego ya no es de suma cero, con el enriquecimiento absoluto de unos financiado gracias al empobrecimiento absoluto de otros. El contexto es diferente y, cuando el crecimiento logra mantenerse, aunque sea con tasas bajas, el enriquecimiento de unos puede darse paralelamente a un aumento, aunque más lento, del ingreso de otros. Sin embargo, esto no genera las condiciones necesarias como para recuperar, a corto y mediano plazo, las pérdidas de poder adquisitivo del período precedente, de manera tal que van a coexistir formas duraderas de explotación de la fuerza de trabajo, al estilo antiguo, y formas nuevas que se apoyan en la intensificación del trabajo.

La originalidad del período que se abre con el fin de la crisis y la inserción, más importante que en el pasado, de estas economías en la economía mundial reside en la utilización de tecnologías modernas y en la difusión rápida de modos de organización del trabajo centrados en su intensificación. Más precisamente, el foso entre las tecnologías de estos países y las de los países centrales se había ampliado durante la "década perdida"; pero tiende a achicarse con la liberalización y con la importación de máquinas y líneas de producción que incorporan los últimos desarrollos técnicos. Los nuevos procedimientos técnicos puestos en práctica vehiculizan una restricción más o menos importante en cuanto a la gestión de la fuerza de trabajo.

En las economías del centro la evolución de las exigencias del mercado (más calidad y diversificación de los productos), las modificaciones en las estrategias y el comportamiento de las empresas (producción justo a tiempo, con stock cero, competencia por la calidad y búsqueda de la variedad del producto fabricado) llevaron a varias grandes empresas a modificar la línea de producción, a tratar de implementar talleres flexibles, a introducir otra manera de trabajar, más centrada en el compromiso de los trabajadores con la empresa y en su colabo-

---

manera duradera, digamos del 0% al 5%, las empresas deben, para seguir siendo rentables, aumentar su margen de ganancia, pero sólo pueden hacerlo reduciendo la parte de sus ingresos que aplican al pago de salarios. […] Esta deformación engendra, en un primer momento, un empeoramiento del desempleo… […] Entonces, la tentación de bajar más los salarios es grande." [1995, pp. 56, 57 y 58]. Véase también su capítulo titulado "La sociedad frente a los mercados".

> **Cuadro sintético de los cambios en
> la organización del trabajo a partir de una reestructuración**
>
> Organizaciones fordistas
> 1. Intensificación de la división del trabajo
> 2. Trabajo prescripto
> 3. Sistema de organización rígido y centralizado
> 4. Autonomía personal de trabajador cercana a cero
> 5. Trabajo repetitivo y monótono
> 6. Funciones que exigen una calificación mínima
> 7. Organización del trabajo del tipo: un puesto – un hombre – una tarea
> 8. Escaso compromiso de los trabajadores con la empresa
> 9. Tasas elevadas de rotación (turn over) de la mano de obra y ausentismo
> 10. Índices elevados de rechazo
> 11. Conflictos frecuentes entre empleadores y trabajadores
>
> Organizaciones flexibles
> 1. Intensificación de los ritmos de trabajo
> 2. Mayor participación de los trabajadores en la organización y el control de los procesos
> 3. Mayor responsabilidad para los trabajadores
> 4. Células, "minifábricas", polivalencia y multifuncionalidad
> 5. Funciones que exigen una mayor calificación
> 6. Organización del trabajo en equipos
> 7. Necesidad de un compromiso de los trabajadores con la empresa
> 8. Reducción de la tasa de rotación y del ausentismo
> 9. Reducción sustancial de los índices de rechazo
> 10. Reducción de los conflictos entre empleadores y trabajadores
>
> **Fuente:** Ruas [1995], p. 5.

ración dentro de los equipos, y a incorporar personal con niveles de calificación superiores, con el fin de permitir que se desarrollara la polivalencia (véase el recuadro precedente). En resumen, pasar del fordismo al ohnismo [véase Coriat, 1991], así como los estudios reunidos por Humphrey, 1995].

El paso de las formas de organización fordistas a otras centradas en la organización flexible resulta, esencialmente, de la búsqueda, por parte de los directivos, de una correspondencia entre la organización de la producción y la estrategia competitiva de las empresas que, a su vez, depende de las restricciones a que están sometidas. No se puede considerar a la organización independientemente de la estrategia. Esta es la razón por la cual está condenado al fracaso cualquier intento de trasplantar un cierto tipo de organización de la producción de manera mimética, sin tomar en cuenta las restricciones locales. Esto es cierto para los países desarrollados, pero también para las economías semi-industrializadas. Como lo recuerda Fleury [en Humphrey, 1995], la instalación de círculos de calidad en Brasil desde fines de los años 1970 fracasó, después de una difusión bastante importante y rápida, porque las empresas, en esa época, tenían pocos incentivos para cambiar sus estrategias, ya que estaban protegidas y tenían algunas dificultades para conocer sus costos reales como consecuencia de la hiperinflación rampante. Por eso mismo, pueden observarse prácticas diferentes de organización del trabajo y de la producción entre las filiales de un mismo grupo aunque utilicen las mismas técnicas de producción, según que estén implantadas en tal o cual país. Yendo más lejos, la organización de la producción y del trabajo pueden no ser las mismas dentro de las filiales de un mismo grupo en un determinado país. El ejemplo que da J. V. Carillo [en Humphrey, 1995] de las tres fábricas de Ford en México es instructivo.

Sólo nos ocuparemos de las plantas de Hermosillo y de Cuautitlán, ya que la de Favesa es una maquila. En Hermosillo, la fábrica construida recientemente (1986) con Mazda está automatizada, y se busca aplicar el justo a tiempo y la calidad total. A pesar del elevado grado de calificación requerido (el 9% de los trabajadores tiene diez años y más de escolaridad y el 11% de siete a nueve años) y del importante sistema de aprendizaje (el 82% de los trabajadores reciben más de 90 días de formación y el 15% entre 16 y 90 días) dentro de la empresa, la rotación de la mano de obra es elevada porque los trabajadores están relativamente insatisfechos con la política de promociones. En Cuautitlán la flexibilidad fue impuesta por medio de la violencia patronal, ya que la empresa fue cerrada en 1987, los trabajadores despedidos y menos de la mitad fueron reincorporados sobre la base de un nuevo contrato de trabajo: las cuotas diarias de trabajo fueron reemplazadas por el sistema *"bell to bell working"*; se eliminaron las horas extras pagadas con sobreprecio; se redujo fuertemente el abanico de remuneraciones y se introdujo la flexibilidad; la promoción es individual y depende de la eficacia del trabajador, de su competencia, de su puntualidad, de su disciplina y sobre todo –a diferencia de lo que ocurre en Japón– de su antigüedad. En este nuevo contexto la productividad aumentó fuer-

> **Rasgos comparados de la organización de la producción en Hermosillo y en Cuautitlán**
>
> Hermosillo
> 1. Elevado nivel de automatización
> 2. Adopción global del justo a tiempo y control de calidad total *(JIT/TQC*)*
> 3. Flexibilidad funcional (polivalencia)
> 4. Nivel elevado de enriquecimiento de las tareas *(job enrichment)*
> 5. Sindicatos débiles desde el comienzo
> 6. Concertación permanente entre sindicatos y dirección
> 7. Mejora gradual de las condiciones de trabajo
>
> Cuautitlán
> 1. Escaso nivel de automatización
> 2. Adopción parcial del *JIT/TQC*
> 3. Flexibilidad numérica (cuantitativa)
> 4. Enriquecimiento de tareas limitado
> 5. Sindicato debilitado
> 6. Luchas importantes
> 7. Profunda degradación de las condiciones de trabajo
>
> * *Just In Time/Total Quality Control*

temente y también la calidad.[34] En Cuautitlán la calificación es menos importante que en Hermosillo, ya que el 55% de los trabajadores tienen más de 10 años de escolaridad, y el 9% de uno a seis años, contra cero en Hermosillo; el aprendizaje dentro de la empresa es menos largo (sólo el 3% se beneficia con 90 días y más, contra el 82% en la otra fábrica, y el 30% realiza un aprendizaje inferior a una jornada).

La trayectoria de las dos fábricas no es la misma. Una es reciente (Hermosillo, 1986) y la otra es más vieja, con una larga historia de luchas sindicales. Las restricciones tampoco son las mismas y la organización de la producción difiere; una ha implementado una flexibilidad funcional, a partir de talleres flexibles, mientras la otra tiene una flexibilidad cuantitativa, centrada en la elasticidad elevada del empleo y de las horas trabajadas, que en la práctica se traduce en una caída del salario y un refuerzo de la disciplina.

[34] Más exactamente, como lo hace notar Carillo, se obtuvo la recompensa Q1. El Q1 está basado en la cantidad de piezas rechazadas, y no en la eficacia y la dupla "justo a tiempo y *total quality control*".

Como lo señalan numerosos autores, la difusión de sistemas de organización de producción más flexibles aumentó fuertemente gracias a la restricción reforzada de la competitividad. Pero no se hace de manera mimética sino por una adaptación a la especificidad de las restricciones definidas por las estrategias de las empresas. Esta adaptación no significa necesariamente que exista una coherencia a mediano y largo plazo. La rotación elevada de la mano de obra, por ejemplo, va en contra de la estrategia de interesar a los trabajadores en su trabajo y mina la calidad de los productos. Hace inútil el alargamiento de la duración del aprendizaje dentro de la empresa, desde el momento en que el trabajo prescrito cede su lugar a la polivalencia. La reducción de los salarios, por el achicamiento en el abanico de las calificaciones y, sobre todo, por la implementación del cálculo anual del tiempo de trabajo, reduce el incentivo a mejorar la productividad y a identificarse con la empresa. Como lo señalan Amadeo y Camargo [1993], la empresa se encuentra ante el mismo problema que el descripto por Akerlof: como los buenos automóviles, los "buenos" trabajadores tenderán a desaparecer, lo que va en contra del objetivo que se busca con la nueva organización del trabajo.

La organización de la producción sigue siendo profundamente heterogénea [B. Lautier. 1995]. Sería un error pensar que la difusión de los nuevos modos de organización de la producción y del trabajo es general. Está limitada y se refiere a veces a la flexibilidad funcional, y/o a la flexibilidad numérica (cuantitativa). De manera general, el grado de flexibilidad depende de la dimensión de las empresas, de la rama, del tipo de mano de obra empleada –según edad, grado de calificación, sexo (las mujeres no están todavía afectadas por la especialización flexible [H. Hirata, 1994])–, de la implantación sindical y de la propia naturaleza de los sindicatos, de la cultura de empresa y de las restricciones financieras.

Conclusión

La financiarización, vinculada a la liberalización de los mercados financieros, frena el crecimiento de la tasa de inversión ya que una parte importante de la plusvalía se dirige hacia esos mercados tan lucrativos. La inversión está lejos de alcanzar el nivel que tenía en los años 1970. Ahora bien, con la liberalización comercial, la restricción externa tiene un papel más importante. El aparato industrial, parcialmente obsoleto después de la "década perdida", experimenta algunas dificultades, y esto es un eufemismo, para soportar la competencia externa. A falta de un aumento suficiente de la tasa de acumulación, algunas economías, entre las cuales está la Argentina, parecen orientarse hacia una reestructuración que privilegia un retorno de sus economías a la predominancia del sector primario. Otras tratan de modificar la forma de sus inversiones importando las últimas técnicas. La revaluación de la moneda nacional y la reducción de los derechos de importación mejoran la eficacia del capital invertido en la medida en que hace falta menos que en los años 1970 para obtener más. Pero este efecto *capital-saving* (en el sentido de J. Robinson) es, sin embargo, insuficiente para compensar la debilidad de la tasa de inversión. Producir bienes con costos comparables a los que existen en los países desarrollados, con una variedad y una calidad que satisfagan a una clientela dispuesta a preferir productos importados, requiere un aumento sustancial de la tasa de inversión para obtener condiciones satisfactorias de valorización del capital. A falta de este aumento, los márgenes de ganancia caen. Es lo que ha ocurrido en paneles enteros de la industria de los países de América Latina, siniestrados por la incapacidad de resistir la competencia externa (el ejemplo más claro es México), y es lo que explica la sustitución masiva de los bienes producidos localmente por los importados. Allí donde una adaptación es posible, la insuficiencia de la inversión conduce a reducir lo más posible los tiempos muertos en el tiempo total de trabajo, a intensificar el ritmo del trabajo gracias a la implementación de talleres flexibles, a calcular el tiempo de trabajo anualmente antes que por tarea disminuyendo así *de facto* el salario, a buscar una flexibilidad externa precarizando los empleos, con el riesgo de debilitar la lógica participativa de la organización flexible de la producción. En resumen, todas las modalidades de flexibilidad del capital y del trabajo, según la clasificación de Michon, o funcional o numérica, según la de la OCDE, se buscan con intensidades que difieren según las restricciones. Esto es lo que explica que la difusión de la organización flexible haya podido hacerse conjuntamente con una precarización de los empleos, con una elevada rotación de la mano de obra, con frecuencia manteniendo el trabajo prescrito individualmente y una escasa autonomía de los grupos de trabajo semiautónomos; pero he aquí también por qué el tratar de superar la restricción financiera por esta vía produce fracasos a corto plazo.

La introducción de técnicas nuevas, muchas veces importadas, sirve de soporte a la flexibilidad. Los cambios en la gestión del trabajo permiten una valorización del capital. La financiarización y la insuficiencia de la inversión resultante, y una restricción externa más elevada, cuando el envejecimiento de la industria es frecuente y el retiro del estado manifiesto, conducen a una insuficiente valorización del capital. A esto le sigue con gran rapidez la adopción de la organización flexible, pero también su caricatura.

Perdura una combinación de formas de explotación antiguas con formas modernas, que son grotescas. Salvo que la tasa de inversión aumente fuertemente, el crecimiento de la productividad del trabajo se traduce en una pérdida de empleos en el sector industrial y en los servicios "modernos". La economía informal ubicada en la industria se enfrenta progresivamente con problemas análogos a los de la economía formal, en la medida en que sufre la valorización de la moneda y su falta de competitividad, a pesar de los bajos salarios y de no pagar una serie de cargas. Le resulta cada vez más difícil crear empleos en cantidad suficiente. Se desarrolla entonces la economía informal de los servicios, pero en el segmento de estricta sobrevivencia. La exclusión, ya considerable, aumenta. La pobreza, que ayer crecía al ritmo de la aceleración del alza de los precios, encuentra ahora otra fuente para su desarrollo: la insuficiencia en la creación de empleos [P. Salama, 1996].

En un primer momento, el auge de las finanzas, en un contexto de economía relativamente cerrada y poco liberalizada, tuvo efectos perversos sobre la acumulación y las formas de explotación de la fuerza de trabajo. En un segundo momento, el desarrollo de mercados financieros emergentes en un contexto diferente, de economías más abiertas y más liberalizadas, comienza a tener efectos menos perversos. La flexibilidad del trabajo aumenta y se desarrollan las formas modernas de explotación de la mano de obra. Pero más adelante la financiarización de las actividades se opone al necesario aumento de la tasa de acumulación, y el desempleo y la exclusión crecen al mismo tiempo que las actividades informales se concentran en los segmentos de "estricta sobrevivencia". Esta lógica de la financiarización –y de las nuevas formas de flexibilidad vinculadas a ella en los diferentes mercados– es algo que revela los límites de la concepción liberal sobre las relaciones entre el mercado y el estado en las economías semi-industrializadas latinoamericanas. Estas relaciones superan, sin embargo, el marco de esas economías: un esbozo de lo que aparece allí claramente puede ya encontrarse en los países desarrollados. En este sentido, la experiencia reciente de esas economías es rica en enseñanzas para las economías capitalistas avanzadas.

Capítulo 8

Mundialización financiera y vulnerabilidad sistémica

François Chesnais[*]

El proceso de liberalización y de mundialización financieras ha estado marcado por shocks y sobresaltos, pero también por varias crisis financieras "auténticas". La cantidad y variedad de estos shocks, así como su extensión internacional, se fueron incrementando a lo largo del período considerado. El cuadro 1 propone una cronología consolidada de los principales shocks financieros desde 1970, retomando la división en tres fases de la implementación del régimen mundializado de finanzas de mercado, tal como fue presentado en el capítulo 1. Los diez últimos años –que corresponden a la tercera fase– han sido particularmente ricos en sobresaltos y crisis originadas en la esfera monetaria y financiera en sentido amplio (incluyendo al sector inmobiliario). En este capítulo se examinan su significación y su alcance, con ayuda del siguiente enfoque.

La multiplicación de shocks financieros, así como su aspecto multiforme, han llevado a los especialistas a modificar su anterior percepción de las crisis o de los sobresaltos financieros, dando prioridad a las nuevas nociones de "fragilidad financiera" y de "riesgo sistémico" Estaríamos entonces ante shocks financieros propios de una configuración dada del capitalismo. El carácter específico de estos shocks (especialmente de los que han marcado la fase más reciente), y la relación

---

[*] Agradezco vivamente a Suzanne de Brunhoff, Robert Guttmann, Claude Serfati y Dominique Plihon por sus comentarios, a veces polémicos pero extremadamente minuciosos, sobre versiones anteriores de este trabajo. Por cierto, ellos no son responsables del resultado final.

particular que mantienen con la producción y la inversión, deben considerarse en paralelo con las principales conclusiones de los capítulos precedentes. Examinar los rasgos particulares del modo de acumulación financiarizado mundial y el carácter "desigual" e "imperfecto" de la mundialización financiera permite formular una serie de hipótesis en cuanto a las fuentes y a las formas de fragilidad sistémica que podrían ser las más típicas de la economía liberal mundializada. A continuación se analizan tres crisis o episodios de fragilidad acentuada, que ilustran los riesgos propios de las finanzas del mercado mundializado: el crack de 1987 de Wall Street, su gestión por la Fed y sus repercusiones; la fragilidad creciente de los bancos, la crisis inmobiliaria y los rasgos específicos de la recesión de 1990-1991; y finalmente, la crisis mexicana de 1994-1995.

Shocks financieros propios de una configuración dada del capitalismo

Desde el punto de vista de su relación con el movimiento de la producción y del comercio, los "acontecimientos" que marcaron la historia monetaria y financiera reciente –particularmente de los últimos quince años– difieren de los shocks, de amplitud similar, producidos en épocas anteriores del capitalismo. No se ubican en el apogeo, o cerca del apogeo de una larga fase de expansión, o de un *boom* muy fuerte, del tipo del ocurrido en los años 1927-1929. Tampoco han sido un episodio propiamente financiero de una crisis de sobreproducción clásica. No han dado la señal, por lo menos hasta ahora, de un derrumbe brutal de la producción y del comercio en un conjunto importante de países. Por el contrario, tienen como telón de fondo la declinación regular del crecimiento en los países de la OCDE, declinación que se ilustra en el gráfico publicado por W. Cline, de la *Brookings Institution*, en su ensayo sobre "los riesgos de un estancamiento económico global" [1994].

Esta curva pone en evidencia un movimiento de largo plazo marcado por una caída regular de las tasas de crecimiento. Permite adelantar la hipótesis de que nos encontraríamos en presencia de una interacción de doble sentido entre la esfera financiera y la esfera de creación del valor. Los shocks financieros, con su cortejo de efectos sobre el sistema de crédito [Aglietta, 1993], no serían ajenos a la desaceleración tendencial de la producción y de la inversión. En sentido inverso, la ato-

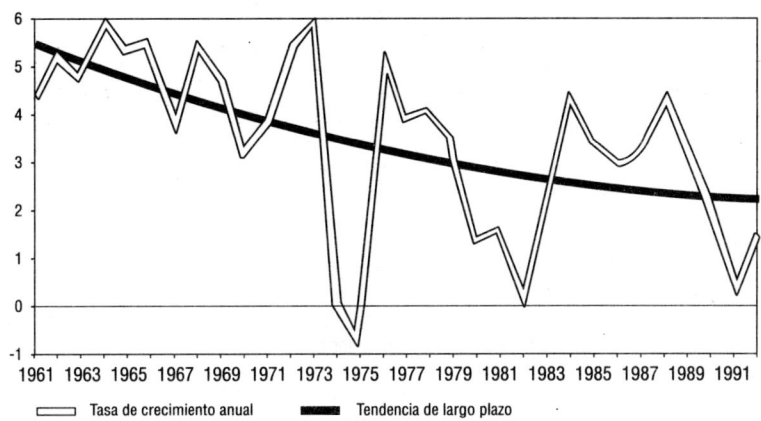

Gráfico 1
El crecimiento de los países industrializados, en porcentaje promedio anual

Fuente: W. Cline [1994], capítulo 2.

nía del crecimiento constituiría un contexto propicio para la multiplicación de los shocks financieros. Esta interacción se desarrollaría en un contexto inédito de sobreproducción, a la vez crónica y contenida que, por el momento, los grandes grupos oligopólicos habrían logrado administrar. El hecho de que el restablecimiento de la tasa de rentabilidad de los grupos haya tenido como marco la caída a largo plazo del núcleo del sistema industrial mundial sugiere, en efecto, que el control oligopólico del mercado por los grandes grupos les habría permitido ajustar, no en todas, pero sí en muchas industrias, los volúmenes de producción y los modos de fijación de los precios, con una tendencia hacia la baja.[1] La adopción generalizada del "toyotismo" (cuyo contenido en los nuevos países industrializados [NPI] de América Latina acaba de mostrar Pierre Salama) se ubicaría en este marco. Representaría un factor central de la gestión, no coyuntural sino estructural, de una tendencia a la salvaguarda de la tasa de ganancia de las economías capitalistas centrales, en un contexto de gestión oligopólica de un crecimiento declinante. El uso muy selectivo de las potencialidades de la microelectrónica, el creciente recurso a la subcontratación (que trans-

[1] El término "estancador" ("*stagnationniste*") ha sido nuevamente empleado por los críticos más tenaces del capitalismo norteamericano [Sweezy, 1995]. Pero es sobre todo a la financiarización a lo que se apunta, aunque la oligopolización de los mercados a nivel mundial sea también objeto de debate.

Cuadro 1
Cronología indicativa de los shocks financieros desde 1970

Fase	Estados Unidos	Europa	Japón	NPI (1)
Fase 1 (1960-1980) Sistemas nacionales compartimentados (cerrados). Integración indirecta por el mercado de eurodólares. Evolución del sistema financiero norteamericano hacia las finanzas directas y la liberalización financiera.	Turbulencia en el mercado de obligaciones negociables y quiebra del grupo *Penn Central* (otoño 1969-verano 1970) Quiebra del banco regional neoyorquino *Franklin National*: pérdidas en los mercados cambiarios, y conmoción en otros bancos norteamericanos (mayo-octubre de 1974).	Crisis de los bancos secundarios ingleses especializados en crédito inmobiliario (fin 1973-1974). Quiebra del banco alemán *Herstatt*: pérdidas en los mercados cambiarios, conmoción en el mercado de eurodólares (junio-julio de 1974).	Sin shocks significativos.	Sin shocks significativos.
Fase II (1980-1985) Alza brutal de las tasas de interés. Desinflación. Implementación de las finanzas directas y de la integración por arbitraje. Liberalización y desregulación financieras. Paso a la titularización de la deuda pública.	Fuerte impacto de la crisis de la deuda del Tercer Mundo, combinado con el impacto de las tasas de interés y de la desinflación en la agricultura y los sectores petrolero y minero. De donde provienen: • 1º crisis de las cajas de ahorro (1981); • quiebra del banco regional *Penn Square* (julio de 1982); • quiebra del *Seattle First Bank* y fusión de urgencia con el *Bank of America* (1983); • quiebra del *Continental Illinois* (1984), en dificultades desde 1982; • secuelas de la crisis de las cajas de ahorro (1985).	Repercusiones limitadas de la crisis de la deuda del Tercer Mundo sobre los bancos europeos, pero agravamiento del pasivo de los balances.	Sin shocks significativos.	Crisis de pago de la deuda de México en 1982, seguida de dificultades de pago de Brasil, Argentina, etc. Cuasi suspensión de los créditos (para financiar las deudas anteriores) hacia América Latina (1983-1986).

(1) NPI: Nuevos Países Industrializados.

Cuadro 1 *(continuación)*

Fase	Estados Unidos	Europa	Japón	NPI (1)
Fase III (1986-1995) Acentuación de los mecanismos de los mercados financieros. Incorporación de los "mercados financieros" al proceso de mundialización financiera.	Apoyo al banco regional de Texas *First Republic* (1986). Salvataje del *Bank Texas* de Dallas (1987). Apoyo al *First City Bank* de Houston y nuevo salvataje del *First Republic* (1988). Crack bursátil en Wall Street con repercusión en los mercados derivados de Chicago (octubre de 1987). Derrumbe del mercado de los "bonos basura" *(junk bonds)* en Nueva York (1989). Quiebra de la casa de corretajes *Drexel Bruham Lambert* (1990). Crisis definitiva y salvataje obligatorio de las cajas de ahorro privadas (1989-1990). Quiebra del banco regional de Boston, *Bank of New England* (julio de 1990-enero de 1991). Sobresaltos en el mercado de obligaciones negociables (febrero-marzo de 1994). Caída importante del dólar (marzo-abril de 1995).	Conmoción en la sección FRN *(Floating Rate Notes)* de los euromercados. Repercusiones limitadas en los bancos y hacedores de mercados (1986). Derrumbe del mercado inmobiliario (1990). Grandes dificultades de los bancos en Suecia y Noruega; dificultades camufladas en Francia que estallarán en 1994 *(Crédit Lyonnais, Comptoir des entrepreneurs,* etc.). Especulación intensa en los mercados cambiarios y muerte del SME (mayo-octubre de 1992). Especulación intensa contra el franco francés (verano de 1993). Quiebra de la *Barings* (febrero de 1995).	Repercusiones de la conmoción de los FRN en los bancos japoneses. Derrumbe del mercado inmobiliario, seguido por el del mercado bursátil (1990-1991). Acumulación de créditos dudosos por los bancos. Quiebra de los bancos especializados en el sector inmobiliario (1994-1995). Grandes dificultades de varios bancos comerciales y cajas de ahorro (1994-1995).	Derrumbe en México de los mercados de obligaciones negociables y bursátil. Caída brutal del peso (diciembre de 1994-enero de 1995). Comienzo de contagio hacia Argentina y Brasil. Conmociones en todos los "mercados emergentes".

Fuente: cuadro elaborado a partir de Davis [1992], Wolfson [1992], Geoffron y Rubinstein [1996] y publicaciones del FMI.

fiere los riesgos del mercado a las empresas menores) y, sobre todo, las importantes modificaciones en las relaciones de trabajo, impuestas a los asalariados por etapas en casi todos los países de la OCDE (precariedad de los contratos, flexibilidad de los horarios, intensidad creciente del trabajo y austeridad salarial), habrían tenido el efecto de permitir a los grupos administrar lo que el OFCE [1995] llama una "situación donde la oferta está permanentemente a la búsqueda de una demanda que corresponda a su dinamismo". La hipertrofia de la esfera financiera (véase el gráfico 1 del capítulo introductorio) podría entenderse como formando parte de la "regulación" global de un capitalismo movido por la voluntad de los grupos industriales y financieros de preservar las posiciones adquiridas, antes que por la voluntad de crear nuevas capacidades; el hecho es que las únicas perspectivas de expansión se ubican hoy en el Sudeste Asiático y en China, planteando a los países de la OCDE numerosos problemas a mediano plazo, sin ofrecer, no obstante, salidas inmediatas tan importantes como a veces se pretende [véase Hochraich, 1996, para China].

La pérdida de pertinencia de los enfoques cíclicos

Los autores más atentos a los procesos de largo plazo se han manifestado sensibles a los cambios de los años 1980 respecto de la relación de los shocks financieros con la economía "real". En su estudio acerca del sistema financiero norteamericano en un marco mundial, R. Guttmann [1994, p. 223] sugiere el interés que tendría distinguir entre *"inestabilidad* financiera engendrada por los ciclos económicos, donde la inestabilidad es un componente del ajuste recesivo para situaciones de sobreproducción", y *"fragilidad* financiera resultante de una acumulación gradual de desequilibrios estructurales en el sistema de crédito, que forma parte de la dinámica de los ciclos largos de la economía capitalista" (subrayado por nosotros). En un trabajo referido a las crisis financieras norteamericanas, M. Wolfson [1994] muestra que los rasgos de las transformaciones del sistema financiero se han ido modificando de manera notable.

Wolfson, partidario por su formación teórica de una interpretación centrada en el sistema de crédito y sus relaciones con el movimiento cíclico de expansión, vuelta atrás y contracción de la producción, la inversión y el comercio, constata que desde la Segunda Guerra Mundial esta teoría no ha correspondido plenamente a los hechos más que en dos oportunidades.[2] La primera en ocasión de la corta recesión cuyo escenario fueron los Estados Unidos, en 1966, en la cual una retracción de la producción fue seguida por dificultades bancarias y una fuerte contracción del sistema de crédito (*credit crunch*). La segunda en ocasión de la recesión internacional de 1974-1975, en la cual la caída de la producción y del comercio desencadenó quiebras bancarias y, a su vez, fue agravada por esas quiebras, tanto en los Estados Unidos como en Europa (especialmente con la quiebra del banco Herstatt). En 1981-1983, las quiebras bancarias norteamericanas tuvieron, evidentemente, un vínculo con la recesión, pero ésta no tiene su origen directo en el cambio cíclico de la producción. La recesión fue, si no provocada, por lo menos amplificada por la política monetaria implementada por P. Volcker en 1979-1980. Luego, los años 1983-1989 estuvieron marcados por una sucesión de quiebras financieras sin relación inmediata con el estado general de la producción y del intercambio comercial, que tuvieron un movimiento temporario de recuperación. La recesión de 1990-1991 correspondió todavía menos a la interpretación

---

[2] Esta interpretación, que ha recibido desde hace mucho tiempo el más pleno apoyo teórico, asocia la expansión de la oferta de crédito y el endeudamiento creciente de las firmas y de los hogares a la fase de expansión del ciclo económico. La recesión está marcada por la incapacidad de pago de las empresas y de los hogares, y por la contracción y el rechazo de los créditos por parte de los bancos. La crisis financiera (que puede causar estragos en el sistema bancario y destruir el sistema de crédito) se presenta, entonces, como un componente esencial del ciclo económico, y su inicio se produce cerca del punto de inflexión de la fase de expansión cíclica (*upper turning point*). Wolfson piensa que fue Marx el primer teórico en haber dado –en relación a las contradicciones cuya génesis y solución se sitúan en la esfera de la producción y del comercio (sobreproducción y caída de la tasa de ganancia industrial)– toda su importancia al sistema de crédito y a las crisis, de las cuales el crédito es el escenario. Wolfson alinea también en esta corriente a un conjunto de autores norteamericanos, especialmente Veblen [1904], Mitchell [1913] y, sobre todo, Minsky [1982 y 1986], así como a un práctico, Wojnilower [1980 y 1990]. Entre los autores ingleses, son Hawtrey [1926], para quien el crédito es "inestable" en el sentido de que amplifica las fluctuaciones reales, e Irwin Fisher, a quien le debemos una teoría de la *debt-inflation* y la teoría de la "zozobra financiera" [1933], quienes se unen a esta tradición, de la cual Minsky ha mostrado las afinidades que tiene con el keynesianismo. Según este enfoque, durante la fase ascendente del ciclo, las oportunidades de ganancia estimulan la demanda de créditos y de préstamos bancarios y conducen a la expansión de una inversión financiada con endeudamiento. El alza de las tasas de interés y el aumento de las necesidades de refinanciamiento llegan a situaciones marcadas por un sobre-endeudamiento de las empresas y un debilitamiento de las estructuras financieras.

según la cual la crisis financiera sigue a shocks que nacen en la esfera de la producción y que ella viene a agravar. La recesión forma parte de la esfera financiera, para afectar luego, más o menos severamente, a la producción, la inversión y el empleo, y no a la inversa. Por eso, M. Aglietta designa a la recesión de 1990-1991 con el calificativo nada equívoco de "recesión financiera" [1995, p. 62 y ss.], lo que permite señalar su originalidad.

Fragilidad financiera sistémica y "riesgo de sistema"

La relativa pérdida de validez de los enfoques cíclicos ha conducido a los especialistas hacia teorías no cíclicas; por su parte, la multiplicación de shocks financieros explica la aparición de expresiones nuevas, especialmente las de "fragilidad sistémica" y "riesgo de sistema". Estas expresiones se utilizan en dos sentidos diferentes y con relación a dos preocupaciones vinculadas, pero distintas. Se trata, en primer lugar, de expresar la nueva relación entre la producción y el comercio, por un lado, y la esfera financiera, por otro; relación marcada por la multiplicación de shocks financieros, sin que sea posible vincularlos de manera inmediata a la coyuntura económica. Pero el término sirve también para designar el hecho de que la dimensión y complejidad alcanzadas por el sistema financiero a causa de su crecimiento hipertrofiado pueden engendrar, por sí mismas, una "fragilidad sistémica" que se manifiesta en el comportamiento de los principales operadores.

La definición propuesta por E. P. Davis corresponde a una preocupación de precisión terminológica. Su preocupación, dice, es encontrar términos que permitan dar la importancia que les corresponde a los numerosos y variados sobresaltos y shocks financieros, sin tener que utilizar en todos los casos la expresión "crisis financiera", de manera de reservar su uso para hacer referencia a acontecimientos que algún día podrían tener, como en los años anteriores a la Segunda Guerra Mundial, repercusiones manifiestas sobre la producción y el intercambio comercial. Escribe, en consecuencia, que "los términos 'riesgo sistémico', 'desorden' e 'inestabilidad' se emplean para describir shocks en los mercados financieros que traen consigo cambios imprevistos en los precios y en los volúmenes de los mercados de créditos o de activos, que conducen a un peligro de quiebra de las firmas financieras, quiebras que, a su vez, amenazan con extenderse dislocando los mecanismos de pago, así como la capacidad del sistema financiero para asignar su capital" [1992, p. 117].

La idea de que la hipertrofia y la complejidad del sistema financiero son en sí mismas una nueva fuente de "fragilidad sistémica", que se manifiesta en el comportamiento de los operadores financieros, está subyacente en la definición mucho más refinada propuesta por M. Aglietta. Éste invita a sus lectores a considerar el *riesgo de sistema* como "una relación particular entre comportamientos microeconómicos y estados macroeconómicos que resultan de esos comportamientos" y, más precisamente, como la "eventualidad que aparece a partir de estados económicos en los cuales las respuestas racionales de los agentes individuales a los riesgos que perciben, lejos de conducir a una mejor distribución de los riesgos por diversificación, llevan a elevar la inseguridad general" [1995, p. 72]. Esta definición remite a los resultados globales de las teorías no cíclicas de los shocks financieros. En M. Aglietta o A. Orléan, es evidentemente de inspiración keynesiana la idea según la cual lo que puede parecer una respuesta "racional" para un agente económico aislado, se vuelve una conducta suicida a partir del momento en que todo el mundo la adopta. En el ámbito financiero, esta hipótesis está corroborada por investigaciones a las que se asocian los nombres de K. Galbraith y de C. P. Kindleberger en los Estados Unidos, y de A. Orléan en Francia, a propósito del contagio de las expectativas y de los comportamientos, tanto en las fases de "euforia financiera" y de burbuja especulativa, cuando "el alza alimenta el alza", como en el momento en que las "reacciones en cadena" propagan el derrumbe de los precios de los activos y conducen a los cracks y a las crisis financieras graves.

La explicación más "ortodoxa" de los riesgos sistémicos (cuyo líder es F. Mishkin [1992]) pone el acento sobre todo en la "asimetría de información" inscripta en las relaciones de crédito. Esta asimetría se relaciona con dos casos típicos. Al primero se lo describe con el término de "anti-selección" (*adverse selection*): a falta de "buenas informaciones", quien puede llegar a beneficiarse con los préstamos es el prestatario con menor garantía, y no el más seguro. El segundo problema, llamado "riesgo moral",* se debe a que el prestamista carece de los medios para controlar que el prestatario no tenga un comportamiento que acreciente los riesgos de incumplimiento (¡hipótesis que los administradores de las cajas de ahorro privadas norteamericanas corroboraron entre 1985 y 1990!). Esta noción se ha extendido a las situaciones que se crean a par-

---

* Actitud o acción irresponsable u oculta (N. del T.).

tir del momento en que los agentes se persuaden de que la intervención del prestamista en última instancia y la socialización de las pérdidas les salvarán la apuesta en caso de contrariedades –efecto que la política del *"too big to fail"*, adoptada por P. Volcker en ocasión de la quiebra del *Continental Illinois*, hubiera tenido en los años 1980–.[3] Una vez que la crisis financiera se ha desencadenado, la "incapacidad de los mercados financieros para otorgar fondos a los inversores que tienen las oportunidades de inversión más productivas, por efecto de la selección adversa y del riesgo moral", no puede sino incrementarse fuertemente. Esta incapacidad lleva a la contracción de la actividad económica por la caída de la oferta de créditos de los bancos (el *credit crunch*), noción que Mishkin comparte con otros teóricos menos inclinados a vincular todos los problemas con las informaciones "defectuosas".[4] Cuatro factores agravan de manera acumulativa los riesgos de anti-selección y de riesgo moral: el alza de las tasas de interés, la caída de los precios de los activos, el incremento de la incertidumbre y la deflación no esperada.

[3] Véase más arriba el capítulo de Robert Guttmann, que muestra las contradicciones en que se encuentran las autoridades monetarias a partir del momento en que se desencadena el crecimiento de una esfera financiera "autónoma": ¿cómo no crear redes de seguridad, cualesquiera sean los efectos "perversos", cuando la "salud" del sistema financiero y la preservación de los intereses de los acreedores/rentistas se han vuelto un desafío que, de a poco, va predominando sobre todos los otros?

[4] La explicación del riesgo de sistema en términos de "asimetría de información" puede revestir un carácter claramente apologético. Cuando la fragilidad sistémica es consecuencia directa de la hipertrofia de las finanzas, da la posibilidad de pretender que la respuesta a los shocks de sistema debería encontrarse en una mejora de los sistemas de información y de control del uso que se da a las sumas adelantadas por los acreedores o los inversores financieros. Explicaciones de este orden se han presentado tanto a propósito de la quiebra de la *Barings* (los mercados derivados no son criticables en cuanto tales, sino que los sistemas de información y de control deben mejorarse...) como a propósito de la crisis mexicana (es indispensable continuar haciendo colocaciones rentables en los "mercados emergentes", pero hay que poder controlar de manera mucho más estricta al conjunto de participantes locales en los mercados y, sobre todo, a los gobiernos, a los cuales hay que poder poner bajo alguna tutela, si esto resulta necesario...). La explicación del riesgo de sistema en términos de "asimetría de información" revela allí su carácter profundamente apologético: los "mercados" son buenos, ¡quienes no lo son, son los agentes que allí se presentan!

Riesgos sistémicos específicos de un régimen de acumulación financiarizado y de formas de mundialización "imperfectas"

Hay que relacionar la fragilidad financiera y los riesgos financieros sistémicos contemporáneos con los hechos que se han presentado en el conjunto de capítulos precedentes. Estos capítulos nos ponen, *primo*, ante un modo de acumulación financiarizado mundial, que posee instancias y prioridades de regulación cuyos contornos comienzan a ponerse de manifiesto; y *secundo*, ante una mundialización financiera "desigual" e "imperfecta", que se apoya sobre la interconexión entre sistemas nacionales separados y fuertemente jerarquizados, con una intensidad que varía de un segmento a otro de los mercados.

Un régimen de acumulación financiarizado mundial

La hipertrofia financiera, a la cual nos hemos enfrentado desde el primer capítulo, no es un desarrollo superficial que sea eliminable por medio de reformas menores. Es algo diferente a una excrecencia cancerosa sobre el cuerpo de un capitalismo que, de otra manera, estaría sano. Es, por el contrario, algo característico de la emergencia de un *régimen de acumulación financiarizado mundial*. Proveniente de los caminos sin salida en que terminó la acumulación de largo plazo de los "treinta gloriosos", así como de la crisis de la "regulación fordista" [Boyer, 1986], este régimen se apoya en una relación salarial muy enferma [Husson, 1986], pero su funcionamiento está ampliamente organizado por las operaciones y las opciones de un capital financiero más concentrado y centralizado que en ningún otro período anterior del capitalismo. La configuración interna de este capitalismo financiero se ha modificado en favor de las instituciones financieras no bancarias (en primer lugar, los fondos), cuyo "oficio" es hacer fructificar los fondos que están a su cargo, conservando para ellos la forma dinero [Marx], y ejerciendo una fuerte "preferencia por la liquidez" impulsada por el "motivo de especulación" [Keynes].

Este capital privilegia las operaciones de colocación a corto plazo. Se mueve de manera totalmente clásica en los mercados de acciones, que han llegado a tener una gran dimensión, pero le agradan particularmente los nuevos mercados de obligaciones negociables, privadas y públicas (compra de bonos del Tesoro y otros títulos de la deuda pública). Las formas de valorización que busca este capital deben unir liquidez y seguridad en el rendimiento. Son formas "especulativas" en el sentido establecido por N. Kaldor [1939/1987], que definía a la especulación como la transacción referida a una mercancía "allí donde el móvil [...] es la expectativa de un cambio de los precios existentes y no una ventaja debida al uso del bien, a una transformación cualquiera o a una transferencia de un mercado a otro". Se trata de operaciones que no tienen una finalidad fuera de las plusvalías que engendran y que dan lugar, esencialmente, a "tomas de posición fundamentalmente motivadas por la espera de una modificación del precio del activo" [Bourguinat, 1995].

El principal mecanismo de regulación del modo de acumulación financiarizado mundial es la política monetaria y, en primer lugar, la de los Estados Unidos. Es así por el efecto combinado de factores de jerarquización propios del período de "mundialización del capital", de la interconexión de los mercados de obligaciones y del lugar que ocupan los déficits públicos. La jerarquización se establece simultáneamente en dos órdenes. Las finanzas y los mercados financieros están en la cima del sistema; ocupan los *"commanding heights"* ("altos puestos de comando", retomando una expresión utilizada en los años 1960) y le "dan el *'la'*" al capital comprometido en la producción o en los grandes negocios [Chesnais, 1994]. El carácter de unidad diferenciada y jerarquizada vale para la economía mundial entendida como relaciones de rivalidad, de dominación y de dependencia política entre Estados. La pretensión del capital financiero de dominar el movimiento de capitales en su totalidad es paralela a una reafirmación del lugar central que ocupan los Estados Unidos [Chesnais, 1996]. Este país ha acentuado su peso no sólo por el derrumbe de la Unión Soviética y por su posición militar sin igual, sino también a causa del proceso de financiarización en tanto tal. En este nivel, que por el momento se ha tornado decisivo, su posición deviene del lugar particular que siempre mantiene el dólar, y también de la dimensión y sofisticación únicas que tienen sus mercados financieros (según los términos utilizados en el título del suplemento especial del *Financial Times* del 1° de febrero de 1996). La regulación establecida por la política monetaria norteamericana resulta simultáneamente del nivel que alcanzaron los déficits públicos en muchos países de la OCDE desde fines de los años 1970, de la liberalización financiera iniciada por los Estados Unidos, y también del cambio que éstos han suscitado en el modo de financiamiento de los déficits. El hecho de que la "mercadización" (o "marketización") de los títulos públicos haya sido paralela a la implementación, en los Estados Unidos, de una política monetaria que instaura de manera transitoria un dólar con tasa elevada y, de manera duradera, un régimen de tasas de interés reales positivas (que han alcanzado e incluso superado el 10% durante varios años consecutivos), ha contribuido poderosamente a asegurar la difusión internacional de las medidas de liberalización y de desregulación financieras, así como la adopción, por la gran mayoría de países de la OCDE, del mismo modo de financiamiento de los déficits.

La regulación por medio de la política monetaria está en el origen de las transformaciones globales de la relación salarial (flexibilidad, precariedad, caída del nivel medio de los salarios reales); los cambios tecnológicos no son, con frecuencia, más que un instrumento adicional para imponer estas transformaciones (incluso bajo la forma de discursos teóricos que han ayudado a obtener la adhesión de algunos sectores o a neutralizar algunas oposiciones). Los preceptos de la reingeniería (*re-engineering*) industrial, de los cuales el *corporate governance* es la herramienta, tienen un papel central en esta transformación cualitativa de la relación salarial. En los capítulos 3 y 4 se han analizado las consecuencias macroeconómicas del pasaje de un modo de regulación en el cual las tensiones se reabsorbían por la creación monetaria y por la inflación, a un modo en el cual los ajustes están dominados por las tasas de interés, afectando el nivel de los salarios y las formas de empleo, antes de incidir en la demanda. Los encadenamientos acumulativos viciosos, constitutivos del "engranaje infernal" propuesto por D. Plihon (gráfico 1 del capítulo 4), se apoyan simultáneamente en la liberalización financiera *y* salarial. Las políticas neoliberales tienen el efecto de hundir a los países en situaciones de déficits constantemente crecientes. El aumento de los déficits no proviene del crecimiento "excesivo" de los gastos, sino muy simplemente de la pérdida de ingresos fiscales, pérdida que resulta primero, de manera mecánica, de la disminución del consumo salarial que sigue a la puesta en práctica de las políticas de ajuste salarial hacia abajo y de la flexibilización del trabajo y, luego, de la caída consecutiva de la producción y del empleo.

A esto se ha agregado –de manera variable según los países, pero bastante general, sin embargo– una reducción del nivel de imposición de los ingresos del capital. Estos ingresos resultan doblemente ganadores, ya que los gobiernos están obligados a cubrir el faltante de ingresos recurriendo de manera creciente a los mercados de obligaciones.

Como las tasas de interés no son solamente superiores a la inflación, sino también superiores al crecimiento del PIB, en este régimen económico de mundialización financiera los déficits se profundizan por un fenómeno de bola de nieve, en cuyo marco también tiene lugar un profundo proceso de modificación en la distribución del ingreso en favor de los ingresos financieros que, en gran parte, son de naturaleza rentística. Durante varias décadas, esta categoría de ingresos tuvo una importancia muy pequeña, a veces era incluso inexistente (difícilmente perceptible en las estadísticas, en cualquier caso, salvo en Estados Unidos y en Suiza). Pero durante la década de 1980 los ingresos del capital colocado en los mercados bursátiles y de obligaciones comenzaron a crecer cada vez más rápidamente. En su informe anual de 1995, la Conferencia de las Naciones Unidas sobre Comercio y Desarrollo (UNCTAD) observa respecto de esto que "los ingresos resultantes de intereses obtenidos por colocaciones, que habían virtualmente desaparecido durante los 'treinta gloriosos' a causa de las muy bajas tasas de interés, se incrementaron rápidamente. Ha surgido una nueva clase de rentistas, que poseen títulos de la deuda pública, de los cuales los bancos ya no se hacen cargo" [UNCTAD, 1995, p. 194].

Es en este marco donde aparecen las modalidades particulares de ajuste de los grupos oligopólicos a las condiciones de la demanda, mencionadas más arriba a propósito del gráfico 1. La aceleración, desde hace quince años, del proceso de financiarización de los grupos industriales (proceso analizado en el capítulo 5) y el peso de las finanzas bajo múltiples formas (incluso la forma directa del *corporate governance*, descrita en el capítulo 6) han tenido, al lado de los mecanismos macroeconómicos y en interacción con ellos, efectos ciertos sobre la inversión. El horizonte temporal de valorización del capital industrial es, de manera creciente, el que diferentes estudios realizados en los Estados Unidos han caracterizado con ayuda de la expresión "cortoplacismo" ("*short-termism*"). Esos estudios, que incluyen especialmente el informe del MIT *Made in América* [Dertouzos, 1989] y el estudio coordinado por M. Porter *Capital Disadvantage* [1992], han estigmatizado los efectos nocivos sobre la inversión productiva, tanto material como inmaterial (I y D, capacitación), de los horizontes de valorización impuestos por los mercados financieros, muchas veces acentuados por la entrada masiva de los fondos de pensión a la propiedad del capital industrial. Ahora bien, el resultado de la mundialización financiera, así como la extensión de la influencia del "gobierno" de los fondos de pensión en la esfera productiva, le han permitido ganar terreno al modelo norteamericano a expensas del "modelo renano" [M. Albert, 1991], de manera que los horizontes de valorización muy cortos, dictados por los imperativos financieros ligados a la cotización de las acciones en la Bolsa y al miedo a OPA hostiles, tienden a caracterizar el tipo de inversión propia del régimen de acumulación financiarizado mundial. Las características de la inversión productiva, desde el punto de vista de su ritmo, de su monto y de su orientación sectorial (con prioridad, fuera de los semiconductores y la informática, en las telecomunicaciones, el transporte aéreo, las industrias de medios masivos de comunicación, las industrias de entretenimientos masivos para una franja promedio de jubilados, etc.), conducen a formular la hipótesis de que, por primera vez en la historia del capitalismo, en el centro del sistema, la acumulación del capital industrial ya no está orientada hacia la reproducción ampliada.

Algunas hipótesis sobre las principales fuentes de fragilidad financiera

La fragilidad financiera y el riesgo sistémico contemporáneos no caen "del cielo". A poco que se adopte un enfoque sistémico crítico, y no una posición de gestor del sistema, se hace necesario buscar las causas de la fragilidad financiera en la hipertrofia de la esfera financiera tomada como tal; en el crecimiento lento, uno de cuyos efectos es agudizar la competencia dentro del sector financiero, obligando a los operadores a tomar riesgos crecientes; y, finalmente, en las modalidades muy particulares, que se mencionan frecuentemente, de la mundialización financiera.

En efecto, varias fuentes de fragilidad tienen como origen las modalidades particulares de la mundialización financiera, caracterizada por una interconexión entre mercados nacionales que nunca pierden totalmente su carácter nacional, incluso "provincial", y que lo retoman totalmente en caso de crisis. El carácter "incompleto" e "imperfecto" de la mundialización financiera se manifiesta con una fuerza especial en el hecho de que no todas las instituciones financieras sacan provecho de la misma manera. Algunas de ellas están en condiciones de explotar plenamente las posibilidades de plusvalías financieras que les ofrece la combinación particular de uniformización y diferenciación de los mercados. Otras, por el contrario, están, por así decirlo, "trabadas" en las formas nacionales de operar y deben intervenir para administrar el "daño" de la mundialización financiera, cuando ellas mismas están fragilizadas por esa mundialización. Finalmente se puede constatar que otros tipos de shocks, llegando hasta los procesos de recesión, se originan, paradójicamente, en políticas monetarias nacionales que tienen, sin embargo, el objetivo de regular el sistema de acuerdo con los intereses de los acreedores [Aglietta, 1993].

En lo que sigue de este capítulo se examinan con un cierto detalle tres crisis o episodios específicos de fragilidad: el crack de 1987 de Wall Street, su administración por la Fed y sus prolongaciones; la fragilización de los bancos, la crisis del sector inmobiliario y los rasgos específicos de la recesión de 1990-1991; y, finalmente, la crisis mexicana de 1994-1995. Nos ha parecido que estos acontecimientos ilustran algunas de las fuentes de fragilidad sistémica más características de las finanzas del mercado mundializado. Pueden resumirse así.

1) El retorno a un régimen de finanzas de mercado, en el cual los mercados de títulos ocupan otra vez un lugar central, significa también el retorno del tipo específico de crisis que engendra el modo de funcionamiento propio de tales mercados. El nivel extraordinariamente elevado que alcanza el valor nominal de los activos financieros; su contenido ampliamente ficticio; el muy tenue vínculo de importantes categorías de activos con sus contrapartidas en el ámbito de la economía real; las expectativas y reacciones miméticas que caracterizan a los mercados de títulos; y, finalmente, los riesgos de extensión de los shocks que nacen en los mercados primarios de títulos hacia los mercados que derivan de ellos, son los factores que hacen de cracks como el de 1987 o del Nikkei en Tokio en 1990 (cuyos efectos no se han disipado todavía), una fuente permanente de riesgo sistémico.

2) Cuando se producen, los shocks conducen invariablemente a urgentes necesidades de liquidez por parte de una u otra categoría de operadores o de instituciones constitutivas de un mercado dado de títulos.[5] La amplitud de los efectos de contagio depende de la rapidez

---

[5] Una de las consecuencias de la variedad de mercados de títulos y, por lo tanto, del número de operadores especializados que desempeñan hoy el papel de "hacedores de mercado" (*market makers*) es precisamente extender el abanico de situaciones en las cuales los bancos centrales y las otras instituciones públicas, que actúan como prestamistas en última instancia, pueden ser llamados a intervenir. Aquí es donde se sitúa el papel especial del sistema bancario y el lugar estratégico que ocupa en la transformación, o no, de los "shocks de sistema" en "crisis de sistema". Si el sistema bancario es fuerte, contribuirá a crear la liquidez necesaria para los operadores o para las instituciones en dificultades, y a frenar o a detener la propagación del shock inicial. Si sus estructuras son frágiles, esta vulnerabilidad puede contribuir a propagar los efectos del shock.

de intervención del prestamista en última instancia, así como de la solidez de los mecanismos de crédito nacionales, capaces de crear los créditos con la dimensión y la velocidad requeridas. Ahora bien, el proceso de mundialización financiera ha traído consigo un debilitamiento de los sistemas bancarios de la mayoría de los países, a causa tanto de las formas adoptadas por la mundialización como del paso al régimen de finanzas de mercado. Frente a la mundialización, los sistemas de crédito nacionales se encuentran en la especial posición de no estar internacionalizados de la misma manera que los mercados (y tal vez de no poder estarlo nunca), pero sí de tener que ayudar a las economías nacionales a soportar los contragolpes de shocks que nacen en cualquier parte del sistema donde las finanzas directas y la mundialización coincidan más fuertemente. Estos sistemas nacionales tienen mayores dificultades para cumplir con su papel cuando los Bancos Centrales y los bancos comerciales dejan de ser las instituciones financieras más fuertes. Desde el paso al régimen de finanzas directas, los bancos han sufrido la competencia, cada vez más fuerte, de los fondos de pensión y de los fondos de inversión, a los cuales los mecanismos llamados de "desintermediación", que resultan de la desregulación financiera, les han permitido arrebatar a los bancos algunas de las partes más redituables de su actividad anterior.

3) La intensidad de esta competencia y el grado de financiarización alcanzado tienen como consecuencia una generalización de los comportamientos propios de los mercados financieros, hacia mercados como el inmobiliario, donde se forman burbujas especulativas (como ocurrió en 1988-1989), que luego estallan (como en 1990-1991) en cuanto no se cumplen las condiciones elementales de liquidez. Las finanzas especulativas [Plihon, 1996] se han apoderado también de los mercados de materias primas. La transformación de las instituciones y de los mecanismos de estabilización de cotizaciones de los productos básicos ha creado en un lugar de especulación pura una fuente suplementaria de shocks financieros [véase UNCTAD, 1995, para encontrar ejemplos], al mismo tiempo que daña gravemente la estabilidad de los mercados de materias primas, en detrimento, con toda seguridad, de los agentes económicos más vulnerables. Las sacudidas del mercado del cobre en el *London Metal Exchange* en junio de 1996, luego de peripecias especulativas que enfrentaron al grupo *Sumitomo* y a los *hedge funds*, son la ilustración más reciente.

4) La desregulación a marcha forzada de los mercados financieros

"emergentes", a instigación del FMI y del Banco Mundial, significó la sumisión completa al neoliberalismo de los países en cuestión, pero también introdujo un importante elemento suplementario de riesgo sistémico en el plano internacional. La incorporación al régimen "incompleto" de mundialización financiera, de países cuyos sistemas eran anteriormente cerrados, y cuyos dirigentes estaban poco formados en las sutilezas de las finanzas de mercado, ha tenido el resultado de crear economías muy frágiles, en las cuales pueden propagarse de manera contagiosa los shocks financieros dominados por las reacciones de los inversores extranjeros, atentando contra las funciones esenciales del sistema financiero y extendiéndose hacia la esfera de la producción y del comercio. La crisis mexicana de 1994-1995, donde el derrumbe del mercado financiero trajo aparejado en algunos días un comienzo de parálisis del sistema bancario, ha revelado el tipo de riesgo al que nos referimos.

5) La crisis mexicana puso también de relieve otras fuentes de fragilidad, reveladoras de las muy particulares modalidades de la mundialización financiera. Su carácter "imperfecto" se mide tanto por la debilidad de los mecanismos vitales para inyectar liquidez financiera en el sistema internacional, por parte de una autoridad que tenga el mandato y los recursos financieros para hacerlo, como por los mecanismos igualmente importantes de "socialización de las pérdidas". Los medios que han resultado eficaces en el plano nacional, por lo menos hasta ahora, se encuentran sometidos a muy fuertes presiones desde el momento en que un gobierno, aunque sea el de los Estados Unidos, trata de emplearlos en el plano internacional. En 1995, los efectos de contagio internacional de la crisis mexicana pudieron ser contenidos sólo *in extremis*, ya que el salvataje de México no parecía ser, en la óptica neoliberal que predomina en el Congreso, un asunto de los Estados Unidos.

Resulta igualmente difícil pensar que los otros miembros del G7 estaban equivocados al considerar que la crisis mexicana era consecuencia de la liberalización a marcha forzada impuesta a México por los Estados Unidos en el marco del NAFTA y por esa razón fueron muy reticentes en colaborar.

6) Como lo recuerda el cuadro 2, es en los Estados Unidos donde, desde hace veinte años, ha habido la mayor cantidad de shocks que exigieron la intervención, en calidad de prestamista de última instancia,[6] de

---

[6] Se trata de la responsabilidad atribuida a los bancos centrales de resolver las crisis de iliquidez, con el fin de prevenir pánicos bancarios, por medio de la inyección de di-

la Fed y de los agentes especializados complementarios del gobierno federal. Esto se explica fácilmente por el adelanto con que los Estados Unidos retornaron a las finanzas de mercado, y las particularidades del sistema bancario norteamericano, con sus centenas de bancos locales o regionales que todavía subsisten (11.000 según Mérieux y Marchand [1996, p. 8]. Pero las intervenciones del prestamista en última instancia se extendieron también a México en dos oportunidades, y se extenderían hacia Argentina o Brasil en caso de crisis similares a la mexicana de 1994-1995. El papel del dólar en el sistema monetario mundial, así como el monto de la deuda colocada en los mercados de obligaciones, son potencialmente fuente de una grave contradicción entre la liquidez creada y la defensa del nivel del dólar (hipótesis planteada por L. Summers [1991] y que nosotros examinamos más adelante). A escala todavía limitada, el movimiento de desconfianza respecto del dólar en marzo-abril de 1995, luego de la creación masiva de la liquidez necesaria para contener la crisis mexicana, confirmó la posibilidad de tal contradicción. Quedan por definir las consecuencias, en términos de fragilidad sistémica, de las crisis cambiarias referidas a monedas diferentes del dólar, así como las consecuencias de las presuntas "crisis de los mercados de obligaciones".

Crisis cambiarias y crisis en los mercados de obligaciones

A causa de la adopción del régimen de tasas de cambio flexibles entre las monedas, y de la creciente inestabilidad monetaria en la cual este sistema de cambio cayó inmediatamente (véase el capítulo de S. de Brunhoff), el carácter de activo financiero de las monedas nacionales ha predominado por sobre todas sus otras propiedades. Estos activos figuran en todas las cartera importantes y no solamente en las de los bancos y grupos industriales transnacionales, entre quienes esta presencia parece "normal" porque está vinculada, en menor o mayor grado, a transacciones reales. El nivel alcanzado por las transacciones en el mercado cambiario es un indicador del grado en que los cambios flexibles son fuente de transacciones generadoras de "ganancias financie-

---

nero, ya sea a través de operaciones de mercado abierto (*open market*), ya sea por adelantos a los bancos. Responsabilidad que, en los Estados Unidos, desde la experiencia del crack de 1987, corresponde también a instituciones financieras no bancarias, los hacedores de mercado (véase nota 5), cuya forma principal es el descuento (*discount window*).

Cuadro 2
Génesis, mecanismos de contagio e intervención pública en ocasión de los shocks financieros en Estados Unidos y en México (1982-1995)

	Bancos y cajas de ahorro					Mercados de títulos		México	
	Pen Square Bank (1982)	Seattle First National Bank (1983)	Continental Illinois Corporation (1984)	First Republic Texas (1988)	Cajas de ahorro privadas (1989)	Bank of New England (1991)	Crack bursátil (1987)	Crack de los bonos basura (*junk bonds*) (1989)	1982	1995
Origen de las dificultades	Créditos irrecuperables de compañías petroleras.	Créditos irrecuperables en el sector petrolero y créditos irrecuperables emitidos por Penn Square.	Como en el caso de Seattle First, más créditos dudosos sobre México.	Créditos irrecuperables luego de la caída de precios del petróleo y del crack inmobiliario de Texas.	Créditos irrecuperables en el sector inmobiliario. Pérdidas bursátiles en 1987. Graves pérdidas en los *junk bonds*.	Créditos irrecuperables en el sector inmobiliario y posiciones frágiles en los productos derivados y de los mercados cambiarios.	Burbuja especulativa durante diez meses.	Fracaso de las operaciones de desguace después de las OPA. Incapacidad de los grandes deudores para cumplir los vencimientos.	Recesión más alta controlada del tipo de interés y del dólar. Gran aumento del peso de la deuda. Incapacidad de México para cumplir los vencimientos.	Política insostenible del tipo de cambio elevado y del financiamiento del déficit comercial por capitales a corto plazo. La devaluación del peso desencadena la huida de capitales y el derrumbe del mercado.
Mecanismos potenciales de contagio	Deudas ante otros bancos (CD y títulos de créditos).	Deudas ante otros bancos.	Deudas ante otros bancos y los mercados financieros internacionales. Diferencias de refinanciación. Inicio de corrida de los depósitos. Amenaza de quiebra en cadena de pequeños bancos	Corrida de los depósitos con riesgo de contagio regional hacia otros bancos.	Incapacidad para garantizar los depósitos de los ahorristas. Corrida de los depósitos.	Corrida de los depósitos con riesgo de contagio hacia otros mercados derivados y cambiarios.	Dificultades de refinanciación de los agentes de bolsa. Riesgo de liquidez y de incapacidad para crear un precio base.	Quiebra del agente de bolsa Drexel y de dos grandes compañías de seguros.	80.000 millones de deuda; de los cuales 14.000 a bancos norteamericanos cuyas acreencias máximas representaban el 50% del capital. Riesgo de contagio hacia el sistema bancario americano.	Grave riesgo de contagio hacia Argentina y Brasil. Incapacidad de México para continuar pagando los atrasos de la deuda.
Intervención pública	CD aceptados como descuento ante el Sistema de la Reserva Federal y aumento de la masa monetaria.	Red de seguridad suministrada por un consorcio dirigido por la Fed. Fusión de urgencia con el Bank of America, bajo la autoridad de la Fed.	1.500 millones de créditos públicos. 6.000 millones de préstamos garantizados por el gobierno. Doctrina del *"too big to tail"*	Salvataje público de 4.000 millones. Inicio de eliminación de obstáculos para las compras de bancos.	Inyección de créditos gubernamentales a partir de 1985 y créditos de impuestos después de la ley de agosto de 1995. Salvataje estimado primero en 166.000 millones y luego en 350.000 millones a cargo del presupuesto federal.	Salvataje público de 750 millones. Refuerzo del sistema de depósitos de obligaciones (FDIC/A) 1991.	Garantías dadas por la Fed a los bancos para la refinanciación. Creación masiva de liquidez y monetaria.	Ningún plan de salvataje. Algunas demandas judiciales por operaciones fraudulentas. Reorganización del mercado de títulos de gran riesgo.	2.000 millones de crédito norteamericano de urgencia de las agencias federales. 2.000 millones de créditos bancarios garantizados por el gobierno norteamericano (más de 5.000 millones del BPI y del FMI)	20.000 millones de créditos norteamericanos de urgencia del Fondo de estabilidad cambiaria federal. Más de 10.000 millones del FMI, 7.800 del BPI, 3.000 del Banco Mundial y del Banco Interamericano, 1.000 millones de otros países latinoamericanos. Y 2.000 millones de urgencias para Argentina (FMI y BPI).

Nota: los importes están en dólares de los EE.UU.; CD = certificados de depósitos irrecuperables.

ras", y esto incluso fuera de las fases en las cuales tienen lugar operaciones intensas de tipo claramente especulativo.

Queda por definir el papel que las grandes crisis cambiarias, del tipo de las que ocurrieron en Europa en 1992 y 1993, tienen en el marco del modo de acumulación financiarizado mundial, y también de qué manera y en qué grado ellas representan una fuente de fragilidad financiera sistémica. La respuesta que se propone aquí no es unívoca. En los casos en que las crisis cambiarias se asocian de manera inmediata y directa al derrumbe de los mercados bursátiles y de obligaciones, como en México en 1994-1995, el poder de atentar seriamente contra las propiedades esenciales del sistema financiero no deja lugar a dudas. En el caso de países industriales importantes, las crisis cambiarias parecen haber tenido, por sobre todo, la función de ejercer influencia sobre los gobiernos, al mismo tiempo que, de paso, permitir a los especuladores avisados embolsar ganancias financieras sustanciales.

En una situación donde los títulos de la deuda pública representan alrededor de un tercio de los activos financieros mundiales (la mitad de ellos emitida por los Estados Unidos), los mercados esperan que los gobiernos apliquen una política que se corresponda con las prioridades esenciales de los acreedores. A partir del momento en que los gobiernos parecen tentados a alejarse de esta vía, los "mercados", es decir los muy grandes tenedores de títulos de la deuda, se encargan de recordarles que deben mantenerse en ella. La capacidad de los operadores para alcanzar sus objetivos, en razón del volumen de activos financieros que pueden movilizar, tanto directamente como por efecto de palanca [FMI, 1993, p. 22], les permite desencadenar las crisis prácticamente a voluntad, independientemente de la necesidad de algún justificativo aunque sea en el plano de los "*fundamentals*". Las causas del "éxito" que tienen asegurado las grandes olas de especulación o, incluso, de su capacidad para ser "autorrealizadoras" [Bourguinat, 1995], no son difíciles de encontrar. La flexibilidad de los tipos de cambio y la liberalización financiera han puesto a los bancos centrales en una posición en que se encuentran desprovistos de los medios para contrarrestar los ataques de los mercados.

Prácticamente en todos los casos, las crisis cambiarias han sido seguidas por un alza de las tasas de interés, lo que aporta un apoyo a la hipótesis de que su efecto esencial, si no su función, es contribuir a reforzar el dominio del modo de acumulación financiero mundial por sobre las políticas económicas de los gobiernos. En estos casos, los impactos en términos de fragilidad sistémica son indirectos. Se ejercen por el lado del alza, bastante duradera, de las tasas de interés que, casi invariablemente, sigue a la crisis cambiaria [Eichengreen, Rose y Wyplosz, 1995, gráficos 7 y 9]; por los efectos que con frecuencia ésta tiene sobre la actividad económica; y, finalmente, por las consecuencias que la desaceleración de la producción y de la inversión, y la caída del empleo tienen, *a modo de retorno,* sobre el sistema financiero. La "autonomía" del sistema financiero no puede nunca ser más que *parcial.* La atonía del crecimiento constituye necesariamente un contexto propicio para la multiplicación de los shocks financieros, aunque más no sea porque aviva la competencia dentro de la esfera financiera, empujando a una u otra categoría de operadores a aumentar los riesgos que toma, más allá incluso de lo que el proceso de mundialización financiera les impone.

Falta decir algo sobre los sobresaltos en los mercados de obligaciones, a los cuales se les ha dado a veces nombres sensacionales, como el de "crack del mercado norteamericano de obligaciones de 1994". En ese año, el presunto "crack", cuyo alcance fue luego reducido al rango más apropiado de simple "turbulencia" por el FMI en su informe anual sobre los mercados internacionales de capitales [FMI, 1995], tuvo la singularidad de ser el resultado de una decisión tomada por las autoridades monetarias norteamericanas en favor de los acreedores, es decir que consistió en un alza de las tasas de interés, lo que no es otra cosa que una mejora de las condiciones de remuneración de los préstamos. Esto traduce la dificultad de tomar la menor medida de política sin desencadenar reacciones imprevisibles de los mercados. Podemos ver allí, junto con F. Lordon [1995], un buen ejemplo del temor "casi paranoico" en el que viven los "mercados", es decir, los grandes operadores (con los administradores de los grandes fondos a la cabeza), de todo lo que cambia, a no ser que sean ellos mismos quienes han tomado la iniciativa, como ocurre en las crisis cambiarias de categoría "autorrealizadora". La escena del "crack" no fue el mercado primario, donde el Tesoro pone en venta los títulos, sino los mercados secundarios, donde los bonos del Tesoro y otros títulos asimilables tienen, como las acciones, una "segunda vida",[7] siendo objeto de transacciones múltiples, variadas y permanentes.

---

[7] La naturaleza artificial del "movimiento propio" de los títulos de la deuda pública y el carácter ficticio del capital que se aplica a las transacciones involucradas, le parecía a Marx todavía más patente que en el caso de las acciones: "El capital que, a los ojos de la gente, produce un retoño (interés), en este caso el desembolso del esta-

Esto ocurrió muy simplemente porque el aumento de la tasa de interés modificaba un conjunto de posiciones en los mercados de *opciones* y *futuros* referidos a diferentes categorías de bonos y, sobre todo, porque desvalorizaba los títulos emitidos con tasas inferiores, infligiendo en ambos casos pérdidas a los operadores (pertenecientes a la categoría de pérdidas puramente financieras). Tales shocks son evidentemente característicos de un sistema financiero que funciona aislado y que engendra "ganancias financieras" cuyo origen y utilidad social son muy difíciles de explicar al común de los mortales,[8] sin merecer, tal vez por eso, su inclusión entre las situaciones donde el sistema financiero resulta potencial o efectivamente afectado y dañado.

---

do, sigue siendo un capital ficticio, ilusorio. No sólo porque la suma prestada al estado no existe de ninguna manera, sino también porque nunca se la ha destinado a ser gastada como capital, a ser invertida, y sólo su inversión como capital podría haber hecho de ella un valor susceptible de conservarse por sí mismo. Para el acreedor inicial A, la parte de impuestos anuales que le corresponde representa el interés de su capital, de la misma manera que el usurero recibe una parte de los bienes de su cliente pródigo y, sin embargo, ni en uno ni en otro caso, la suma de dinero prestada ha sido gastada como capital. La posibilidad de vender su crédito con el estado representa para A la facultad de recuperar su capital. Para B, desde su punto de vista privado, él ha colocado su dinero bajo la forma de capital productor de interés. Objetivamente, B ha tomado simplemente el lugar de A y ha comprado el crédito de éste con el Estado. Puede haber tantas transacciones como se quiera: el capital de la deuda pública seguirá siendo puramente ficticio y, a partir del momento en que los títulos de créditos se tornen invendibles, la ficción se disipará (y se verá que no es un capital). Sin embargo, este capital ficticio está dotado de un movimiento propio." (*El Capital*, III, capítulo XXIX).

[8] En el penetrante análisis del microcosmos social neoyorkino que nos ofrece la novela de Tom Wolfe, *La hoguera de las vanidades*, hay un pasaje suculento donde Sherman, el *trader* –especialista de los mercados secundarios de obligaciones y, ante sus propios ojos, miembro del grupo selecto de los "dueños del universo"– intenta sin gran éxito explicar a su hija y a su padre en qué consiste exactamente su trabajo. Exasperada por lo vago de sus explicaciones, su mujer interviene y se lanza a una descripción del préstamo Giscard. Luego ella precisa: "Pierce & Pierce no vende obligaciones por cuenta del gobierno francés y tampoco las compra al gobierno francés, sino solamente a aquellos que ya se las han comprado al gobierno. Las transacciones de Pierce & Pierce no tienen, entonces, nada que ver con lo que Francia querría construir o desarrollar o... lograr. Todo eso tuvo lugar mucho tiempo antes de que Pierce & Pierce entrara en escena. Entonces, no se trata más que de transacciones referidas a una especie de... rebanadas de torta. Una torta de oro, y Pierce & Pierce recoge al pasar millones de maravillosas migas de oro." (p. 324, Livre de Poche, 1988, traducción algo revisada por nosotros).

Inversores institucionales, crack bursátil y la acción del prestamista en última instancia: Nueva York, 1987

El crack de octubre de 1987 ilustra los puntos (1), (2) y (6) enunciados más arriba. De ninguna manera se debe al azar que después del retorno al régimen de finanzas de mercado se haya producido bastante rápidamente un crack de amplitud considerable, aun cuando fue contenido. Los mercados de acciones ya no son, como en 1929, la forma predominante de los mercados de títulos. El monto de activos financieros poseídos bajo la forma de obligaciones públicas, y también privadas, es igual, si no superior, al valor nominal actual de las acciones negociadas en las principales plazas bursátiles. Sin embargo, dados los montos considerados y el papel simbólico de plazas como Wall Street, los efectos sistémicos nacionales y mundiales de cracks como el de 1987 son tomados muy en serio por los especialistas. Fue después de las medidas de desregulación bursátil decididas a mediados de los años 1980 y, sobre todo, después de la llegada de los fondos de pensión, los *mutual funds* y los grupos industriales (véase el capítulo de Claude Serfati), cuando las Bolsas volvieron a atraer colocaciones elevadas de capitales y volvieron a ser el escenario de movimientos especulativos de gran amplitud.

La eventualidad de cracks bursátiles está inscripta tanto en el carácter dual de las acciones como en el juego muy particular del comportamiento de los mayores intervinientes en el mercado. En efecto, las acciones son, simultáneamente, títulos de propiedad sobre una fracción del capital de una sociedad que dan derecho a dividendos en caso de ganancia, y títulos financieros cuyo valor puede cambiar cotidianamente en función de parámetros muy claramente internos al mercado bursátil en tanto tal.[9] Para una aplastante mayoría de los tenedores, las

---

[9] La función de las emisiones de acciones es, en principio, permitir a las firmas encontrar recursos financieros con vistas a la inversión. Desde esta perspectiva, las acciones representan títulos de propiedad que "establecen, dice Marx, derechos sobre una fracción de la plusvalía", de la cual su propietario se apropiará a fin del ejercicio bajo la forma de dividendos. Pero los mercados bursátiles dan a estos títulos una segunda vida. Les permiten "transformarse en un duplicado del capital real" y adquirir una existencia propia como tal, "como si un certificado de carga pudiera tener algún valor al lado del cargamento y al mismo tiempo que él". Y sigue: "En la medida en que la acumulación de esos títulos traduce la acumulación de ferrocarriles, minas, barcos a vapor, etc., lo que expresa es la expansión del proceso de reproducción real [...]. Pero en tanto duplicados, ellos mismos negociables como mercancías y circulando entonces

acciones son principalmente una modalidad de colocación de capital que conserva la forma de dinero. Esta modalidad es elegida porque permite hacer transacciones que responden a la definición de especulación dada por Kaldor, en condiciones que unen el rendimiento y la liquidez, por lo menos durante el tiempo que ésta dure.

La dimensión autorreferencial del mercado bursátil remite al hecho de que "se comporta como una muchedumbre", ya que los operadores individuales "dejan de actuar como calculadores aislados para volverse sensibles a lo que hacen los otros intervinientes, hasta seguirlos en sus creencias y entusiasmos menos razonados" [Orléan, 1992]. Es del movimiento propio del valor de las acciones y de su capitalización, sin referencia directa a las condiciones reales que dirigen la valorización del capital del cual ellas son un duplicado, de donde surge la posibilidad e incluso, en algunas circunstancias, el carácter inevitable del "divorcio" entre "los valores fundamentales, es decir la capacidad futura de las empresas para producir ganancias" y la cotización efectiva de las acciones en los mercados bursátiles [Aglietta, 1995, p. 33]. A esta situación se agrega el contagio de las expectativas y comportamientos, lo que puede terminar provocando cataclismos bursátiles. Hoy en día, los administradores de fondos son los mayores operadores de los mercados bursátiles y los más interesados en que los movimientos bursátiles sean "alcistas", ya que así sus carteras parecen engrosarse. Son también los más temerosos y nerviosos, los que se retiran más rápido de los mercados bursátiles, así como de muchos otros segmentos de los mercados financieros, y también aquellos cuyo mimetismo es más acentuado.

El papel de la Fed como prestamista en última instancia

En una exposición ante una comisión del Congreso, el presidente de la Fed, A. Greenspan, declaró que la causa fundamental del crack de 1987 había sido el hecho de que las acciones habían "alcanzado niveles de precios contradictorios con las expectativas, incluso las más crédulas, en cuanto a los rendimientos reales de los títulos […], de manera que la causa inmediata del crack no tiene más que un interés anecdótico" [citado en Wolfson, 1994, p. 121]. El presidente de la Fed tiene sus propias razo-

---

como valores-capital, su valor es ficticio: puede aumentar o disminuir de manera completamente independiente al movimiento de valor del capital real, sobre el cual sus tenedores tienen un derecho." [*El Capital*, III, capítulo XXX].

nes para señalar el contenido ficticio del nivel de las cotizaciones bursátiles después de diez meses de movimiento de alza acentuada. Pero es allí donde yace el problema, y no en los elementos particulares que se conjugaron en setiembre y octubre de 1987 para desencadenar el crac: presentación al Congreso de un proyecto de ley que apuntaba a reducir las ventajas fiscales vinculadas a las fusiones y adquisiciones posteriores a la ola de OPA lanzadas por los depredadores (*raiders*) profesionales; la inquietud que provocó el alza de las tasas de interés de las obligaciones; rumores de desacuerdo entre los principales ministros de Finanzas del mundo; anuncio, el 14 de octubre, de un déficit comercial más elevado que el previsto y, sobre todo, tal vez, el anuncio del 13 de octubre de que el plan de financiamiento de la OPA contra la *United Air Lines* había fracasado, lo que llevó a una serie de especuladores profesionales a liquidar sus posiciones en los títulos en cuestión [Wolfson, 1994, p. 123]. El 19 de octubre, el mercado se derrumbó el 22,6%, bajo una avalancha de órdenes de venta que alcanzaron un volumen de transacciones récord, de más de 600 millones de títulos en un solo día. El gráfico 2 muestra que la caída (así como el alza anterior) tuvo un cariz comparable al de 1929.

Gráfico 2
Desarrollo comparado de los cracks bursátiles de 1929 y 1987

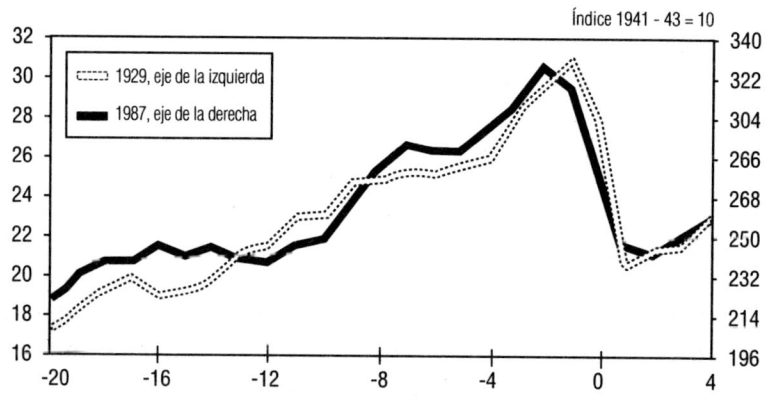

Fuente: Wolfson [1994]; índices construidos a partir del Index Standard & Poor de los 500 principales valores. Datos mensuales.

El crack tuvo lugar en dos mercados. En la Bolsa de Wall Street, y también en los mercados derivados de contratos a término basados en los índices bursátiles (*stock-index futures*) de Chicago, donde los principales operadores aseguran sus carteras. Para mantener al mercado bursátil en estado de funcionamiento, era imperativamente necesario que los operadores de mercado abierto o los agentes de bolsa especializados, operando en calidad de hacedores de mercado (*market makers*), estuvieran en condiciones de adelantar montos gigantescos para financiar las contrapartidas de las órdenes de venta (es decir, comprar los títulos de los cuales los inversores financieros se desprendían lo más rápido posible, en una carrera desenfrenada por liquidez), de manera que se estableciera un precio base, o que pudiera comenzar a esbozarse, o a materializarse una corriente compradora. El rasgo característico principal de una crisis financiera es que todos los tenedores de un tipo de activo financiero dado (y pronto, por efecto de contagio, del conjunto de formas de activos financieros) tratan de convertir lo más rápido posible, y todos al mismo tiempo, sus activos en dinero,[10] es decir, a querer ejercer efectivamente su preferencia por la liquidez, que los operadores consideran de buena gana como un derecho. Ahora bien, la preferencia por la liquidez sólo puede ejercerse cuando nadie la busca.[11]

El 20 de octubre de 1987, a mediodía, después de otra mañana de ventas intensas, se hizo evidente que el enorme monto de fondos lí-

---

[10] Marx se expresaba así: "En la crisis se ve cómo se manifiesta esta reivindicación: la totalidad de las letras de cambio y de títulos debe poder ser, de golpe y simultáneamente, convertible en dinero bancario". Y también: "Así, el estadio de producción burguesa desarrollada, donde el poseedor de mercancías se ha vuelto desde hace mucho tiempo un capitalista, tiene su Adam Smith y no puede más que sonreír condescendiente por esa superstición [...] según la cual el dinero en general, por oposición a las otras mercancías, sería la mercancía absoluta; el dinero reaparecería bruscamente [...] como única forma adecuada del valor de cambio, como la única riqueza concebida exactamente como lo hace el que atesora." [Véase S. de Brunhoff, *La Monnaie chez Marx, op. cit.*, pp. 176-177].

[11] Véase, en un enfoque keynesiano, Orléan [1996]: "Toda duda (importante) en cuanto al mantenimiento de la convención financiera que ordena la evaluación colectiva del mercado afecta profundamente la liquidez de los títulos, en la medida en que se tornan muy inciertas las condiciones de su negociabilidad futura. Desde este punto de vista, la crisis bursátil es interpretada como una crisis de liquidez financiera, que lleva a los inversores a buscar desesperadamente formas alternativas de colocaciones líquidas, principalmente monetarias, búsqueda que intensifica, a su vez, la crisis financiera. Aquí aparece plenamente la *naturaleza artificial de la liquidez,* en el hecho de que *todos* los títulos no pueden convertirse simultáneamente en dinero. Para conservar la liquidez, es necesario que haya inversores motivados no por la liquidez sino por los ingresos futuros del capital y, por esta razón, dispuestos a mantener los títulos en cartera; es necesario que el riesgo de mercado sea estabilizado" (el subrayado es mío).

quidos requeridos por los hacedores de mercado para satisfacer las órdenes de venta iban a faltar, precipitando la caída de Wall Street y también la de Chicago. A partir de eso, los sistemas de pago de los títulos y, a causa de las interconexiones en redes, también el sistema de pagos interbancarios podían resultar amenazados. Era vital entonces que todas las demandas de refinanciación de las firmas especializadas fueran satisfechas. Ahora bien, los bancos comerciales estaban inquietos por su fragilidad financiera, poco dispuestos a suministrar la liquidez indispensable para la estabilización de los mercados y, en algunos casos, eran claramente incapaces de hacerlo. Entonces fue necesario que el presidente de la Fed, A. Greenspan, y el de la Reserva Federal de Nueva York, E. Corrigan, intervinieran para crear la liquidez necesaria y abrir todos los procedimientos de redescuento. L. H. Summers suministró, respecto de esto, los datos del cuadro 3.

Fue gracias a esta intervención masiva de los bancos centrales, la *Federal Reserve Bank,* y los principales bancos de reserva de los Estados de la Federación, actuando en su carácter de prestamistas en última instancia, como pudo ser detenida la crisis. La Fed pudo también influir en Chicago, en la cotización de los precios del único mercado a término de índices bursátiles que había quedado abierto. La rapidez y la amplitud de los recursos aplicados explican por qué el sistema de pagos interbancarios no resultó afectado y que, de esta manera, no se produjera un nuevo 1929.

Cuadro 3
Evolución de los diferentes componentes de la masa monetaria
norteamericana en 1987. Tasa de crecimiento promedio anual

Medición monetaria	Octubre de 1987	Promedio 1987
Base monetaria	11,9	7,0
M 1	15,2	3,1
M 2	7,0	3,3
M 3	7,8	4,8
L	10,1	5,0

Fuente: L. H. Summers, en NBER [1991], p. 149

No por eso la operación dejó de tener consecuencias precisas en el plano financiero, así como un costo económico cierto. La inyección masiva de nueva liquidez contribuyó a inflar la burbuja especulativa artificial que se apoyaba en el financiamiento de las fusiones y adquisiciones por emisión de bonos basura (los *junk bonds*), que terminó por estallar en 1989, también por el financiamiento de operaciones "riesgosas" en el sector inmobiliario. Asimismo dio, con disposiciones gubernamentales muy favorables, una bocanada de oxígeno a las cajas de ahorro privadas, cuya quiebra final fue mucho más grave. En el plano internacional, hubo que elevar el nivel de las tasas de interés con el fin de tranquilizar y retener a los inversores institucionales japoneses en los mercados estadounidenses de obligaciones. Así, fue la economía mundial en su totalidad la que contribuyó, a su manera, al pago de la factura del crack.

Canales de un contagio internacional potencial

El derrumbe de las cotizaciones se detuvo a partir del segundo día. Sin embargo, no por eso fue menos importante la onda del shock mundial. Adoptó la forma de caídas significativas en los otros mercados bursátiles y, sobre todo, de serios impactos en los mercados de obligaciones más internacionalizados de la época, es decir, los mercados de las euroobligaciones [Davis, 1992, pp. 163 y 202-204]. Los emisores de papeles privados, es decir, los grupos industriales y los bancos, se hallaron en la casi imposibilidad de encontrar tomadores. Las cotizaciones de las obligaciones públicas oscilaron violentamente en los mercados secundarios y entonces los países principales aportaron su auxilio a los Estados Unidos. En su comunicación al National Bureau of Economic Research (NBER), L. H. Summers da los elementos que permiten apreciar el papel desempeñado por los capitales extranjeros, cuya afluencia ayudó a las autoridades norteamericanas a organizar una caída suave del dólar, de manera que los efectos recesivos del crack fueron inmediatamente combatidos. La caída del dólar alcanzó al 15% respecto del yen [NBER, 1991, p. 153]. Pero, a diferencia de lo que ocurrió en 1995, después de la crisis mexicana, la caída de 1987-1988 no fue provocada por los mercados. Recibió la colaboración de los bancos centrales extranjeros, en primer lugar el de Japón. Summers menciona la declaración ante el Congreso de los Estados Unidos de R. Koo, indicando que los capitales invertidos con el apoyo de capitales y reservas oficiales japonesas habrían alcanzado un monto, en términos reales, equivalente al invertido por los Estados Unidos durante el Plan Marshall.

Fue en este marco donde Summers ubicó su "escenario pesimista"

[*How crisis might come?*, *op. cit.* pp. 153-156]. Resulta algo sorprendente que no fuera mencionado por los escasos trabajos franceses que se refieren al coloquio de la NBER [por ejemplo Meyer, 1992] y que tampoco fuera, hasta donde sabemos, objeto de ninguna discusión. El escenario de Summers tiene como punto de partida las intervenciones masivas que exigiría un nuevo crack en Wall Street, en términos de creación masiva de liquidez y de intervenciones por parte de la Fed para hacer caer las tasas. Estas medidas provocarían una caída del dólar y el efecto conjunto de la caída del tipo de cambio y de la tasa de interés podría desencadenar, a su vez, de parte de los inversores institucionales extranjeros (en particular japoneses) un proceso de liquidación de sus posiciones en el mercado de obligaciones, tal vez no en el de bonos del Tesoro, pero sí en el de los papeles privados. Citemos a Summers: "Al disponer de un único medio de intervención –la creación de liquidez– la Fed sería incapaz de perseguir al mismo tiempo los objetivos de liquidez y de defensa del tipo de cambio. [...] Aun cuando políticas enérgicas del prestamista en última instancia puedan contener una crisis de liquidez, éstas corren el riesgo de desencadenar una crisis cambiaria". Y agrega que, a poco que la coyuntura interna o el estado del sistema financiero nacional limiten las posibilidades de cooperación internacional de Alemania o de Japón, en la doble forma de una caída de tasas equivalente a la de los Estados Unidos y de compras masivas de dólares, no habría modo de detener la caída del dólar y sus efectos en cadena sobre la economía mundial. En una escala todavía limitada, un movimiento de desconfianza de este tipo es lo que se produjo después de la intervención masiva de los Estados Unidos en México en enero de 1995, a la que nos referiremos más adelante.

Fragilidad creciente de los bancos y recesión originada en las finanzas

Las crisis bancarias graves pueden resultar de retiros masivos, es decir de situaciones de demanda contagiosa de conversión de los depósitos en efectivo (las *bank runs* o corridas de depósitos); o de un deterioro profundo en la calidad de los créditos bancarios, debido al exceso de riesgo, con quiebra o incapacidad de pago de los deudores. Los dos fenómenos están frecuentemente vinculados, ya que los procesos de contagio surgen después, como consecuencia de la falta de pago de los compromisos interbancarios. Ahora bien, la desregulación y la liberalización financieras, que han sido centrales para el surgimiento del modo de acumulación financiera mundializada, han sido el origen de una degradación de la calidad de los créditos bancarios, que saltó a la luz en el momento en que estalló la recesión de 1991-1992. Esto ocurrió en casi todos los países de la OCDE, de manera que en el cuadro 1 (a comienzos del capítulo) se observa una coincidencia temporal muy marcada en el estallido de las dificultades bancarias, que fueron provocadas de manera inmediata, también en casi todos los países, por el derrumbe del sector inmobiliario. La transmisión de las consecuencias de la situación bancaria hacia la producción y la inversión se hizo luego a través de las dificultades de los bancos para desempeñar su papel de creadores de crédito bancario [Aglietta, 1993 y 1995]. Serán entonces los puntos (2) y (3) los que examinaremos enseguida.

La creciente fragilidad de los bancos a partir de la segunda mitad de los años 1980 fue consecuencia directa del debilitamiento que sufrieron debido al del aumento de poder de los inversores institucionales, que son los principales beneficiarios de la liberalización y de la desregulación financieras. Desde hace diez años los fondos de pensión y los fondos comunes de inversión están en condiciones de atraer una parte importante de las disponibilidades de los hogares que, anteriormente, sólo eran captadas por los bancos. El proceso no se limita a los países donde los fondos son poderosos (véase el capítulo de R. Farnetti), sino que se ha extendido internacionalmente gracias a la formación del mercado mundializado de obligaciones, por la interconexión de los mercados nacionales liberalizados. La emisión directa por las empresas de papeles comerciales (*commercial paper*), permitida por la formación de los mercados de obligaciones privadas y por la ausencia de intermediación, ha erosionado una de la más importantes actividades tradicionales de los bancos: el crédito a corto plazo a las empresas para asegurar el cierre del ciclo del capital. Simultáneamente, los bancos perdieron una parte de los depósitos que hacían las firmas como garantía de las líneas de créditos asignadas. La clientela perdida correspondió en su mayoría a las empresas más grandes, ya que son ellas las que tienen acceso directo a los mercados de obligaciones.[12] Esta nueva y seria competencia golpeó a los bancos en un momento en que muchos de ellos, después de la crisis de la deuda

---

[12] El enfoque de las finanzas "como una industria" permitió a los autores anglosajones utilizar conceptos de la economía industrial para analizar los efectos de la entrada de los inversores institucionales. Davis [1992, capítulo 7] recurre a las nociones de "barreras

del Tercer Mundo, se encontraban en un proceso de reconstitución de fondos de reserva y de liquidación de créditos dudosos; también en un momento en que la mundialización los obligaba a realizar importantes gastos para invertir en el extranjero.

La recesión de 1990-1991 y el derrumbe del mercado inmobiliario

Para contrarrestar la erosión de sus ingresos y mantener sus volúmenes de actividad, los bancos se tornaron hacia nuevas clientelas y consintieron financiamientos más arriesgados, especialmente en el sector inmobiliario. En algunos casos ellos mismos se embarcaron en este sector o, incluso, como el *Crédit Lyonnais*, en operaciones de diversificación de tipo "conglomerado" hacia industrias de servicios (especialmente los medios de comunicación), de los cuales no conocían nada. Para protegerse contra los riesgos que tomaban, y para encontrar nuevas fuentes de ganancia, se involucraron también en los nuevos mercados originados en las "innovaciones financieras" que permitía la desregulación. En un grado imposible de medir, los bancos integran hoy, en sus operaciones no registradas en el balance, los riesgos específicos de los mercados de productos derivados.

El ejemplo típico de préstamos consentidos a la nueva clientela ha sido el financiamiento de los grupos más activos en el *boom* inmobiliario de los años 1980, cuyos efectos no han sido todavía superados en algunos sistemas bancarios nacionales. En la euforia nacida de la prosperidad artificial que siguió a la liberalización y desregulación financieras, y al

---

a la entrada", de "costos irrecuperables", etc. Según este enfoque, desde hace quince años se ha producido una reducción de las barreras a la entrada, debida tanto a la desregulación como a los cambios tecnológicos, las nuevas entradas y la competencia creciente que lleva a precios más bajos, un incremento de las cantidades ofrecidas y un deterioro en la capitalización de las firmas financieras. Geoffron y Rubinstein [1996] señalan que "el período actual reúne, además, algunas condiciones para una competencia destructora, de la cual la esfera financiera estaba antes preservada por la regulación. Una competencia destructora puede instaurarse a partir del momento en que existen rendimientos de escala crecientes, o que las estructuras de la industria favorecen la existencia de capacidades de producción excedentarias de manera duradera". Estos autores muestran hasta qué punto el sistema bancario está mal preparado para hacer frente a esta competencia, a causa de costos fijos o costos irrecuperables de un tipo que los otros operadores financieros no tienen. Recuerdan en especial que "para algunos servicios (como la gestión de los medios de pago), los bancos tienen la obligación de mantener una capacidad de producción que les permita responder con la misma eficacia en períodos de punta de la demanda".

boom de fusiones y adquisiciones dentro de la Tríada, la construcción y el alquiler de inmuebles residenciales y, sobre todo, de oficinas, estuvieron entre los sectores de crecimiento más rápido. La especulación sacó partido de la escasez de inmuebles de buen prestigio en las grandes metrópolis y los precios subieron de manera vertiginosa. Los promotores, embriagados por ganancias fáciles, armaron operaciones cada vez más importantes y recurrieron a financiamientos bancarios cada vez mayores. El *boom* tomó el aspecto de una burbuja especulativa bastante análoga a las burbujas bursátiles, hasta que sufrió con toda su fuerza el shock de la recesión que se originó en 1990 en Estados Unidos y Japón, después de algunos cambios en la política monetaria. Estos cambios fueron provocados en Estados Unidos y el Reino Unido por el temor a la inflación. En Japón correspondieron a la voluntad explícita de romper con la especulación inmobiliaria y bursátil que, sin embargo, las autoridades monetarias habían impulsado con fuerza.

Una recesión originada directamente en la esfera financiera

La génesis de la recesión debe buscarse en los hechos que marcaron los años 1987-1990. El crack de octubre de 1987 hubiera podido dar lugar a una depuración o purga de la esfera financiera, con destrucción de una fracción más o menos importante de los activos financieros (destrucción que fue espectacular en 1929) y reducción drástica del valor de la fracción restante. Las autoridades monetarias norteamericanas decidieron otra cosa. Y el "milagro" se produjo. En algunos meses, el crack y los miedos que en su momento había suscitado se olvidaron y la curva de los activos financieros retomó su curso ascendente, al mismo tiempo que se iniciaba el *boom* inmobiliario, antes de transformarse en burbuja especulativa. Sin embargo, el régimen financiero de tasas de interés positivas, implementado desde 1981-1982 en beneficio de los acreedores, impedía que esta forma de crecimiento fuera viable durante mucho tiempo. En efecto, el elevado nivel de las tasas de interés "confería esta vez un carácter precario a la inflación nominal de los patrimonios. Bastaba entonces que las perspectivas de evolución de las tasas de interés cambiaran y que se anticipara su alza para que los precios de los activos reales (inmobiliarios) se derrumbaran y los activos propiamente financieros amenazaran con hacerlo" [Fitoussi, 1995, p. 145]. Esto explica que fueran precisamente las medidas anti-inflacionarias de política macroeconómica (endurecimiento de la política monetaria, alza de las tasas) destinadas a preservar niveles de tasas de interés reales favorables para el mantenimiento del ingreso de los acreedores, que se tomaron en Estados Unidos y el Reino Unido, las que desencadenaron la recesión de 1990-1991.

Esta recesión tuvo como rasgo original el no haber nacido en el nivel de la producción y del comercio, para repercutir luego sobre el sistema de crédito, sino que tuvo su origen en el sector inmobiliario y su escenario fue la esfera financiera en cuanto tal. La manera en que se administró luego la recesión, para limitar la pérdida de valor de los activos financieros y para preservar los intereses de los acreedores (es decir, los ingresos rentísticos), tuvo repercusiones profundas y duraderas sobre la inversión, la producción y el empleo. A partir de 1990 no cesó de crecer la lista de sociedades inmobiliarias obligadas a anunciar pérdidas, a veces considerables.[13] La posición particularmente difícil de los bancos se debía al hecho de que, por un lado habían aceptado activos patrimoniales, inmobiliarios y bursátiles como garantía de créditos concedidos y, por otro, se habían visto obligados, al mismo tiempo, a procurarse refinanciamientos en las condiciones del nuevo régimen de finanzas directas, es decir, con tasas de interés indexadas con las tasas del mercado monetario. Los propios bancos no se contentaron con aportar su concurso: participaron con frecuencia en programas de envergadura. Ahora bien, los activos inmobiliarios se distinguen de los activos financieros mobiliarios (los títulos) por una indivisibilidad y una iliquidez cualitativamente superiores.

"Recesión financiera" y capacidad de "socializar" las pérdidas bancarias

La recesión de 1990-1991 le inspiró a Aglietta [1995, pp. 64-65] una teoría de la "recesión financiera", cuya presentación escrita ha generado, hasta donde sabemos, muchas discusiones. Sin embargo, la tesis es

---

[13] En los Estados Unidos las víctimas más conocidas de la crisis del sector inmobiliario fueron el promotor Donald Trump y sus banqueros. Pero la ruptura involucró, sobre todo, a las cajas de ahorro privadas. En el Reino Unido, el grupo canadiense *Olympia and York*, número uno mundial en el sector inmobiliario, se lanzó a la construcción y promoción del muy ambicioso complejo *Canary Wharf*, en los antiguos docks de Londres. Después de haber perdido 1.800 millones de dólares en 1991, debió declarase en quiebra en 1992. Su deuda con más de un centenar de bancos, entre los cuales había varios bancos franceses, llegaba a más de 14.000 millones de dólares.

interesante y permite repercusiones importantes. "En una recesión estándar los agentes económicos ven más allá de la depresión y tienen los medios financieros para atenuarla. En una recesión financiera la incertidumbre es mucho más fuerte." Está marcada por importantes caídas de precios de los activos financieros. Los balances sufren desvalorizaciones y aumenta el peso de las deudas, especialmente en los bancos, cuya posición es estratégica. A causa de la restricción de créditos (*credit crunch*) que sus balances les obligan a imponer a sus clientes, los procesos deflacionarios son contagiosos y se extienden, a partir del sector inmobiliario y de las finanzas, hacia la esfera de la producción, con desvalorizaciones de los elementos constitutivos del capital productivo (equipamiento, stock de productos intermedios, herramientas, etc.), y caída de los precios industriales.

Según Aglietta, la duración de una "recesión financiera" depende del tiempo que se requiere para eliminar la fragilidad financiera o, por lo menos, para reducirla significativamente. "Los activos deben desvalorizarse hasta el punto en que resulte posible tener la expectativa de una apreciación futura de sus precios y, por lo tanto, una recuperación de la rentabilidad que aliente un desarrollo de nuevas inversiones. Esta fase de ajuste es muy delicada e incierta. En efecto, si la deflación es demasiado rápida, las pérdidas de capital son tan severas que las quiebras se multiplican. [...] Si, por el contrario, las autoridades intervienen para tratar de bloquear la caída de precios, se contrarresta el ajuste."

Traducida a otras palabras y con ayuda de un marco conceptual diferente, la distinción propuesta es de una gran importancia. La "recesión estándar" es la que nace en la esfera de la producción y se traduce en menores ventas de mercancías a precios más bajos, la quiebra de empresas industriales y el abandono o la reestructuración de una parte del aparato productivo. El proceso de saneamiento se lleva esencialmente a cabo por medio del despido de trabajadores, la liquidación de stocks y el desmantelamiento (que es una forma de destrucción del capital físico) de sitios de producción más o menos numerosos. Esto se hace, casi invariablemente, sólo a expensas de los asalariados, así como de las empresas más pequeñas o más débiles, por lo cual la clase dominante efectúa el ajuste sin hacerse grandes problemas. A causa de la interconexión de las ramas industriales se puede asistir a una difusión más o menos marcada de los efectos de la recesión, pero sin que partes importantes de la estructura industrial en tanto tal resulten amenazadas de puro y simple derrumbe (esta amenaza sólo aparece en crisis de la envergadura que tuvo la de los años 1930, después del crack de 1929).

En el caso de la "recesión financiera" las cosas ocurren de manera menos fácil. Pues lo que de golpe sale a la luz es la sobrevaluación burda (que muchas veces puede ser también fraudulenta) de activos financieros que, *en cualquier caso* tienen, independientemente de toda sobrevaluación, la característica de ser activos financieros representativos de un capital ficticio. En este caso el proceso de saneamiento es infinitamente más complejo, por un conjunto de razones políticas, sociales y económicas. Marx había ya observado: "Depreciar el dinero bancario [...] trastornaría todas las relaciones existentes. Por eso se sacrifica el valor de las mercancías, para garantizar la existencia mítica y autónoma de este valor que encarna el dinero; [...] Entonces, para salvar algunos millones de dinero, hay que sacrificar un monto muy superior de millones de mercancías. Este fenómeno es inevitable en un sistema de producción capitalista y constituye una de sus 'bellezas' [...]" [Libro III, capítulo XXXII]. Cuando se penetra en el corazón del sistema financiero uno queda frente a la esencia misma de la propiedad privada, a su carácter sacrosanto, a su intangibilidad. Por eso, liquidar activos financieros plantea infinitamente más problemas que preparar una carrada de despidos, aun cuando éstos también forman parte de la panoplia de recursos utilizados en el sector financiero. Entre los "muertos y heridos" de una crisis financiera o de la quiebra de una institución importante se encuentra tanto a los miembros de la clase dominante económica y política, como a los componentes centrales de la base social y electoral de las oligarquías que gobiernan a las democracias occidentales. Sanear balances significa, con frecuencia, anunciar a pequeños ahorristas que su patrimonio mobiliario (títulos de diversos tipos) o inmobiliario ha perdido una gran parte, si no la totalidad, de su valor, aun sabiendo que ellos no tendrán ningún consuelo al enterarse de que este patrimonio correspondía a un capital ficticio (o, si se prefiere, que su valor dependía de "convenciones" que las circunstancias económicas, los errores o los fraudes en la gestión hicieron volar en pedazos). Pero tratándose del sistema financiero contemporáneo, hay algo todavía más grave. La densidad y la complejidad de las cadenas de deudas y créditos, así como la maraña que conforman los activos y pasivos de los bancos y de las instituciones financieras, tienen como consecuencia que la declaración de quiebra de una institución financiera importante sea un paso que puede (a diferencia de la quiebra de una empresa, incluso importante, del sector industrial) arrastrar a todo el edificio y destruir a una parte importante del sector financiero en tanto tal. El día en que finalmente se escriba la historia reciente del *Crédit Lyonnais* saldrán a luz –esperamos– todo ese conjunto de dimensiones con sus múltiples interconexiones.

Se comprende así la extrema "habilidad", el tiempo y los recursos financieros que exige la gestión de la liquidación de activos financieros. Se comprende también que la clase dominante elija, con frecuencia, llevar las cosas a la larga, incluso cuando los contragolpes –en términos de difusión de la recesión en el sector industrial, y de parálisis de la capacidad del sistema de crédito en su conjunto para desempeñar su papel en relación a la producción y la inversión– resulten muy pesados, como en Japón o, a la larga insoportables económica y socialmente, como en Francia.

Se comprende también que sea en el país que ha llevado más lejos la "revolución conservadora" donde la "salida de la recesión financiera" ha sido más rápida y completa. Esto ha ocurrido porque, paradójicamente, allí el gobierno también ha tenido (hasta ahora, por lo menos) el campo libre para socializar las pérdidas del sector financiero por la vía fiscal, lo que se hace a expensas de las capas sociales más pobres, acentuando todavía más los rasgos del nuevo régimen salarial. Esta es otra expresión del carácter jerarquizado de la mundialización financiera: somete a los sistemas financieros nacionales a presiones y shocks cada vez más uniformes, pero a cada sistema le corresponde encontrar, en función del conjunto de parámetros políticos, económicos y financieros que le son propios, la manera de hacerles frente.

La manera en que fue administrada la crisis de las cajas de ahorro privadas norteamericanas ¿era acaso posible en otra parte? Las dificultades que experimentaron durante cerca de diez años sacaron crudamente a luz los efectos perversos de una "libre competencia" entre instituciones de crédito dotadas de un régimen de garantía de los depósitos (véase el capítulo 3) que les daba la seguridad de beneficiarse con la intervención de las autoridades federales actuando como prestamistas en última instancia, y dispuestas a organizar una socialización de las pérdidas a expensas del presupuesto público. Es también el terreno en que pueden florecer libremente los comportamientos subjetivos estudiados (generalmente fuera de contexto) por la microeconomía financiera. Hemos visto el caso típico en el cual "esta disposición de redes de seguridad suprime para el depositante el incentivo de informarse sobre la calidad de su banco, y contribuye a hacer más frágil el sistema bancario, favoreciendo la emergencia de un riesgo moral por manipulación de la información por parte de los bancos insolventes y, sobre todo, una reducción de los comportamientos de autoprotección. Tiende entonces a operarse una selección adversa, favoreciendo la concentración de firmas dotadas de una 'inclinación' al riesgo" [Geoffron y Rubenstein, 1996]. Este comportamiento resultó manifiesto en el caso de las cajas de ahorro privadas norteamericanas. Un buen número de ellas, en efecto, se dejó atraer por las obligaciones negociables de alto riesgo (los *junk bonds*), y así sufrieron con toda su fuerza el derrumbe de este mercado en 1989 y la quiebra de numerosas firmas especializadas. De la misma manera, las cajas de ahorro invirtieron a ojos cerrados en el sector inmobiliario, tanto en los programas de construcción de oficinas como en los préstamos a particulares. El derrumbe del mercado inmobiliario primero y luego el impacto de la recesión de 1990-1991, acompañados de comportamientos fraudulentos, dominaron al sector.

Se estima que el salvataje de esas cajas de ahorro, de las cuales se hicieron cargo las autoridades federales, le cuesta al presupuesto federal entre 25 y 30 millones de dólares cada año, en promedio, y deberá proseguir hasta más allá del fin de siglo. En lo que se refiere al sector bancario propiamente dicho, la Fed ha optado por una política de ayuda destinada en especial a los grandes bancos. Esta política se basa en una manipulación de las tasas que ha permitido a los bancos gozar de brechas importantes (los *spreads*) entre las tasas a corto plazo (que remuneran los depósitos y las refinanciaciones) y las tasas a largo plazo (a que se acuerdan los préstamos). También incluyó un aliento a la concentración y a la especulación bancarias, en clara ruptura con el espíritu de la legislación de los años 1930, siempre vigente. La recomposición de los balances bancarios llevó más de dos años, pero la situación financiera de los bancos mejoró claramente en 1992, hasta volverse confortable en 1993 y floreciente en 1994 y 1995.

La crisis específica de los bancos japoneses

En Japón, por el contrario, a causa de una conjunción particular entre la crisis financiera y la del sistema político (en el cual el "descubrimiento" repentino del papel de las mafias fue una expresión entre muchas otras), el gobierno tuvo las manos atadas y no pudo imponer la socialización, por medio de los impuestos, de las pérdidas consecutivas al derrumbe del sector inmobiliario. Fue allí, en consecuencia, donde el desinfle de la burbuja especulativa fue más rudo y donde las consecuencias fueron más serias y duraderas.

En el caso japonés, a la desregulación financiera y al desarrollo de las finanzas directas mundializadas le siguió la erosión de las ganancias de los bancos. Ésta se produjo en un contexto de liquidez abundante y de euforia económica general, nacida del elevado tipo de cambio del yen y de los excedentes comerciales. La crisis reveló una política de cobertura de los riesgos endeble, lo que había sido posible por las solidaridades cruzadas propias de los *keiretsus* (incluso los grupos industriales explotaron las posibilidades ofrecidas por los mercados mundializados de obligaciones, aun a expensas de los bancos miembros de los propios *keiretsus*) así como por las particularidades del sistema fiscal. Los bancos se volcaron hacia el sector inmobiliario como actividad principal, de modo que, durante los años 1980, los préstamos otorgados a los profesionales del sector inmobiliario o a instituciones no bancarias especializadas en negocios inmobiliarios (dos de los cuales quebraron durante el verano de 1995) pasaron del 10% al 26% del conjunto de los compromisos de préstamos bancarios [CEPII, 1994]. El monto de créditos dudosos aumentó paralelamente a la caída del precio de los terrenos, tanto en lo que se refiere a los préstamos otorgados a los profesionales del sector inmobiliario como a las instituciones no bancarias. No se puede analizar el perfil de la crisis sin hacer referencia a las responsabilidades particulares del gobierno y de los bancos [Geoffron y Rubenstein, 1996]. Con una política de dinero fácil, una actitud laxa frente a los efectos perversos del sistema fiscal y previsiones oficiales extremadamente optimistas acerca de las necesidades de caja del gobierno, el poder público dejó que la burbuja se desarrollara. Los bancos, por su parte, participaron simultáneamente en la burbuja inmobiliaria y en la bursátil.

Esta es una de las especificidades de la situación japonesa [véase Aglietta, 1993, para las referencias esenciales, especialmente los trabajos de K. Ogawa]. El mercado bursátil japonés tiene muchas particularidades que resultan de la propia existencia de los *keiretsus*. En la Bolsa se comercializa una parte muy pequeña de las acciones. Como lo que está en juego en la industria se decide en otra parte, dentro de los *keiretsus*, el componente especulativo del mercado bursátil es todavía más fuerte que en otras partes. Los bancos han sido, por otro lado (por lo menos hasta la crisis de 1990-1991), intervinientes principales en el mercado. En 1989, en lo más alto de la burbuja bursátil, la participación de los bancos en las transacciones con acciones alcanzó al 20%, en un volumen total de transacciones que se había multiplicado por cinco en relación a 1985. Lejos de restringir su participación en el mercado bursátil, los bancos contribuyeron fuertemente a alimentar el movimiento especulativo "alcista". Para colmo, habían incorporado una parte de sus plusvalías latentes en el cálculo de sus fondos propios, de manera que se vieron obligados a vender acciones adquiridas antes del *boom*, alimentando así la caída espectacular de las cotizaciones. El derrumbe del sector inmobiliario y la caída bursátil fueron paralelos, dando a la crisis del sistema de crédito japonés un carácter más agudo que en la mayoría de los otros países. El índice Nikkei (donde los bancos tenían una participación del 30%) cayó, a mediados del año 1992, a su nivel de 1986. La capitalización bursátil retrocedió así en un monto cercano a los 2 billones de dólares, en perjuicio de los pequeños accionistas, de los fondos de pensión y de las compañías de seguros, así como de los propios bancos. Estos últimos perdieron una gran parte de la plusvalía latente que, hasta ese momento, les aseguraba poder respetar la razón Cooke establecida por el BPI. En 1991, las provisiones de los bancos japoneses no llegaban más que al 1% del monto total de préstamos, contra el 3 al 5% en la mayoría de los bancos de los países de la OCDE. Las estimaciones del Ministerio de Finanzas de Japón minimizaron constantemente el monto de créditos dudosos o irrecuperables que llegaron a tener los bancos. Inicialmente los estimó en 80.000 millones de dólares, pero luego debió revisar esa suma repetidamente hacia arriba. Finalmente, parecen haber alcanzado un monto cercano a los 400.000 millones de dólares. El salvataje de las sociedades de crédito inmobiliario no fue nunca objeto de un acuerdo político completo y las quiebras se fueron sucediendo hasta 1995. La idea de que habría que aceptar la "socialización de las pérdidas financieras" mediante la asunción de las mismas por el presupuesto y el sistema fiscal fue aceptada con menos facilidad por una amplia porción de la opinión pública japonesa, dado que se comprobaron vínculos entre las sociedades de crédito inmobiliario y los círculos mafiosos.

La crisis mexicana de 1994-1995

En diciembre de 1994 el anuncio de una devaluación, que se había vuelto inevitable por el estado de las cuentas externas y que había sido prevista por todos los observadores serios, desencadenó, de manera prácticamente simultánea, el derrumbe del peso, del mercado de obligaciones y del débil mercado bursátil. Se ha dicho de la crisis mexicana de 1994-1995 que fue la primera crisis financiera de la era de los mercados financieros mundializados. Fue ciertamente la que acumuló el mayor número de fuentes de fragilidad sistémica, especialmente las descritas en los puntos (1), (2), (4) y (6) de este mismo capítulo. En el contexto de un mercado financiero dependiente, mostró la estrecha interconexión entre el mercado de cambios y el de las obligaciones (en primer lugar los títulos de la deuda pública). También ofreció una buena ilustración del comportamiento de los capitales, nacionales y extranjeros, concentrados en mercados totalmente liberalizados. Reveló hasta qué punto el comportamiento mimético y poroso de los inversores podía crear riesgos de contagio entre "mercados emergentes", especialmente si estaban ubicados en el mismo continente. Finalmente, la caída del dólar en marzo-abril de 1995 también aportó elementos de apoyo a la tesis de L. Summers, mostrando el nerviosismo con el cual los grandes operadores reciben el anuncio de intervenciones importantes de las instancias federales que actúan en calidad de prestamistas en última instancia.

De la primera a la segunda crisis mexicana

En 1982, el estado mexicano estaba endeudado con bancos internacionales que le habían hecho préstamos considerados a mediano plazo. La crisis adoptó la forma de una incapacidad de México para hacer frente a los vencimientos de pago de los intereses y al reembolso de una fracción del capital de esa deuda. Para los bancos sindicados, esta situación significaba un aumento significativo de la categoría "créditos dudosos", imprevisto en su amplitud pero no en su origen, lo que les generaba la necesidad de ampliar la partida prevista a ese efecto en sus balances. Este ítem anunciaba pérdidas financieras que llevaban a una disminución de sus ganancias e incluso, para muchos, a la caída de la cotización de sus acciones y a la necesidad de tener que dar explicaciones sobre su gestión. Para México, la incapacidad de hacer frente a sus vencimientos abrió la vía a una subordinación cada vez más estrecha de su economía a la de Estados Unidos, lo que terminó en la firma del tratado de librecambio NAFTA. Pero en ningún momento se trató –¿podía serlo acaso?– de una *contracción* de los capitales prestados por los bancos y, todavía menos, de una huida brusca y masiva de capitales volátiles. La intervención de la Fed y del FMI con montos cercanos a los 8.000 millones de dólares, suma módica en relación a los 50.000 millones que fue necesario reunir en febrero de 1995, permitió al gobierno hacer frente a los vencimientos de mediados de 1982, antes de comenzar las negociaciones con sus acreedores sobre el escalonamiento de los vencimientos siguientes. La intervención le dio a cada banco acreedor el tiempo necesario para arreglar con sus accionistas (o sus autoridades de tutela) el problema de los "créditos dudosos". También permitió a los bancos, considerados colectivamente, formar "comités de acreedores" encargados de llevar a cabo negociaciones más largas con vistas a un nuevo escalonamiento de los pagos y, más tarde, a la conversión de la deuda.

En diciembre de 1994 la crisis tuvo como teatro un "mercado financiero emergente", totalmente abierto al exterior y, como epicentro, un doble déficit financiado por una titularización "a la norteamericana".[14] Adoptó así la forma de una crisis financiera brutal, a la cual se sumaron una crisis cambiaria y el desinfle de una burbuja especulativa en los mercados de títulos. La cotización del peso en caída libre, la huida de capitales de corto plazo, el derrumbe del mercado de obligaciones y del mercado bursátil, se produjeron como partes de un solo y único

---

[14] El déficit comercial fue el principal factor de profundización del déficit externo y el que exigió la devaluación. Se pasó de una situación de casi equilibrio en 1990 (un déficit de 882 millones de dólares) a un agujero de 13.500 millones de dólares en 1993, y de 13.700 millones de dólares para los nueve primeros meses de 1994. Como por milagro, este agujero comenzó a ser tapado por la afluencia hacia México de inversiones de cartera por un monto casi equivalente, cuyo crecimiento fue parejo al del déficit del saldo corriente. Éste último fue de 14.900 millones de dólares en 1991, de 24.000 millones en 1992, de 23.000 millones en 1993, cuando las inversiones de cartera, cuyo monto era modesto en 1990 (1.900 millones), pasaron de 12.700 millones en 1991 a 18.000 millones en 1992 y a 28.400 millones en 1993. Resulta forzoso plantearse la pregunta acerca de la responsabilidad de los Estados Unidos en la formación y el financiamiento de este déficit, sobre el cual el FMI y la OCDE cerraron los ojos. El crecimiento completamente artificial de las importaciones mexicanas contribuyó a la reactivación norteamericana de 1992-1993, mientras que los fondos de inversión norteamericanos fueron los primeros en aprovechar el crecimiento vertiginoso de la capitalización bursátil y el hecho de que el gobierno mexicano recurriera al mercado de obligaciones para colocar bonos del Tesoro. En 1992, el 73% del mercado de obliga-

proceso. Este proceso se propagó luego brutalmente al conjunto de la economía por la vía de un sector bancario ultraexpuesto, que sufrió el shock sin dudar en trasladarlo totalmente hacia las empresas y los hogares. La crisis de liquidez tomó así una doble forma: la del estado mexicano, colocado ante la incapacidad de refinanciarse en mercados que estaban bien decididos, evidentemente, a no comprar las obligaciones que el Tesoro mexicano ponía a la venta, e incapaz, entonces, de hacer frente a sus vencimientos;[15] y la del sistema bancario mexicano, cuyo derrumbe comenzó en febrero de 1995, haciendo tanto más urgente la intervención extranjera.

La crisis financiera y los que toman la posta en el sistema bancario

En su primera fase, la crisis estuvo marcada y amplificada por una salida masiva de capitales nacionales. Estos fueron los primeros en convertir sus tenencias en dólares después del anuncio del primer "reajuste" de la cotización de la moneda nacional, acentuando así su caída. El FMI [1995, p. 7] estima que los capitalistas mexicanos podrían ser responsables de más de dos tercios de la caída de las reservas cambiarias de diciembre de 1994. En su parte esencial, el retiro de los capitales extranjeros colocados en el mercado de obligaciones bajo la forma de compra

---

ciones correspondía a emisiones públicas, de las cuales el 16% estaba suscrito en dólares. En 1993, la participación del estado en el mercado de obligaciones cae al 65,5%, pero la proporción de emisiones públicas suscritas en dólares (los célebres *Tesobonos*) creció hasta el 43%. Ningún Nuevo País Industrial (NPI) había llegado hasta ese momento tan lejos por el peligroso camino de la titularización de su deuda a corto plazo.

[15] No hay que perder de vista el hecho de que estos compromisos incluían el servicio de la deuda de los años 1970. Los "comités de acreedores" que se reunieron a partir de 1983 propusieron a México dos modalidades de "conversión": las "obligaciones Brady" (nombre del subsecretario de Estado del Tesoro norteamericano en esa época), obligaciones cuyo capital está garantizado por la compra, por el país deudor que los emite, de un monto equivalente de bonos del Tesoro norteamericano; la transformación de porciones de su deuda en partes de capital de empresas públicas privatizadas y puestas a la venta con ese propósito, lo que suponía la transferencia de una fracción del capital productivo nacional hacia los acreedores. La puesta en práctica de estas medidas atenuó la amplitud de la deuda mexicana, pero en 1992 ésta era todavía de 104.000 millones de dólares, es decir, un monto correspondiente al 37% del PIB. En el déficit del saldo corriente de México, el rubro 'servicio de intereses" era el segundo en importancia: 11.000 millones de dólares en 1993 y una cifra igual para los primeros nueve meses de 1994.

de bonos del Tesoro, así como el de las inversiones de cartera colocadas en la Bolsa de México, se hizo de manera ordenada en enero y comienzos de febrero. La crisis mexicana ilustra el papel que desempeñaron, en la integración financiera, las operaciones llamadas de "arbitraje", efectuadas por los operadores que poseían una base financiera lo suficientemente amplia como para permitirles elegir en cualquier momento las formas más ventajosas de colocación y de especulación que se ofrecían (incluso si suponían un riesgo elevado), así como para poder liquidar las posiciones tomadas muy rápidamente. Desde entonces, todo activo financiero es susceptible de ser objeto de operaciones de *"toma de beneficios"*, fenómeno bien estudiado por los mercados de acciones, y que comenzó a extenderse a otros mercados. Las ventas de obligaciones del estado hechas en México en enero y febrero están lejos de haber sido todas ellas el resultado de un "pánico". Muchas formaron parte de estrategias normales de reorganización posteriores al vencimiento de colocaciones que se habían vuelto demasiado riesgosas, pero que habían permitido embolsar muy buenos beneficios.[16]

El derrumbe brutal del "mercado financiero emergente" (que todavía seguía siendo elogiado como "ejemplar" algunas semanas antes del crack) se desarrolló de manera acumulativa, desencadenando en menos de un mes el comienzo de una recesión que luego se fue profundizando mes tras mes. El año 1995 trajo consigo una caída del PIB del 7% y una tasa de inflación cercana al 50%. El desempleo alcanzó al 25% de la población económicamente activa, mientras los salarios sufrieron una pérdida de poder adquisitivo del orden del 55%, y dos millones y medio de personas más franquearon el umbral de la "pobreza extrema". El sistema bancario hipertrofiado que, en la euforia de los años 1992-1993, había sido incitado a tomar posiciones muy arriesgadas en los mercados liberalizados y a colocar créditos "a la manera yanqui" tanto en los hogares como en las firmas, sirvió de posta para el contagio y aceleró la repercusión de la tendencia recesiva.

Los canales por los cuales la crisis financiera se transformó en crisis bancaria, devastando a la economía, son múltiples. Los bancos debie-

---

[16] Este aspecto, propio de un mercado "emergente", lo mismo que el fenómeno igualmente específico, que consiste en que son los capitales nacionales los que dan la señal de partida de la crisis, y los que toman precauciones con ayuda de un gigantesco "delito de iniciado" no han sido suficientemente tomados en cuenta en el trabajo de A. Orléan [1996], tal vez excesivamente centrado en los puntos de similitud entre la crisis mexicana y algún crack en un gran mercado de títulos en un país industrial importante.

ron hacer frente a compromisos contraídos en dólares, cuyo valor aumentó brutalmente. En el mismo momento debieron también hacer frente a importantes retiros de depósitos tanto de firmas, que también tenían necesidad de toda su liquidez, como de particulares de las clases pudientes que participaron en la especulación contra el peso actuando "racionalmente" para salvaguardar sus fortunas. Luego, la muy fuerte subida de las tasas de interés, que fue necesaria para sostener al peso, tornó muy onerosas e incluso prohibitivas las condiciones de refinanciación de las posiciones de los bancos. A su vez, los bancos actuaron de la misma manera con todos sus clientes deudores. Encarecieron el costo de los créditos en proporciones que quebraron o destruyeron la solvencia de los prestatarios, llevando a numerosas firmas a la quiebra, aumentado, al mismo tiempo, el monto de sus créditos dudosos. Paralelamente, la brutal caída del valor de los activos de sus carteras de títulos, en especial la de los préstamos del estado, redujo la capitalización de los bancos por debajo del umbral mínimo del 8% impuesto por la reglamentación internacional, llevando muy "naturalmente" a las agencias de calificación de riesgo a bajar su evaluación de los bancos mexicanos, haciendo así todavía más difícil su acceso a los mercados de capitales y, en consecuencia, aumentando todavía más su riesgo de iliquidez.

Dificultades y contragolpes del plan de salvataje

La dimensión de "crisis no negociable" que tuvo la segunda crisis mexicana ha sido resaltada con razón [Pisani-Ferry y Sgard, 1996]. Ha sido tan importante para los Estados Unidos y el FMI como para México. La lentitud y las dificultades que éstos encontraron para reunir las sumas necesarias con el fin de hacer frente a la doble iliquidez mexicana ilustran lo que se resumió en el punto (5) de la sección "Algunas hipótesis sobre las principales fuentes de fragilidad financiera". Antes de poder anunciar definitivamente un plan de salvataje, la administración Clinton se vio obligada a hacer cortocircuito con el Congreso, para poder extraer recursos de un fondo de estabilización del dólar, fondo ahora seriamente desguarnecido, y otro cortocircuito en las negociaciones con los demás miembros del G7, con el fin de encaminar hacia México una suma de 50.000 millones de dólares, es decir el equivalente al monto total de los flujos de inversión destinados al conjunto de los nuevos países industriales (NPI) y de los países en desarrollo en 1993 (año, sin embargo, "fasto" en cuanto al monto de capitales orientados hacia esos países). La amplitud de las sumas comprometidas reflejaba la dimensión de lo que estaba en juego, involucrando el futuro del NAFTA así como como la necesidad de tranquilizar a los inversores institucionales y de evitar la propagación de la crisis. Los inversores institucionales hubieran podido decidir un retiro masivo de sus colocaciones en Argentina, Brasil, Chile, e incluso en los mercados emergentes más vulnerables del Sudeste Asiático, lo que hubiera tenido el efecto de desencadenar nuevas crisis en los mercados de títulos, poniendo en peligro largas y frágiles cadenas de créditos y deudas, y de operaciones en los mercados derivados. Como el nivel de las importaciones de esos países (así como en el caso mexicano) estaba determinado por el financiamiento del déficit corriente gracias a los flujos de capitales a corto plazo, un retiro masivo de esos capitales en numerosos países hubiera provocado la contracción del comercio internacional.

En el caso del propio México, la muy severa contracción del mercado interno se tradujo en una reducción de las importaciones. Como este país recibía el 10% de las exportaciones norteamericanas, a partir de marzo comenzó a ejercerse un efecto de contagio en la propia economía norteamericana. En el mismo período el dólar comenzó a bajar. La caída del 10% entre enero y fines de marzo, que volvió a ocurrir tres semanas después, luego de un breve período de calma, y que reapareció hacia fines de mayo, fue ubicada como la prolongación de una evolución que es útil recordar (ver gráfico 3). Hay que interpretarla de dos maneras. Por un lado, esta caída puso de manifiesto la capacidad de Estados Unidos para sacar partido del privilegio exorbitante de "acuñar moneda" (véase el capítulo 5 de S. de Brunhoff) que le fue conferido por el lugar que ocupa el dólar en la economía mundial, y que le da la posibilidad de utilizar el cambio de paridad monetaria como un arma en la guerra comercial contra sus principales rivales. Así es como pudieron transmitir hacia Europa y, sobre todo, hacia Japón, en sólo dos o tres semanas, una parte de la presión recesiva sufrida a partir de la crisis de México y de América Latina. Pero, por otro lado, la caída del dólar expresó, si no una desconfianza respecto del billete verde, por lo menos una inquietud por parte de los grandes operadores frente a los niveles de endeudamiento alcanzados por Estados Unidos, la amplitud de su déficit externo y el nivel adicional de compromisos asumidos para evitar la quiebra abierta de México. Se puede pensar, aun cuando su posición oficial actual le impide hacerlo por sí

Gráfico 3
Evolución de la relación yen/dólar entre enero de 1988 y abril de 1996

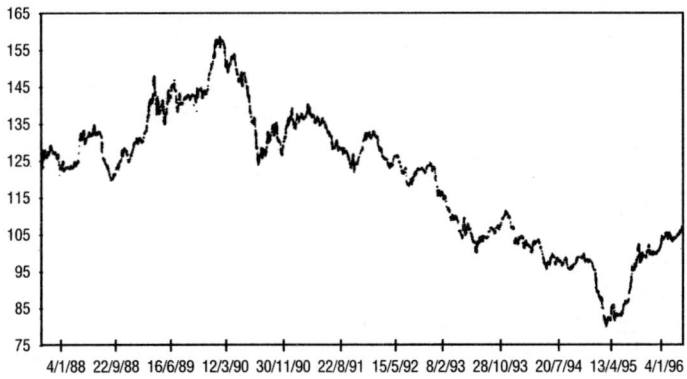

Fuente: Bergsten [1996], a partir de datos del Chicago Federal Reserve Bank.

mismo, que la hipótesis presentada por L. Summers recibió un comienzo de confirmación a partir de fines de febrero de 1995.

Conclusión

Después de la crisis mexicana, no ha habido otra sacudida tan importante en el sistema financiero mundial.* Pero basta constatar la inquietud que se apodera de los mercados cuando hay un cambio en las cotizaciones de Wall Street o una "turbulencia" pasajera en los mercados de obligaciones, para comprender que este riesgo ha hecho bajar los umbrales a partir de los cuales el temor puede adueñarse de los grandes inversores financieros. Hay ahora poca gente seria que niegue que las crisis financieras son consustanciales a las finanzas de mercado (o finanzas desintermediadas) o que olvide que, en 1995, los efectos de contagio de la crisis sólo fueron contenidos *in extremis*.

Podemos, sin duda, establecer la hipótesis de un crecimiento casi mecánico de la fragilidad sistémica de los principales sistemas financieros nacionales por el efecto acumulado de shocks financieros y de dificultades bancarias repetidas, del debilitamiento de la capacidad de in-

* Nota del editor de la versión española: debe recordarse que la versión original de este libro fue publicada en 1996, lo que explica la ausencia de menciones sobre la crisis asiática.

tervención de los bancos centrales[17] y de la hipertrofia cada vez más marcada de las finanzas. Hagamos un resumen: el nivel alcanzado por el monto del valor nominal de los activos financieros, así como el hecho de que el sector financiero no cesa de ser alimentado con transferencias provenientes de esferas donde hay creación efectiva de valor y de riqueza; el carácter cada vez más tenue del vínculo entre las transacciones financieras y sus contrapartidas ubicadas en el nivel de la producción, de la inversión y de la circulación mercantil; la extensión que han alcanzado los mercados derivados que duplican o triplican a los mercados financieros "primarios"; los riesgos todavía poco conocidos (a pesar de la crisis mexicana) que resultan de la liberalización y de la desregulación de mercados financieros "emergentes" poco desarrollados y poco experimentados, crean –por no mencionar más que a éstos– un contexto propicio para el nacimiento y la propagación de shocks financieros poderosos, capaces de atentar contra las funciones esenciales del sistema financiero de un conjunto de países. Con una hipótesis de este tipo no dejarán de tener lugar importantes efectos de contagio hacia la esfera de la producción y del comercio: basta dimensionar la importancia de los efectos que la crisis mexicana ha tenido, por sí sola, para tomar en serio esta hipótesis.

Arriesgando un pronóstico, cualesquiera sean los riesgos de este tipo de ejercicio, diremos también que del análisis que acabamos de hacer surge que el verdadero punto crítico, tal vez el único realmente decisivo en una perspectiva de crisis sistémica mundializada, se sitúa en la capacidad de las autoridades norteamericanas –la Fed y las agencias financieras federales especializadas del país situado en el centro del sistema financiero mundial– de hacer frente a las exigencias de las obli-

---

[17] La capacidad de las autoridades monetarias para ejercer la función de prestamista en última instancia, que las finanzas desintermediadas hacen todavía más necesaria que las viejas finanzas reguladas, depende tanto del papel que se reconoce a los gastos públicos como del estatuto reglamentario de los bancos centrales. En la óptica neoliberal que predomina en el Congreso de los EE.UU., el salvataje del sistema bancario mexicano no parecía, ante los ojos de muchos senadores y representantes, de ninguna manera, un asunto de los Estados Unidos. Al futuro Banco Central europeo no se le han asignado los recursos para intervenir en caso de shocks que afecten al sistema de crédito, recursos de los cuales la Fed, en cambio, sigue disponiendo. Pero estos recursos podrían volverse cada vez más inoperantes a medida que se vaya acentuando la política de austeridad presupuestaria. Sin embargo, la capacidad de intervención de la que han dado prueba las autoridades monetarias estadounidenses durante las dos últimas décadas, ha dependido de los gastos públicos (véase el cuadro 2 en p. 298).

gaciones del prestamista en última instancia (a nivel nacional pero también internacional) manteniendo al mismo tiempo la credibilidad del dólar como activo financiero privilegiado y, por lo tanto, su nivel (recordemos que alrededor del 70% de las transacciones de los mercados cambiarios y el 50% de las transacciones de los mercados primarios y secundarios de títulos públicos se efectúan en dólares). La perspectiva de una caída del dólar al nivel de 80 yens, que se perfilaba en marzo-abril de 1995, está allí para recordar que esta hipótesis no debería ser excluida. El conjunto de intereses financieros mundiales trataría ciertamente, *in extremis,* de actuar en común para impedir tal caída, pues ella sería el preludio de un verdadero disloque del sistema de intercambios mundiales, abriendo una crisis económica de primera magnitud. Pero la importancia de sus desacuerdos y la debilidad de su *"leadership"* (véase F. Bergsten, 1996, para una crítica severa) no permiten decir que esto bastaría para "tranquilizar a los mercados". Recordemos, una vez más, el desarrollo de los acontecimientos durante la segunda crisis mexicana.

Pero no es necesario lanzarse a esta hipótesis, o a sus numerosas posibles variantes, para caracterizar *hic et nunc* la manera en que la hipertrofia de la esfera financiera se integra a una *nueva configuración histórica del capitalismo mundial,* a la cual contribuye la situación de exorbitante privilegio que le acuerda a los "acreedores". Estos acreedores son propietarios de activos financieros, que tienen invariablemente un componente de capital ficticio, que contribuyen a modelar de manera decisiva el movimiento de conjunto. Pues es principalmente en función de estos acreedores que se toman las medidas de reducción continua de los gastos sociales, de desregulación y privatización de los servicios públicos, y de marginación económica y social de una fracción creciente de los trabajadores y de los jóvenes todavía sin empleo, conminados en adelante a considerar la obtención o el mantenimiento de un empleo como un "privilegio".

Sólo la amnesia histórica, junto a los llamados interesados a someterse a la condición "ineluctable" de los cambios y a resignarse frente a la "tiranía de los mercados", puede acreditar la idea de que un régimen marcado por una dinámica acumulativa de escasa acumulación industrial, de empleos cada vez más escasos y precarios, y de regresión social y política, pueda ser considerado como "irreversible" y revestido de alguna legitimidad histórica.

Siglas

AFB = Association Française professionnels des Banques
AFTE = Association Française des Trésoriers d'Entreprise
ANPEC = Association National Post-scolaire en Économie
BRI/BIS/BPI = Banque des Règlements Internationaux/Bank of International Settlements/ Banco de Pagos Internacionales (con sede en Basilea)
BFR = Besoins en Fonds de Roulement
BNP = Banque National de Paris
BNP-DEE = Banque National de Paris – Direction d'Études Économiques
CEDI = Centre d'Études des Dynamiques Internationales
CEPII = Centre d'Études et de Prospective Industriel International
CERC = Centre d'Étude sur les Revenus et les Coûts
CHIPS = ClearingHouse Interbank Payments System
CNRS = Conseil National de la Recherche Scientifique
CNUCED = UNCTAD
EDF = Électricité de France
ERISA = Employee Retirement Income Security Act
ESP = Encaisse Stratégique Potentielle
ETE = Excédent de Trésorerie d'Explotation
Fed = Federal Reserve (Reserva Federal de los Estados Unidos)
FBCF = Formation Brute de Capital Fixe
FDIC = Federal Deposit Insurance Corporation (Estados Unidos)
FDICIA = Federal Deposit Insurance Corporation Improvement Act
FMI = Fondo Monetario Internacional
G7 = Grupo de los 7 países más industrializados
GREITD = Groupe d'études internationales sur le travail et le développement
INSEE = Institut National de la Statistique et des Études Économiques
IRES = Institut de Recherche Économique et Social
LBO = Leveraged Buyout (of corporations) = OPA = Oferta Pública de Adquisición
LME = Mercado londinense de metales preciosos (y del cobre)
MIT = Massachusetts Institute of Technology
MMF = Money Markets Funds (equivalentes a los SICAV monetarios en Francia)
NBER = National Bureau of Economic Reseach (institución privada de los Estados Unidos)
NAFTA = North American Free Trade Accord
NPI = Nuevos Países Industrializados
OAT = Obligations Assimilables du Trésor

OCDE = Organización para el Comercio y el Desarrollo Económico
OFCE = Observatoire Français des Conjonctures Économiques
OPA = Offre Publique d'Achat
OPCVM = Organismes de Placement Collectif en Valeurs Mobilières
PDG = Président Directeur Général
PED = Países en desarrollo
PIB = Producto Interno Bruto
PNB = Producto Nacional Bruto
PPA = Parité du Pouvoir d'Achat (Paridad del Poder Adquisitivo)
SFAC = Société Française d'Assurance Commerciale
SICAV = Societé d'Investissement de Capital Variable
SME = Sistema Monetario Europeo
SQSNFP = Sociétés et Quasi-Sociétés Non Financières de Placements
S10 y F30 = ítems de la contabilidad nacional francesa
TIAA-CREF = fondos de pensión de los docentes estadounidenses
TMM = Titres du Marché Monétaire
UNCTAD = United Nations Conference of Trade and Development

Bibliografía

Adda, J. (1996), *La Mondialisation de l'économie (1 y 2)*, París, La Découverte, colección "Répères".
Aglietta, M. (1976), *Régulation et crises du capitalisme (l'experiénce des États-Unis)*, París, Calmann-Levy.
_____ (1991), "Le risque de système", en: *Revue d'économie financière*, vol. 17.
_____ (1993), "Crises et cycles financiers, une approche comparative", en: *Revue d'économie financière*, núm. 26.
_____ (1995), "Ordre et Désordre (l'expression universelle du capital argent)", en: *Futur antérieur*, núm. 27, París, L'Harmattan, pp. 55-85.
_____ (1995), *Macroéconomie financière*, París, La Découverte, colección "Répères".
Aglietta, M. y Orlean, A. (1982), *La Violence de la monaie*, París, PUF.
Aglietta, M., Brender A. y Coudert V. (1990), *Globalisation, l'aventure obligée*, París, Economica.
Akyûr, Y. (1995), "Taming International Finance", en Michie, J. y Smith, J. G., *op. cit.*
Akyûr, Y. y Cornford, A. (1995), "International Capital Movements: Some Proposals for Reform", en Michie, J. y Smith, J. G., *op. cit.*
Albert, M. (1991), *Capitalisme contre capitalisme*, París, Le Seuil.
_____ (1994), "L'irruption du *corporate governance*", en: *Revue d'économie financière*, núm. 21, invierno.
Amadeo, E. J. y Camargo, J. C. (1993), "Flexibilidad laboral, productividad y ajuste", en: *Boletín económico*, núm. 26, Cidse, Bogotá.
Amin, S. (1993), "Replacing the International Monetary System?", en: *Monthly Review*, octubre.
Arena, R., Benzoni, L. de Bandt, J. y Romani, P. M. (1991), *Traité d'économie industrielle*, París, Economica.
Arnoud, D. (1994), *Le Marché des actions en France*, París, A. Colin.
Bacha, E. L. (1992), "External debt, net transferts and growth in developing countries", en: *World Development*, vol. 20, núm. 8.
Bairoch, P. (1996), "Globalisation, myths and realities: one century of external trade and foreign investment", en Boyer R. y Drache D., *op. cit.*
Bank of International Settlements (BIS) (1993), *Central Bank Survey of Foreign Market Activity*, Basilea, marzo.
_____ (1994), *International Banking and Financial Market Developments*, Basilea, noviembre.
Banque de France (1992), *Croissance externe des groupes français à l'étranger, Diagnostic 1991*, París, Banque de France, Direction des entreprises.
Banuri, T. y Amadeo, E. J. (1991), "World within the Third World: Labour Market Institutions in Asia and Latin America", en Banuri T. (comp.),

Economic Liberalization, no Panacea, Londres, Oxford Clarendon Press.

Bardos, M. (1992a), "Y a-t-il effet d'éviction entre les placementes financiers des sociétés et leurs investissements productifs?", mimeo de la Central de Balances del Banco de Francia. Este documento se reprodujo (en su parte esencial) en la *Revue d'analyse financière*, núm. 26, otoño de 1993.

_____ (1992b), *Investissements productifs et croissance externe*, 17ª Jornada de las Centrales de Balance, noviembre.

Bardos, M. y Paranque, B. (1992), "Investissement productif el croissance externe", *B92/21*, París, Banco de Francia.

Barro, R. y Gordon, D. (1983), "Rules, discretion and reputation in a model of monetary policy", en: *Journal of Monetary Economics*.

Baslé, M. Mazier, J. y Vidal, J.-F. (1993), *Quand les crises durent...*, París, Economica.

Beau, D. (1991), "Les influences de l'appartenance à un groupe sur les structures et les résultats des entreprises industrielles", en: *Cahiers économiques et monétaires de la Banque de France*, París, núm. 38.

Beaud, M. (1977), *Études sur les groupes,* Recherches économiques et sociales, París, La Documentation Française.

Belhomme, C., Dupuy, C., Matta, N. y Salomon, R. (1991), "Dix années d'innovations financières en Europe: développement des marchés et changements de comportement des agents", *Documents de travail, de la Caisse des dépôts et consignations*, núm. 1991-09/E, mayo.

Berembeim, R. E. (1994), "Les Relations des sociétés avec les investisseurs institutionnels", informe de investigación para el Conference Board, publicado por la *Revue d'économie financière*, núm. 31.

Bergsten, C. F. y Henning C. R. (1996), *Global Economic Leadership and the Group of Seven*, Institute for International Economics, Washington, DC.

Betbeze, J.-P. (1993), "Trois idées fixes", en: *Accélerations*, mensuario de la Dirección de Estudios Económicos y Financieros del Crédit Lyonnais, núm. 25, diciembre.

Bienefeld, M. (1996), "Is a strong national economy a utopian goal at the end of the twentieth century?", en Boyer, R. y Drache, D., *op. cit.*

Billaudot, B. (1995), "Dynamiques macroéconomiques à court et à moyen terme", en *La Théorie de la régulation: l'état des savoirs*, París, La Découverte.

Bloch, L. y Coeuré, B. (1993), "Profitabilité, investissement des entreprises et chocs financiers: France, Allemagne, États-Unis, Japon, 1970/1993", en: *Économie et Statistique*, núm. 268/269, 8/9.

Bloch, L. y Laudy, J. (1993), "France, Allemagne et Bélgique: des structures de bilan dans l'industrie proches à la fin de la décenie 1980", en: *Économie et Satistique*, núm. 268/269, 8/9.

Bluestone, B. y Harrison, B. (1982), *The Deindustrialization of America*, Nueva York, Basic Books.

Boissieu (de), C. (1994), "Le destin de la bulle financière", en: *Futuribles*, núm. 192.

Bordo, M. D. (1995), "Is there a good case for a New Bretton Woods International Monetary System?", en: *American Economic Review*, mayo.

Borio, C. E. V. (1990), "Leverage and Financing of Non-financial Companies: an International Comparison", en: *BIS Economic Papers*, Basilea, núm. 27.

Bosworth, B. (1993), *Saving and Investment in a Global Economy*, Washington DC, The Brookings Institution.

Bourguinat, H. (1992), *Finance internationale*, París, PUF-Thémis.

―――― (1995), *La Tyranie des marchés (essai sur l'économie virtuelle)*, París, Economica.

―――― (1996), "Les capitaux flottants qui favorisent la spéculation menacent-ils les États et les entreprises?", en: *Bilan du Monde (L'année économique et sociale 1995)*, París, Le Monde.

Boussard, D. y Sleziak, J.-C. (1990), *La Comptabilité des opérations en devises*, ESKA.

Bowles, S., Gordon, D. y Weisskopf, T. (1983), *Beyond the Waste Land*, Nueva York, Doubleday.

Boyer, R. (1987), *La Théorie de la régulation: une analyse critique*, París, La Découverte, colección "Agalma".

Boyer, R. y Drache D. (comps.) (1996), *States against Markets: The Limits of Globalistion*, Londres, Routledge.

Boyer, R. y Saillard, Y. (1995), *Théorie de la régulation: l'état des savoirs*, París, La Découverte, colección "Recherches".

Brooks-Sentfleben (1994), "International portfolio diversification: the role of Latin America's emerging markets", documento de trabajo del Instituto Iberoamericano de investigación económica, núm. 65, Universidad de Göttingen.

Brunhoff, S. de (1967), *La Monnaie chez Marx*, París, Éditions Sociales.

―――― (1973), *La Politique monétaire: un essai d'interpretation marxiste*, París, PUF.

―――― (1979), *Les Rapports d'argent*, Grenoble, PUG/Maspéro.

―――― (1990), "Fictitious Capital", en Eatwell, J., Milgate, M. y Newman, P. (comps.), *The New Palgrave Marxian Economics*, Londres, MacMillan.

Bruslerie, H. de la (1993), "La gestion de trésorerie dans la fonction financière de l'entreprise: évolution et perspectives", en: *Revue du financier*, núm. 91.

Bryant, R. C. (1993), "Eurocurrency banking: Alarmist concerns and genuine issues", en: *Brookings discussion Papers in International Finance*, núm. 2, abril.

Business Week (1994), "Managing Risk", Special Report, 31 de octubre.

―――― (1995), "The Future of Money", Cover Story, 12 de junio.

Calvo, G. A., Leinderman, L. y Reinhart, C. M. (1993), "Afluencia de capital y apreciación del tipo de cambio real en América Latina", en Cárdenas, S. M. y Garay, L. J. (comps.), *Macroeconomía de los flujos de capital en Colombia y en América Latina*, Ediciones Tercer Mundo.

Carillo, J. V. (1995), "Flexible Production in the Autor Sector: Industrial Reorganization at Ford-Mexico", en Humphrey, J. (comp.) (1995), *op. cit.*

Carlson, J. (1993), "Assessing Real Interest Rates", en: *Economic Comentary*, Federal Reserve Bank of Cleveland, octubre.

Carmoy, de H. (1995), *La Banque du XXIème siècle*, París, Odile Jacob.

Cartapanis, A. (coord.) (1994), "Le rôle déstabilisant des mouvements de capitaux sur le marché des changes", en: *Cahiers économiques et monétaires*, Banque de France, núm. 43.

Cartapanis, A. (1996), *Turbulences et Spéculations dans l'économie mondiale*, París, Economica.

CEPII (1992), *Économie mondiale 1990-2000: l'impératif de croissance*, París, Economica.

Chabert, P.-Y. (1995), "La responsabilité des intermédiaires financiers face à leur clientèle d'entreprises en matière de produits dérivés de gré à gré", en: *Forum international Interfinances-Expobanques*, 17 de marzo.

Chesnais, F. (1981), "Capital financier et groupes financiers, recherche sur l'origine des concepts et leur utilisation actuelle en France", en Michalet, C. A. (coord.), *Internationalisation des banques et des groupes financiers*, Editions du CNRS.

_____ (1994), *La Mondialisation du capital*, París, Syros, colección "Alternatives économiques".

_____ (1995), "Graves secousses dans le système financier mondial", en: *Le Monde Diplomatique*, mayo.

_____ (1996), "Contribution au débat sur le cours du capitalisme à la fin du XXe siécle", en congreso *Actuel Marx: Actualiser l'économie de Marx*, Actuel Marx Confrontation, París, PUF.

Chesnay, M. y Pène, D., "Les pompiers pyromanes", en: *Le Monde*, 14.9.93.

Chunan, P. (1994), *Are Institutional Investors an Important source of Portfolio Investment in Emerging Maket?*, Washington DC, World Bank Policy Research Working Paper, núm. 1243.

Clairmont, F. F. y Cavanagh, J. (1994) "Sous les ailes du capitalisme planétaire", en: *Le Monde Diplomatique*, marzo.

Cline, W. R. (1994), "The risk of global stagnation", en Cline, W. R., *International Economic Policy in the 1990s*, Cambridge-Mass., The MIT Press.

Cohen, E. y Morel, E.-J. (1992), "Les politiques d'accumulation des groupes français: investissements, croissance externe et écarts d'acquisition", 17° Jornada de Centrales de Balance, noviembre, Caisse des dépôts et consignations, Line data Coref.

Cohen, B. J. (1993*)*, *The International Political Economy of Monetary Relations*, Reino Unido, Edward Elgar, Aldershot.

Congressional Quaterly (1994), *Mutual Funds*, vol. 4, núm. 19, pp. 433-456. 20 de mayo, Washington.

Coriat, B. (1991), *Penser à l'envers, travail et organisation dans la firme japonaise*, París, Christian Bourgois.

Corrigan, G. (1987a), *Financial Market Structure*, a Longer View, Nueva York, Banco de la Reserva Federal de Nueva York.

_____ (1987b), "A Perspective on the Globalization of Financial markets and Institutions", en: *Quaterly Review*, primavera, Nueva York, Banco de la Reserva Federal.

Crabbe, L. E., Pickering, M. H. y Prowse, S. D. (1990), "Recent Developments in Corporate Finance", en: *Federal Reserve Bulletin*, agosto.

Creel, J. y Sterdiniak, H. (1995), documento de trabajo de OFCE, núm. 95-01, enero. *Les déficits publics en Europe: causes, conséquences ou remèdes à la crise?*

Crotty, J. R. (1992) "Neoclassical and Keynesian Approaches to the Theory of Investement", en: *Journal of Post-Keynesian Economics*, verano de 1992, vol. 14, núm. 4.

Darin, R. y Hetzel, R. (1995), "An Empirical Measure of the Real Rate of Interest", en: *Economic Quaterly*, invierno, Banco de la Reserva Federal de Richmond.

Davidson, P. (1986), "A Post Keynesian View of Theories and Causes for High Real Interest Rates", *Thames Papers in Political Economy*, Londres.

Davis, E. P. (1991), "Crises financières, théorie et témoignages", en: *Revue d'économie financière*, núm. 6.

_____ (1992), *Debt, Financial Fragility and Systemic Risk*, Oxford, Clarendon Press.

_____ (1995), *Pension Funds (Retirement-Income Security) and Capital markets: an International Perspective*, Oxford, Clarendon Press.

Desbrières, P. y Minetti, F. (1992), "La gestion de trésorerie dans les groupes: avantages et aspects organisationnels de la centralisation", en: *Banque*, núm. 532, noviembre.

Díaz, Alejandro, C. (1985), "Good-by Financial Repression, Hello Financial Crash", en: *Journal of Development Economic*.

Drucker, P. F. (1993), *Post-Capitalist Society*, Oxford, Butterworth Heinemann.

Dubois, P. (1987), "Ruptures de croissance et progrès technique", en: *Économie et Statistique*, París, INSEE.

Dunning, J. H. (1993), *Multinational Enterprise and the Global Economy*, Londres, Adison-Welsley.

Easterly, W. y Schmidt-Hebbel, K. (1993), "Fiscal Deficit and Macroeconomic Performance in Developing Countries", en: *The World Bank Research observer*, vol. 8, núm. 2.

Eatwell, J. (1995), "The International Origin of Unemployment", en Michie, J. y Greive Smith, J., *op. cit.*

Eichengreen, B., Rose, A. K. y Wyplosz, C. (1995), "Exchange market mayhem, the antecedents and aftermath of speculative attacks", en: *Economic Policy*, octubre.

El Erian, M. A. (1991), "Restoration of access to voluntary capital market financing", en: *Staff Papers*, serie núm. 1, FMI.

Épaulard, A. y Szpiro, D. (1991), "Investissement financier, investissement physique et désendettement des firmes: y a-t-il arbitrage?", en: *Revue économique*, vol. 42, núm. 4, julio, p. 186.

Epstein, G. (1996), "International capital mobility and the scope for national economic management", en Boyer, R. y Drache, D., *op. cit.*

Farnetti, R. (1995), *Le Royaume désuni (l'économie britanique et les multinationales)*, París, Syros, Alternatives économiques.

Feldstein, M. (coord.) (1991), *The Risk of Economic Crisis*, National Bureau of Economic Researh Conference Report, Chicago, Chicago University Press.

Feldstein, M. (1995), "Global capital flows: too little not too much", en *The Economist*, 24 de junio.

Ferrer, A. (1995), "Argentina: el plan de convertibilidad y el ciclo financiero", en: *Comercio exterior*, vol. 45, núm. 5.

Ferreti, J. C. *et al.*, (1994) *Tecnologias, trabalho e educação, um debate multidisciplinar*, Ed. Vozés.

Fisher, I. (1933), "The Debt-inflation theory of great depressions", en: *Econometrica*, núm. 4, octubre.

Fitoussi, J. P. (1995), *Le Débat interdit*, París, Arléa.

Fleury, A. (1995), "Quality and Productivity in the Competitive Strategy of Brazilian Industrial Enterprise", en Humphrey J. (comp.), *op. cit.*

FMI (1993), *International Capital markets (Part 1: Exchange Rate Mangement and International Capital Flows)*, Washington DC.

―――― (1994), *International Capital Markets (Developments, Prospects and Policy Issues)*, Washington DC.

―――― (1995), *International Capital Markets (Developments, Prospects and Policy Issues)*, Washington DC.

―――― (1995), *World Economic Outlook*, mayo.

Friedman, B. M. (1992-1993), "The Minsky Cycle in Action: But Why?", en: *Federal Reserve Board New York Quaterly Review*, Nueva York, primavera.

Friedman, M. (1953), "The case for Flexible Exchange Rates", en: *Essays in Positive Economics*, Chicago University Press.

Fry, M. J. (1992), "The Minsky Cycle in Action: But Why?", en: *Federal Reserve Borad New York Quaterly Review*, primavera.

Galbraith, J. K. (1995), *Brève histoire de l'euphorie financière*, París, Le Seuil.

Garnier, O. (1992), "La *debt-recession* américaine", en: *Revue d'économie financière*, primavera.

Geoffron, P. y Rubenstein, M. (1996), *La crise financière du modèle japonais*, París, Economica.

Ghilarducci, T. (1992), *Labor's Capital (The Economics and Politics of Private Pensions)*, Boston, MIT.

―――― (1994), "Les multiples visages des régimes de retraite des syndicats américains", en: *Revue de l'IRES*, núm. 15, pp. 159-176, París.

Gillard, L. (1994), "Change, métal precieux et conventions monétaires dans l'«Histoire des Prix» de Thomas Tooke", en: *Revue économique*, setiembre.

Goldstein, M., Folkerts-Landau, D., Garber, P., Rojas-Suárez, L. y Spencer, M. (1993), *International Capital Markets, Part I: Exchange Rate Management and International Capital Flows*, Washington DC, Fondo Monetario Internacional, abril.

Gönenc, R. (1988), "La signification industrielle de la mutation financière", en: *Revue d'économie financière*, París, núm. 5/6, junio-setiembre.

―――― (1993), "De la finance pour l'industrie à l'industrie pour la finance?", en: *Revue d'économie financière*, núm. 27.

Goux, F. J. (1992), "Keynes et la 'finance' d'entreprise", en: *Revue française d'économie*, vol. 4, núm. 3, verano.

Griffith-Jones, S. y Rodriguez A.M.A. (1993), "El retorno de capital en América Latina", en: *Comercio Exterior*.

Guellec, D. y Ralle, P. (1995), *Les nouvelles théories de la croissance*, París, La Découverte, colección "Repères".

Guttmann, R. (1984), "Stagflation and Credit-Money in the USA", en: *British Review of Economic Issues*, vol. 6, núm. 15.

―――― (1988), "Crisis and Reform of the International Monetary System", en Arestis (comp.), *Post Keynesian Monetary Economics*, Reino Unido, Edwar Elgar, Aldershot.

―――― (1989), *Reforming Money and Finance, Institutions and markets in Flux*, Nueva York, M. E. Sharpe, Armonk.

―――― (1990), "The regime of credit-money and its current transition", en: *Economies et Societés*, vol. 24, núm. 6.

―――― (1994), *How Credit-money Shapes the Economy*, Nueva York, M. E. Sharpe, Armonk.

―――― (1995), "Monnaie et crédit dans la théorie de la régulation", en Boyer, R. y Saillard, Y. (comps.), *op. cit.*

Handy, C. (1995), *The Empty Raincoat*, Arrow Business Books.

Hannah, L. (1986), *Inventing Retirement (The Development of Occupational Pensions in Britain)*, Cambridge, Cambridge University Press.

Hawtrey, R. (1926), *The Trade Cycle*, Rotterdam, Economist.

Hayek, F. (1939), *Profits, Interest and Investment*, Londres, Routledge (1ª edición publicada en alemania en 1910).

Helleiner, E. (1996), "Post-globalisation: is the financial liberalisation trend likely to be reversed?", en Boyer, R. y Drache, D., *op. cit.*

Hicks, J. (1974), *The Crisis in Keynesian Economics*, Oxford, Basic Blackwell.

Hirata, H. (1981), "Interntionalisation du capital, techniques de production et division sociale du travail: les firmes multinationales françaises et japonaises au Brésil", en: *Critiques de l'économie politique*, núm. 14.

Hirata, H. (coord.) (1992), *Autour du modèle japonais, automatisation, nouvelles formes d'organisation et de relations de travail*, París, L'Harmattan.

Hirata, H., (1994), "Da polarização des qualificações ao modelo de competencia", en Ferretti, J. C. et al., *Tecnologias, trabalho e educação, um debate multidisciplinar, op. cit.*

―――― (1995), "Produção de massa flexível, organização do trabalho e da empresa: o caso japones numa perspectiva comprativa", documento de trabajo.

Hochreich, D. (1995), *La Chine, de la révolution à la reforme*, París, Syros, colección "Alternatives économiques".

Humphrey, J. (comp.) (1995), "Industrial Organization and Manufacturing Competitiviness in Developing countries", en: *World Development*, vol. 23, núm. 1.

Husson, M. (1989), "Les paramètres de l'économie mexicaine", documento del IHEAL.

―――― (1995), "Mexique: la dévaluation du modèle néoliberal", en: *Critique communiste*, núm. 142.

―――― (1996), *La Misère du capital, critique du néo-liberalisme*, París, Syros, colección "Pour débattre".

IRES (Institut de recherches économiques et sociales), "Les retraites complémentaires: acteurs, enjeux, perspectives, en: *Revue de l'IRES*, núm. especial, enero.

Kaplinsky, R. (1995), "Techniques and System: the Spread of Japanese Management Techniques to Developing Countries", en Humphrey, J. (comp.) (1995), *op. cit.*

Kautman, G. y Mote, L. (1994), "Is banking a declining industry? A historical perspective", en Federal Reserve Bank of Chicago, *Economic Perspectives*, mayo-junio.

Keynes, J. M. (1923), *A Tract on Monetary Reform*, Londres, MacMillan.

―――― (1936), *General Theory of Employment, Interest and Money*, Londres, MacMillan (trad. francesa Payot, 1949).

―――― (1943), Proposal for an International Clearing Union, Cmnd 6437, Londres, reimpreso en (1980). *The collected Writing of John Maynard Keynes*, vol. 26, Londres, Royal Economic Society.

Kindleberger, C. (1978), *Manias, Panics and Crashes*, Londres, MacMillan.

―――― (1994), *Histoire mondiale de la spéculation financière*, París, Éditions PAU.

Klein, J. y Marois, B. (1985), *Gestion et stratégie financière internationale*, París, Dunod.

Kneeshaw, J. T. (1995), *A Survey of Non-financial Sector Balance in Industrialized*

Countries: Implications for the Monetary Policy Transmission Mechanism, *Working Paper* núm. 25, Basilea, BIS, abril.

Kremp, E. (1995), "Les restructurations en France entre 1985 et 1993: un aperçu à partir des données de centrale de bilans", en: *Bulletin de la Banque de France*, 1er trimestre, suplemento "Études".

Krugman, P. (1991), "Financial crises in the international economy", en Feldstein, M., *op. cit.*

Lacoste, O. (1995), "La stabilité des rendements réels: une idée reçue?", en: *Accélerations*.

Laumas, P. S. (1990), "Monetization, financial Liberalization and Economic Development", en: *Economic Development and Cultutal Change*, vol. 38, núm. 2.

Lautier, B. (1995), "L'entreprise brésilienne: une dépolitisation impossible?", en Cabannes, R. y Lautier, B., *Profils d'entreprises au Sud*, Éditions Karthala.

Levine, R. (1996), "Les marchés financiers stimulent la croissance", en: *Finance et Dévelopment*, vol. 33, núm. 1.

Lipietz, A. (1979), *Crise et inflation, pourquoi?*, París, Maspero.

―――― (1983), *Le monde enchanté*, París, Maspero.

Lordon, F. (1994), "Marchés financiers, crédibilité et souveraineté", en: *Revue de l'OFCE*, núm. 50.

―――― (1995), Analyse d'un régime de politique économique: le cas de la désinflation compétitive", en: *Cahiers du CEPREMAP*, serie naranja, núm. 95/2.

Lustig, N. (1995), "México y la crisis del peso: lo previsible y la sorpresa", en: *Comercio exterior*, vol. 45, núm. 5.

Marchand, Ch. (1994), "L'industrie des *mutual funds* aux États-Unis", en: *Banque*, núm. 552, octubre, pp. 44-47.

Marois, B. (1979), *Les Finances des sociétés multinationales*, París, Dunod.

Marois, B. y Pastré, O. (1977), "Les groupes financiers à dominante industrielle", en: *Banque*, noviembre.

Marx, K., (1974), *Le Capital*, libro III, edición francesa Engels, Éditions sociales.

―――― (1975), *Théories sur la plus-value*, tomo 3, París, Éditions sociales.

―――― (1993), *Le Capital*, libro I, edición francesa J.-P. Lefebvre, PUF.

Mathias, G. (1981), "Transfert de techniques et transferts de théories: du dualisme du marché du travail aux nouvelles formes de résistance ouvrière en Amérique latine", en: *Critiques de l'économie politique*, núm. 14.

Mathias, G. y Salama, P. (1983), *L'État surdéveloppé*, París, Maspéro-La Découverte.

McKinnon, R. (1973), *Money and Capital in Economic Development*, Washington DC, The Brookings Institution.

―――― (1989), "Financial Liberalization and Economic Development: a Reassessment of Interest-Rate Policies in Asia and Latin America", en: *Oxford Review of Economic Policy*, vol. 5, núm. 4.

McKinsey, (1994), *The Global Capital Market: Supply, Demand, Pricing and Allocation*, Washington DC, McKinsey Financial Institutions Group.

Melman, S. (1983), *Profits Without Production*, Nueva York, Borzoï Books, Alfred Knopf.

Mérieux, A y Marchand, C. (1996), "Les marchés financiers américains", en: *Revue d'économie financière*, colección "La Bibliothèque", París.

Merle, C. y Stoclin, H. (1988), "L'expérience américaine: l'essor des OPA et LBO financées par la dette", en: *Revue d'économie financière*, núm. 5/6, junio-setiembre.

Métais, J. (1990), "Aspects contemporains des marchés financiers", en: *Revue d'économie financière*, núm. 15.

Meyer, P. (1992), "Surendettement et crise financière", en: *Revue d'économie financière*, núm. 22.

Michie, J. y Greive Smith, J. (coords.) (1995), *Managing the Global Economy*, Oxford University Press.

Michon, F. (1987), "Temps et flexibilité, le temps de travail dans le débat sur la flexibilité", en: *Cahiers économiques de Bruxelles*.

——— (1988), "Flexibilité et segmentation", en: *Interventions économiques*.

——— (1994), "Travail, Emploi, Marché. Concepts et débats de la socio-économie française", en Erbes-Seguin, S. (coord.), *L'emploi: dissonances et défis. Sociologues et économistes européens en débat*, Sigma.

Minsky, H. (1982), *Inflation, Recession and Economic Policy*, Brighton, Reino Unido, Wheatsheaf Books.

——— (1982), *Can it Happen Again? Essays on Instability and Finance*, Nueva York, M. E. Sharpe, Armonk.

Mishkin (1992), *The Economics of Money, Banking and Financial Markets*, Nueva York, Harper Collins.

Montgomery, J. (1994), Les marchés de la dette publique à l'heure des transformations, en: *Finances et développement*, diciembre.

Morin, F. (1974), *La Structure financière du capitalisme français*, París, Calmann-Levy.

(1994), "Les trois pôles du coeur financier français", en: *Le Monde*, 8 de marzo.

Nau, V. y Delhommais, P.-A (1994), "Les entreprises spéculent-elles?", en: *Option finance*, núm. 313, 27 de junio.

Neely, M. C. (1995), "Will the Mutual Fund Boom Be a Bust for Banks?", *The Federal Reserve Bank of Saint Louis*, octubre, pp. 12-13.

Obstfeld, M. (1995), International Currency Experience: New Lessons and Lessons relearned, *Brookings Papers on Economic Activity*.

OCDE (1994), *Pension Funds, Capital Controls and Macroeconomic Stability*, París, Technical Papers núm. 98.

Ohana, K. (1991), *Les Banques de groupe en France*, París, PUF.

Oliviera-Martins, J. y Plihon, D. (1990), "L'impact des transferts internationaux d'épargne sur les déséquilibres extérieurs", en: *Économie et Statistique*, núm. 232, mayo.
Orio, L. y Quilès, J.-J. (1993), *L'Économie keynésienne, un projet radical*, Circa, Nathan.
Orange, M. (1995), "Le capitalisme 'à la française' commence à se fissurer", en: *Le Monde*, 12 de octubre.
Orléan, A. (1996), "Quelques enseignements tirés de la crise mexicaine", en Cartapanis (1996), *op. cit.*
Osler, C. L. (1995), "High real interest rates and investment in the 1990s", en: *Federal Reserve Bank of New York Quaterly Review*, reproducido en *Problèmes économiques*, núm. 2408, 25 de enero.
Paraponaris, A. (1994), *Une analyse de la relation dette publique-taux d'intérêt en France sur la période récente*, étude présentée aux XIèmes Journées internationales d'économie monétaire et bancaire.
Parboni, R. (1981), *The Dollar and its Rivals*, Londres, Verso.
Paré, T. P. (1994), "Learning to live with derivatives", en: *Fortune*, 24 de julio.
Passet, O., Przedborski, V. y Riches, V. (1990), "De la reprise de l'investissement à la croissance du capital", en: *Observations et diagnostics économiques*, París, OFCE, núm. 30, enero.
Pastré, O. (1994), "Le gouvernement d'entreprise, questions de méthodes et enjeux théoriques", en: *Revue d'économie financière*, núm. 31, invierno.
Peyrelevade, J. (1993), *Pour un capitalisme intelligent*, París, Grasset.
Piot, O. (1995), *Finance et économie: la fraction*, Le Monde éditions-Marabout.
Pisani-Ferry, J. (1988), *L'épreuve américaine, les États-Unis et le libéralisme*, París, Syros.
Pisani-Ferry, J. y Sgard, J. (1996), "De Mexico à Halifax: l'intégration financière des économies émergentes", en Cartapanis (1996), *op. cit.*
Plihon, D. (1991), *Les Taux de change*, París, la Découverte, colección "Repères".
―― (1994), "Mouvements de capitaux et instabilité monétaire", en: *Cahiers économiques et monétaires* del Banco de Francia, núm. 43.
―― (1995), "Liquidité et investissement, une lecture keynésienne des mutations financières récentes et de leurs conséquences, en: *Économie et Statistique*, fuera de serie, núm. 33.
―― (1996), "La montée en puissance de la finance spéculative", en Cartapanis (1996), *op. cit.*
Polanyi, K. (1944), *The Great Transformation*, Boston, Beacon Press (traducción francesa de Gallimard, 1983).
Pollin, R. (1992), "Destabilizing finance worsened this recession", en: *Challenge*, marzo-abril.
Pound, J. (1995), "The promise of the Governed Corporation", en: *Harvard Business Review*, marzo-abril.
Prohin, J. y Vignolles, M. (1992), "Gestion des placements et politique d'in-

vestissement des entreprises industrielles", 17° Jornada de la Central de Balances, noviembre.

Reid, C. y Ruiz-García, M. (1994), "Évolution de la structure du profit des groupes", 19ª Jornada de Centrales de Balance.

Revue d'économie financière (1988), "À propos de la crise financière", núm. 5/6, junio/setiembre.

——— (1994), "Corporate Governance (le gouvernement d'entreprise)", núm. 31, invierno.

Revue de l'OFCE (1995), "Chronique de condoncture: l'offre devance la demande", núm. 55, octubre.

Reynaud, E. (1994), "Les fonds de pension: exemples allemand et britannique", en *Futuribles*, núm. 188, pp. 3-32, junio.

——— (1996), "La Banque mondiale et les retraites: une synthèse de l'approche néolibérale", en *Futuribles*, núm. 210, junio.

Ricarte, P. (1992), "Les placements financiers des sociétés", en *Lettre de conjoncture de la BNP*, marzo.

Richard, J., Simmons, P. y Bailly, J.-B. (1987), *Comptabilité et analyse financière des groupes*, París, Economica.

Roe, M. J. (1995), *The Rise and Limits of Institutionnal Ownership of Industry in the United States: A Comparative Perspective*, París, OCDE.

Rosner, N.-M. (1995), "L'impact de la gestion instituttionnelle sur les ressources et la conduite des entreprises", Commission des opérations de Bourse, XXème Conférence annuelle de l'OICV, París.

Ruas, R. (1995), *Qualidade total: organização e gestão do trabalho na produção industrial*, mimeo PPGA/UFRGS.

Ruffini, P. B. (1992), "L'internationalisation du financement de l'industrie", en Aréna *et al.* (eds.), *Traité d'économie industrielle*, París, Economica.

Saint-Étienne, C. (1990), *Financement de l'économie et politique financière*, París, Hachette.

Salama, P. (1989), *La Dollarisation*, París, La Découverte, coelcción "Agelma".

——— (1993), "Fragilité des nouvelles politiques économiques en Amérique latine", en: *Problèmes d'Amérique latine*, La Documentation Française.

——— (1995), "De quelques leçons économiques de l'Histoire latino-américaine récente", en: *Tiers Monde*, núm. 1995.

——— (1996), "Pauvretés, de l'inflation au chômage au Brésil", en: *Problèmes d'Amérique latine*, La Documentation Française.

Salama, P. y Valier, J. (1991), *L'Amérique latine dans la crise, l'industrialisation pervertie*, París, Nathan, colección "Circa".

——— (1994), *Pauvretés et inégalités dans le tiers monde*, París, La Découverte.

Salama, P. y Wallace N. (1981), "Some Unpleasant Monetarist Arithmetic", en: *Federal Reserve Bank of Minneapolis Quaterly Review*, Fall.

Salerno, M. S. (1994), "Trabalho e organização na empresa industrial integrada e flexível", en Ferreti C. J. *et al.*, *Tecnologias, trabalho e educação, um debate multidisciplinar, op. cit.*

Schlumberger, F. (1995), "De la bonne utilisation des produits dérivés par les entreprises", en *La lettre du trésorier*, mayo.

Schwartz, A. (1986), "Real and pseudo-financial crisis", en Capie, Wood (comps.), *Financial Crisis and the World Banking System*, Londres, MacMillan.

Serfati, C. (1995), *Production d'armes, croissance et innovation*, París, Economica.

Shaw, E. S. (1973), *Financial Deepening in Economic Development*, Oxford, Oxford University Press.

Simon, Y. (1988), *Techniques financières internationales*, París, Economica.

Souza Braga, J. C. *et al.* (1995), "A instabilidade das finanzas publicas da America Latina", en: *Ensaios FEE*, núm. 2.

Summers, L. H. (1991), "Planing for the next financial crisis", en Felfstein M. *op. cit.*

Sweezy, P. M. (1994), "The Triumph of Financial Capital", en: *Monthly Review*, junio.

Swoboda, A. (1995), "Intégration financière, spéculation internationale et autonomie des politiques économiques nationales", en: *L'État-Nation et son avenir*, París, La Documentation Française-SGDN, pp. 239-249.

Taylor, L. (1993), "The Rocky Road to Reform: Trade, Industrial, Financial and Agricultural Strategies", en: *World Development*, vol. 21, núm. 4.

Taylor, M. (1995), "The economics of Exchange Rates", en: *The Journal of Economic Litterature*, marzo.

The City Research Project (1995), *The Competitive Position of London's Financial Services*, Londres, London Business Scholl.

Tobin, J. (1978), "A proposal for International Monetary Reform", en: *The Eastern Economic Journal*, julio-octubre.

Tobin, J. *et al.* (1995), "Two cases for sand in the wheels of international finance", en: *The Economic Journal*, núm. 105, enero.

Turner, J. A. (1994), "Les investissements des fonds de pension américains", en: *Revue de l'IRES*, pp. 1-19.

UNCTAD (1995), *Trade and Development Report 1995*, Ginebra, Naciones Unidas.

―――― (1996), *Le Dévelopement à l'heure de la mondialisation et de la libéralisation*, Informe del secretario general a la 9ª sesión, Ginebra, Naciones Unidas.

Veblen, T. (1904), *Theory of Business Enterprise*, Nueva York, Charles Scribner's Sons.

Vieille, J.-M. (1992), "Mode de croissance et financement des principaux groupes français (1983/1990)", en: *Analyse financière*, 1er trimestre.

Visser, H. (1991), *Modern Monetary Theory, A Critical Survey of Recent Developments*, Londres, Edward Elgar.

Wojnilower, A. (1980), "The central role of credit crunches in recent financial history", en: *BPEA 2*, pp. 277-340.
—— (1985), "Private credit demand, supply and crunches. How different are the 1980's?", en: *American Economic Review*, mayo, pp. 351-356.
Wolff, E. (1995), *Top Heavy: a Study of the Incresing Inequality of Wealth in America*, Nueva York, Twentieth Century Fund Press.
Wolfson, M. (1993), *Financial Crises, the Postwar US Experience*, Nueva York, M. E. Sharpe Armonk, 2ª edición.

Índice

PRÓLOGO PARA LA EDICIÓN ARGENTINA, por *François Chesnais* / 7
CAPÍTULO 1. INTRODUCCIÓN GENERAL, por *François Chesnais* / 19
  Una mundialización intensa, pero muy particular / 20
  Cómo se articulan las siete contribuciones / 29
  Etapas de la liberalización y de la mundialización financieras / 32
  ¿Serán irreversibles los engranajes actuales? / 41

CAPÍTULO 2. LA INESTABILIDAD MONETARIA INTERNACIONAL,
    por *Suzanne de Brunhoff* / 45
  Problemas teóricos de los tipos de cambio / 46
  Relaciones monetarias internacionales: finanzas y política / 57
  Ajustes y reformas recomendadas / 65

CAPÍTULO 3. LAS MUTACIONES DEL CAPITAL FINANCIERO,
    por *Robert Guttmann* / 73
  Dinero crediticio y estanflación / 74
  La liberalización del dinero crediticio / 82
  Las tasas de interés como mecanismo de regulación / 86
  La dominación del capital ficticio / 91
  Hacia un nuevo régimen monetario / 100

CAPÍTULO 4. DESEQUILIBRIOS MUNDIALES E INESTABILIDAD FINANCIERA:
LA RESPONSABILIDAD DE LAS POLÍTICAS LIBERALES,
    por *Dominique Plihon* / 115
  El giro liberal de los años 1980 / 116
  Crecimiento del déficit público y globalización financiera / 123
  Desviación especulativa de las finanzas internacionales /131
  La acumulación productiva frenada por las finanzas liberalizadas / 141
  Otra orientación para las políticas públicas /151

CAPÍTULO 5. EL PAPEL ACTIVO DE LOS GRUPOS PREDOMINANTEMENTE
INDUSTRIALES EN LA FINANCIARIZACIÓN DE LA ECONOMÍA,
    por *Claude Serfati* / 165
  Introducción / 165
  Los grupos como polo del capital financiero / 167
  Una gestión centralizada de la tesorería / 171
  Los mercados cambiarios: una restricción y una oportunidad para
    los grupos industriales / 175
  El aumento de colocaciones financieras de los grupos franceses
    en los años 1980 / 179
  Crecimiento de los activos financieros e inversiones productivas:
    el enfoque de los modelos de administración de carteras / 186

Sobre la naturaleza del capital centralizado por los grupos / 190
Las finanzas de hoy: ¿parásito antes que soporte? / 194
Liquidez creciente del capital e inversión productiva / 198
Los grupos industriales considerados como activos de rendimiento
    por los "mercados financieros" / 201
Conclusión / 205

CAPÍTULO 6. EL PAPEL DE LOS FONDOS DE PENSIÓN Y DE INVERSIÓN
ANGLOSAJONES, EN EL AUGE DE LAS FINANZAS GLOBALIZADAS,
    por *Richard Farnetti* / 207
Especificidad y dinámica de crecimiento de los fondos de pensión
    anglosajones / 208
Los *mutual funds* y los demás inversores institucionales / 213
Estructura de la cartera de activos de los fondos,
    y capitalismo anglosajón / 218
Actividades de especulación de los fondos de pensión e inversión
    anglosajones, inestabilidad financiera internacional y competencia / 223
Los inversores institucionales anglosajones, la gestión corporativa
    de la empresa (*corporate governance*) y la dinámica de la economía
    mundial / 228
Conclusión / 235

CAPÍTULO 7. LA FINANCIARIZACIÓN EXCLUYENTE:
LAS LECCIONES QUE BRINDAN LAS ECONOMÍAS LATINOAMERICANAS,
    por *Pierre Salama* / 237
Liberalización y "zozobra financiera" / 239
De la liberalización a la "zozobra financiera" / 244
Financiarización y flexibilidad del trabajo / 254
Conclusión / 274

CAPÍTULO 8. MUNDIALIZACIÓN FINANCIERA Y VULNERABILIDAD SISTÉMICA,
    por *François Chesnais* / 279
Shocks financieros propios de una configuración dada del capitalismo / 280
Riesgos sistémicos específicos de un régimen de acumulación
    financiarizado y de formas de mundialización "imperfectas" / 289
Inversores institucionales, crack bursátil y la acción del prestamista
    en última instancia: Nueva York, 1987 / 302
Fragilidad creciente de los bancos y recesión originada en las finanzas / 308
La crisis mexicana de 1994-1995 / 319
Conclusión / 325

SIGLAS UTILIZADAS / 329

BIBLIOGRAFÍA / 331

Se terminó de imprimir en el mes de
noviembre de 1999 en Imprenta de los
Buenos Ayres S.A.I.C., Carlos Berg 3449
Buenos Aires - Argentina